必要的革命

深层学习与可持续创新

03

[美] 彼得·圣吉（Peter Senge） 等著 李晨晔 张成林 译

THE NECESSARY REVOLUTION

How Individuals and Organizations Are Working Together to Create a Sustainable World

第五项修炼系列典藏版

中信出版集团 | 北京

图书在版编目（CIP）数据

必要的革命：深层学习与可持续创新 /（美）彼得·圣吉等著；李晨晔，张成林译. -- 2 版. -- 北京：中信出版社，2018.7（2025.4 重印）

书名原文：The Necessary Revolution: How Individuals and Organizations Are Working Together to Create a Sustainable World

ISBN 978-7-5086-6863-5

I. 必… II. ① 彼… ② 李… ③ 张… III. 企业经济—可持续性发展—研究 IV. F270

中国版本图书馆 CIP 数据核字（2016）第 253831 号

必要的革命：深层学习与可持续创新
著者：［美］彼得·圣吉 等
译者：李晨晔 张成林
出版发行：中信出版集团股份有限公司
（北京市朝阳区东三环北路 27 号嘉铭中心 邮编 100020）
承印者：三河市中晟雅豪印务有限公司

开本：880mm × 1230mm 1/32　印张：14.25　字数：370 千字
版次：2018 年 7 月第 2 版　印次：2025 年 4 月第 14 次印刷
京权图字：01–2009–1310　书号：ISBN 978–7–5086–6863–5
定价：75.00 元

图书策划：中信出版·漫游者
总策划：李穆　策划编辑：鄢林敢
责任编辑：鄢林敢　营销编辑：彭博雅
版权经理：田京京 张琦　装帧设计：赵妍

服务热线：400–600–8099
投稿邮箱：author@citicpub.com

第五部分 跨界协作

自《第五项修炼》中文版出版至今10年间，中国内部发生了很大变化，它在世界上的地位亦然。中国不再以追赶西方作为驱动力——在许多方面，中国已经与西方国家并驾齐驱了。尽管中国是一个巨大而复杂的社会，但目前已有约4亿人属于“中产阶层”了，物质生活水平以如此惊人的速度提升，这在人类历史上前所未有。

不过，中国的崛起也带来了自身文化的困惑。拥有如此深厚、绵长，历经5000多年文化滋养的国家为数甚少。然而，消费主义的理念已经逐步影响了这个社会。鉴于西方的生活方式在中国迅速发展，设想再经过一两代人，中国的传统文化或将仅仅是一个局限于书籍、电视剧等大众媒体的浪漫主题。这很像当今的美国人还可以观看一些有关“老西部”的电影，但他们自己心里清楚，那已经是一个永远逝去的时代。

此类深层文化动荡也可以生成新的机缘。以“中国文化是这个世界上至高无上的文化，并将永远如此”这种简单假设为基础的文化自满言论已经日渐失去影响，取而代之的是超越迷信，超越过去由殖民占领和后来的消费主义塑造而成的种种扭曲观念，进而更深入、真诚地关注中国文化的种种根本。

我自己对于这种觉醒有切身体会。我有幸成为南怀瑾大师的学生长达十年，近年来，我遇到的许多中国人最希望探讨的，就是中国传统文化及其与学习型组织的关系。尽管《第五项修炼》系列和其他相关书籍显然在西方有其历史成因，但令我感到神奇的是，这些书籍对于许多中国人来说，已经成为某种门径，开启了他们对于管理和领导力的人本认知，开启了他们对于不同组织针对培育超越效率和利润的福祉做出真正承诺时，存在何种可能的人本认知。

随着中国以领导者的身份逐步登上全球舞台，对于中国文化自身的认知进行这样的深层探寻尤为重要。中国如何以一个全球政治领导者的角色呈现自己呢？所有现代工业国家的种种政策都存在同样的局限：以牺牲社会与文化方面的各种进步为代价，执迷于GDP（国内生产总值）增长，沉迷于那些在政治上将我们相互隔离的“民族—国家”的人为边界——即便对那些与我们分享共同利益的人们来说也是如此。

多年来，中国一直在采取行动，加速能源结构调整，尽管外界对此几乎一无所知。自 2009 年启动的历史性碳减排承诺起，中国就已将自身投入到一条转型的道路：终止并最终逆转温室气体排放的灾难性增长。不过，这些承诺最初在西方几乎无人知晓。我对此有所了解，是因为在我做过的一些公开演讲中，我会就此向那些在这个领域中博学多闻的听众们提问，但几乎没有人知道中国在 2009 年已经做出的这些承诺。

随着历史性的《联合国气候变化框架公约》于 2015 年在巴黎签订，情况开始变化了。此时，那些与联合国这项议程有密切关系的人们意识到，地缘政治之风已经变换了方向。 他们认识到，无论其他国家做了什么，如果不是中国已经做出了承诺并持续前行，巴黎协定的签订根本不会发生。实际上，当时多数在巴黎参会的人都认为，奥巴马总统做出的承诺不大可能获得国会批准，而特朗普总统在 2017 年便戏剧性地宣布退出这项协定。虽然还远不够理想，但两个最大温室气体排放国家之一做出的深层变革承诺对于许多国家来说就是足够的保证：我们在减缓并最终逆转全球气候方面正在进入一个全球合作的新时代。

围绕气候变化的全球领导力量转变既具象征意义，又有实际影响。实际上，各个国家都被要求优先考虑长期的未来，而非各种短期的经济措施，各个国家也被要求以评价经济健康同等重要的程度来评价自然环境的健康，同时要认识到这两者是密切相关的。它们还被要求以全球社群的形态合作努力，因为任何单一国家的行动——包括中国的行动在内，都是远远不够的。它们被要求真诚地对待科学，即便这样做会挑战以往那些被奉为神圣的、“一切照常”的信念，比如，只关注GDP增长，而忽视社会和环境健康的指标。

这些都是领导力文化的改变，并非仅是其策略或手段的改变。而且我相信，恰恰就是在这个领域，而非其他领域，中国的觉醒可以产生更大的影响。几百年来，西方模式奉行的道德与伦理的完美理想，与“一切照常”的实际做法近乎背道而驰。然而，我相信，中国传统智慧的觉醒与对一种新型全球领导力的前所未有的需求相结合，可以创造出一种新的良性循环。

南怀瑾大师过去几十年的努力，着重于帮助中国人领悟儒学传统的精神基础，以及如何将其与其他学问融会贯通。他以为，在过去500年里，这种领悟大都遗失了，但在今天却迫切需要。比如，他在《原本大学微言》中的诠释中指出，《大学》是一部以“领导力形成发展的七证反思空间”（知、止、静、定、安、虑、得）为根基的领导力培育手册。真正的领导力并非来自企图心或是源自地位的威权，而是来自于一个人一生专注培育自己的深入倾听能力：既倾听当下，又倾听若隐若现的未来，以及将自己的注意力从无论是金钱、权力，还是奉承等自我关注或他人的不良影响中释放出来。领导人必须培育孟子所说的“不动心”，继而形成明晰的愿景。他们必须有诚信，才能因此而建构服务于更为远大目标的真诚协作。他们必须成为罗伯特·格林里夫所说的“仆人领导”，为一个更大的整体的福祉服务。

超越“一切如常”的领导力需要智慧，并非只需要情感。我相信，如前述例子所示，我们所需要的智慧必须来自于重振全球各地的智慧传统，来自于展示这些智慧与我们今天所处困局的相关和相适。虽然这一行动超出了中国自身的范围，但如果不是中国引领这个进程，我看不出谁还会有力量引领。

南怀瑾大师在他生前最后一批著述中指出，自黄帝起，教化——教以成化，就是中国文化的根基。能够在今天全球化商业中有效竞争并成长的企业，必须拥抱一种对于学习的真正承诺——通过培育人去培育一家企业。工作场所的人本价值观不应只是口号，还必须植根于培育个人、培育包容性团队文化的不息进程之中。相比之下，基于家长控制的碎片式工作文化的衰败，在政府和社会领域及商业中比比皆是，因为这些组织没有能力持续学习，没有能力适应今天变幻无常的世界。组织中各个层级对于学习的这种深层次、全身心的承诺，一直以来就是各种学习型组织的标志特征，恰如持续评估我们共同为更大整体做出贡献的状态是系统思考的核心。

因此，在中国这个转折的时刻，《第五项修炼》系列再版，我最大的希望是通过汲取往昔的智慧，为应对今天种种罕见难题尽微薄之力。张载（1020—1077）在著名的《西铭》中的文字就描述了一个全球领导力世界：

“乾称父，坤称母；予兹藐焉，乃混然中处。故天地之塞，吾其体；天地之帅，吾其性。民，吾同胞；物，吾与也”。

彼得·圣吉

2017 年 7 月 28 日

2009年中文版序

中国对21世纪人类文明的影响力无论如何都不能低估。主宰18世纪、19世纪和20世纪发展模式和路径的是西方，但塑造21世纪的发展模式和路径的主要因素将包括中国和印度。然而，这中间却也有着极大的不同。

1700年，全球总人口只有5亿多一点；2000年，全球总人口却已经超过60亿，而今天，这个数字已经超过65亿[①]。1800年，人类社会只占据地球上一小片的土地，此前，人类的全部历史都是如此；而今天的人类生活已经充斥整个地球。1900年，只有为数不多的几家公司在全球范围运作（英国东印度公司、几家处于萌芽状态的全球化石油公司、几家大银行，以及天主教会），而今天，整个世界已经被全球商业网络完全覆盖，塑造这个网络的是数千家涉及食品、石油、制造、交通运输、金融服务等行业的大型跨国企业，其规模和影响力都是历史上前所未有的。在过去，文化总是地方性的、来自历史的积淀；而今天的消费文化却是全球性的，但又是没有历史根基的。虽然结构性贫困（embedded poverty）在历史上一直存在于人类的大多数社会之中，但今天，每天收入不足2美元、正在艰难度日的人数已经超过1950年全球

① 现在全球总人口已超过74亿。——编者注

的总人口。在历史上，自然的丰盈曾经滋养了人类文明在各个地域的繁荣兴盛，而今天的各种全球生态系统都在迅速衰退：水、表层土壤、渔场、森林的枯竭速度都远远大于其再生能力；气候系统也不足以支撑人类的各种生存需求了。

我们面对的问题可以从进化论的角度来简单描述。过去50年间，人类的扩张已经进入一种新的地球“生态位”(niche)。虽然历史上许多人类社会，兴旺发展数百年甚至数千年，比如华夏文明，但这种持续性却一直是地区性的，是人类文明找到了与（相对局部的地理“生态位”中）其他生命系统和谐共生的方式的结果。当人与自然和谐共生，就能持续满足我们对食物、水、能源和废弃物处理的需求，而我们的哲学和宗教也指引着我们，让我们感受和理解自己在更大的生命世界网络关系中的位置。今天，我们正在尝试在整个地球空间中生活，这在人类历史上还是第一次。我们的食品、商品和能源都历经了不远千里，甚至不远万里的长途运输。自然资源在地球的一端被采掘出来，再被运到地球另一端使用。一个地区和社会的废弃物副产品把健康危害带给了其他地区和社会。气候变化意味着，我们作为一个物种已经进入一个新的历史时代。如文化历史学家托马斯·贝利（Thomas Berry）所说：“我们已是地球演进过程本身的一部分。”从各方面看，我们都生活在整个世界里——然而，我们并不具备在这个新的地球生态位上如何持续生存的指导哲学和实际知识。

正是在这样一个世界之中，中国正在崛起成为世界的主要经济和政治力量。这个世界与英国崛起时的世界，以及其后美国崛起时的世界相比，都完全不同了，与数千年到数百年前中国占据主要优势地位的世界相比，也完全不同了。这个世界正陷于深层的、愈演愈烈的生态不平衡和社会不平衡之中。这些不平衡的状态不是中国造成的，而是全球工业快速扩张的副产品。但是，正是在这个世界中，中国，很快还有印度，将在塑造我们大家的未来路径中扮演关键角色。尽管从许多方面看，让最新加入全球工业扩张竞赛的这些国家承担这样的责任并不公平，但从另一些角度看，中国或许恰恰具备了独一无二的资格，来胜任这一角色。

这一切都始于我们的思考方式。工业时代的扩张，既源自又强化了两个基本的思维习惯：拆分碎片化（fragmentation）和对象客体化（objectification）。当我们把世界看成是由分立的物件组成的时候，就形成了拆分碎片的习惯——我们看到椅子，却忘记了森林、树木、雨水和制作椅子的木匠。当我们把自己看成是与外在世界相互分离的，忘记生命现象背后的相互依赖性的时候，就导致了拆分碎片化的习惯。而当我们忘记了自己周围存在的其他生命的时候，就形成了对象客体化的习惯。我们只看到“木材资源”，而看不见森林；我们只看到“水资源”，却看不见有生命的河流系统及其所依赖的整个生态体系；我们只看到“人力资源”，但却忽视了大家一起工作和生活的真实人生。这些都是对象客体化的原因。拆分碎片化和对象客体化带给我们强大的分析和操控能力，却也同时导致了我们今天必须面对的社会和生态失衡状态。不改变导致这些失衡状态的思考方法，就不可能改变这种现实状况。而这些根深蒂固的思维模式“倒转过来”，就要求更深层的理解能力和感悟能力，要求我们除了大脑逻辑思维之外，更要有心灵深处的渴望与向往。

我认为，中国传统文化是由于对和谐的深层领悟，方能历久不衰、延绵数千年。宋儒四大家之一张载（1020—1077 年）在著名的《西铭》的开篇这样写道：

> 乾称父，坤称母。予兹藐焉，乃混然中处。故天地之塞，吾其体；天地之帅，吾其性。

其大意是：天地是父母，渺小的我处于天地之中。充塞于天地之间的气，就是我的身体；天地之志，气之帅，便是我的天性。

张载表达的这种情怀，与美洲印第安或非洲部落的长老或萨满的描述如出一辙，但与工业时代拆分碎片化和对象客体化的神话和信仰却有天壤之别。问题是，这对今天的中国意味着什么？

中国正处在其经济发展史上罕见的转折点——我认为正是这个时点，才使得这场变革成为可能。尽管中国已经是世界最大的制造业中心，并且很快会成为最大的经济体，但它仍然处于工业化发展的早期阶段：能源和交通体系仍未完全建立，仍有 8 亿人口生活在农村。中国有真正的选择空间——它可以像实现工业时代通信基础设施的跨越式发展那样，实现工业时代能源基础设施的跨越式发展。中国的城市可以像洛杉矶和纽约那样产生大量的能源消耗和废弃物，但也可以选择按照“循环经济”的原则设计，使用少得多的能源，并产生零废弃物。中国可以像世界其他地方那样，忽视资源使用量与再生能力的平衡，以盲目开发的方式使用水资源、森林资源和表层土壤，但也可以选择成为生态系统综合管理的领先开拓者。中国可以因循集中式能源供给模式驱动的大规模集中工业化发展模式，也可以选择一种较为分散的模式，在农业、制造业和服务业之间实现一种不同以往的平衡，让人们得以保留和恢复已经被现代城市化运动割断了的与土地和自然的历史联系。调查显示，美国许多中小学在校学生都认为他们的食物来自食品杂货店。按照目前中国的变化速度，这种情况也可能在中国一代人的时间内发生。在所有这些领域里，中国都有真正的选择空间，但这个选择的窗口期不会无限期存在。

未来的中国将以何种面貌呈现？是一夜之间成为工业经济发动机，并迅速成为世界最大消费市场的中国呢？还是在北京奥运会开幕式上以 2008 名击缶而歌的鼓手和 2 136 名太极拳手使世界陶醉的中国？或在北京残奥会开幕式以 320 名聋人姑娘的手语舞蹈使世界感动的中国？

这种变革要求中国在如何管理、如何发挥领导力方面改变心态与模式。例如，用集中式能源思维很难实现分散式能源供应。再如，如果大家仍然把工业时代持续扩张的掠夺式经济模式所带来的社会和环境失衡，看成是“外部性”问题，看作“别人管”的问题，就无法把握创造新的技术、新的商业模式和“再生型社会”的产业发展机遇——这个再生型社会和经济将把生命系统的原则，融入社会经济生活的实践。

50 年后，中国人是用GDP增长来衡量进步，还是用人民的健康福祉的增长来衡量进步？50 年后，我们是去统计新增百万富翁的数量，还是去统计通过创造出先驱企业和先驱技术而塑造了再生型经济的企业家的数量？我们那时会计算中国占世界GDP的比重，还是计算她占世界可再生能源生产的比重？我们会仰慕中国在全球政治角力中的领导地位，还是仰慕她在“不断缩小的地球村”中，创造一种真正的共同生活方式的领导力？

有一点我敢肯定，这一切不仅依赖中国，也还依赖我们所有人。这样的考虑并不仅仅是出于一种哲学上的信念，而是因为作为在过去一年才发展出来的一个出色的实际项目，它正在昭示气候变化带给人类的一份礼物。

开发“减碳之路模拟系统”（C-ROADS，Climate Rapid Overview and Decision Support Simulator——气候快速总览和决策支撑模拟系统）的目的，是以简单的系统思考工具帮助所有人直观地理解基本的气候科学原理。这个模拟软件系统可以根据美国、欧洲、中国、印度、其他东亚国家、拉丁美洲、中东和非洲未来排放模式的设定，即时显示温室气体在大气中的浓度，及其对平均地表气温和海平面上涨情况的影响。例如，按照“一如既往”的发展模式排放，到 2100 年，大气中二氧化碳浓度就会超过 900ppm，比工业时代前二氧化碳的浓度高出三倍。最近，世界主要大国政府达成一致意见，为避免触发科学家所说的人类“无法挽回的气候灾难”，应将大气升温极限（以工业时代前平均气温为基准）保持在“两摄氏度之内”。然而，在“一如既往”的发展模式下，“两摄氏度之内”大气升温极限在2030年就会被突破，到2100年，大气温度会上升5摄氏度，而且还在继续上升——这提醒我们，我们的政治现实和气候现实之间存在巨大的鸿沟。很清楚，“一如既往”的发展模式所引导的未来，不是我们想留给子孙后代的未来。

参加2009年年末在哥本哈根举行的历史性气候谈判的美国和欧洲代表团成员，已经在谈判准备中，开始使用C-ROADS模拟程序。中国清华大学的科学家们正在开发模拟软件的中文版本。美国国务院高级官员和中国的高级专家最近也建议，把模拟软件变成世界所有国家的“共同平台”。麻省理工学院和清华大学已经组成了联合团队，要确保这个共同平台与最新气候变化科学的进展保持一致，并且让它成为公众可以使用的“免费软件”。这意味着，所有国家将首次拥有一个基于可靠气候科学的平台来制定自己的发展战略。这个工具有可能为相互沟通和相互支持建立全新的基础。

尽管“为相互沟通和相互支持建立全新的基础”的说法听上去也许过于理想主义，但我在世界各地都看到这个模拟系统传递出了一个有力而令人惊异的信息。大家首先看到，要避免灾难发生，未来几十年必须大幅度降低排放、大规模减少森林砍伐。但是大家也看到了，在实现这个目标的过程中，我们是如何相互影响、相互依赖。例如，如果欧洲和美国能够在2050年实现80%减排，那么2100年的大气二氧化碳浓度就会从前面的900ppm降低到700ppm，但气温上升4摄氏度，而且还在继续上升。为什么呢？因为在这种情景条件下，中国和印度的增长速度和规模，迅速主导了全球排放。但即使中国和印度转变发展模式，问题仍然没有得到完全解决——在30到50年内，拉丁美洲和非洲经济也将发展到这样的规模，其化石燃料的使用就足以造成气候的灾难性混乱。

当人们陷入对不同情景模式的深入思考，其中的真正含义也就浮现了出来——气候变化是一个典型的全球化问题。没有所有人的参与，这个问题就不可能得到解决；除此之外，别无他法。这就是气候变化的真正礼物。应对气候变化要求大家必须实现高度协作和高度的成熟，其深度和广度都是史无前例的。

国际组织学习学会（SoL）可持续发展协作组是一个由企业和非政府组织（NGO）形成的网络。本书中描述的理念、工具和经验案例均出自这个网络。在这个协作组成立之初的 1999 年，可持续发展问题尚未进入大多数企业和政府议事日程的中心，而是处于边缘地带。今天，这种情况正在迅速发生改变。

为了与中国的组织机构合作，共同创造新的管理体系和培育新领导力，我的中国同事和合作伙伴新近筹划和创建了索奥中国（SoL China）这个平台，并且为本书和《第五项修炼》增订版的中文翻译出版发挥了重要作用。全球社会正处于历史关口，索奥中国的设立只是迈出了建设东西方管理文化沟通桥梁的一小步，目的是推进集体学习修炼和可持续发展未来的创新实践。

但是目前，我们仍然处在初始阶段的起点。真正转变了战略愿景的企业数量仍然很少。2006 年和 2007 年的全球二氧化碳和其他温室气体排放，都超过了联合国政府间气候变化专门委员会（IPCC）的“最坏情况”预期；2008 年（由于全球经济放缓）也只是刚刚低于最坏预期。各国也刚刚开始注意到，食品、水、能源、废弃物和毒性物质，以及结构性贫困等问题，也许不会由于“一如既往”的经济发展而自动消失。

转变工业时代的革命已经开始，其粗略的纲领轮廓也已清晰可见。只关注少数人或自己国家疆界内部的生活提升的时代正在接近尾声。我们现在必须关注所有人。掠夺性经济时代正在走向终结，开创再生型经济的时代正在来临。拆分碎片化和对象客体化的时代正在成为过去，相互依赖、相互尊敬和相互关怀的时代正在降临。这将要求我们都进入最佳状态，要求我们不仅在技术方面，而且在伦理道德方面，发挥想象力和创造力。我们能否想象这样的世界：在那里，人类社会的道德运转，是日常生活的自然副产品；在那里，各类组织机构都能看清自己身处其中的更大系统，都能够相互协作，保证这些系统的健康，也都能够持续发挥想象力，把开创再生型企业、学校和政府组织的工作一步步推向前进。

我认为中国已经开始在这场革命中表现出作为领导者的意愿。在过去两年中，中国政府越来越清晰并具体地阐述了对可持续发展与建设和谐社会的承诺投入。政府和无数公民都在为解决紧迫的社会和环境失衡问题而发挥领导力，勇于开拓进取。中国不仅与各国在温室气体减排方面开展合作，而且还在激励各种创新力和想象力，开创发展模式和超越工业时代的社会进步的新思维。通过学习从自己的智慧传承中汲取越来越多的力量，中国会像许多其他国家一样，真正理解气候变化给开展全球合作带来的终极礼物，并开始依此行事。

当下正是个人、组织和社会进行深层学习实践的最令人兴奋的历史时刻。本书以及《第五项修炼》系列著作若能支持中国企业前行，我将深感荣幸。

彼得·圣吉

2009 年 8 月 27 日于麻省康桥

第一部分　终结点，新起点

The Necessary Revolution:
How Individuals and Organizations Are Working Together to Create a Sustainable World

第1章

未来正在等待我们的选择

今天，去澳大利亚访问的每一个人都会注意到，在那里的所有大城市里，都有鼓励人们节水的巨幅广告牌。人们自然会想到，这是前一段时间这里的干旱带来的结果——从某种意义上讲，也的确如此。虽然这些广告牌是新近才立起来的，但是引发节水广告的旱情却已持续多年，而且毫无减轻的迹象。在澳大利亚各地，水库里的水10年来一直在减少，蓄水量目前只剩下大约1/4。造成这种情形的原因不仅包括降雨量低于正常水平，也包括气温升高，各个权威科学家小组普遍认为这是气候变化的结果。[1]从2007年开始，水的问题就成为澳大利亚国内各方辩论的焦点，一项支持率很高的动议甚至要求彻底取缔澳大利亚大面积种植的柑橘作物。这听上去有点儿极端，但是当水源不足、无法满足需求时，人们就必须做出艰难的选择，即使这意味着在一个约占GDP 3%的产业中，牺牲掉一种重要作物。在澳大利亚2007年秋季的全国大选中，气候变化是首要议题，这在世界上还是第一次（而普遍认为是最专注于解决这个问题的候选人，最终获胜）。这可能是未来其他国家大选情势的预兆，美国也包括在内。

然而，除了保护水和其他资源之外，举国上下，富于创新精神的澳大利亚人也不失时机，重新思考、重新塑造他们的生活，再造决定人们生活方式的基础设施。他们在全国各地的不同社区里共同工作，寻求可再生能源解决方案，并开始考虑彻底变革能源产业和水业。长期为矿产开采业主导的工商业，也已经在大力提倡，开展可替代能源创新技术方面的投资，包括风能和太阳能等。

在地球另一边，瑞典则正在从其他工业经济体的模式中脱离出来，彻底摆脱对进口石油的依赖和由此带来的对经济安全的威胁。2006 年，在前首相约兰·佩尔松（Goran Persson）领导下成立的一个委员会，制订了一项 15 年计划，旨在到 2020 年把瑞典对化石燃料的使用量减少到零。近几十年，这个国家的公共部门和私营部门的领导者形成了各种卓有成效的协作网络，他们积极推动，把瑞典北部建设成全球第一个“生物能区”(bioregion)。在这里，可持续生产的生物燃料满足全部能源需求。15 年计划这一重大的转变，也是由此而来。

类似的变革，同时也在全球的工商业界产生。面对世界原油市场和产油地区的动荡局面，美国最大和最老牌的公司之一杜邦公司，已经启动了转变的进程，将其产品线的原料从石油基原料转向生物基原料。和世界上许多其他公司一样，杜邦已花了很多年时间降低废弃物排放，包括二氧化碳（CO_2）排放。但是，这家公司现在看到，真正的创新机会在开发全新产品上，在开发完全摆脱对传统的石油和天然气的依赖的产品上。耐克公司的情形也与之相近，耐克已经把自己的“碳足迹”降低了 75% 以上。然而，耐克努力寻找未来真正的创新机会，也宣布了其意向：到 2020 年，所有产品线实现零废弃物、零毒性和百分之百可回收。“我们公司和我们的顾客都关心健康，我们的产品和生产产品的方式就应该体现出这一点，”耐克公司女鞋部前主管达茜·魏斯洛（Darcy

Winslow）说，“但是要做到这一点，我们就必须完全重新思考，思考我们如何设计、生产和分销这些产品，思考在使用寿命终结的时候如何回收这些产品。”

革命有许多种。历史中讲得最多的是政治革命，是一些戏剧性事件，却往往很少能带来持久的、真正的变革：当权者的名单改变了，新的政治哲学流行一时，但多数人民面对的日常现实则没有什么改变。不过，不同情形偶尔也会发生：那是一种对新的可能的集体觉醒，随着时间的推移，一切都会改变，包括人们如何看待周围的世界，人们看重什么价值，社会如何界定进步和发展，社会如何组织，组织机构如何运营，等等。文艺复兴就是这样的转变，工业革命也是这样的转变，而今天世界范围内正在开始发生的变化，也同样如此。

这场新的革命最明显的迹象，是一系列日益加剧的环境和社会危机，或许，这也让人始料未及。

澳大利亚的水问题虽然看似极端，但并非独一无二。美国东南和西南地区，都面临着类似的前景，需要限量供水，甚至可能是永久性地减少水供应。在世界发达国家，食品、水、能源、可预报的天气等等，这些人们曾经习以为常的日常生活的各个方面，似乎都越来越不可靠了。

过去几年中每一个夏天，欧洲大部分地区都遭遇破纪录的高温热浪侵袭，也带来了其他一些反常现象，诸如暴发特大洪水、农作物提前一个月成熟，以及从前只在南半球才出现的、通过蚊子传播的疾病。科学家们认为，这些事件与全球变暖和大气层二氧化碳浓度增加有关。[2]

在美国，社会恐慌也反复出现，起因是从亚洲进口的受污染的食品，也包括由我们自己后院里生长的农作物引发的大肠杆菌超标事件的多次爆发。近来，家长们又接到警告说，大气二氧化碳浓度增加，引起毒性常春藤迅速蔓延（既加速植物生长又增加其毒性）。一场历史性的转变，则发生在能源政治领域。甚至那些在过去力图保护石油燃料经济现状的人们，现在也认识到，美国的能源消费（美国人口占世界 5%，却要消耗世界 25% 的化石燃料）是不可能持续下去的。[3] 我们狂热的消费和“保护产地”的外交政策（protect-the-source foreign policy），已经无法提供通向未来的可靠路径了。正如美国前总统布什所承认的，“美国已经沉溺在石油之中了”。

今天，环境危机成为大多数媒体的头版新闻，但是有一个简单的事实，却更应该引起每个人的思索：世界最富有的前 200 名富人的个人财富，超过最穷的 25 亿人的全年收入总和。另一种现象也同样值得考虑，美国人平均每天收入 130 美元，而世界近一半的人口，每天只有不足 2 美元用来维持生活。[4] 认为仅仅用经济增长就能解决贫困问题的想法，根本就没有事实依据。而实现雄心勃勃又合情合理的物质发展的要求，正在驱使如中国和印度这样的发展中国家，走向空前增长的化石燃料消费——这提醒我们去考虑一个令人困扰的议题：我们的社会危机和环境危机总是紧密相连的。

然而，真正的问题并不在于这些危机本身，而在于我们的应对之道，后者可能完全不适当，也根本不充分。

无论是水短缺、气候变化还是贫困，如果我们分别去看每一个问题，进而分别处理每个问题，我们想出来的解决方案就会是短期的“应急措施”，往往带有机会主义性质，完全不能解决深层的不平衡问题。美国近来的“玉米乙醇热”就是一个例子。从玉米中生产的乙醇可以用来替代进口石油，玉米基乙醇的生产便由此狂热地增加。乙醇生产工厂的数量迅速扩张（到 2008 年年底将近 200 家），为向这些工厂提供生产原料，农民又大量种植玉米。[5] 不仅全球粮价因此而上涨，我们还可以说，用玉米生产乙醇也在降低温室气体排放方面让我们误入歧途。汽车使用玉米乙醇与使用汽油相比，所排放的温室气体量并没有多大差别。随着需求增加、价格上涨，土地使用方式就会发生改变，全球的农民会去砍伐森林和清除草场，以便种植玉米，因此，使用玉米乙醇在最终净效应上，甚至有可能增加了温室气体。[6] 而相对来说更可持续的石油替代品也在开发当中，比如，用森林和农作物废弃物生产的、基于纤维素的生物质燃料。然而，人们寻求应急措施，而不是去创造真正环保的能源系统，这就把大家的注意力吸引到了玉米乙醇上。

幸运的是，越来越多的人开始意识到，日益恶化的各种可持续危机是相互关联的——它们都是更大的全球系统处于失衡态的症状。一旦人们理解了这一点，他们对这些问题的看法就会改变。他们开始看到，当我们在心态上放弃恐惧和反应式行动，非同寻常的重大创新机遇就可能产生。他们开始认识到，我们当前面临的深层问题，并不是因为我们背运，也不是由少数贪心者所为。这些问题都是一种思想方式的产物，而这种思想方式的时代已经过去。

每个时代都会终结——从铁器时代到青铜时代，从文艺复兴到宗教改革；兴盛如罗马等古代帝国，或如大不列颠等现代帝国。从没有一个时代能够永久存在下去，不管其影响力有多么巨大、多么深远。工业时代，塑造了我们几代人的生活方式和世界观的工业时代，也不会例外。

对许多人来说，工业这个词本身似乎相当古怪。这是因为，对于发达国家中的大多数人来说，我们生活的世界似乎是由比特和字节而不是由烟囱和矿井主导的。比如，美国经济的 70% 主要是靠消费者的消费驱动，这些消费者多数处于服务业或从事所谓的“白领”工作。[7] 相对而言，今天没有多少美国人还在工厂工作，在矿井或农场工作的人就更少了。

然而，周围的直接环境也许很容易引起错觉。实际上，在过去的四分之一世纪里，世界的工业活动经历了最为剧烈的、前所未有的增长。全世界汽车保有量从 1950 年的 5 000 万辆左右，增加到 2008 年的约 8 亿辆。现在，全球汽车生产的年均增长率（超过 6%），按百分比计算，至少是人口增长率的 4 倍。[8] 1980 年以来，全球钢的年产量几乎翻了一番。

2007年，美国的工业生产只增长了0.5%，但同期中国增长了13%，越南增长了17%，印度增长了10%。[9] 煤的开采量也达到了空前水平。作为客户和消费者，我们通过电脑、个人数码助理（PDA）、轿车和卡车，以及平板电视，与工业生产紧紧捆绑在一起。我们还要依赖能源，才能让它们运转，而超过70%的能源来自燃烧化石燃料。过去150年来，情况都是如此。当然，工业产品和生产过程的信息密集程度，现在要远远高于从前。然而，从煤气灯到电灯、从大型主机到因特网和个人计算机，过去发生的这些主导技术的变迁，一直是一个重复出现的工业时代的特征，并不是这个时代消亡的信号。

但是，在工业时代这个最后阶段，一些重要的事情已经发生了，使之区别于以往：全球化把国家和地区之间的相互依存度提高到前所未有的水平，同时也引发了史无前例的真正全球化的问题，其中不仅包括环境危机，诸如废弃物总量和毒性水平的增加（常常从一个国家流向另一个国家）以及一系列有限自然资源的持续枯竭，也包括贫富差距的不断扩大，以及像国际恐怖主义这样，针对这些失衡的问题而发、令人警醒的政治反应。正如铁器时代的结束，不是因为我们用光了铁；工业时代的终结，也不会是因为继续工业扩张的机会逐渐消失。工业时代走向终结，是因为个人、公司和政府组织正在逐步认识到，工业时代的副作用是不具有可持续意义的。

时代的终结不是突然发生的。并不是有一天，人人早上醒来都说："这不行，我们得改变。"恰恰相反，在如此巨大的挑战面前，绝大多数人和组织机构都会更加努力，力图保持现状。正如神经科学家所说的，遇到压力大脑会"换低挡"——这是说，我们会转回到我们最习惯的（也是更原始的）行为模式。社会也是如此。

还好，社会并不是铁板一块。很多公司还在抵制对陈旧技术和方法的变革，一些政府仍旧拒绝实施必要的管制，许多个人依然反对改变现有生活方式。但是与此同时，另外一些人在问：未来可能会是怎样？如果像系统思考的先驱、发明家巴克明斯特·富勒（Buckminster Fuller）所说，经济按“我们的能源收入，而不是能源资本”运行，会是一个怎样的经济体？如果按照威廉·麦克多诺（William McDonough）和迈克尔·布朗嘉（Michael Braungart）的阐述，当经济遵循自然系统的法则，“所有废弃物都等于另一系统的食物”时，那又会怎样？如果在经济体中，马歇尔·麦克卢汉（Marshall McLuhan）所设想的“地球村”不只是个动人比喻，而是世界的各组成部分之间相互依存的法则——在那里，追求单边“国家安全”就如同捕风捉影，除非大家全都安全，否则没人安全——那又会如何呢？

终结点也是起点。工业时代极大地改进了公共教育、人权以及物质生活，但同时也摧毁了生态系统，吞噬了繁荣数世纪的传统文化，创造了一种不会太久地持续下去的生活方式。这些相互关联的问题当中，每一个都涉及同样的基本选择：我们是要保护过去的老方式呢，还是去参与开创一个不同的未来？

世界各地的人们和组织机构已经在共同工作，播撒新的生活方式的种子。然而，他们还只是少数。在他们自己的产业里，他们不是主流；通常在他们自己的组织里，他们也完全不是主导。但是，与以往深刻变革时期有所不同，这些种子不需要等待几个世纪才会成熟、扩散，因为在今天这个相互关联的世界里，问题的确是全球性的，变革也一样会是。变革的压力在迅速增加，不同解决方案和多种机会——以及有关什么可行和如何进一步提高的消息——也同样在迅速地传播。

开创可持续的未来

虽然还有各种不确定性，对于开创更为可持续的未来，有三个指导性理念十分突出，是必不可少的基本理念。

1. 不考虑子孙后代未来需要的发展路径不可行。可持续发展一词广泛用来表达一种需求：以不损害未来的方式，生活在当下。当一个过程是可持续的时候，这个过程就可以反复进行，而不会对环境产生负面影响，也不会给任何一位参与者带来无法承受的代价。固守我们只能满足自己的需要、实现自身目的的想法，无异于将生活于未来的孩子、家庭、社区和企业的价值贴现。企业如果不考虑呈现于今天和未来之间的那些更大的问题，就不要指望在未来竞争中获胜。

2. 组织机构很重要。今天的世界不是只由多个个人塑造的，而是由企业、政府和非政府机构组成的网络塑造的。这些网络影响着我们生产的产品、吃的食物和使用的能源，也影响着我们如何应对这些系统中出现的问题。不管如何努力，任何一个个人都不可能毁灭一个物种，也不可能使这个星球变暖。但是，这些恰恰是我们通过集体行为正在做的。这是因为我们的个人行为，通过组织机构网络这个媒介，与世界连接了起来。未来岁月中需要产生的变革将会涉及组织机构的根本性改变，无论是从个人的角度还是从集体的角度，否认这一点愚不可及。然而，尽管相互依存度在增加，大多数组织机构却比以往更加沉溺于短期思维、浮躁的状态和机会主义的态度，这有些讽刺意味。我们需要以相互依赖的方式思考、行动，我们更要具备这样的能力。需要与能力之间的差距，是我们今天面对的那些最困难的问题的核心问题。然而，从后面的故事中大家会发现，在企业组织中，在非企业组织中，常常是在合作关系中，缩小这个差距所要求的领导力正逐渐浮现。

3. 所有真正的变革都要从新的思考方法和理解方式出发。如爱因斯坦所说："如果用我们制造问题时所用的同样的思考方法来解决问题，我们就解决不了问题。"虽然组织机构很重要，但它们的运行方式来自我们如何运作，来自人们的思考和互动。

简言之，为了塑造可持续的未来，我们不仅需要共同工作，也要以与以往不同的方式工作。这就是本书所要描述的主要内容。

在《必要的革命》这本书里，我们将讨论在三个相互关联的领域中我们所面临的挑战：能源和交通、食物和水、废弃物和毒性物质（我们制造和遗弃的东西）；讨论由此产生的不平衡，当太多的资源都集中在太少的人手中的时候，这是必然的结果。

我们将考察这些问题的起因，也会探讨为什么这些问题只是源于一种我们已经习以为常的生活方式的表面症状：这种生活方式虽然创造了伟大的进步，但也产生了越来越大的副作用。假如我们要超越零碎片面的反应模式，创造持久的变革，那么看清楚将众多不同问题联系在一起的深层模式，就是至关重要的。

但是，我们最关心的，还是探索这些问题带来的巨大机遇，探讨商业创业者和社会公益创业者如何挺身而出，从这样的机遇出发，创建蓬勃发展的各种新型企业、新型网络和新型组织机构。

70 多亿人（很快就到 80 亿或 90 亿人）如何才能可持续地共同生活在一起，对这个问题，没有人有最终答案。但终极方案恰恰是我们所不需要的。工业革命没有哪个人曾经计划过，也没有哪个政府部门曾经负责过，更没有哪个企业曾是开路先锋。相反，是无数具有首创精神和富于勇气的行动，创造了决定性的临界量变点，使变革势不可当。工业革命不是计划出来的，而是创新造就的。下一个时代也不会例外。

随机的创意行动聚集在一起，也不会有什么作为，一场革命则会改变社会本身，两者区别的关键在于是否产生了思想方式上的转变。工业时代常常被称为“机器时代”。这是因为，机器的兴起和机器的运行方式，改变了人们的思考方法和工作方式。没用多少时间，人们要像机器那样工作，就成为普遍的期望，流水生产线则成为组织机构效率和标准化的标志。渐渐地，机器思考方式的主导范围远远超出了生产制造。

经济的发展和进步，成为效率和生产率提高的同义词；文化的进步也等同于令人眼花缭乱的新技术开发；而自然界，包括与我们同住地球的其他生物，则被降格为“自然资源”，成为对经济机器的投人。

只有用另一种不同的方式思考，可持续的世界才有可能存在。今天的创新者们把自然界而不是机器，作为他们的灵感来源，他们学习如何观察自己也身处其中的更大的系统，学习如何跨越任何可以想象的边界，推动合作，由此他们展示出另一个未来是如何创造的。观察系统、跨界协作，以及立足创新而非解决问题，这些核心能力成为这场思想方式转变的基石，最终也会成为其工具和方法的基础。

在超过四分之一世纪的时间里，我们先是在麻省理工学院工作，然后是通过国际组织学习学会（Society for Organization Learning，SoL）全球网络，致力于帮助各种类型的组织机构“学习如何学习”。这自然引出了一个问题：“学习是为了什么？”在相当长一段时间里，对这个问题的回答通常是：学习是为了让企业更有能力创新，并且更赚钱；学习是为了使学校能够帮助学生学习；学习是为了让政府组织能够更好地为选民提供服务。然而，过去10年里，我们开始看到一个更大范围的回答：学习是为了塑造一个超越工业时代的、对所有生命都可持续的、欣欣向荣的世界。这也许是人类自古以来最大的学习挑战，要求各类组织机构都发挥出非同寻常的领导力。

这绝不是空中楼阁式的辞藻，也不是学术的理想主义，这实际上是当前组织机构和个人在共同工作中已经体现出的方式。大家在本书中将要遇到的组织和个人，已经开始实践新的管理模式、领导方式和最终的价值创造方式，不仅是为了今天的实际需求，还是为了明天。他们的实践，正在全世界成百上千、各种规模的企业和非企业组织中传播。把这些理念广泛付诸实践尽管没有灵丹妙药，但还是有一些基本原则、实践案例和起步方法的。

变革的起点

在组织与系统的变革工作中，我们学到一点：要想事先发现领导者，非常困难。有时CEO（首席执行官）或者总裁就是领导者，但往往领导者在企业等级体系中并没有明显的权位。他们并不摇旗呐喊，大声疾呼变革，而是富于激情、努力自下至上地改变自己的组织。他们通常是心态开放的务实派，对未来充满关注，但对于应急措施、情感妙方以及对复杂问题的肤浅解答这类东西，持怀疑态度。他们对自己的组织的运作，有来之不易的深刻理解，同时又抱着谦逊的态度，深知仅靠个人努力有很大局限。他们常常不把自己当作领导者，然而时间表明，他们的确是领导者。

我们这本书就是写给这类人的。你可能感到，要想对我们今天面对的巨大挑战有所把控，是件困难的事。但是，你应该会理解这些问题的一些更直接的表现——比如，你的工作场所的空气质量和废弃物，你周围生活环境中的区域性水短缺或水污染问题，以及你的社区里的人们对未来的担忧。你看到了更大的不平衡与不和谐，也感到有进行重大变革的必要。也许，你已经发现，想要看清所有问题是如何相互联系的并不容易，要想确切知道你自己和你的组织能做些什么也很困难。但是，你知道这些问题对你很重要，而且你真心想为解决这些问题做出贡献。

这些描述若对你都适用，欢迎你。我们这本《必要的革命》就是为你而写，而我们最大的愿望，就是它能对你的工作有所帮助。

| 第 2 章 |

我们因何陷入如此困境

成功的代价

我们究竟如何陷入如此境地：支持我们生活方式的资源（比如石油）正消耗殆尽，支持我们生命本身的资源（比如水和空气）也日渐枯竭。为什么许多行业整体陷入危机？比如，当日复一日的过度捕捞使渔业资源几近枯竭，当年复一年的农作物产量提高导致历史上最严重的耕作层土壤破坏时，渔业和农业难道不是陷入了整个行业的危机吗？

我们到底是如何陷入这般境地的？

简单地说，是因为我们的成就。我们的成就超越了任何人最大胆的想象。

在工业革命的第一阶段（1750—1820 年），大规模生产的崛起使英国的人工生产率提高了 100 倍。但是，工业革命不仅改变了我们的工作方式，转变了我们的生活方式，转变了我们看待自己的方式，也转变了我们看待世界的方式。人类从未有过如此之经历。

没多久，流水线等创新的生产方式就在欧洲北部的其他国家普及，也传播到与欧洲相距遥远的美国内陆——在那里，人口爆炸和丰富的自然资源储备使这个前殖民地成为新的工业势力。工业繁荣昌盛，生活水平也随之提升。1820—1890 年，美国的人口一下子从 1 000 万增加到 6 300 万，工业生产率同时提高了 30 倍。结果，这个国家的人均生产率提升了 5 倍，比大洋彼岸的欧洲国家生产率增长还要快。

工业革命在许多方面提高了生活质量，这无可否认。当工业革命在 20 世纪继续扩张，工业国家的人口平均寿命提高了一倍左右，文盲占总人口百分比从 80% 下降到 10% 以下。工业文明的好处超出人们的想象——从私人汽车到 iPod（苹果公司设计和销售的系列便携式多功能数学多媒体播放器），从航空旅行到 eBay（易贝，是一个可供全球民众上网买卖物品的线上拍卖及购物网站），各种产品和服务层出不穷，医学、通信、教育和娱乐的进步也日新月异。工业革命的成就如此斐然，人们大大忽视了这个成功故事的副作用，也就不足为奇了。

工业革命带来的巨大繁荣的负面效应从其发端就开始积累。其中一些很难视而不见。19 世纪，英国的化石燃料燃烧的水平迅速增加，水污染和空气污染也日趋严重。伦敦“雾”的坏名声逐渐为人所知，实际上这是由燃煤产生的粉尘颗粒排放在天空中的堆积。到 19 世纪末，伦敦“雾”导致了一场呼吸系统流行病，这种病原本只发生在煤矿工业区。到 1952 年，伦敦的空气质量变得非常糟糕，有毒空气笼罩这个城市长达 4 天，制造了“大烟霾”，导致 4 000 多人死亡，也迫使政府开始开展多项防止空气污染的立法工作。[1]

其他的副作用则逃过了人们的注意。在英国，截至 19 世纪末，人们看不见的二氧化碳排放从近乎为零猛增到超过 100 万吨。当美国经历 20 世纪的经济奇迹时，烧掉的化石燃料重量也大幅度上升。而到 20 世纪末，美国每年的二氧化碳排放量超过 20 亿吨，相当于每人每年平均

7 吨。

尽管对环境健康的重要性的认知在不断扩大，减少污染的努力也获得了一些成功，但大致总结一下，也足以表明全球的状况正从“糟糕”向“更糟糕”发展。我们下面进行分类讨论。

工业废弃物

• 美国经济每年大约消耗 1 000 亿吨原材料，按重量计算，其中 90%成为开采和生产过程中的废弃物，摊到每个人身上，大约平均每人每天一吨。[2]

• 固体和液体工业废弃物（比如塑料和石油化工的废料）渗透到地下水中，而在空气中传播的废弃物，通常要在空气中跑上几百到上千英里①，才会混入雨水、土壤和水源。工业废弃物对健康既有直接影响也有间接影响。20 世纪 60 年代以来，哮喘病人数量的大幅度增加就是其直接影响的作用，而食物和水的质量的下降则是其间接影响的例子。[3]

• 像厚厚的飞毯一样的工业废弃物颗粒构成了“亚洲棕云”，据称，仅在印度每年就有 50 万人因此死于呼吸系统疾病。[4]

• 发展中国家未经处理的工业废弃物的 70%被排入河流、湖泊、海洋和土壤。[5]

消费者和商业废弃物及有毒物质

• 因交通、供热和供电需要燃烧化石燃料，导致全球每年约有 80 亿吨碳以二氧化碳的形式排入大气中，全球生物圈可吸收容量达 50 亿吨。[6]

① 1 英里≈ 1.609 3 千米。——编者注

• 全球超过 90% 的电脑、电视、录音录像设备、个人数码助理和其他消费类电子产品最终被废弃在填埋场。每年，全球报废 2 000 万~3 000 万辆汽车。在美国，报废汽车中的 3/4（按重量计）作为废金属回收，但在发展中国家，大部分报废汽车都作为废弃物被丢到填埋场里。[7]

• 包装废弃物在过去 20 年中增长了 4 倍，主要包括纸箱和各种塑料容器及外包装。虽然有一些塑料容器有着很高的回收率（在发达国家，软饮料瓶就是如此），但全球绝大部分的塑料（超过 90%）都成了固体废弃物，在美国，93% 的塑料都去了填埋场。[8]

• 日用品中的有毒物在进入填埋场之前，就已经造成了明显的健康风险。例如，免疫学专家已经发现，癌症等许多疾病的影响范围现在明显扩大了，原因是我们身体中的有毒物质的增加。有毒物质不仅来自食品配料，也来源于产品中的化学品、服装中的染料、儿童玩具中的塑料化合物、电脑屏幕和家用电器。[9]

不可再生资源

• 根据美国政府委托的一项调查，美国石油工业最近的报告称：全球石油和天然气供应将无法满足今后 25 年内日益上升的需求，可能导致油价持续上升（从 2000 年到 2007 年油价已从每桶 25 美元飙升到每桶 100 美元），供应短缺，从经济上，在生产和消费两个方面造成社会不稳定。[10]

• 美国每天消耗约 2 000 万桶石油，大约是全世界消费量的 1/4。中国每天消耗大约 600 万桶石油，日本的消耗量则是每天 500 万桶。美国消耗的石油 80% 依靠进口。[11]

• 其他显著减少的矿产资源还包括锌、铜和铱，这些都是与我们赖以生存的技术创新有关的关键资源，涉及的产品包括手机和电脑。

• 煤的储量相对较大，已探明煤储量按照目前的开采速度还可以持续使用50~100年。但煤的问题也很多。煤是美国最大的空气污染源，煤燃烧还大量排出水银等有毒物质，而煤每单位能量（BTU）所产生的二氧化碳是天然气的两倍。煤支撑了美国电力供应的54%，满足了澳大利亚电力需求的80%，也满足了中国不断增长的电力需求的80%。[12]

可再生资源

• **淡水质量。**全球1/5以上的人口没有可靠的洁净饮用水源，许多人处于经常性脱水状态。河、湖和地表水等天然水源的质量持续下降。我们用水总量中约2/3是农业用水，而化肥和农药则是水的最大污染源。[13]

• **地表土壤。**过去50年，过度生产造成了超过1 000万平方千米耕作层土壤的破坏，这个面积接近印度和中国两个国家面积的总和。[14]

• **渔业资源。**全球70%的鱼类处于经常性的被过度捕捞状态。多种鱼已濒临灭绝，如不采取断然措施，便无法恢复。这不仅影响消费者，捕捞业自身也会受到打击。当沿海地区经济受到破坏，随之而来的失业将向内陆蔓延，失业人口将加入全球数以百万计的、不受人欢迎的流动失业大军。[15]

• **森林资源。**全球森林的1/3已经在过去50年里消失。森林的消失，特别是热带雨林的消失，影响了众多社区的生活和物种的生存，降低了大气对二氧化碳这种造成气候变化的最主要的温室气体的吸收速度。[16]

资源的持续减少和废弃物排放的不断增加，可以用来解读众多的经济问题，也折射出了环境与社会的一系列失衡状况，同时进一步表明：如果没有重大变革，这些问题还将继续恶化。

第一种失衡与自然的再生能力有关。人类赖以生存的条件是自然的持续资源再生能力和提供“生态服务”的能力。自然为我们的生存提供了洁净的水、可呼吸的空气、肥沃的土壤、花粉的传播和稳定的气候条件。从经济学的角度加以审视，自然的“生态服务”要么是没有“替代品”，要么就是成本极高，基本无法用其他方法生产。[17] 根据联合国的《千年生态评估报告》，从森林到草原再到湿地，全球提供这些服务的各类生态系统中的 1/3 已经处于“显著衰退”状态，还有 1/3 则处于“濒危”状态。从 1990 年至今，全球已经失去了 50% 的湿地。全球 500 条主要河流中的 50% 不是受到严重污染，就是下游地区逐渐干涸。过去 20 年，海洋的酸化（主要是由于吸收了燃烧化石燃料时产生的二氧化碳）已经造成了全球 20% 珊瑚礁的死亡，另有 20% 也处于濒危状态。这些珊瑚礁中的相当一部分是海洋生物的重要产卵区，也保护着海岸区域不受潮水引发的涝灾的困扰。[18]

联合国的《千年生态评估报告》还讨论了另一个重要现象。我们在精神和非物质层面的幸福感受到侵蚀，这与生态系统的衰退和持续增加的污染直接相关，在发达国家如此，在发展中国家也是如此。持续增长的社会压力，今天往往被当作正常现象。在发达国家，我们因焦虑、压力、过劳、怀疑、恐惧和愤怒而惶惶不可终日。借用罗伯特·布南（Robert Putnam）描述社区衰落的名言，美国不是唯一有着“孤独的保龄球客”现象的发达国家，类似的社会压力的迹象在其他国家也此起彼伏，欧洲国家中由于持续增长的非洲移民和穆斯林移民而产生的紧张关系就是一例。

在发展中国家，环境与社会的压力表现则是“硬碰硬”的经济问题。根据世界银行的统计，从 1980 年到 2000 年，全球最底层 25% 的人口的收入占全球总收入的比例从 2.5% 下降到了 1.2%。[19] 今天，全球每年有 5 000 万人流动到城市寻找生计，通常是由于环境恶化、土地和（前面谈到的）渔业衰退，传统经济难以为继。如此高的人口流动比例远远超过了城市经济可容纳的能力，其结果是，约 5 亿人处于经常性的失业状况，在非法居住区或贫民窟栖身。[20]

生态系统不断退化，社会和谐的持续脆弱，这些深层次的失衡不可避免地会相互作用、一再强化。穷人总是承担了工业污染和生态系统恶化所带来的大部分问题，负担完全不成比例。全球贫富差距现象持续多年、不断恶化，这也是原因之一。其次，饱受生理、心理和经济压力困扰的人也难以承担引领未来的重任。

这类问题的列举和分析可以没完没了地进行下去，列举得越多也就越令人心力交瘁。然而，分析这些问题并不是要寻求面面俱到，而是去寻找系统的视角——看清所有这些问题背后那些更深层的模式，因为这些问题之间粗略看上去似乎并不相关。

这些例子所要表明的是：曾经为我们带来诸多益处的工业系统正在产生着大量的、危险的副作用，这些副作用正在吞没工业系统提高人们生活水平的能力。我们将面临两种结局：要么我们就当什么问题都没有，继续日复一日、按部就班，听任那些副作用不断积累，直至我们被淹没；要么我们就“退后一步站”，退得足够远，重新思考“我们正在被引向何方”这个问题。请注意，我们这里说的是，首先要做的是“退后一步站”。

无论我们是个人、公司、非营利机构还是政府，在最初认可了刚才讨论过的那些问题的真实存在之后，我们的直觉反应并不是“退后一步站”。而是恰恰相反，它会让我们运用原本制造了这些问题的思想方式去寻求解决这些问题。这其实也不大令人感到意外。因为我们的注意力聚焦在现象上，聚焦在河流污染严重、二氧化碳排放量太高这些症状上，忽视了这些现象的背后制造了这些症状的影响因素。于是，我们就想出各种办法，试图处理这些症状现象——通常要么就是政府出手干涉的某种权宜措施的组合，要么就是“处理坏人”的问责游戏。

聚焦于“治标”历来是最为方便的办法。吃两片阿司匹林对付头痛不失为一种“迅速而有效”的办法。但如果一个人每隔几天就会犯一次严重的头痛，这个毛病就可能有更为深层、持久的原因，比如，过度压力或者是过度工作。在这种情况下，即便有全世界的阿司匹林也帮不上忙。实际上，在这种情况下，阿司匹林还可能把情况搞得更糟，因为阿司匹林在缓解头疼症状的同时，可能会掩盖存在更深问题的迹象。长此以往，“治标”方法对问题之“本”的忽视就会导致症状的加深、变坏，也引起了对更强的“对症”治标方法的需求，比如需要“更强”的药物，而这又是原有模式的继续——继续忽视病痛背后的原因。

在大多数的组织发展情况下，这个现象被称为“转移负担”，常用的手段也包括把对付困难问题的责任转移给“其他人”或者是“专家”。企业老总们用这个办法“解决问题”已有多年，他们请咨询顾问来厘清他们自己持续不断的管理问题，他们雇用安全问题专家来帮他们降低事故发生率。如今，他们聘请环保专家（比如污染控制专家），试图降低一点烟尘的排放量。

我们数十年来持续向专家“转移负担”。其结果是，当我们今天面对水、废弃物和有毒物质、能源和社区健康等问题时，许多人把这些问题当作是“别人的问题”。商业人士往往执着地认为政府管制效率低下，但与此同时，他们中的许多人还是坚定地主张，这些问题应该由政府去着手解决。许多人并不是主动与政府协作，努力寻求解决根本问题的创新方法（见图 2.1 中，下方的环形部分），而是把负担转移给院外游说团体，后者努力奋斗的却是“保持现状”（见图 2.1 中，上方的环形部分）。

当然，政府领导人也有他们自己的一套“治标”的专家班子，像

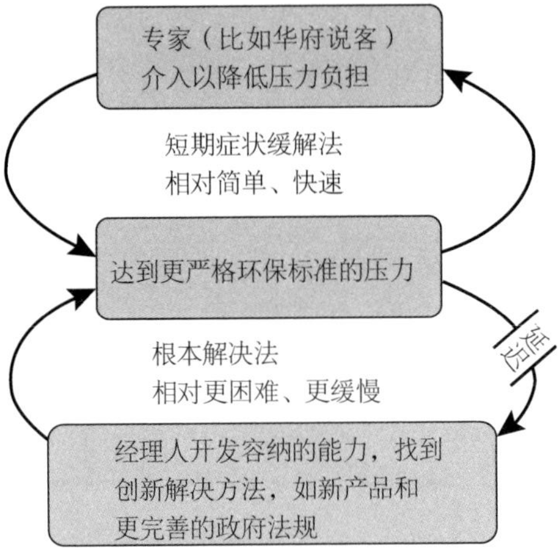

图 2.1　转移负担给“内行”专家

政府中与环境相关的部门，就是政府领导人转移他们的“负担”的地方。这些部门往往与其他政府核心部门（经济政策、外交政策、税务和国土安全等）没什么来往，它们的行动也因此而收效甚微。

但是，时间已经不多了。我们没有多少时间能再把负担转移给他人了，没有多少时间能再以简单化的“治标”的方法去掩盖深层的问题，让深层的问题短期“消失”了。

工业社会的初期，有钱人从工厂和工厂周围废弃的副产品旁边搬走，就可一走了之。其后，我们发现可以把废弃物“扔”到远离人口中心的地方（纽约市每天输出 10 万吨固体废弃物）。[21] 然而，今天的世界是个联系紧密的世界，“眼不见，心不烦”的办法，也快要“不是办法”了。当人口和工业化水平都以几何级数增长，某一个地区产生的废弃物会对另一个地区产生经常性的影响。地球说到底是个有限的系统。远在东半球的某个工业城市排出的烟尘颗粒会对洛杉矶的空气质量产生影响，而后者又会影响纽约人口的哮喘发病率。我们共有的大气、海洋和地表水系统长久以来就维系着我们之间的联系。工业化活动的规模已经发展到今天的程度，区域化行动的影响已经不再仅仅是区域化的了。如今，可利用的垃圾填埋场和有毒废弃物处理场的空间正在迅速缩减，再用短期的、“即时贴”方案解决根本性问题，保证成功的操作空间也以同样的速度变得越来越小了。重新思考、从头设计的机遇，其实就在我们“手边”。

怎样解读“因果环”图

在本书中，读者会遇到类似图 2.1 的“因果环”。“因果环”用来描述一段时间内导致模式变化（或者模式不变化）的相互作用和力量。比如，在“转移负担”的模式下，“达到严格环保标准的压力”这个问题的症状，可以用两种方式应对。一种是短期的“治标”的方式，像雇用院外活动团队；另一种是根本性的解决方式，像开发“环境友好”的产品，或者是主动与政府协作改善环境立法。设想这两种方式是相互竞争、对立的。如果“治标”的方法奏效，达到严格的环保标准的压力就会逐渐消失，采用根本性的解决方式的需求也会下降。但是，这又会导致新的影响力。如果忽视根本性的解决方法，原先问题（“达到严格环保标准的压力”）症状最终还会回来。因为没有真正在应对背后的环保问题上做什么，压力还是会再次逐渐上升。如果当这些压力又需要解决的时候，这家公司还是倾向于采用“治标”的办法应对（由于根本性的解决办法并没有变得更容易，公司也更习惯与院外活动团队合作——这种情况是可能的），那就会引出更多的院外活动。由于这个过程，影响力随着时间逐渐加强，解决问题的“负担”就转移到了越来越依赖院外活动团体。

看整体，观大局

环境和社会危机层出不穷、日复一日，对于我们中的大多数人来说，无论从认识上还是情感上都感到应接不暇，难以应付。难怪一听到又有消息提到气候变化造成了恶性灾害、缺水以及有毒废弃物，许多人干脆选择“关机”。看来，我们需要对付的第一个问题也很简单：我们如何才能把所有这类的坏消息都接收进来，却又不破坏我们的“神经回路”？

“系统思考”一直是我们开展组织学习工作的核心观念之一。但是，“系统思考”这个术语看上去很是吓人，不容易懂，总像是哲学博士一类的知识分子做的工作。其实，“系统思考”不是把复杂的问题搞得更复杂，再去解决。“系统思考”只是要求我们“退后一步站”，看到问题背后的那些模式。这些模式一旦清晰呈现，其实反倒更贴近直觉，更容易把握。

落基山研究院（Rocky Mountain Institute，简写为RMI）是一家开展能源与资源研究及咨询的机构。几年前，我们与那里的研究人员一起工作的时候，开发了一个简单的“系统图解”工具，帮助人们理解我们今天所处的局面。[22] 这个“图解”的核心是 6 个基本概念。

如果你想给一个 10 岁的孩子解释清楚我们所处的困境，这个“图解”可以是个不错的开端。

> 1. 工业系统，也就是我们制造、购买和使用的东西（从汽车到电视、从建筑到电厂），位于更大的自然系统之中。
>
> 2. 自然这个更大的世界，既包括有生命的、可再生的资源，比如森林、农作物、渔业资源等，也包括其他那些从人类的时间角度衡量是不可再生的资源，比如石油和矿产资源。
>
> 3. 可再生资源可以无限支撑人类的生存，只要我们的“收割”

速度低于这些资源的再生速度。

4. 不可再生资源依靠采掘获得（这也是为什么矿山、石油生产和其他类似行业被称为采掘业），而且只会逐渐枯竭。由于这类资源无法自行补充，当然迟早有一天会被用完，就像今天正在发生的一样。

现代的社会结构使我们更多地关注工业社会的收益和产出，我们往往要么是看不到，或是不太注意第5和第6这两个方面。

5. 我们为了生产和使用产品而采掘、获取自然资源，在这个过程中，工业系统也会产生废物，在采掘和获取自然资源的过程中产生废弃物，在制造、使用和最终扔掉产品的过程中也产生废弃物。这些废弃物损害着自然的自我补偿能力。

6. 工业系统还处在另一个更大的系统中，其中有社区、家庭、学校和文化等等。过度生产和废弃物对自然系统造成损害，也在我们的社会中造成焦虑、不平等和精神压力。

下面的图2.2a和图2.2b描述了这6个基本概念。图从工业社会的初期开始，这时候的主要驱动因素是扩大生产和就业，而当工业社会持续到最近50年，主要驱动因素则越来越以消费为主，包括了实物产品的消费（手机和iPod之类）和服务产品消费（航空旅行和音乐下载之类）。无论是实物产品还是服务产品，都是企业利用资本设备和厂房设施来生产和提供的。

但是，“看到整体”很不容易（见图2.2c和图2.2d）。直到最近，多数政治家、商业人士和媒体只关注那个“系统中的系统”，关注工业经济以及如何持续其扩张。虽然公众对于更大的社会系统和生态系统健康的关注度在持续上升，已经有几十年的时间了，主流人士仍然把这些系统当作“书的封底”，只是蜻蜓点水地提及。只是到了最近几年，大家才看到关于经济、商业和技术的头版文章提及生态系统健康状况的下降，谈到全球经济系统得以运行乃是依赖生态系统。

大家都不太关注这些更大的问题，这完全可以理解。始料未及的副作用不被重视这一现象不仅限于环境问题，实际上，这是我们在帮助企业理解系统思考的过程中，经历的最常见的一种基础模式。例如：企业管理人员常常因削减成本、改善短期利润而获得丰厚的奖励，但是

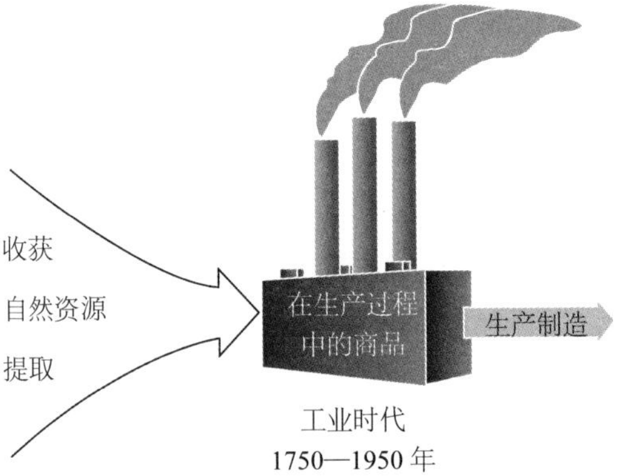

图 2.2a

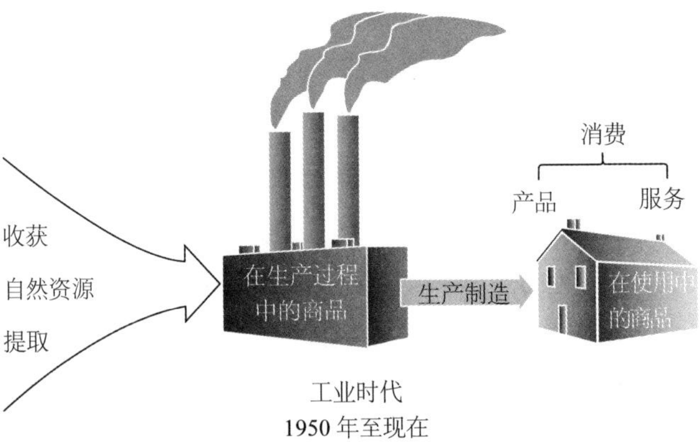

图 2.2b

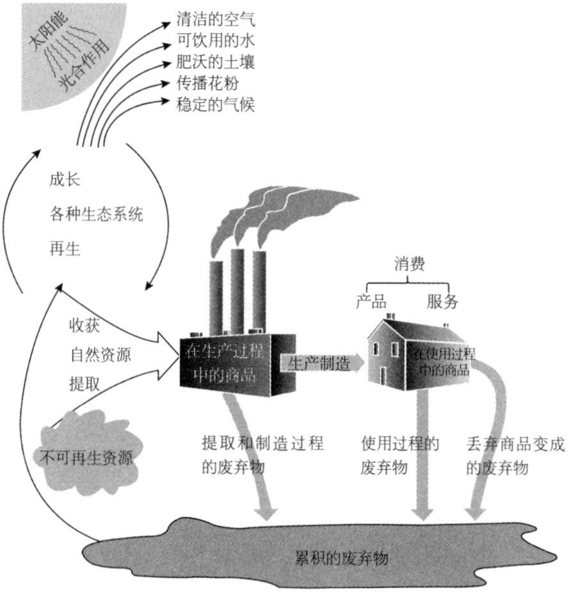
太阳能
光合作用
清洁的空气
可饮用的水
肥沃的土壤
传播花粉
稳定的气候
成长
各种生态系统
再生
收获
自然资源
提取
不可再生资源
在生产过程中的商品
生产制造
消费
产品
服务
在使用过程中的商品
提取和制造过程的废弃物
使用过程的废弃物
丢弃商品变成的废弃物
累积的废弃物

图 2.2c

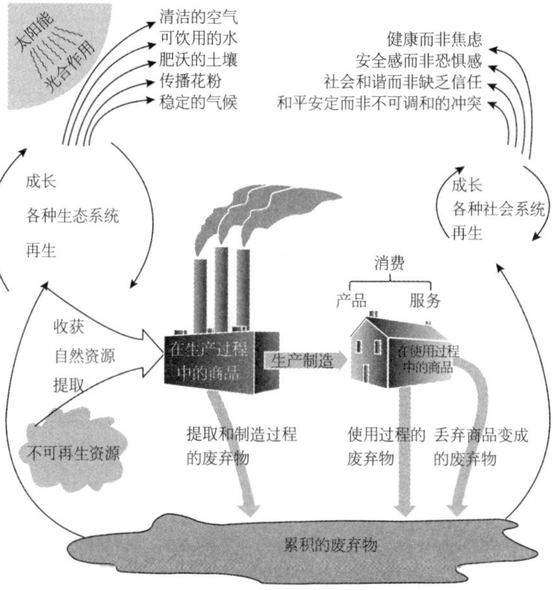
太阳能
光合作用
清洁的空气
可饮用的水
肥沃的土壤
传播花粉
稳定的气候
健康而非焦虑
安全感而非恐惧感
社会和谐而非缺乏信任
和平安定而非不可调和的冲突
成长
各种生态系统
再生
成长
各种社会系统
再生
收获
自然资源
提取
不可再生资源
在生产过程中的商品
生产制造
消费
产品
服务
在使用过程中的商品
提取和制造过程的废弃物
使用过程的废弃物
丢弃商品变成的废弃物
累积的废弃物

图 2.2d

管理人员的谋划产生的副作用，比如，员工士气低落、客户愤愤不满等，往往使得企业在长期支付了更高成本。

换一种说法，我们落到今天这步田地，就是因为我们只见局部、不见整体，只见树木、不见森林。聚焦在即期目标（比如，短期利润）上解决问题，让我们变得技能娴熟，与此同时，我们对更大的系统（公司季报只是其一小部分）却视而不见。但是，这种情形正在发生变化，因为更大的现实，我们已经不能再忽视了。

紧急行动时刻：80–20 挑战

工业时代的问题为人们所了解已经有几十年了，但是，今天却有了很大的不同。今天，已经有了一个越来越无法躲避的明确指令，要求我们清醒起来，开始采用完全不同的方式运作——这就是全球气候变化。

虽然气候变化仅仅是全球工业增长的诸多副作用之一，但是，这个议题有两个突出而独特的方面。首先，气候变化的代价十分巨大，无论是现在还是将来，不管是对富人还是穷人，都是如此。其次，用气候变化的简单明了的数字指标可以说明：我们周围的一切失衡到了什么程度，而要避免灾难，我们又需要以多快的速度、多大的规模进行调整。

尽管科学很少提供绝对确定的结论，但在科学家中间，在一个正在扩大的、有影响力的领导人团队中间，一个共识正在形成：要想避免极端的、可能是无法控制的气候变化，就需要更大的变革，就必须采取更快的行动，其程度和速度都远远超出了我们几年前的想象。从这个意义上看，气候变化反倒像是一种特别的礼物，是一个倒计时的时钟，告诉我们工业时代正在以多快的速度走向终结。

至于说到气候变化的代价，眼下的成本已经很高了，如果我们不能更加迅速地、系统化地应对，气候变化的代价还会变得更大。2007

年，全球最大和最为人尊敬的社会组织之一乐施会（Oxfam）发布了第一份关于向穷人支付气候变化补偿金总成本估算的研究报告。报告对由气候变化引起的疾病、作物歉收和被迫搬迁所带来的损失如何进行补偿进行了评估。报告估算，全球补偿金的总额应在 500 亿美元的水平，同时还指出，补偿金的成本在未来几年将会急剧上升。乐施会开展这项研究的更广泛的目的是建立一种方法，让这些不断增加的成本成为“显性成本”。气候变化对于保险行业的成本，现在已经可以看清了：保险金额在佛罗里达增加了 40%，在马萨诸塞的沿海地区增加了 20%，针对某些石油钻井平台增加了 400%。这些都反映了气候不稳定可能带来的风险。对于像佛罗里达南部这类高危地区的居民和商业，这种高额费率使得“自保险”（即“停付保费，听天由命”）更加划算。受英国政府委托，2006 年发布的《斯特恩报告》（*Stern Report*）由一位前世界银行的经济学家主持开展，这份报告产生了不小的影响。报告的结论是：如果不采取迅速、断然的措施，全球气候变化的成本在未来十年将会达到或超过第二次世界大战的总支出。[23]

与其他全球社会和环境问题有所不同，气候变化从某种意义上说比较简单，因为这个问题的基本方面都可以计量。科学家现在有了大量的证据，可以说明二氧化碳和其他温室气体如何快速在大气中积累，与历史数据对比又会是怎样的结果。

在整个工业时代，大气中的二氧化碳含量都在持续上升。现在大气中二氧化碳的含量水平比 1850 年高了 30% 以上（见图 2.3）。[24] 二氧化碳含量的水平还会持续上升，这是因为全球每年通过燃烧化石燃料，从电厂、建筑物、汽车、卡车、飞机和工厂等排放 80 亿吨（当量）二氧化碳，这个数量是我们能够从大气中去除的、自然生态群可以吸收的（树木、植物和浮游生物）以及海洋可以溶解的二氧化碳总量的两倍以上。[25]

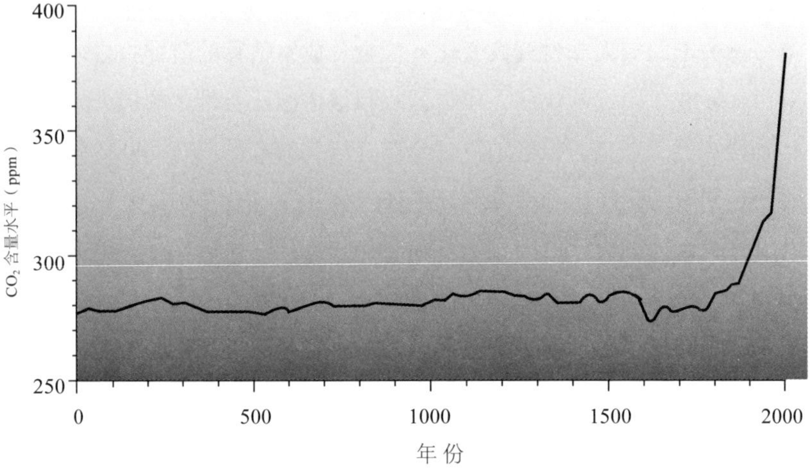

图 2.3

没有人能真正确切地说出来，大气中二氧化碳的含量达到多少就算过多了。但是，有几个基本事实正在开始获得认可，并形成共识。

首先，目前的二氧化碳含量水平，比起过去 65 万年以来任何时间的水平，都高了几乎 1/3，而这 65 万年已覆盖了人类生活的大部分时间。[26] 这段时间里，除去阶段性的冰期，总体气候状况有利于人类生存。

其次，海洋和生态群中的二氧化碳的含量已经远高于历史水平，造成了海洋酸化等问题，也引发了人们的疑问：海洋和生态群这些“洗涤池”究竟还有多少能力继续吸纳二氧化碳？如果海洋和生态群吸纳水平开始下降，更多的二氧化碳就会以更快的速度在大气中集聚，加速全球气候变暖。

再次，二氧化碳对气候和气温发挥全部影响，会有一个较长的时间延迟，科学预测为 30~50 年。也就说，要到 2050 年或者更晚一点，我们才会真正感受到今天的二氧化碳水平造成的全部影响。

二氧化碳浴缸

二氧化碳流入和流出大气层，就像浴缸的原理一样：只要流入量大于流出量，二氧化碳浓度就会上升。许多人，包括许多在重要领导岗位的人，却对这么简单的事实含混不清。他们认为只要二氧化碳排放量不再增长就能解决气候变化的问题。[27]

只要流入量大于流出量，二氧化碳浓度早晚要“溢出”浴缸。这就意味着，如果不把二氧化碳排放降低到其从大气中流出的水平，即达到 60%~80% 的全球减排量，我们就可能会遭遇不可逆转的气候变化。

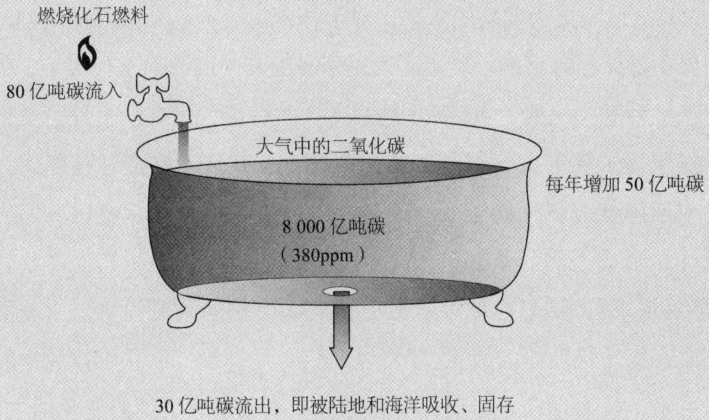

图 2.4　二氧化碳浴缸：二氧化碳年流入和流出量。浴缸水位每年上涨 50 亿吨碳（21 亿吨碳等于 1 个 ppm 的二氧化碳浓度）①

（二氧化碳浴缸动态模拟网址：www.sustainer.org/tools_resources。）

---

① 大约 3.67 吨二氧化碳中含有 1 吨碳。80 亿吨碳流入量就是约 293.6 亿吨二氧化碳排放。——译者注

最后，不断升高的二氧化碳和其他温室气体水平，在某一时间点会触发“失控”效应。在那种情况下，气候变化本身就会引发进一步的气候变化。比如，北极永冻冰盖的融化将会向大气释放另一种温室气体沼气（甲烷），导致气候变暖的加剧。[28] 这类“引爆点”反馈过程一旦启动，我们影响未来的能力就会大幅度下降。

那么，二氧化碳水平究竟达到多高才是太高了呢？部分科学家认为，现在的二氧化碳水平（约380ppm）已经过高了。另一些科学家则认为，如果二氧化碳水平按目前的速度再持续增长10~20年（达到425ppm左右），则触发不可逆、不可控后果的风险就会大幅度增加。相形之下，如果不采取任何行动，任凭二氧化碳排放继续增长，到21世纪中期，二氧化碳水平就会达到65万年以来最高水平的两倍（约550ppm），这是更为危险的水平。对于任何有心为后辈造福的人们，这种结果都是无法容忍的，更不必说对于身处其中的我们这代人了。[29]

从某种意义上看，“多高才是太高”的讨论，只有学术性意义。因为，仅仅为了稳定大气中的二氧化碳含量，就需要在全球范围内大幅度、快速降低二氧化碳排放。这是个十分重要的道理，全世界的人们刚刚开始形成清醒的认知。十几年前，一些国家走到一起，开始勾画《京都议定书》，这是全球第一份应对气候变化的政府间协议（美国至今还没有签署这项协议）。这项协议的核心是抑制二氧化碳排放量的增加。可是，我们现在才知道：要想对付二氧化碳这个气候变化的主因，让大气中的二氧化碳含量停止上升，实际需要的是显著减少二氧化碳的排放量。要做到这一点，我们的生活和生产方式就要发生脱胎换骨的变化，包括我们使用的能源、我们驾驶的汽车、我们工作和生活于其中的建筑、人和货物在全球运输的方式，还包括那些现在还没有人能想象得到的变革。

气候科学的突破性进展在今后仍然很重要，我们可以借此了解气候变化的具体影响，了解平均气温上升对降雨和干旱模式的可能影响、对暴雨的活动方式和强度的可能影响、对疾病传播的可能影响、对海平面显著升高风险的可能影响。然而，科学能够帮助我们的也只有这些。迟早有一天，再等待下去更多的计算预测就会变得无关紧要，关键是我们如何做出抉择。[30]

现在，全球范围内的一些个人和机构已经开始制定大胆的“挑战性目标”，以志向远大的目标刺激想象力、创造力和勇气，而想象力、创造力和勇气正是我们这个时刻真正需要的。[31] 尽管这些指标的细节不尽相同，其核心信息却基本一致：我们应该在未来 20 年内，把二氧化碳的排放量降低 60%~80%，这样才能稳定住二氧化碳在大气中的含量水平，才能大幅度降低灾难性后果的威胁。[32] 这就是我们所说的 80–20 挑战，工业时代终结的钟声已经敲响。

我们重点关注二氧化碳的排放，就容易理解眼下问题的紧迫性，但我们还是要时时提醒自己：气候变化不是一个孤立的问题。这一点也很重要——由攫取、制造和废弃过程组成的工业系统产生的副产品，在一天天地积累，各种自然资源在一点点地减少，不同的生态系统在一步步地恶化，方方面面的社会压力在一次次强化。自然资源减少本身就会进一步增加二氧化碳排放，全球仅因森林破坏（包括木材的腐烂和燃烧）每年就产生 60 亿吨二氧化碳排放，而美国对中东石油的依赖则驱动着美国的外交政策。气候变化既是全部问题的一部分，也是全部问题组成的整体问题的代表，这一切正预示着工业时代的终结。气候变化只是一块布上的一根线，我们不能只是抽走这一根线，我们需要重新织就这块布。

正因为全球化的副作用相互联系、相互影响，要应对 80–20 挑战，实现在 20 年内降低 80% 二氧化碳排放的目标，全球的主要经济系统都需要变革——食品与水、能源与交通、全球的生产和分配方式都包括在内。我们现代生活中的方方面面，都会受到影响。

从这个角度看，除非我们的思想发生根本性的转变，否则变革就不会发生，正是这些思想造就了工业时代的巨大成功，也带来了工业时代的巨大灾难。

| 第3章 |

工业时代泡沫后的生活

我们正处在一个起点，一次长途跋涉的起点。尽管如此，有这样一个简单的概括性比喻，帮助我们理解正在开始经历的这场革命。

要理解这个比喻，你首先必须意识到，我们并不是历史上第一个发现自己已经陷入危机的高度成功的社会。历史上，这样的例子随处可见：人们十足成功地扩张了自己的生活领域，却同时发现自己落入悲惨境地，毫无准备。

普利策奖得主，历史学家贾雷德·戴蒙德（Jared Diamond）详细列举了众多曾经称雄一时的文明［在他的《崩溃》（*Collapse*）一书中］是如何灭亡的，并且往往还是突然灭亡。比如，中美洲的玛雅文明，成就了高度发达的数学、天文学和社会组织结构，当其时代，几乎没有任何其他文明可望其项背。但是，虽然有如此高的成就，玛雅文明在西班牙人到来之前500年，仅在一代人的时间里就全部消失了。原因很明显，正是玛雅人世代延续下来的砍伐焚烧式的不可持续农业，使他们成为一场环境崩溃的牺牲品。

玛雅文明的人口增长越快，他们的农业活动毁掉的森林地带就越多，而那又是他们的生存之地。森林的消失反过来造成土壤流失，进而又逐渐破坏了他们的饮用水蓄水库和农业生产能力。没有了食物和水，玛雅的城邦就崩溃了，玛雅人就又重新返回到丛林之中。

高度发达的社会成功毁掉自己的基础资源，戴蒙德描述的玛雅文明和其他文明的历史，都是如此，那么，我们当前的局面就没有希望了吗？[1] 不，还有希望。环境分析领域的创始者之一——世界观察研究所（Worldwatch Institute）的创始人莱斯特·布朗（Lester Brown），在最近一篇文章里讲述了一个民族成功变革的例子。

600 年前，冰岛人意识到，过度放牧对当地固有的高原薄层土壤造成了大规模的破坏。出于唯恐失去高原草场，进而面对经济衰退的初衷，农场主们聚集在了一起，共同确定这片高原草场能够支撑的牧羊的数量，然后在彼此之间分配定额，最终保住了他们的草场。

正如当年冰岛人理解了过度放牧的后果，我们现在也明白，燃烧化石燃料产生的二氧化碳在大气层中的积累所造成的后果。但是，我们与当年的冰岛人不同：他们能够限制自己的牧羊数量，而我们至今仍未能有效地限制我们的二氧化碳排放。

我们在前面讨论过对全球工业化的副作用的认知，但是，要想成功限制排放，仅仅有认知是远远不够的。产生崩溃的真正威胁，更多来自拒绝承认现实，而不是缺乏认知。而正是从这个意义上说，我们在这里要借助历史学家经常使用的一个比喻——泡沫。

我们都熟悉金融泡沫。经济历史学家发明的这个比喻，是帮助理解一个反复出现的令人迷惑的现象：为什么金融业过度扩展和崩溃会不断重复，一再使原本聪明、机灵的人们毁于一旦？

答案是，在扩张期间，实际上有两个平行的现实在发展着，一个在泡沫之内，另一个在泡沫之外。对于生活在其中的人们来说，两个现实同样真实。但是，随着泡沫的扩张，越来越多的人被拖到了泡沫那自我增强的信念和观念里。最终，那些生活在泡沫之内的人如此全神贯注于自我所处的现实，以至无法理解泡沫外面的人的观点和角度。

还记得 20 世纪 90 年代末的网络公司泡沫内外之间所进行的互动吧。那时，泡沫内部的人生活在“新经济”时代，相信自己的规则，而当时的成就也证明了他们自己。最重要的是技术，网页的点击量、网站的“黏性”（人们进入一个网站后停留多长时间），以及看似很酷的反企业形象。新经济的狂热追求者争辩说：利润是个陈旧的经济学名词，利润早晚会来的。而许多投资者也相信了他们——相信到了非常的程度，以至于赢利的旧经济企业常常看到，他们的市场价值相对网络公司在走下坡路，尽管那些 IT 公司从未赢利或者获利甚微。

然而，在泡沫之外还有一个更大的现实，在这里，利润确实还是很要紧的。最终，这个更大的现实要求人们坚持自己的权利。于是，泡沫破灭了。数量众多的“纸上”百万富翁，还有一些“纸上”亿万富翁，也就此消失了。

正如戴蒙德所揭示的，社会泡沫可以持续数十年甚至数百年。而且，泡沫增长的时间越长，就有越多的人和资源被吸引进去，也有越多的人从中获益，而其信念也就越加深入和牢不可破。

数代人以后的人们，甚至很难想象，在泡沫之外可能还有一种替代生活方式。但是，迟早而已，泡沫内部的生活与外部更大的现实之间的不协调的张力，一定会伺机寻求释放。泡沫不可能永远持续扩张。

我们认为，工业时代就是这样一种扩张已久的泡沫。它的膨胀已经持续几百年了，因而人们很容易假设，它将永远持续下去。但是，泡沫之外还有另一个世界，即生物学家威尔逊（E. O. Wilson）所说的“真实的现实世界”（the real real world）。而且，我们已经开始见证，工业时代走向终结的迹象早已清晰地显现于世了。[2]

“真实的”现实世界

如谚语所说：“万有引力不只是一个好概念，它是个定律。”工业时代的泡沫在好几个方面违背了自然界更大的“万有引力”定律。我们作为一直生活在这个泡沫中的人现在必须认清这一点，才能看到未来的路径。

比如，我们来考虑一下，在工业时代泡沫中我们是如何满足人类基本需求的，这包括能源、食物和水，以及确保我们物质生活安全和福祉的产品和服务（见图 3.1）。

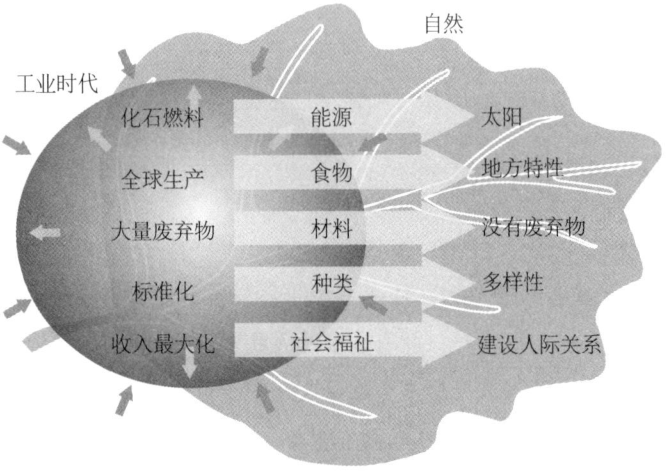

图 3.1

地球上的生命在大约 20 亿年的时间里一直依赖一种能源：太阳能。它是大到森林、草原、海洋生态系统，小到毛虫的能量的同一来源。

相比之下，我们工业时代泡沫中，90% 以上的能源来自化石燃料的燃烧。

类似的，在自然界，大多数食物来自本地（尽管有时种子可能传播很远）。而我们的食物则很少来自本地，它们通过运输来自数千英里之外，而且经常是转基因的，或者通过其他防腐剂来使其经受得住长途运输。

自然界中没有废弃物：一个自然系统的每一个副产品，都是另一个系统的营养品。而在工业时代泡沫里，人类社会却在制造大量的废弃物。

工业时代泡沫的矛盾，还延伸到社会的组织方式及其确定事务轻重缓急的方法。比如，工业时代对效率和标准化的追求，逐渐成为推动同质化的无情力量，从而在摧毁了生物多样性的同时，也摧毁了文化的多样性。今天，世界每个角落的人都在看同样的电视节目，购买同样的商品，并且逐步在信奉同样的消费主义的“美好生活”理想。与这种同质化运动形成鲜明对照的是，我们看到的自然界对多样性和独特性的钟爱：没有任何两棵树、两片叶子、两只蜻蜓、两只北极熊或两个人，是完全相同的。

数千年来，成功存活下来的健康的社会，都培育出了一种归属感和安全感，培养了其对满足基本物质需求的信心，并且给每个人提供了成长和表达他（或她）自身独特才华和志向的机会。对比之下，在工业时代泡沫中，社会福祉经常被降低为物质增长，尤其是GDP的增长。尽管我们被不断地提醒说它有多重要，但是当GDP增长时，我们却很少有人感觉到更安全、更幸福。其实，研究显示，在基本需求得到满足以后，物质舒适程度的增加其实与人们幸福感的关联很小。[3]

包括人类在内的自然界的运作方式，与现代社会的运作方式之间的这些矛盾对立，是不可能无止境地持续下去的。问题不在于工业时代的泡沫是否会破裂，而在于什么时间和以什么方式破裂——请记住戴蒙德的观点，崩溃的来临可能比泡沫内部的人所预想的要快很多。

很久以来，那些指出工业时代问题的人，大多都被归于批评社会的一小撮人，坐了冷板凳；而他们的观点则被归于学术争论一类，远离实际政策和组织战略的正堂。然而，气候变化的紧迫性正在改变这种情况。80–20 挑战要求我们立即改变，改变能源使用的方式和现代生活的方式。

这就又回到了怎么做的问题了。答案其实相对简单，然而绝不容易做到。迄今为止，我们一直在把负担转移给自然界，让自然界去消化我们支离破碎而又短视的"攫取—制造—废弃"的方法所产生的副作用（见图 3.2）。[4]

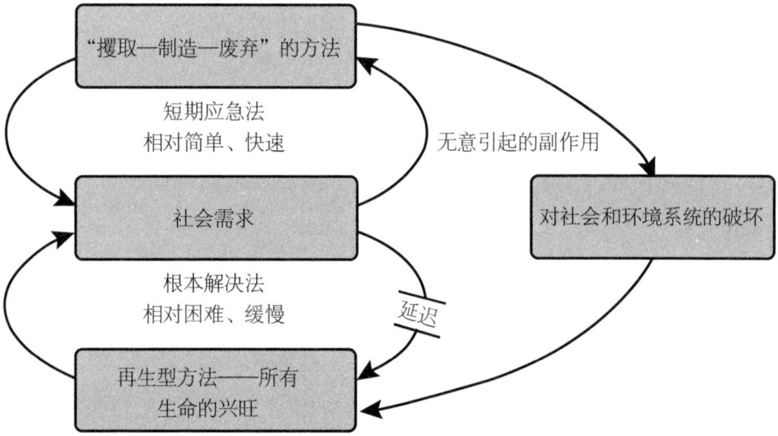

图 3.2

我们要么继续这条路线，也许做一些偶尔的渐进式的调整（这像是在超市提供的纸袋和塑料袋之间做选择）；要么就立即全力投入，建设一个尽可能完全模仿自然界的再生型经济和社会。

选择背后的选择

再生型社会的一项核心原则，就是由生命来创造生命的条件。

当我们要来决定如何处理能源、水以及其他资源等这类重要问题时，我们或者接受这项原则，或者回避龟缩，强调如下事实：我们在这里活的时间会很短。为什么呢？因为我们越是依赖工业时代的旧模式，我们就越是对支持并生成生命的环境条件造成更大的破坏。而我们的可持续性问题变得越严重，投入开发可替代方式就越加困难。这是由于生态系统在承受着越来越大的压力，它越来越要求我们立即采取应急性措施，而应急性措施终将限制我们真正创造未来的能力。

显然，工业时代泡沫是个比喻，但它对观察当前的局势很有用，它能够帮助和引导我们选择前进的路线。工业时代泡沫在我们每天的选择中得以延续——我们买什么，制造什么和怎样制造，以及我们如何互相交往。强行选择那种“攫取—制造—废弃”的经济方式，是基于历史形成的、在现代社会已经根深蒂固的一系列假设、观念和看待世界的方法，比如：

- 能源是无限的，并且是便宜的。
- 总会有足够的地方来接收我们所有的垃圾。
- 人类不可能改变全球环境，比如，不管我们做什么，气候模式都会保持相对稳定。
- 人类是地球上的主要生物，其他物种没有我们重要，而且许多物种根本就是无关紧要的。
- 诸如水和表层土壤等基本资源是无限的，如果出现问题了，市场和新技术将把资金和资源投入进去，以便我们能够继续目前的生活和工作方式。
- 提供生产力和标准化是经济进步的关键。

• 经济增长和GDP增加，“水涨船高”，是解决社会不平等问题的最好方法。

相比之下，工业时代泡沫破灭之后的生活，将会基于我们选择与此前截然不同的观念、假设和指导原则，比如：

• **在变异中做冲浪运动。**[5]在我们的能源收入允许范围之内生活，依赖诸如太阳能、风能、潮汐能和生物能等可再生能源。

• **零填埋。**从汽车和苹果iPod播放器，到办公建筑和机器工具，所有都是100%的可回收、可再制造，或可降解处理的。

• **我们在向我们的子孙未来举债，而我们必须还债。**我们的首要责任是给我们的孩子、孩子的孩子，以及孩子的孩子的孩子，等等，留下一个健康的全球生物圈环境。

• **我们只是自然的奇迹之一。**我们只是许多重要的物种之一，而且，我们和其他物种之间相互依赖的关系之微妙，我们甚至无法想象。

• **尊重地球提供的服务，这种服务对珍惜它的人是免费的。**健康的生态系统是珍贵的，必须如是看待。

• **拥抱多样性，建设社区。**多样性中的和谐，是健康的生态系统和社会系统的标志。

• **在地球村里，只有一条船，而上面的一个漏洞就会使我们全部沉没。**我们所有人的安全和福祉，依赖于对所有人的尊敬和关怀。如果我们中任何人处于不安全之中，那么我们都处于不安全之中。

最后，一个再生型社会是一个繁荣昌盛的社会。这场革命不是要求放弃，它是关于重新发现我们最珍视的东西。它的意义在于创造更好的生活质量，这是我们的社区、企业、学校和社会的核心价值。因而，它是关于重新建立我们与自己的联系、与他人的联系，以及与其他非人类地球村居民的联系。

20 多年前，小国不丹开始了一个项目：建立国家进步新指标系统，即人们后来看到的国家幸福总量，或GNH（国民幸福指数）体系，包括森林覆盖率、儿童营养水平、教育水平、老年人健康等指标。有趣的是，GNH 指数体系开始使用以后，在世界银行国际开发援助部的绩效指数评估表中，不丹在接受资助的所有国家里一直名列前茅，而世行的指数既包括公共治理，也包括社会和经济指标。

泡沫之后的生活将要求停止“不是—就是”的思考方式。那种认为我们要么得到更高的生活水平，要么得到健康的生态系统，必须从两者中选择其一，而不能两者兼得，这就是工业时代的思考方法的副产品。这不是说，可以假设再生型社会就没有困难的变革问题了，问题还会有，比如，适应更高的能源价格、拥有更少的物质财产，或者对我们给世界造成的影响负担更大的责任。但是，如果假设这就自动构成了一个整体生活质量的倒退，就如同自动假设我们过去的答案就是未来的答案。

进入的方法也是出去的方法

就如同我们过去的思考方式使得我们陷入今天的局面，还是我们今天的思考方式——不同的思考方式，会帮助我们找到出路。我们不能零星片段地、分立地解决社会和环境问题，这样不会有多大前景，最好的情况也只能是提供短期缓解问题。同样，试图维持现状的同时天真地幻想，只要新技术一出现，一切问题就解决了，这种态度也不行。

我们需要提问：“基于更宏观的自然界法则的一种思考方法、生活方式，以及最终的经济体系会是什么样子？还有，我们如何才能一步一个脚印地在我们的组织和社会中创造这样一种生活方式？”

| 第4章 |

新思考，新选择

工业时代在全球范围的扩张，吸引着世界上越来越多人的参与，消耗着世界上越来越多的资源，同时，它也造就了史无前例的相互依存。美国市场上的每磅[①]食物在消费者购买之前，平均要“旅行”2 000英里。而许多日常的商品，从中国制造的耐克鞋到威尔士制造的索尼电视，“旅行”的距离也不会比这个近，甚至会更远。

这一事实之所以重要，有两个原因，一个显而易见，另一个比较微妙。

显而易见的原因是：我们的全球经济是建立在相互依存的基础上的。美国和欧洲的富裕国家依赖全球各地的人们生产日常生活的必需品。反过来，后者也依赖前者，不仅仅是购买他们的产品，还有生产他们所需要的东西。

然而，我们中的许多人并不清楚由此而产生的看不见的成本。我

---

① 1磅≈0.5千克。——编者注

们购买产品的选择，影响着距离我们遥远的人群：不仅通过其直接的经济联系，还通过其副作用，比如二氧化碳的排放和自然资源的枯竭。我们目前的远途运输和分销食品以及其他商品的方法，大量消耗着越来越宝贵的燃料，同时也成为温室气体的另一个来源。比如，如果加入运输成本，一杯橘子汁里就包含两杯原油。全球分销系统几乎占目前全部二氧化碳年排放量的 1/10。[1]

当人们逐渐意识到这种相互依存的关系时，最初的反应是困惑，往往还有恐惧。类似高度的相互依存是以前从未存在的。正如世界银行前副行长西水美惠子（Mieko Nishimizu）打的比方，未来就像弩炮一样，正在把我们发射到一个“无法逃避的相互依存”的世界，这是一个像外星世界一样“对我们真正陌生的未来”。

我们写这本书，就是要分享一些人和组织的故事，他们在寻找可持续发展解决方案的过程中，拥抱了这种相互依存关系，而不是让恐惧和担忧困住自己，我们也要分享这些故事所激发的灵感和智慧。经验告诉我们，一旦人们看到并接受这种相互依存关系，他们就能开始寻找长期和全局性的解决方案。无论是重点关注应对气候变化的 80–20 挑战，还是注重应对工业时代的不平衡状态的其他症状，他们都表现出同样的紧迫感，并理解这种紧迫感所带来的可能性。

下面大家要读到的故事里，有些基本模式一再反复出现。

1. 深思熟虑的人们，能比我们其他人更早地看到形成中的问题。

2. 他们开始理解那些问题的严重性。

3. 他们对问题的深切关注，也对创造更好未来的可能性有所感觉，两者结合使得他们用不同的方式，去思考这些问题和这些问题的相互关系。

4. 独到的思考带来不同的行动方法。通过注重长期战略，团体和组织开始把他们身处其中的更大系统考虑在内，而不是简单地解决各种分立的问题。

现在，这样的人可能有数千，甚至数百万，他们都正在寻找创造可持续世界的创新方法。对我们来说，他们的工作本身就最有说服力地表明，一个与工业时代完全不同的未来正在呈现之中，而他们的行动，就是促生这个未来的最佳灵感来源。

他们特别展示出在三个方面的熟练精通，而那也正是我们多年从事组织学习工作的三个核心领域。

首先，他们通过个人和集体的努力，不断学习如何观察他们身处其中的更大的系统——组织机构、各种复杂的供应链、产业、城市或地区。这种观察给他们提供了灵感和视角，塑造了他们的战略和策略。然后，他们开始设计能够促进这个系统健康的产品、基础设施、组织与公共政策，以及商业模式，而不是追求一时有效却常常把整个局面最终搞得更糟的应急性解决方案。

其次，他们理解到跨界协作是决定性的，也就是跨越从前把他们与组织内外的其他人分割开来的各种界限。同时，改变不可持续的系统的工作方式，要与改变我们的工作方式结合起来。这项工作的起点，是在过去缺乏信任感和真正相互关怀的人群中，开始建立这样一种新型人际关系。

最后，随着大家共同工作的进展，他们还开始聚焦在对他们最重要的事情上，而他们的思考也从一种被动反应式的解决问题模式，进化到创造他们真正渴望的未来。由此而来的，是超凡的承诺、想象力、耐心和毅力，这远远高于我们仅仅对问题做出被动反应时所表现出的水平。

这三种能力，即观察系统、跨界协作和创造渴望的未来的能力，必须在组织和个人中间持续地进行开发。因为，组织机构及其所创建的网络，塑造了我们现在的世界的运作方式，而它们也正是实现系统变革的最大希望所在，就像我们在第 1 章中指出的那样。

这些能力必须一起开发。没有创造性的目标取向，人们就很难真正有对长期愿景、目标和渴望的结果的承诺和投入，而且很容易忽视那些观察更大系统和转变人际关系的挑战性工作。没有协作的技巧，人们就无法学习如何开发应对复杂问题的集体的系统智能。而没有能力观察系统以及自身在其中的位置，个人和组织机构自然就无法聚焦于建立共识和更大的共同愿景，而是着力于以所谓的最佳方式处理自己的问题。总之，对创建再生型组织、产业和经济来说，图 4.1 中这只板凳的三条腿都是必需的，缺少任何一条腿，板凳就无法立稳。

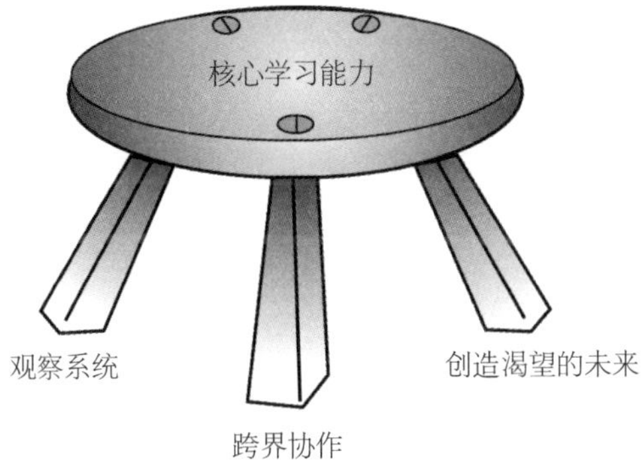

图 4.1　系统变革的学习力

观察系统

世界各组成部分之间的相互依赖性在不断增加。因此，突破管理工作的常规注意力范围以观察企业运行于其中的更大系统，现在比以往任何时候都更重要。不这样做的话，我们的政策和策略就会产生与预期相悖的结果，带来各种副作用，比如不断增加的废弃物和有毒物质。许多再生性资源，如水、表层土壤和鱼类资源等都在走向枯竭，原因也在于此，即企业和社区都追求短期利益最大化，而不去考虑自身消耗资源的速度是否超过了资源再生的速度。

许多公司已经开始理解他们所面临的资源限制。例如，制铝业要消耗大量的水，美国铝业公司（Alcoa，简称美铝公司）在20世纪90年代中期开始意识到水资源短缺已经在影响其业务发展了。公司研究了未来的相关趋势，意识到情况只会变得越来越糟糕。1997年公司设立了大胆的目标，即把废水排放量降为零，并据此重新考虑设计工厂运行的基本规则。可口可乐公司面对的水资源问题则更为严峻。历经几年时间努力改善公司生产厂家内部用水的使用效率，可口可乐的高层逐步意识到，各个装瓶厂所在的水源流域的总体健康才是真正重要的。于是可口可乐与世界自然基金会签署了为期五年的合作协议，以实现把抽取的水再“返还自然”的新目标，同时建立独立的认证机制。（本书后面还会讲到美铝和可口可乐的故事。）

扩展管理工作范围并考虑影响未来的限制因素，就意味着挑战现有的思考方式和心智模式。无法开发这种能力的组织在面对不断增加的问题时，就会倾向于使用自己比较能够操控的短期应急措施，这是习惯使然。其实可口可乐在节水方面的工作也是从避免浪费和降低成本起步的，公司首先帮助经理们提高了对这方面工作的重要意义的认识。但短期缓解方法往往成为拖延处理深层问题的借口。例如，许多公司当面对水资源短缺问题时，往往把生产厂迁到那些政府管控不严的国家。他们很快把越来越多的钱都花在政府公关和自我形象的粉饰上面，而背后的根本问题却没有着手解决，并且越来越严重。

扩大管理工作范围并正视深层问题，这项工作进行到一定程度时，人们的眼界就会打开，就会看到全新的机会。美铝公司看到的是无水制铝生产过程的根本性创新，可口可乐公司看到的是成为全球水资源管理的积极推动者。不能超越传统管理工作界限的组织，就无法发现这种机会。

虽然系统思考今天已经得到了人们的广泛宣扬，但许多组织并没有能力去实施系统思考，原因在于还没有对这方面的技能和工具的开发投入。富勒曾说，不要去教人接受一种新的思考方法，只要给他们一个工具，因为人们在使用工具的过程中就会产生新的思考方法。

本书后面部分会介绍许多系统思考的工具。但一开始必须要观察模式结构，即使是简单的观察，如，注意到某个“解决方法”提案中潜在的副作用。例如，公司通过裁减客户服务人员来提高利润率，但潜在的副作用是导致客户不满，进而转向竞争对手公司，这样造成的利润下滑更为严重。潜在副作用的模式，往往是只关注应急措施而忽略深层、更根本解决方法的转移负担模式的一部分。

面对可持续性这类复杂问题，使用“模式语言”来描述和探讨深层结构模式，会很有帮助。比如面对水资源短缺的问题，公司很容易落入转移负担的模式。把工厂迁到水源较丰富的地方，或用水管控较宽松的地方，目前这也许没什么问题，但如果你面对未来，发现水资源总体

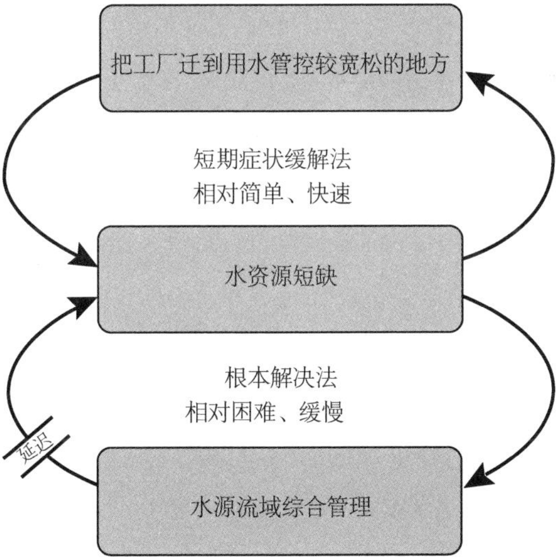

图 4.2　水资源短缺：转移负担的模式

上会越来越短缺，问题就来了。如果你愿意面对未来，你就会考虑更根本的解决方法："让我们和当地社区共同协作，更好地管理水源流域吧。"人们要能看清这个模式，特别是要能看清那些回避更根本的解决方法的应急措施和症状缓解法，这些都意味着问题会再回来，并导致更多的症状缓解法。这是个很有帮助的修炼，它让管理层更深入地考虑各种选择方案。

观察更大的系统以利于做出战略选择，这没有什么不可思议的地方。神奇的魅力会来自大家实际完成的这一工作，并从中真正学会如何共同思考。

跨界协作

世界是由组织机构和组织机构的网络塑造的。因此，作为系统思考者的个人最终并不重要。历史上曾经出现过许多智者，我们这个时代也不会例外。随着工业时代走向终结，应对当今挑战所必需的系统智能是集体性的，必须通过不同层面的人来共同开发，包括组织内外、跨越产业、社区和全球供应链的团队和网络中的各级人员。

正因为认识到了这一点，过去10年在商业界，近来也包括在商业组织和非政府组织之间，各种协作计划在不断增加。例如，世界可持续发展工商委员会（World Business Council for Sustainable Development）已经宣布，自己的企业会员已经代表世界GDP的1/3。谷神创业基金是由投资商、环保组织和公众利益团体组成的全国网络，专门支持公司应对可持续发展挑战。美国商务社会责任国际协会（Business for Social Responsibility，BSR）也面向250家公司成员和其他类型组织提供这类服务。海洋受托责任委员会（Marine Stewardship Council，MSC）是世界自然基金会和联合利华公司（一家经营食品及洗涤用品的超大型跨国公司）共同成立的，目的是为可持续渔业提供认证。其他一些协作针对特定的目标，如绿色电力市场发展集团（Green Power Market Development Group）通过为大客户提供绿色电力保障来推动可再生能源的发展；美国气候行动合作伙伴（United States Climate Action Partnership，USCAP）则致力于推动国家制定更激进的温室气体减排政策。

但是，成功的协作说起来容易，做起来难。在实现创始人目标的过程中，上述许多计划都遇到了困难和障碍。比如海洋受托责任委员会就远未能实现联合利华对世界范围所有主要鱼制品进行认证的目标，此外，相互竞争的认证机构还限制了林业产品认证的有效性和广泛传播。[2] 许多协作计划带来了大量会议和空谈，却没有什么实际行动。一位参与了许多协作计划的老资格高管说："这些圈子实在让人烦恼。大家要么就似乎对什么都意见一致，要么就陷于无法妥协的哲学观点之争。"

问题的部分原因在于我们低估了对背景高度多样化的人群在一起学习时的困难。比如，根据以往这类情况的经验，大家一般很少有真正的共同愿景。往往是某个人或某个群体的愿景被强加在大家身上，有时以隐秘微妙的方式，有时则是通过公开的方式。大家知道需要一起学习，可能需要通过工作小组，或通过复杂的供应链网络，但因为害怕冲突，大家往往避免探讨敏感问题。大家知道相互信任很重要，但没有可靠的方法建立信任关系。大家可能都说要跨界协同工作，可部门和地方割据最后还是各行其道。

这些问题的出现还有一个原因，即大家经常把成功的协作看成是良好愿望的产物，而忽视了必要的技能。我们的经验正相反：协作的容纳能力建设是艰难的工作，人们必须要认识到这一点。它需要时间和高度的承诺投入。不然的话，根深蒂固的坏习惯就会占据上风，比如回避冲突的习惯，或者仅仅为了强调自己过去的观点而进行辩论的习惯。

在当今充满挑战的环境背景下，这些技能对新的协作计划就更为关键。大家往往从差别很大的组织走到一起，又很少有过协作的经历，而且各自带有截然不同的世界观。例如，企业和NGO组织的领导者往往有过相互争斗的历史。而且，当面对各自深切关怀的问题时，在感情上的投入和执着，可能很难让大家保持冷静和开放的心态。

但尽管存在这些困难，各种形式和规模的协作还是在实际推进中。出现这些困难也毫不奇怪，因为今天大家尝试的协作计划，无论从规模范围和复杂程度上都几乎是没有先例的。这么多协作计划的存在和持续推进这一事实本身，就给人以很大的希望。企业之间正在共同应对碳减排、绿色能源以及更综合性的可持续发展战略问题，鱼制品和林业产品正在接受认证，而围绕这类问题的跨界协作的必要性也已经被认可。我们现在需要做的，就是学会把这种协作进行得更好，而且必须尽快学会。

如今，我们再没有回头路可走了。如原联合利华管理委员会成员、可持续食品实验室（Sustainable Food Lab，由包括世界最大的食品公司和非政府组织在内的50多家组织共同成立的联盟，致力于把可持续农业模式变成主流的农业模式）联合创始人安德烈·凡·赫姆斯特拉（Andre van Heemstra）所说："创造可持续农业模式将要求通常不合作的各方一起协作，这的确很难。但让90亿人口[①]有可持续的食品供应，需要做出的变革不是某一个部门所能完成的，除了协作我们真没有别的选择了。"

创造：超越反应式解决问题

解决问题是把你不想要的东西去掉。创造是把你想要的东西带入现实。我们认为这里面的微妙而又深刻的区别，对未来是至关重要的。

创造过程的能量是从大家真正向往的梦想和愿景中激发出来的，而这种愿景又与大家对现实的准确而深入的理解相呼应。而反应式地解决

① 据联合国预测，世界人口到2050年将突破90亿。——编者注

问题，它的动力来自危机感，通常还有隐蔽的恐惧感，即害怕如果问题得不到解决，将会产生怎样的后果。

这点区别不是黑白分明、非此即彼的两分法。在创造我们真正向往的未来的过程中，一定会出现许多问题，而有效解决问题的技能对处理这些问题就是至关重要的。区别在于理解什么是主要的动机、什么是次要的动机。如果解决问题成为主要的动机，我们就会执着于毛病和问题，总试图回避我们惧怕的后果。而当创新成为主要动机，生命过程就成为实现你真正的梦想的经历，在这个过程中你会解决必然出现的许多实际问题。现实因此不再是敌人——反思和理解各种问题之间的联系，思考它们为什么会出现，思考各种影响力对产生现状的作用，这些其实都是必需的。但积极应对这些影响力，与针对出现的问题而做出被动反应，完全是两码事。

建设可持续的未来意味着完成各种你能想象得到的集体创新。比如，逐步创造新的能源系统、新的建筑和交通系统、新的大幅降低废弃物和有毒物质的方法，而这些都要基于新产品、新工艺流程、新的商务模式、新的管理和领导方法。这要求大家有激情和耐心，要求大家能理解目标的真实、深层的含意，并为此而共同努力，以开放的胸怀接受新思想，包括看上去很陌生、具有威胁性的思想。这还要求大家有勇气去行动，并且在没有所有答案的情况下行动：你不能迷恋舒适的地带，幻想“找出所有答案然后再实施”。创新的过程一定是学习的过程，这就意味着承担风险，以开放和谦虚的心态进入困难的、未知的领域，并且不断发现自己的缺点和弱点。

激发人们和组织机构主动创造未来的潜力，而不是对现在的问题做出被动反应，这要求我们抓住两项基础工作，这也是在组织学习领域中的一贯做法：建立对未来的愿景，加深对现实的理解。

真实的愿景能够产生的力量在世界各地的文化中都有阐述。《圣经》

中的训诫也说："没有愿景的民族将要灭亡。"（Where there is no vision the people perish.）但同样重要的是，有能力对现实的状况进行尽量客观地观察。往往有人虽然理解愿景的重要性，但不想面对现实中的困难和痛楚；有人只看到现实中不好的地方，却无视现实中可以调动的积极因素——这些人都不能正确理解看清现实的意义。

系统地看清现实对创造未来非常重要。不然的话，人们就会被那些对"问题"支离破碎的观点所迷惑，结果往往寻求表面的应急措施。比如面对今天可持续发展领域的危机，世界各地的人都在对不同的方面做出反应，并认为这些是不同的、分离的危机：气候变化、高油价、不断增加的废弃物和有毒物质、不健康的食品、水资源短缺、社会和政治不稳定。对此，人们并没有开展深层次的反思，去发现这些不同的问题之间的内在联系。从这个意义上说，看清系统的能力和创新过程之间有自然的、必要的互补关系，就像图 4.1 中的三条腿板凳所示意的那样。

不管我们用什么语言描述，许多人都会感到，当自己在做真正喜欢做的事的时候，是有一种能量和激情的。那是我们想做的，不是必须做的。从后面描述的每一个案例中你会看到，一些个人、小团体或者更大的组织网络，在用温和而坚定的方法推动这种从被动反应到主动创新的转变。每个案例中，你都会看到人们在培育积极的未来愿景和坦诚面对现实这两者之间，如何进行有效的转换。

有一句古老的谚语说，人类活动的根本动机只有两个：绝望（desperation）和愿望（aspiration）。没有创造的愿望和动机，绝望就乘机流行。然而，也并非一定如此。

工业时代泡沫之后生活的指导性理念和原则，在努力促生新时代的创新者的愿景、承诺和行动中得到彰显。他们的故事和智慧揭示，我们都只有一个基本的选择：或是坐在旁边等待更多的创新者去创造一个不同的未来，或是加入他们的队伍和征程。

第二部分　未来就是现在

The Necessary Revolution:
How Individuals and Organizations Are Working Together to Create a Sustainable World

在第一部分里，我们讨论了工业时代的终结，这将是我们的思想、生活和工作方式的转变，它为我们呈现出非同寻常的巨大机遇：我们将共同创造一个未来，与繁荣昌盛的世界真正和谐的未来。

然而，我们要迈出的第一步是持续探索：我们究竟想创造一个怎样的世界。对本书作者而言，这不是一个理想化的乌托邦，而是我们真实生活的体验和感悟——我们有幸亲自接触到了不起的人物和令人惊叹的项目，从中收获体悟。对这些人物来说，再生型经济就是回应以下这样的简单问题："真正需要的是什么？""我能做什么？"仅此而已。他们的故事会帮助我们所有人记住，超越工业时代泡沫的生活需要变革，而变革将来自无数充满想象力和富于勇气的行动，来自无数迥然不同的环境背景：公司、非政府组织、松散型组织网络和工作小组——在这些社区，新思想和新行动能够生根、发芽、成长，并不断壮大。

在下面几章里，你将会读到：一批地方工商界人士、市政府官员、学生和大型汽车企业，怎样协作，促成一个国家大幅降低了对化石燃料的依赖；在能源消耗足迹最大的单一产业里，一群建筑师、建筑工程公司和业主，如何通过学习实践，超越了传统的势力范围之争，并成就了创新；还有，一家全球性企业和一个全球著名的非政府组织，如何通过合作来呵护我们最珍贵和奇缺的资源——水。

从下面的几个故事中，你将会看到，变革和转化工作如何在最具挑战的环境条件下得以持续发生：引领变革的领导者，既缺乏经验和权威，资源上也捉襟见肘，而经验、权威和资源通常被看作推动这类变革的必要条件。你将要读到的这些人物，没有一个在开始时就拥有所有答案——直到现在，他们也还是没有。但是他们知道，他们不能在角落里袖手旁观，坐等变革的出现。

他们学会了帮助自己，也帮助其他人，观察那些塑造他们的组织和他们的世界的更大系统。他们直面公司和产业的现状，并且质疑它们的发展方向。他们深入探索自己最深层的渴望，希冀创造一个体现那些愿望的未来。在实现共同愿景的过程中，他们逐步融合了所有其他人的方式和方法。他们每个人都意识到：他们必须自己去做——但他们又不能独自去做。

你会看到，这些正在塑造超越工业时代泡沫生活的创新者，有着各种背景，而就像他们的组织机构、产业和经历各不相同一样，他们做事的具体方法也不尽相同。

他们的方法不是“魔术”般的不可思议，他们“日常的魔术”无非是激发他们自己和他人的想象力、智慧、热情和关爱，他们的经历是我们所有人的榜样。

| 第 5 章 |

不可怀疑一个人和一小撮同谋者的作为

在所有工业国家中，瑞典可能是在化石燃料的“断奶”方面走得最远的国家。今天，这个国家只有 30% 的能源靠石油支持，与 1970 年的 77% 相比，这比率下降了许多。（相形之下，美国 85% 的能源依赖化石燃料。）

2007 年，瑞典市场上销售的轿车中有 15% 是以乙醇为动力的，而 2000 年这一比率仅仅是 2%。轿车以从甘蔗或纤维素中提炼的乙醇作为动力，比用汽油作为动力要少排放 85%~90% 的温室气体。随着第二代和第三代乙醇（包括从林业废弃物和其他废弃物中提炼的乙醇，而不是从玉米等粮食作物中提炼的乙醇）的生产、分销和应用的进一步发展，全球由化石燃料产生的温室气体排放将会大幅度下降。现在，瑞典的所有主要汽车制造商都提供乙醇动力的轿车或卡车，其中也包括斯堪尼亚公司（Scania），欧洲最大的大型卡车制造商。

这些统计数字和公告的背后是一个永恒的故事，历史学家称之为“基础创新”（basic innovation）。基础创新是技术和组织的基础变革，它创造新的行业，转变原有行业，并且随着时间的推移重塑社会。基础创新的例子包括：电力、汽车、商业航空、数字计算和最近的互联网。基础创新不只涉及单一的新技术，而是聚合了一系列的新发明、新实践、新分销网络、新业务和新商务模式，它能改变个人和组织的思考方式。

学会生活在工业时代泡沫之外，特别是应对80–20挑战，都需要基础创新能够以前所未有的规模和速度发生。这就是我们下面要讲的故事如此重要的原因之一。但这并不是唯一的原因：通过确切地了解瑞典如何能够引领“没有化石燃料”的未来，我们也可以从内部见证基础创新的历程。

得知瑞典的成就之后，你也许会设想，这种规模的变革是出自政府的大力推动——成千上万的人员、庞大的财政补贴、持续多年的高额投入支持的研发。然而，实际情况是，多年以来根本没有这样的支持，政府方面的没有，其他方面的也没有。恰恰相反，这一切都源于一小批人的承诺投入和行动勇气，他们决心要找到其他那些有着共同愿望的人，于是，无数的地区性网络就这样悄然发展起来了。

许多基础创新在开始的时候，也都如此：似乎是一种分隔、离散的状态。正因为创新所需要的巨大变革根本无法提前预知，所以看上去似乎令人畏惧、无法实现。催化变革的往往是为数不多的一些人，他们既能看到更大的模式演化的可能，又能注重一小步、一小步的增长势头。汽车工业、商业航空运输和个人电脑就是这样创造出来的。虽然，涉足其中的那些人完全无法预先知道他们可能成就什么，但是他们被萧伯纳所说的一种“宏大的目标”拖了进去。20世纪90年代初，瑞典的佩尔·卡斯泰德（Per Carstedt）就是这些人中的一位。

从巴西到瑞典

佩尔·卡斯泰德拥有瑞典北部一家大型福特汽车经销公司，这是桩家族生意，最初由他的父亲创建。佩尔·卡斯泰德在巴西住过几年，1992 年的时候他参加了里约热内卢大会，那是第一次全球环境高峰论坛。从那之后，他发现自己“沉浸”于他所谓的“大局问题”之中，不能自拔。

“我开始大量地、如饥似渴般地读书，没过多久，我就意识到，我们在这条路上不能再继续走下去了，完全不可能了。人类在这个星球上存在了大约 20 万年。最初的 19 万年，我们只是猎人和采集者。后来的 1 万年，我们成了种植者。然后，到了 150 年前，人类人口和活动的数量就发生了不可思议的爆炸性发展，起因就是可以获得廉价的能源。1900 年，地球上的人口大约有 15 亿，到了 1950 年增长到 25 亿，2000 年增加到了 60 亿，现在，已经是 70 亿了。要想理解这么快、这么大的变化带来的影响，几乎不可能。”

其实，不需要拥有博士学位也可以思考这些大系统的问题，佩尔·卡斯泰德就是个活生生的证明。他回到瑞典后开始提问——也是我们中的任何一个人都能提出的问题，只要我们学会不时地“退后一步站”，思考一下那些我们置身其中的更大的现实，思考一下那些主导力量正把我们推向哪里。而在思考这些问题的同时，我们常常会有一种感觉，要改变一家公司、一个行业或者一个国家，我们几乎什么都做不了。正是这种感受，阻碍了我们提出问题。不幸的是，这种宿命的感受会很容易成为“自证预言”。

卡斯泰德看到了这些历史性变革，并发现自己已深陷其中，这驱使他不断提出一些“大局问题”。虽然，对于这些问题会把自己引向哪里，他一点儿头绪也没有。书读得越多、与朋友聊得越多，他就在那些不同的问题之间发现了更多的联系，也更清楚地看到，必要的变革必须以什么样的范围和规模发生。“但是，我问自己，一个人能做点儿什么呢？”

答案还是来了。一家基金会与卡斯泰德联系，请他帮助把乙醇动力汽车推入瑞典市场。“我在巴西就开过乙醇动力汽车。对我来说，这没什么大不了的。但是大家都说，乙醇汽车在瑞典没法推行。天气太冷了，汽车根本没法发动。再说，也没有添加乙醇燃料的地方。这个主意在瑞典没有市场。对此，全欧洲没有一家公司有办法，包括福特在内。”

卡斯泰德到处打听，终于在底特律找到了福特公司的一位经理，他主管着一个称作“弹性燃料”（flexi-fuel）的小项目，负责生产可以使用乙醇、汽油，或乙醇和汽油任意比例混合物作为燃料的轿车。“这位经理的太太恰好曾在瑞典做过交流学生，他也喜欢这个国家。他把我当作潜在的盟友，1995 年他帮助我们买了三辆车。福特公司本身没有这类项目，对我们在做的事情也一无所知。”

卡斯泰德当时觉得，弄几辆车到瑞典就万事大吉了。“大家会看到车跑得挺好，这就会创造出需求，这又会让福特公司增加进口量。但是，我错了。事情完全不是这样。”

当卡斯泰德发现三辆车还不足以“唤醒”市场，他就与福特公司谈判，购买了 300 辆“金牛座”（Taurus）“弹性燃料”轿车。“金牛座”的车身比起瑞典人喜欢的车型要大，但是没有其他选择。这是福特公司仅有的“弹性燃料”轿车，而卡斯泰德则需要达到市场“临界数量”，才能实现他的真正目标——让人们对“欧洲制造的弹性燃料轿车”这个概念感兴趣。

卡斯泰德谈过的所有汽车制造商都表现得犹豫不决，还拿出报告说，市场调查确认这种车根本没有市场。卡斯泰德和他的来自“瑞典乙醇开发基金会”（后来改称“生物酒精燃料基金会”）的同事，没有因此而气馁，而是一个城市一个城市地跑了 4 年，最终形成了一个包括社区、公司和个人在内的联合体，大家共同承诺购买 3 000 辆乙醇动力轿车。[1]

在卡斯泰德的心目中，他“只是在做‘从逻辑上说’应该做的下一步工作”，但是，他也恰恰是在做一个创业者自然会做的事。他没有费工夫和制造商探讨有没有市场，也没有组织更多的市场调查或者学术讨论会，而是安排了一个实地测试。在这个过程中，他也不断地激发其他人参与，主要是地方政府官员。大家一起形成了动力，推动实现他的想法。没过多久，“生物酒精燃料基金会”就开始与几十个组织与个人一起共同工作了。

有车没“油”怎么办？

但是，进口了乙醇动力的汽车，却没有地方加乙醇，这又有什么用呢？“这真是个先有鸡还是先有蛋的问题，”卡斯泰德说，“我们没有车，是因为没有乙醇站；我们没有乙醇站，又是因为没有车。”所以，就像他碰到其他问题的时候一样，“这是因为我们才刚刚开始”。

到卡斯泰德和他的同事们进口了第一批 50 辆福特车的时候，他已经设法说服了两家加油站，安装为汽车添加乙醇的装置，一家在他家所在的奥斯可尔德斯维克地区，另一家在斯德哥尔摩。为了进一步扩大乙醇站的数量，为他们计划进口的成百上千辆车提供服务，卡斯泰德和他的“生物酒精燃料基金会”的同事们开始了一项大规模的“劝说运动”，逐家走访零售商，其后往往还要提供财务安排，并自己安装乙醇泵。

“到了 2002 年，我们在全国就有了 40 家乙醇站。2004 年 6 月，第 100 家乙醇站开业。我记得，前 50 家正式开业的时候我都在场。”卡斯泰德大笑着说。所幸的是，他的出场在这之后就没有必要了。乙醇站的数量在 2005 年翻了一番，在 2006 年又翻了一番，到 2007 年 8 月，达到了 1 000 家，这个数量是瑞典加油站总数的 25%。卡斯泰德说："前 100 家花了 10 年的时间，而现在，我们每 3 个月就增加 100 家。"

在增加乙醇站的同时，卡斯泰德与他的同事们一起，也在开展乙醇供应的研究，了解采购乙醇的不同选择，既包括短期选择，也包括长期选择。20 世纪 90 年代中期，瑞典进口乙醇的批量还不是很大，但对于卡斯泰德开展他的工作来说已经足够了。然而，当需求开始增加，这项业务的价值也随之上升。这时候，负责进口乙醇的公司决定把自己挂牌卖掉。卡斯泰德组织了三家能源公司把这家公司买了下来，防止它落入"黑手"——被那些只想利用价格上升的机会赚钱的人买走。

几年后（但仍然在始于 2006 年的"生物燃料热"之前），他发出了确有先见之明的警告："这项事业的最大风险之一是机会主义。那些追逐短期收益的人，将会利用当前人们对石油依赖的恐惧，也许还会做很多蠢事，最终导致公众对生物燃料的反感和反对。这些人不会考虑生物燃料发展为替代能源系统的组成部分，需要相对长期的投资。"

考虑到这一点，"生物酒精燃料基金会"从 2000 年就开始了一项行动，试图超越目前"唾手可得"的乙醇供应——从谷物中提炼乙醇，转向其他替代方式，比如，从林业废弃物中提取纤维素乙醇（cellulosic ethanol）。这样，既可以不必与粮食供应争抢资源，又可以大幅度降低温室气体排放。

持续不断地思考这幅"拼图"中所有不同的部分，考虑这些部分最终如何"拼"在一起，这一点很重要。这是因为，市场的发展并没有那么快。有许多年，弹性燃料汽车和乙醇站只是受到一小批热心人士的追捧，大多数人对此没什么兴趣。其主要原因是算经济账。1993 年，当卡斯泰德开始积极介入寻求石油替代品的活动的时候，"石油价格只有 20 美元一桶——当你谈到需要摆脱对石油的依赖的时候，人们只是一笑了之"。

“但是，现有市场的条件与我们所做的事业没什么关系。全球气候变化是真正的动力。人们当时之所以不愿意经营乙醇站，不愿意推出弹性燃料汽车，是因为那时候，在大多数人的意识里，全球气候变化这个问题并不存在。我们竭尽全力，为的就是能够达到形成市场推动力的‘临界变化’。”

吸引“大玩家”参与

考虑到经济和政治是这场变革的两股更大的推动力，卡斯泰德认为，让大型汽车制造商参与进来非常关键。但是当时，只要他对制造商谈起此事，总会听到同样的回答：“没有市场、没有基础设施，存在太多的技术问题，更没有资源解决这些问题。”“与我们所做的事相比，那些高级管理人员考虑的是，从比这风险更小的业务机会中，在短期内获得比这更高的回报。”

卡斯泰德没有因此而放弃。他逐渐意识到，问题不在于没有人感兴趣，而是他还没有发现感兴趣的人。“你必须找对人。你不能把事情说成‘这是福特，那是通用，但是没人感兴趣’。公司是由人组成的，如果你能有运气找到那些想法相通的人，就有机会与他们合作，帮助他们——事情就是这样推动的。”

终于，卡斯泰德在萨博公司（Saab）找到了这样的人。让他出乎意料的是，这些人并不是他从前一直在约见的技术专家。

在对汽车公司的无数次拜访中，卡斯泰德见到许多工程师和研究人员。这些专业人员对生物燃料都有深入的了解，其中有一些一直在做解决相关技术问题的工作。但是他们的工作有一种倾向：假定油价、燃料获得方式、政府政策和汽车行业的“沉没成本”这些条件是固定不变、不容置疑的。多数人并没有了解卡斯泰德所看到的市场动态变化。

然而，像卡斯泰德一样对此有所了解的人都知道，越来越多的人在关注气候变化和石油政治的有关信息，也想做些事改变现状。“多数人认为人们只是为了钱做事，”卡斯泰德说，“然而你可以问他们，‘为什么有这么多人做垃圾回收？即便是要在周六把旧杂志和空饮料瓶送到回收中心去，也会做？’显然，赚钱不是这里的原因。”幸好萨博公司负责市场的副总裁理解到了市场上正在开始发生的动态变化。当大家对环保问题的意识不断提升，他看到了新的市场机会。“是他，说服了那批搞技术的人。”

虽然卡斯泰德与比萨博规模大得多的沃尔沃公司有更好的私人关系（他的哥哥在20世纪80年代末和90年代中期曾做过沃尔沃的总裁），他还是和萨博公司的人开始了合作。当时，沃尔沃的轿车部门正在进行与福特公司（卡斯泰德是后者在瑞典的经销商）的并购，这就意味着，他们对任何的其他议题都无暇顾及。相形之下，萨博在被通用并购之后，一直处于尴尬的局面。这一次，萨博市场部门的人发现乙醇汽车将在未来给他们带来差异化的机会。最终，他们想出了一个办法，调出一笔市场推广资金，用于启动一个实验项目——小规模试产乙醇车，测试瑞典市场。

“你就是要和愿意做这事的人去合作。你帮助他们获得成功，他们就会帮助你实现你的目标。你要是能让萨博成功，就不用担心沃尔沃——他们没有其他选择，只有跟上来。”

让大家“触手可及”

然而，从许多方面来说，卡斯泰德最重要的学习机会还没有到来——要等到他走出自己熟悉的领域，走得足够远，这个机会才会出现。在此之前，他一直沿着一条他觉得自然而然的路前行，工作集中精力，也卓有成效。他全部的职业生涯都与汽车相关，他在国外工作的经历让他有机会接触不同的汽车技术。他熟知瑞典市场，对这桩生意了如指掌。更重要的是，他在瑞典汽车行业里认识很多人。在他看来，要在气候变化方面做点儿事，把生物燃料车推进瑞典市场，只不过是理所当然的一步。

但是，最终的结果表明，这也只是第一步。卡斯泰德也知道这还不够，因为交通工具的温室气体排放占不到总温室气体排放量的 1/4。他不停地思索可持续发展的总体挑战，想要更加彻底地解决问题。

机会再次呈现在了他的面前。1997 年，他和同事决定，在瑞典北部的另一个城市开一家新的家庭用车经销店。做出这个决定不久之后，他遇见了建筑师安德斯·尼奎斯特（Anders Nyquist）。两人很快就决定一起工作，"建一个全球最为'环境友好'的汽车经销店"。卡斯泰德说："我对这种项目没什么了解。但是我知道这种项目的思路。房子要盖得像一个自然系统那样，要采用废水循环之类的技术。"虽然他不了解建筑，但是他知道建筑供热和供电是最大的温室气体来源，这个项目也就因此对他很有吸引力。

这个项目把降低对化石燃料的依赖又向前推进了一步，更让卡斯泰德从尼奎斯特那里体会到一种新的精神。"你知道，在我交谈过的所有人当中，我一眼就能看出来，许多人只是客客气气地应付——但你知道其实他们什么都不会做。而另一类人，你知道他们在两分钟之内就能将你要说的完全听懂，然后你就有了一生的合作伙伴。"他不久就体会到，这样的合作伙伴可以产生意想不到的创新。在这个事件中，建一个"全球最为'环境友好'的汽车经销店"的概念，逐渐演变成他和尼奎斯特称为"绿区"（Green Zone）的想法——一个集卡斯泰德的汽车经销店、麦当劳餐厅和加油站（自然是汽油和生物燃料都有）的商业区，尽一切可能提高能源效率。他们设计了将不同业务相互连通的系统，比如，餐厅厨房的余热用管道输送到汽车经销店和加油站，用来供热。总体的能源消耗与类似的开发项目相比，降低了 80%。[2]

用集成设计方法把不同的业务配合起来，使一项业务的废弃物或副产品变成另一项业务的资源，让整个系统仿佛森林一样工作，这是一个已为人所知的“工业生态群”的概念。当时，在欧洲已经有了几处集成建筑的样板，最引人注目的一个在丹麦的卡伦德伯格。但是那些都是工业建筑，卡斯泰德和尼奎斯特做的“绿区”是一所“日常”小生意的混合区，可以成为一个样板，燃起其他人的激情。

再次出乎卡斯泰德意料的是，他的小规模实验项目引发的反响超出了他最初的想象。没过多久，全球媒体都开始关注这个项目。从 2000 年到 2006 年，“绿区”引来了 500 多次正式的研究访问。

“一天，一个来自日本的摄制组正在进行拍摄，不经意间，我一下子被一个想法‘击中’。这些人跑了大半个地球来看我们这个小项目，而我一直觉得，这件事不管怎么说都没什么了不起的。毕竟，大多数的技术已经成熟，就在‘手边’，我也觉得这只是很小的一步。但是，我一直忽视了‘让大家触手可及’的重要性。”

“我跟人聊起生物燃料、气候变化，以及系统方法等等，大部分内容对多数人来说都太理论、太抽象了。”而一旦有了具体、实在的东西，“人们就可以‘看到’系统的角度”。

卡斯泰德这时候发现的是一个重要的经验，愿景是如何在更大的范围抓住人心的。当人们不必花太大力气就能够想象另一种未来的时候，多数人是从具体走向抽象，而不是从抽象走向具体。“绿区”激发了人们的想象力，正是因为这个项目小，而且相对简单，做的又是人们能够理解、与日常生活有联系的生意。看到“绿区”如何工作，其他人“凭他们自己，就能开始再向前推进几步”。卡斯泰德解释说，“他们不用我也不用其他人告诉他们要想做好这件事必须要做什么”。

后来，许多人正是这样行事的。而后，他们开始设想整个地区都像“样板小区”那样运作，把“绿区”升级成一个“生物燃料地区”(Biofuel Region)。[3] 卡斯泰德说，这个区域“基本上也是实实在在的，大家‘触手可及’。大家可以来考察，然后说‘我们去过那个地方了’。他们回家之后就可以告诉其他人：‘如果他们做得到，我们也能做得到’”。

渐渐地，形成一个完全不依赖化石燃料的工业区的远景，开始围绕着三个目标呈现出来。

“第一个目标，我们要成为这场变革过程在全球的典范，”卡斯泰德说，“到 2020 年，我们需要生产更多的可再生能源，超过我们的车辆使用的需求，这样，就可以满足其他的能源需求了。”

第二个目标是引导变革的过程，使之支撑工业发展和区域发展。“这方面，政治家们几年前开始关注。我们需要按照不依赖化石燃料的理念，为未来 50 年建设工业基础。”不经意间，卡斯泰德的完整系统观点与就业和商业发展关联起来了，他的经济和政治变革的“更大玩家”开始逐渐参与进来了。

第三个目标是不断开发新的做法，与其他那些有意摆脱化石燃料依赖的地区共享，同时持续拓展创新。“如果全世界都把我们当作一个领先者，我们就必须让大学和其他机构参与进来，不断创造知识。”

今天，有 200 多人受到瑞典北部地区“生物燃料区”这一愿景的吸引，积极参与相关工作，包括学生项目、区域商业、建筑及城镇设计，以及原料开发和乙醇生产的持续推进。比如，2004 年年中，一家旨在从木屑中提炼纤维素乙醇的实验工厂开业。木屑是瑞典庞大的林业大量产生的废弃副产品。第一家从木屑中提炼纤维素乙醇的示范工厂将于 2009 年投产，第二家示范工厂将在 2012 年投产，第三家将在 2014 年投产。“我们要做许多方面的生产流程改善，以便与他人共享，”卡斯泰德说，“新工厂采用的技术，在全球许多地方都可以应用。”

另一点同样重要——企业、政府、设计师和学生都参与到一个深度的、持续进行的对话过程中，形成共同的目标和远景。“我们一直在学习，学了很多，学得也很快，”卡斯泰德说，“关键是要不断地朝前想，想未来 30 年、50 年，同时也持续开发在这个时间框架中可持续的流程、设计和能源供应来源。要将这个世界的温室气体排放降低 80%~90%，我们需要系统变革。这就意味着人们一起工作，创造与现在完全不同的汽车、建筑、能源基础设施，以及许多从未出现过的东西。”

“生物燃料区”这个愿景，不仅迷住了瑞典人，也迷住了全球其他地区的许多人，这倒也不太令人感到意外。现在，卡斯泰德正在帮助协调一个由欧盟出资 2 000 万欧元支持的全球项目，项目涉及的 10 个地区都想跟随瑞典北部的变革脚步。“这项新的行动的目的，是尝试加速知识转移，并加快变革的速度……是试着把火种带到那些城市去，让变革之火继续蔓延下去。”

卡斯泰德的经历也让他想了许多关于未来将会发生的深刻变革。“生物燃料当然不能解决全部问题。我们必须更加精打细算地使用交通工具；我们不能再绕着地球把蔬菜运来运去；不管采用哪种能源方式，我们必须断然采取措施，提高能源效率。如果我们尽最大努力降低能源消耗，却也只能做到 60% 的能源来自可持续资源，那么，我们将来要么被迫忍受更高的能源价格，要么被迫少用能源。”

“我们已经把廉价能源当作一种‘人权’。为保障获取廉价能源的‘自由’，我们不惜付出一切代价，不仅是政治代价，甚至是军事侵略。”我们依赖廉价能源，又全然不理会我们执着于其中所产生的副作用，这就是“泡沫”中生活的特点。“最终决定一切的是态度的转变，是生活方式的转变。我认为，‘生物燃料区’之所以让人感到振奋，正是因为大家不仅看到了新技术，更看到了正在发生的转变。”

| 第 6 章 |

“调整”一个行业

威利 · 萨顿（Willie Sutton）以抢劫银行而恶名昭著。一次，他被人问起，为什么要抢银行，他的回答言简意赅：“因为钱在那里。”

如果将全球的碳排放比作货币的话，那么能够找到大部分“钞票”的地方，就是我们的办公楼、商业中心、酒店、工厂、公寓建筑和私人住宅。

我们的商业、工业和住宅建筑是今天最大的能源消费地，因此，也成为最大的温室气体贡献者。用来制造建筑行业称为“建成环境”（built environment）的供热、空调和供电，产生了美国温室气体排放的 40%（全球的温室气体排放的近 60%），大约是汽车行业排放的两倍。显然，如果任何人想要创造超越工业时代泡沫生活所需要的能源系统，建筑环境就是一个必须着力的“高效杠杆支点”。

然而，建筑行业的转变挑战巨大、困难重重，超过几乎任何其他行业。这个行业高度分散，不同的竞争利益之间相互争斗，甚至相互猜疑——对于多数行业老手来说，正是这些造就了这个行业的规矩。

“在所有的重要项目中，在业主/开发商、设计师和承包商这主要的三方之间，常常存在着一种相互对立的关系。”鲍勃·博科拜尔（Bob Berkebile），1990年创立的美国建筑师协会（the American Institute of Architects，AIA）环境委员会的创始主席这样说道。比如，开发商“倾向于把建筑的总成本预算定得尽可能低，为的是保证项目利润的最大化。而后，建筑师、工程师和建设公司就会相互竞争，各自争取在确定的预算中获得最大份额”。

所以，最终大家得到的是安装了最廉价的供热和空调系统的建筑，而不是安装了最高效的系统的建筑，而实际上，安装一个价格较高但效率也较高的系统，从长期来说能够为业主省钱（而且对环境也较为有益）。

最终的净结果，往往是一个“次优”的传统设计，既浪费了资源，在运营成本上又比绿色建筑高了2~3倍——这个成本又无限期地转移给了租户。租户有他们自己的目标，诸如舒适度、员工健康、生产力，以及较低的运营成本。但是，他们通常完全不参与建设过程，一旦建筑完工，他们对这些因素（和成本）也没有什么影响力。

戴维·戈特弗里德（David Gottfried）是一个小镇的开发商。多年来，他对这个行业的共识过程感到灰心丧气，因为这一过程似乎是持续地把自己交给“最低标准协议”。他与环境律师迈克尔·伊塔利亚诺（Michael Italiano）都相信，一定会有更好的办法。他们与博科拜尔走到一起，加入了他的美国建筑师协会的环境委员会，形成了一个由有类似想法的人组成的社团。大家的兴趣在于真正应对建筑对环境、健康和福祉以及社区的总体影响。

在所有的具体细节上，他们的故事都与卡斯泰德的故事完全不同，但在核心经验上却产生了共鸣。10年之后，他们成功地建立了美国绿色建筑协会（U.S. Green Building Council，USGBC），形成了今天已经扩展到全美和全球的能源与环境设计先导（Leadership in Energy and

Environmental Design，LEED）认证系统。今天，美国绿色建筑协会及其在印度、中国、巴西和墨西哥等国家的姊妹机构——绿色建筑协会已经成为建筑行业强有力的统一力量。

做到这一点很不容易。这些非凡的变化的发生过程是一个传奇，它讲述了一个小团队的无私奉献和建立网络的技能。开始的时候，他们并没有详细的计划，但有一个强烈的信念：除非大家能够发现实际可行的方法，让所有的核心成员一起进行真正的共同思考，否则什么都不会发生。

把整个系统放到一个房间里

美国绿色建筑协会的第一次会议始于 1993 年，地点在华盛顿市，到场的有十来个人。他们之中的大多数人之前就已经是朋友了，因此所有人在背后都有可能支持他们的关联公司。比如，后来成为创始主席的瑞克·费得利齐（Rick Fedrizzi）就是开利公司（Carrier）的高管，这家公司是供热和空调设备的供应商。虽然这些人的背景各异，但小组成员们发现，他们共有一个简单的核心愿景：转变建筑的开发建设方式。

创始小组的成员们都很清楚，建筑行业的分散和竞争阻碍了变革，于是下决心从一开始就让整个系统的所有代表都参与进来。“这意味着包括地产的业主、财务公司、工程师、建筑师、工程公司和涉及地产的全部生命周期的所有角色，也包括环保组织、政府机构和媒体。”来自英特飞公司（Interface）的吉姆·哈斯菲尔德（Jim Hartzfeld）解释说，他后来成为美国绿色建筑协会主席。“对于一项计划，只要行业中有任何一个关键方觉得有问题，这项计划就一定行不通。它根本就不会发生。除非整个系统都在这个房间里，否则就完全没有机会达成真正的共识。而没有达成共识，发生重大变化的可能性也就很小。这成了我们的第一个基本想法。”事后证明，这正是一个关键环节。

但是，做到这点很不容易。哈斯菲尔德回忆说：“有许多次会议都开得相当难看，有人破口大骂，还互相扔东西。”最初，这个小组把范围限定在大型商业办公建筑。但是，即便是在这个较小的目标范围之内，要想达成共识，也需要改变他们的运作方式。这个小组没有试图解决所有问题，他们发觉需要往复进行多个循环，看清问题、澄清目标、“寻求大家能够达成一致的地方”。哈斯菲尔德说：“‘寻求一致，然后行动’成了我们的口号。我们不想浪费时间，不想在所有无法达成一致的‘大拼图’细节上打来打去，把所有的时间花在争论谁对谁错上。结果，这成了我们学到的最基本的经验。它使得我们以可能取得共识的方面为基础，把事情引导到行动上，然后就是去做事。”

在这个过程的早期，这个小组或许感觉到了需要表达一个绿色建筑的“宏大愿景”的压力，但对行动的偏爱使他们得以避免这类压力。哈斯菲尔德说，考虑到我们当时只是个工作小组这一情况，形成面面俱到的、大家一致同意的愿景“为时过早”。最终结果证明，这个方法十分有益。当越来越多的人参与到这个过程之中，这个方法使得一个“边干边学”的、重视合作的过程成为可能。哈斯菲尔德和其他人这时发现的是建立真正的共同愿景的第一原则：需要时间，并且在这个过程中，参与要比表面上的一致重要得多。

当更多的人加入到这项工作中，这个小组及早发现了可以达成一致意见的一个重要领域：基于市场的力量比法律和政府行为更强大，更能激发创新和真心实意的承诺投入。哈斯菲尔德说：“当人们了解到现在有更好的方法做建筑，而这又是每个人的最大利益，就会产生自发的市场反应——我们意识到，这比用任何管制的办法强制执行更有效力。基于市场变革的观念成为这个小组的第二个核心观念。”

集中“专业经验”：LEED评级系统

即便是大家达成了一致意见，他们目前尚不需要一个“宏大的远景”。美国绿色建筑协会的早期参与者们却还是发现，他们自己也无法解答一些重要的基本问题，哪怕是相当初步的解答。比如，究竟什么是绿色建筑。

哈斯菲尔德说：“有些人描述他们的建筑时会说，‘我的建筑差不多是绿色的’。有的会说，‘我们的建筑特别绿色’。还有的会说，‘我们的建筑是棕色的’。”正是由于这个原因，他们在 1996 年启动的第一个合作项目，就是开发一组初步的客观指标，用来明确一个绿色建筑的关键特征。

在这个过程的最初，另一个指导思想也逐渐形成了。哈斯菲尔德解释说：“从最初开始，我们就把建筑看作一个系统，并且详细描述其中的相互作用、相互影响的特征。”比如，采用可循环材料固然重要，但仅凭采用可循环材料就确定一个建筑是“绿色”还是不够的。“你必须考虑整个系统，土地、地点本身，如何使用水，如何使用能源，里面采用了什么材料，室内空气质量如何，对住户的健康有什么影响，等等。”这个系统性视角变得十分关键，它也与以往尝试降低建筑负面环境影响的角度全然不同。

然而把一个建筑看作一个系统，又需要挖掘与设计、建筑学、工程建设和建筑维护等等方面相关的专业能力。这就需要这个过程的组织者既充满信心，又极为谦逊。哈斯菲尔德说：“我们的贡献不是了解任何一位专家头脑里的知识，而是把散布在整个行业中的专业经验和能力带进这个对话。”

挖掘集体智慧、建立集体拥有感这一目标，逐渐帮助这个团队形成一个团结、坚强、有凝聚力的集体。但这也花了很长时间。在初步的

LEED指标上达成一致，竟然用了4年。然而，随着指标体系逐渐成形，也催化了一个集体学习的过程，每个人都被其强大的力量震慑了。就像佩尔·卡斯泰德的“绿区”，指标体系成了一个具体的东西，虽然还不完美，人们还是可以使用它、触摸它——并通过这样做，留下他们自己的印记。

哈斯菲尔德说：“随着LEED评级系统开始变得逐渐清晰，人们抓住了这个工具。他们会说：‘这里有各种不同的办法让你得分。得分越多，这个建筑就越绿色。’评级系统把绿色这个模模糊糊的概念造就成一系列客观的步骤，这样大家就可以做一些实际的事了。我们从来没有想让评级系统成为绿色建筑的‘终极指南’，但是它帮助人们搞懂了一个既复杂而又不定型的概念。即使对它不完全了解，大家还是可以朝着共同的方向迈步前进。”

与此同时，创始小组的成员们开了无数次的研讨会，进一步细化、完善评级系统。首先，他们就一个基本框架达成一致：评级系统涵盖5个方面——可持续场地（包括水土流失控制、交通和减少污染）、用水效率、能源与大气污染、材料和资源利用，以及室内环境质量（包括室内化学污染水平和温度适宜度）。然后，他们把这个5个方面进一步细化分解，确定哪些人对哪些方面有兴趣。小组工作是自发自愿的，大家都把精力集中在自己最感兴趣、最具专业能力、最愿意投入精力的领域。

哈斯菲尔德回忆说：“即便是讨论逻辑和技术问题，大家也会激情迸发、情绪高昂。”逐渐地，协会成员学会了“深度汇谈”的第一原则：努力控制自己的激情——大家各自表达不同的观点，也表达与之联系的情绪，但同时保持小组是一个整体，也不让任何人因为观念不同而感到遭遇威胁。[1] 这样做不仅强调了对每个人的尊重，随着不同的观念逐渐汇合到一起，并且相互影响，大家也逐渐感受到了一种集体的势头和力量。

“大家会从自己拥有的经验和‘能量’方面出发，强烈地表达自己的意见和观点。某一位或许是集毕生精力，研究建筑中空气对人体健康的影响。那么他看待所有的问题，就会从通风和煤气控制的角度出发。”这类讨论把每个人都淹没在了自己所不熟悉的专业领域之中，这当然挑战很大。但是，最终“每个人都从这个经历中受益，每个人的视野都在不断被其他人拓宽。大家最后总会说‘这里面的东西比我原来想到的要多’”。

详细讨论彼此之间的不同，又保持集体不被分裂，这样的容纳能力不是自发产生的，而是经过对团队深度对话的有目的的设计，引导人们之间加深关系而逐渐培养出来的。

博科拜尔说：“每当我们聚到一起，都会花时间让大家互相介绍，说说对于个人来说什么是重要的，谈谈为什么我们要自发自愿地花时间和精力一起来做这件事。这样，当人们的观点出现对立的时候，彼此之间都有个相互理解的基础——大家都非常关注真正的变化。把我们大家联系起来的是一种共同的热望：为了孩子，我们要努力变革。”

哈斯菲尔德说：“在整个过程中，我们都是依照组织学习理论中‘热望’的道理，人们都朝着至关重要的方向调整自己，而不是仅仅出于解决问题的目的。回想起来，一小群人竟然想要转变一个占美国 GDP 8% 的行业，这的确很疯狂。但是，这正是我们心中所想。”

超越公司的界限

LEED 评级系统的初步工作模型一完成，工作小组就用了九个多月的时间，把它拿到几个已经完成的建筑去做测试。但是，即便是在这个初级阶段，一些人已经开始用它来指导设计了。“这对于我们来说，是一个重大发现，”哈斯菲尔德说，“这像是一种不为人知的饥渴状态。许多人都是自己在尝试建造更加环保的建筑，只是他们相互不知道。实际上，他们是在等待，等待有这样一个东西，把他们拉到一起。”

随着LEED认证系统在2000年面世，这个组织也爆发般地成长起来。今天，它已经成为绿色建筑的基石之一。截至2007年年中，全球已有7 500座建筑获得LEED注册认证，而2002年只有635座。2008年开工的绿色建筑的价值预计会突破120亿美元。研究表明，绿色建筑不仅节约能源、降低成本，在绿色建筑中工作还可以改善员工身体健康状况，提高生产率，减少旷工，并提振员工士气。

虽然LEED认证目前仍然是自愿的，但是它正在成为一种行业规范。2006年12月，华盛顿市政府通过了一项法案，要求私营开发商遵从LEED标准。波士顿市政府也采取了类似的行动，针对面积超过4 650平方米的私人建筑，修改了规范。其他州和市也追随其后。

从2000年到2006年，美国绿色建筑协会的会员增长了10倍，达到10 500家机构会员。同时，有38 000位专业人士获得了LEED评级系统认证，数十万人参与到密切合作中，在北美和全球范围内负责设计、建造和监控绿色建筑。今天，绿色建筑协会在41个国家建立了70个分会和其他分支机构。

LEED的指标体系还处在完善的过程中，但是，第一个LEED认证完成的本身就昭示了一个理念及其时代的到来：为建造“更加环保”的建筑，制定一个体现共识、自发自愿的认证系统是可能的，而这个过程本身又可以成为激发创新、社区建设和持续学习的强大动因。

随着LEED项目变得越来越普及，LEED的要求也变得更加严格。然而，满足越来越严的标准要求所需支付的成本，也随着经验和相关专业知识的积累，正在逐步下降。设计和建设符合LEED认证标准的建筑所需的总成本，目前只比传统建筑的总成本高出不到1.8%。能源和其他运营成本则大幅下降，完全可以抵消这些初始投资的增加。

基础创新的浪潮正在转变建筑行业。新技术正在降低，甚至排除化石能源的使用。比如，现在太阳能面板可以集成在墙面、窗玻璃或屋顶材料上，这样建筑的表面就可以发电。地热供暖和制冷系统现在正得到广泛应用，从根本上降低供暖和空调成本。地热系统利用了地球本身的、自然的供热和制冷能力——根据不同的地质气候条件，在地表下方十几英尺①，温度全年保持在 50~55 华氏度②。许多地热系统采用水源泵在地层和建筑之间转移热量，能够在天冷的时候用来为建筑供暖，天热的时候用来降温。

博科拜尔在思索这些变化的趋势时说：“标准还在不断提高。能源利用效率改善的目标已经改变了许多，与传统建筑的能源消耗相比，降低幅度已经从 25% 提高到了 70%。下一代的‘生命（可再生）建筑’正在到来。这样的建筑生产的能源和水超过了自身的消耗，发挥类似树木和森林的作用。这类建筑最快可能会在近三四年内被设计建造出来，有许多设计团队眼下都有这样的想法：要在他们目前进行的项目上达到‘生命建筑’的目标。”例如，采用精心设计的结构，巨量太阳能在多数条件下可以全年被捕捉、贮存和使用。虽然最初的这类可再生结构中的多数将会是大学、私人基金会和政府的示范项目，或许不能在各种不同条件下都符合当前的经济标准，但是，这些建筑可以展示新的可能性。毫无疑问，在创新大潮席卷全球的今天，这些建筑将会把这一类大胆的设想推向更广泛的应用领域。

也许更重要的是，集成设计过程正变得越来越常见。在集成设计的过程中，所有关键各方（开发商、设计师、工程师、承包商、供应商和最终用户）从项目启动之初就一起紧密合作、共同工作，保证达到或

---

① 1 英尺≈ 0.304 8 米。——编者注

② 50~55 华氏度，即 10~12.8 摄氏度。——编者注

者超过美国绿色建筑协会颁布的LEED标准。不仅如此，过去相互竞争的企业现在正在相互帮助，加速创新的进程。示范项目成为所有的企业都在展示的作品，呈现整个绿色建筑设计社群的成就，而不论究竟是谁建设了这些项目。不同的企业还在一起工作，开发新的设计工具、设计软件和创新技术方案，所有人都能使用，大家也都正在使用。

对于我们来说，美国绿色建筑协会的故事所体现的，是组织学习概念的应用可以超越公司界限，帮助一个行业发生转变。正像博科拜尔、哈斯菲尔德，以及他们的同事们所体悟到的，学习如何共同思考更大的系统，并构建涵盖多种视角的共同愿景，不一定局限于清晰划定的工作小组，也不局限于单一的组织。同样重要的是，美国绿色建筑协会把持续的学习确立为基本规范，大家的热望和日常的实践也因此持续演变——这个能力我们在本书的后几章会进一步讨论。一旦这个过程发生了，创新本身又催生新的创新，真正的学习社区逐步成长，有能力实现以往似乎不可能实现的目标。

今天，美国绿色建筑协会开发的标准正在延伸到越来越多的其他建筑类别，它影响着旧建筑的改造，并让大家重新审视家居建设、商业建筑运营和维护，以及小区配套开发，也重新引起了大家对绿色学校的重视。绿色建筑协会目前提供课程和网上研讨会，召开的会议平均每年吸引1.3万人参加，每一位与会者在会议材料的首页都可以看到这样一段话：“要引领建筑行业的变革，我们深知，如何做决策与决策本身同样重要。”

| 第 7 章 |

非传统联盟：可口可乐与世界自然基金会的可持续水资源合作

2007 年 6 月初，可口可乐公司董事长、首席执行官聂亦德（E. Neville Isdell）在每三年举行一次的联合国全球契约高峰会议上发表演讲。与会者超过千人，既有联合国秘书长，也有全球的媒体。他说，可口可乐公司未来发展的指导原则必须是："我们的经营不能导致从一个水源抽走的水，大于我们补充进去的水。"

在同一时间，聂亦德与竞争对手、雀巢公司（Nestlé）的首席执行官彼得·布拉贝克–拉特玛斯（Peter Brabeck-Letmathe），共同宣布了《首席执行官水资源宣言》，倡议其他公司的首席执行官加入他们的行列，共同应对世界上最为严重的挑战之一——对处于严重紧张状况的水资源，进行责任管理。

对于了解可口可乐的人来说，《水资源宣言》体现出这家全球最大的消费品企业，在把"可持续水资源"作为公司发展核心的漫长路途上，迈出了大大的一步。全球水行动（Global Water Initiative）总监，可口可乐公司的集团水与环境团队成员丹·弗米尔（Dan Vermeer）说："可口可乐着力于水资源管理已有 120 年的历史，真正是从公司创建时就开始了。但是过去，水资源管理的重点一直是在运营表现上面，诸如效率、废水处理等等，都是工厂内部的水资源管理。"

装瓶厂的运营用水从哪里获得，如何获得？周边更大社区的总体供水条件是什么情况？对于这类问题，可口可乐公司在以往并不太关注。可口可乐公司环境和水资源副总裁杰夫·西布莱特（Jeff Seabright）说："是一个真实事件起了'叫醒电话'的作用，才让我们开始超越工厂的围墙展开思考，并且关注更大的系统。"弗米尔补充道："如果没有水，你的效率再高也没有用。"

在可口可乐的新承诺背后，是一段持续了多年的觉醒旅程，引领这个旅程的有集团内部的变革推动者，有公司上下从事运营的领导人，也包括其姊妹企业可口可乐装瓶公司的领导人。近来，可口可乐与全球自然保护组织WWF（世界自然基金会）[1] 的合作，又为这个旅程注入了新动力。

这是一次不寻常的合作，一方是全球最大的企业之一，另一方则是全球最大的、最有名气的非营利环保活动组织之一。这种合作真正代表了一个重大转变——从某种意义上看，其重要程度不亚于可口可乐对集成水资源综合管理的承诺。

从过去的传统看，主要的环保活动非政府组织更倾向于攻击大型跨国公司，而不是与其合作。但是时代正在转变，为数不多的一些非政府组织正在意识到，如果他们期望产生真正的变化，就必须改变策略。正像世界自然基金会美国分会的首席运营官马西亚·马什（Marcia Marsh）所说："事实很简单，我们正距离我们的大目标越来越远。虽然我们在提高公众意识和筹集资金方面获得了成功，但是，物种仍然在以历史上前所未有的最快速度消失，生态栖息地还在持续遭到破坏。只靠非政府组织自身的工作，我们根本无法逆转全球变化的浪潮。要想真正做到这一点，我们必须与企业和政府发展新的合作关系，这种合作关系的大规模影响力，才与我们面对的问题相称。”

另一方面，越来越多的主要企业也像可口可乐公司一样做出了相同的决定：让两个领域的专业能力、社会地位，以及联合起来的公众和商业影响力一起发挥作用。这对于应对像水资源这类资源的可持续利用的挑战，也许是至关重要的一步。

殊途同归：应对我们最基本的需要

但是，如果不是先前数年间不断恶化的全球水资源危机促成了两个组织发生深刻的变化，双方的合作关系也不可能形成。

没有食物，人们可以维持几周；没有住所，人们可以挨过数月；没有电子游戏和电视，人们也照样可以生存下去。但是，如果没有水，我们连几天也无法坚持。水资源问题可以说是全球当前最紧迫的问题，为之共同工作的需求也就最关键，在这一点上，没有任何其他领域可以与之相比。在第 2 章中我们谈到，全球有超过 10 亿人缺乏可靠、安全的饮用水供应。

水资源短缺影响广泛，尤其是在那些缺水的地区，比如，印度、非洲和中东的许多地区、东亚，以及美国南部和西部的越来越多的地方。世界水资源委员会（World Commission on Water）由全球水理事会（World Water Council，一个国际性多利益相关方平台）设立，联合国教科文组织、联合国儿童基金会和世界卫生组织作为支持方；这家机构预测，到 2025 年约有 40 亿人，约占全球人口的一半，将会生活在“水供应极度紧张”的地区。

预测报告指出：

> 水的需求总量加起来，让人非常吃惊。在未来20年中，预计人类的用水将会增加40%，因生产食品满足人口增加的需要还要再增加17%。此外，工业和能源的用水需求也会快速增加。

开创一个负责任的真正综合全面的水资源管理方法，不仅对于许多组织来说是必不可少的，对于未来总体也非常关键。

促使可口可乐逐渐觉醒，将水作为塑造其未来的战略议题的，是一个既有内部变革，也有外部冲击的复杂历程。对于庞大而且成功的组织，情况往往如此。单凭其巨大的规模和遍及全球的触角，可口可乐就一定会与水资源问题发生碰撞。

事情也就是这样发生的。2004~2005年，印度南部的克拉拉邦正经历着一场历时3年的旱灾，许多农民的用水也正逐渐耗尽。就在这期间，可口可乐设在当地的装瓶厂却依旧平稳运营。“人们得出的逻辑结论是，可口可乐正在把他们的水运走，”西布莱特说，“这边，他们在挣扎着勉强度日；那边，可口可乐公司锃亮的红色卡车一辆辆从工厂开出，似乎没有遇到什么明显的阻碍。”实际上，可口可乐的工厂是从地下的深层含水层抽水。从水文学上说，这与多数农民所依赖的地表水没有关系。

“我们忽视了问题的关键，”西布莱特说，“不论我们在技术上是对还是错，我们早就应该意识到我们是用水的一个巨大的象征标志，我们早就应该参与到当地社区之中，帮助他们解决这个问题。”这个事件的余波给可口可乐的声誉造成了很大影响，在许多人眼中，可口可乐因此与水资源短缺联系了起来。西布莱特说：“在许多大学校园里，这是件大事情。”

幸好，在这类事件开始出现的时候，可口可乐公司内部的许多人已经在了解水资源短缺、分析其对公司的潜在影响方面工作一段时间了。

“2002 年我们做了一个项目，是关于淡水资源的未来的，”弗米尔说，“很快，我们和公司里的其他人就开始对这个问题有了理解，诸如，淡水资源状况、含水层枯竭、成本上升的风险和水源竞争的加剧等。显然，这是可持续发展议题中最大的议题之一。”

然而在那个时候，对于多数公司来说，水还不是在战略上要优先考虑的议题。其实，在全球范围内，人们也没有对水太在意；对于企业、政府机构和市民社会等所有方面，水的问题还没有积累到成为一个关键议题的程度。其中，部分原因是因为水是个地方性的局部问题，而不同地方的基本条件又差别很大，即便在印度这样一个有几亿人常年处于脱水状况的国家，也是如此。地方状况又受到许多因素的影响，干旱、洪水、地下水污染、缺乏基础设施等，都是影响因素。

最终，到了 2003 年年底，作为对可持续发展相关议题全面承诺的一个步骤，可口可乐聘请了原先任职于美国救援总署（USAID）的西布莱特，请他就任一个新的职位——环境与水资源副总裁。

“我一到任就四处了解公司的水资源策略，”西布莱特说，“但是我得到的是几本厚厚的报告，每一本都是详尽的分析，反映了不同的难题和危机。这些报告的内容都很丰富，但是也都没什么战略分量，这其实倒也不奇怪。”

为了能够从战略角度看问题，西布莱特、弗米尔以及他们的同事展开了对公司上下 250 多人的访谈，内容涉及他们对水资源议题的看法，他们看到的挑战，以及因水资源问题“与当地社区的摩擦”。

弗米尔说，行动小组跟大家交谈后发现，“我们开始意识到，就这个问题，公司中有许多担心，大家都有说出对解决这个问题的热切愿望。”

他们意识到，运营团队已经参与进来，开始探讨大家真正关心的问题。然而，也就是在这个时候，小组成员也发现自己收集的信息资料对于运营团队没有太大的用处。他们关于水资源风险的观点是自上而下的角度，在地理区域上也比较宽泛，与运营团队面对的地区的现实问题，差距很大。弗米尔后来说："负责具体运营的人回来之后对我们说：'你们跟我说的是东南亚的水资源风险。我管的不是东南亚的工厂，我管的是在泰国兰实的工厂。'我们手里的都是这种背景比较宽泛的信息资料，他们拿去没有什么用。大家需要的是特定地区的、与水资源相关的信息资料，我们当时没有这种信息。"

小组决定对装瓶厂开展一个详细的地区化问卷调查。唯一的问题是，如何让大家参与进来做这件事。他们几乎立刻发现，这个问卷调查触发了猜疑的情绪，一个在多数公司变革行动中常见的基本问题——总部要这么多、这么细的信息的目的究竟是什么？弗米尔说："我们制定了一份有 300 个问题的问卷，包含各式各样的问题，都是那些以前从来没有问过的。有人看到这个问卷之后对我们说，要是他们能让 10% 的地区装瓶厂填完这个表格，他们就很有成就感了。"

小组人员与咨询专家和可口可乐公司的其他部门合作，先从通过访谈结交的那些地区运营人员入手，让其中一些人完成了调查。完成对一家工厂的调查要用 10 个小时，许多问题探究的领域，即便是经验丰富的人员在运营上也不太熟悉。

不过，情况还是渐渐变得明朗起来了。运营人员面对的现实是：如果水是由当地政府提供的，那么就可以认为供应是有保障的。弗米尔补充说："超出当地政府，就完全不透明了——特别是他们是如何得到水的。"这个问题，可口可乐公司内外的多数人以前都没有问过。所以问问题很重要——即使无法指望有谁能够回答所有问题，甚至有经验的运营人员。

另一种现象也变得很明显。虽然许多工厂的经理知道他们所在的更大流域区的问题，"但他们没有可以应对这些问题的框架，也得不到应对这些问题的明确的支持"。然而，当地区运营人员逐渐参与到问卷调查之中后，他们就要弗米尔和他的同事保证，他们参与调查的努力是值得的。“大家说，‘你们看看，我们可是非常辛苦地工作，给你们提供了这些数据。你们可别做总部的官僚’。”

在多数大公司中，地区经理们都有这样的经验，在他们详尽地为集团总部提供了这类具有潜在重要性的信息之后，通常会发生两种不同情况——总部的人要么什么都不做，要么就一路追查问题的根源。第一种情况浪费所有人的时间，第二种情况就更糟了。有人写了一份报告交给首席执行官，报告上说某某分公司存在运营问题。然后，首席执行官就打电话给该分公司的总经理，总经理又打电话给具体负责的技术人员。这时候，技术人员的“标准”回答就是：“我们不知道他们是如何得到他们的结论的。”

为了避免这类担心，总部的水资源团队以每一个事业部的调查结果为基础，为这个部门组织为期两天的研讨会。“这些研讨会真是令人惊叹，”弗米尔说，“因为，大家到一起来，是研究他们自己的信息。所以，这些研讨会是通过他们提供的信息‘落地’的，会前我们做了分析，识别出每一个地点和地理区域的优先的水资源议题。”

人们开始看到这些数据与他们的实际运营风险之间的联系。“当他们开始停止说英语，改用自己的语言，随便什么语言，西班牙语、泰语，相互交谈起来的时候，你就清楚地知道，事情对于他们开始变得实实在在了。他们会突然说，‘我们团队需要讨论一下这个问题。我们解决完问题之后，会回来告诉你们我们的决定’。”

水资源小组在 6 个月的时间里组织了 30 场研讨会：全球 23 家子公司各一场，再加上 7 家关键装瓶厂。研讨会的举办使得广泛参与的“临界点”开始形成，更多的调查结果开始返回来。不久，他们开始在公司的内部网上“发帖”，都是各个不同地区的故事和来自实践的深入观察；他们也公布调查问卷的返回率，比如：哪个区域达到 70% 的问卷返回率，哪个区域只有 10%的问卷返回率。他们只是每天更新公布的信息。各事业部开始意识到，他们正在进行的这个过程是与全球其他部门平行开展的。当大家了解到，公司分布在全球的整个系统在同时进行的时候，人们的兴奋点被激发了，“同伴压力”也让彼此更为积极。

最终，在全球 875 家装瓶厂中，问卷返回率达到了 92%。“我们算了算，800 多家工厂，每个工厂 10 个小时，问了许多从来没人问过的问题，这可是一笔相当大的投资呀。”

当参与的规模逐渐扩大的时候，他们也在学习系统变革的另一个要点。“让忙于其他事的人参与进来往往不太容易。我们学会的是，有时候你必须尝试着去解决一个更大的问题，创造一种更大的对话，才能让更多的人参与——比如，如何在很短的时间里，让整个可口可乐系统都参与到有关水资源的讨论中。这样做了之后，本来相互没有机会说话的人之间，就发生了许多新的联系，协同作用的效果也在整个系统中开始出现了。看着这一切悄然发生，真是在体验一种转变。”

这个过程也是形成战略视角的过程，西布莱特知道，这是公司高层所需要的。“一个包含四个方面的战略框架逐渐清晰起来，”西布莱特说，“首先是优秀的运营，因为如果我们浪费水、制造污染，我们就没有合法存在的理由。但是我们也能看到，了解流域状况同样非常关键，与其类似的是社会和社区环境。此外，由于我们是全球品牌，我们有责任在全球的舞台上把应该讲的讲出来。”

这也为扩大与世界自然基金会的关系打下了基础，这个关系已经存在了多年。“这时候，情况就变得很清楚了：我们需要对生态系统和流域议题有全面和系统了解的专业能力。”西布莱特说。

对于世界自然基金会来说，以开放的态度与可口可乐这类跨国公司进行长期合作，明确水资源是共同的全球议题倒不那么重要，重要的是重新思考基金会自己的宗旨和愿景。世界自然基金会负责这项合作的主协调人苏珊娜·阿佩尔（Suzanne Apple）说，虽然在这以前，世界自然基金会一直在接受大型企业相当数量的捐款，“我们一直与捐赠企业保持着传统的‘慈善活动’关系。我们必须转变我们的思想，转向关注‘为什么我们应该一起工作’,‘我们怎样才能一起成就更大的结果，而不是各干各的’”。阿佩尔曾经在家得宝公司（Home Depot）负责可持续森林产品，她补充说：“现有的非政府组织模式是筹集资金的模式，而不是合作的模式。但是，这超出了钱的范围。你必须帮助其他人看到企业有丰富的资源可以利用，比如，人才资源和知识资源。我们可能对各个流域都有透彻的了解，但是我们发现，他们也有一些相当精深的流域分析。他们对于商业决策的掌握要比我们多得多，而商业决策影响力可远不止工厂和厂房。”

阿佩尔也帮助世界自然基金会的工作人员充分意识到，可口可乐这类公司的采购能力具有巨大的潜在影响力。“在全球，可口可乐是蔗糖的主导买家，是铝罐和糖浆的主要买家，是咖啡和玻璃的最大买家之一。这还不包括茶、可可，还有可口可乐购买的许许多多的其他东西。如果我们能够与一家像可口可乐这样的公司合作，把他们的采购转向可持续的来源，就会产生巨大的影响。”

但是，要有效地做到这一点，需要从各方面学习，学习如何看到他们也是其中一分子的、更大的系统。

“看到”更大的商业系统

如果说可口可乐是一个巨人，而世界自然基金会则是一只熊猫，要想找到办法让“巨人”和“熊猫”真的开始跳舞，首先需要双方都正视自己在对方心目中的“形象 ”，然后则需要找到一个跳舞的场地。与世界自然基金会对生态系统的广博知识相比，可口可乐对商业绩效的执着就显得狭隘而缺乏想象力。相应地，可口可乐对运营细节充满激情的追求，则又让世界自然基金会的科学知识看上去是学术化的象牙塔。幸好，世界自然基金会此时已经把价值链确立为下一步工作的战略重点之一，而可口可乐这时正对以更宽的视野关注水资源的议题越来越感兴趣，双方的诉求恰好吻合。

“绝大多数公司对自己在价值链上的‘环境足迹’（environmental footprint）没有什么概念，”世界自然基金会食物系统常驻专家、副总裁詹森·克雷说，“但是，让他们看到他们应该看到的，这倒也不太难。”

克雷说得没错。价值链像黏合剂一样，把迥然不同的各个企业联结在一起，不论这些企业是地方性企业、区域性企业，还是跨国公司。不论对什么企业而言，供应商都很重要，因为后者（“上游企业”）决定了供应的成本、质量和可靠性。同样，“下游企业”处于你的企业和你的最终客户之间，与它们的关系塑造了你的企业在市场上的成功。

由于价值链延伸出去，超越了各个不同企业的边界，也就因此成为一扇窗户，让人们看到一家公司的生态及社会影响，以及其总体的健康状况。以综合评估价值链的健康状况为目标协同工作，就会创造出一个空间。在这里，对于生态、社会和商业的关注汇合到一起。

在合作的第一阶段，这一点对可口可乐就变得十分明了。此时，这家公司已经持续努力了几年时间，在具体的指标上改善装瓶厂的用水效率。“改善指标是真正的挑战性目标，”弗米尔说，“在有些情况下，要求把用水降低20%~40%，包括我们的产品中含的水，用于清洗和工艺过程中的水，以及工厂厂区内厕所、排污和浇灌等所有用水。但是，那时候，我们关注的范围只在我们工厂的四面墙以内。”

“水足迹”，即总体用水量，包括产品配料中的用水。[2] 把可口可乐改善用水效率的各个目标与“水足迹”相比较，也就等于把这些目标放到了一个新的背景之中。虽然，可口可乐的水足迹的确切数字仍处于探讨之中，也因地区差异而有所不同，但克雷的测算所代表的则是数量级上的转变，是观念上的转变。

这时候，可口可乐正在努力把平均每升可口可乐用水从 3 升多降低到 2.5 升或 2.5 升以下。但是，当克雷观察了整个价值链之后，他的结论是，为生产每升可口可乐而用于种植配料作物的用水就要有 200 升，也许更多，其中主要部分是用于蔗糖的生产。“甘蔗是水消耗最高的作物之一。”克雷说。

克雷的粗略估计是否正确，当时就在可口可乐内部引发了辩论，直至现在依然没有平息（像甘蔗这样的作物，生产过程中的用水量差别很大，具体取决于地理条件和生产方式，比如，是靠雨水还是靠灌溉，等等)。但是，关键点已经很清楚了：从“水足迹”总量的角度出发考虑各个环节成为这家公司思想的试金石，同时也确立了其正处于萌芽阶段的承诺——为集成流域管理而大声疾呼。在那个时候，不了解自己的水足迹的不只是可口可乐，其他公司也完全不了解。不论是个人还是公司，我们之中现在也没有多少会在考虑产品的时候这样想问题，比如：棉质T恤、食品、汽车轮胎，以及由甘蔗制造的乙醇，等等。例如：一杯咖啡的生产需要 140 升水，一加仑牛奶需要 800~1 000 升水。了解一个企业的总用水需求，需要供应商和用户看到自己是一个整合系统中的一部分，了解到这个系统的整体影响需要测评、需要改善。这同时也表明，我们必须展开双臂，拥抱众多合作伙伴的参与，构筑全面水管理的政治意愿，《首席执行官水资源宣言》就是一个范例。

基本的需求已经清楚了：每个区域和城镇必须以真正全面的角度了解和理解流域问题。只有这样才有可能计算清楚，相对于水的补充速度而言，所有用水的主要方向的状况。这是一个大目标，仅凭可口可乐公司和世界自然基金会也难以完成。但是它们可以做的是指出方向：展示如何更加负责地在特定的区域管理水资源，并在当地和全球，为其更全面的承诺而大声疾呼。水毕竟是可再生资源的本源。然而，如果我们没有一张真正的系统地图——不知道用水多少，不知道谁在用水，不知道水的补充速度有多快，我们就没办法管理水资源。我们也许可以这样说，能做到这一点的，目前几乎没有几个政府，或者干脆说没有一家政府。

认识你的邻居

可口可乐公司和世界自然基金会的合作经历了一个变化过程，从基本上纯粹的慈善活动的关系，到 2005 年转变成一种合作更为紧密的伙伴关系，这得益于在生产一线开展的一系列计划研讨会。后来，这些研讨会又迅速引出一些重要的经验，既涉及两个组织中存在的、对继续发展合作关系的各种文化阻力，也涉及如何开始应对和绕过这些障碍。

“我们的第一项工作是找到一种办法，与可口可乐公司的全球影响力有效地联系起来，”阿佩尔说，“我们在全球确定了七个大型流域，它们处于完全不同的地区，但同样至关重要。然后，我们把自然基金会的人和可口可乐的人请到一起，在每一个地区组织了多次会议。我们知道没有办法顾及所有重要的地区，所以就选择了这七个，想看看需要做些什么才能把装瓶厂的人和我们这些研究淡水的人弄到一起，做些大事。”[3]

双方的第一次会议于 2006 年 1 月在东南亚的湄公河地区举办。当会期逐渐临近，阿佩尔却很快发现，她面临着多个挑战。首先，她要让世界自然基金会的同事信服，他们应当去参加这类会议。

“我们的人立刻就认为，去开这个会的目的是从可口可乐拿到钱，然后再去做他们已经计划好了要做的事，”阿佩尔说，“对此我不得不说，‘不完全是这样。你们需要考虑，大家能够一起策划哪些工作，也要考虑如何划定一个工作范围，大家能形成一致的行动意见。这个会不是要可口可乐资助你们现有的计划，研究湄公河某个河口的鲶鱼。’我们的人回答说，‘我们不想和可口可乐当地团队的人打交道，我们只想要他们的钱。’”

“这是个精彩有趣的过程。既要让世界自然基金会的人谈我们计划在湄公河做的项目，又要请可口可乐的人谈这个地区的业务增长。然后，要明确几件我们可以一起做的、符合我们双方的宗旨的事。”

而对于可口可乐的参会人员来说，最初的几次会议也同样是一种文化冲击。在这之前，大多数人除了捐赠之外，完全没有与世界自然基金会这样的国际性非政府组织一起工作的经历。此外，许多人也不清楚，他们究竟可以参与到什么程度，就他们所在地区的状况开展实质性讨论。弗米尔说：“有些事我们本来已经习以为常，比如，在与国际性非政府组织打交道的时候保持透明。在当地公司里，这就不一定是自然而然的事。看到这一点，实在是令人吃惊。”

在危地马拉的一次研讨会上，当谈到与世界自然基金会一起工作，在可持续捕鱼和中美洲珊瑚礁鱼类栖息地保护方面进行合作时，一个装瓶厂的经理因此就有点儿兴奋过度。弗米尔说：“这个经理随口说道，‘我在可口可乐公司做装瓶已经有 25 年了。我告诉你们吧，可口可乐从不鼓励我们与世界自然基金会这类外部公众组织打交道。虽然没有明文规定，但是像我这样的人，总是要问自己，是不是有人注意我了。你知道吗？你得低下头，躲开“雷达”。如果没有新闻报道，就是一个好年头。曝光太多可不是件好事。’”

这位经理又说：“但是，公司现在鼓励我们参与这样的合作了，这可是件新鲜事。现在公司是在告诉我们，去了解你们的邻居、去了解那些非政府组织、去了解当地的社区、去了解他们的问题、去了解紧张点在哪里，理解相关的问题，然后开始解决问题。”他说：“也许对你来说不是这样。但是从我坐的位子上看，我们现在是得到许可了。”

阿佩尔接着说：“当我听到这里时，就感觉合作关系已经走上正确的轨道了。”

“过去几十年以来，世界自然基金会得到了一个深刻的教训：生态栖息地保护和社区保护是同一枚硬币的两面。当人依然处在生存挣扎之中，就不可能为他们所处的环境引路。然而，他们也正是极想去这样做的人。他们的历史和文化与更大的生命系统息息相关。他们通常会感到，自己与故乡土地上的动物、鱼类、植物和树木之间，存在着一种深深的血缘关系。”

“可口可乐装瓶厂的经理们多数来自当地社区，如果他们这样的成功商业人士可以获得‘解放’，围绕着这些问题参与到社区之中，那对于所有人来说都将会是个巨大的共赢结果。”

从真正重要的事情入手

弗米尔介绍说，随着活动的进行，人们释放出了“许多创造性的能量”。但是要使工作落实，“大家应该偏重的是参与和相互了解，而不是试图急于调整各自的目标，力图在短期内达成一致。这就需要耐心。确实有一道鸿沟，隔开了两个组织各自面对的现实，大家需要时间来相互理解，然后搭起相互沟通的桥梁”。

“把商业目标和生物多样性联系起来，对可口可乐的人来说是件困难的事情，这也可以理解。他们说：‘也许我个人确实关心中国的大熊猫或湄公河的鲶鱼，但我不明白为什么我的公司要关心这类事情。’”

像生物多样性这样的话题很容易引起意见的两极分化。对于这个议题，在世界自然基金会这一类组织中工作的人有着强烈的感受，因此就可能会自然而然地把自己的热情强加给别人。但是，正如弗米尔所指出的，“如果你因此而态度僵硬，非要人们关心某个问题，结果就会适得其反。但如果我们首先建立起足够的理解，了解我们为什么关注水，为什么关注水的更新和循环系统，以及为什么生物多样性是我们工作所涉及的流域健康的一部分，那么，我们的合作就有希望”。

“讨论应该自然而然地展开。如果我们有足够的耐心，就会看到不同的思考方式和工作方法相互融合，形成更加有意义的工作构架。这会很有意思。当然，这需要大量建设性的工作。”

世界自然基金会同样需要逐步调整和转变自己的看法。“我们关注的重心在转移，从一开始的物种保护和生物多样性，后来转变为使生物多样性得以持续的、更大范围的背景环境，”阿佩尔说，“我们也同样需要继续对话，只有这样我们才能学会如何完成这个过程。然而，也可能会出现一种危险，我们先是慌了，然后就觉得‘我们没时间让大家达成共识，只能靠自己来完成这项工作了’。”

“这就是为什么说，像中国这样的项目经验，其中的每一点对我们都很有意义，对可口可乐团队的人也是如此。”

阿佩尔所说的中国项目，指的是可口可乐和世界自然基金会为了在长江流域的合作计划而进行的项目启动会。

“长江项目是我们正在开展的大型、标志性流域项目，是我们全球总体计划中的主要组成部分。”[4]但是，阿佩尔说，她还没有开始仔细安排项目计划，就“听见可口可乐公司里有一个人说，‘中国那边的工作实在太多了，有其他很多事情都需要他们花时间，况且奥运会马上就开始了’，这类的说法还有很多”。可口可乐的水项目高级主管格瑞格·科赫（Greg Koch）安排阿佩尔与赵仲彬（C. B. Chiu）见面。赵仲彬负责可口可乐公司在中国的环境事务，并一直致力于推动可口可乐公司总部和世界自然基金会在长江流域项目上投入更多的精力。

在简短的首次会谈之后，阿佩尔的担心仍然存在。尽管人们看上去很积极，但大家并没有机会去真正了解对方，两个组织从来没有一起工作过，显然在文化上也大不相同。

当世界自然基金会和可口可乐开始筹备启动会的时候，阿佩尔了解到装瓶厂的人不会来参加会议。“这个信息给我的感觉是，可口可乐公司不太想让我们直接跟装瓶厂接触。所以我们花了很大的力气沟通，才把该来的人找到。”

尽管如此，阿佩尔和可口可乐团队的人还是按照最初的计划向前推进。在项目早期，他们曾经决定“这次会议要让大家走出舒适区，不在可口可乐公司办公室，也不在基金会办公室。所以我们决定，我们的小组要去陕西长青自然保护区，去看看我们在长江上游的项目。项目在西安市北部，有 4 小时车程。这样，小组成员每个人都要先飞到北京，再飞到西安，然后再坐 4 个半小时的大巴，到达位于山上的自然保护区。我们将在那里开 3 天会，住在山上的中式‘夏令营’里，那里的住处是各种小木屋，上下水设施在屋外”。

随着项目组的巴士开出西安市，进入郊区，坐在阿佩尔旁边的赵仲彬对她说，他从来没有去过中国的农村。赵仲彬是土生土长的香港人，现在住在上海，已经在可口可乐公司工作了 27 年。他从来没离西安市区这么远，更不用说去自然保护区了。而世界自然基金会已经在保护区工作了多年，帮助当地人用保护生态环境的方式支持自己的生活。这让赵仲彬印象很深，他说：“哇，太不可思议了，这里的人如此关心生态环境，这让我没有想到。”

在接下来的 3 天里，自然保护区当地的居民负责给他们做各式各样的饭菜，食物的原材料都来自保护区。阿佩尔说：“我们去当地人家里，和他们一起吃午饭。这其实是我们开展的家庭旅馆项目，为农民创造收入。这样一来，他们可以靠现有的农田生活，不需要再砍伐森林了。

“有一天，我们拜访了一户住在山脊上的人家，这家人已经在那里生活了四代，我们就在他们家院子里吃午饭。

“在这 3 天里，小组成员开始建立真正的沟通和了解，我们开始理解对方的工作。每个人对保护生态环境和社区的含义都有了全新的认识。大家开始了解水从哪里来，到哪里去，也直接看到了存在的一些挑战。

“最后一天的晚上，先是当地人组织我们唱了一阵卡拉OK，然后仲彬就起身向大家敬酒，他说：‘过去的 48 小时让大家都进一步了解了我们的工作，进一步了解了中国。我希望长江流域项目成为基金会全球流域项目中的领先项目。我希望你们都来上海看看我们的装瓶厂，它也是全中国最大的装瓶厂。这也是个很好的机会，我们可以一起讨论围绕气候变化的所有议题，也可以与你们一起在供应链的碳足迹管理方面开展工作。’”(可口可乐最近加入了世界自然基金会的“减排先锋计划”——为数不多的几家企业以身作则致力于减少碳足迹。)[5]

“一直到会议开始之前，我都很紧张，而仲彬的话则让我感触颇深，我想当时在场的每个人也都跟我一样。最后，我发现，虽然装瓶厂的人应我们（基金会）的邀请参加第一次大会，但可口可乐公司的意见至关重要。他们知道自己的文化，我们却不了解。我们与他们之间首先需要成为一个团队，相互开放，坦诚相见。随着我看到越来越多这样的聚会，我想我学到的最有效的方法是：我们一定要给自己时间，让人们真正走进彼此的生活，让大家都从他人的角度去感受一下，给大家机会敞开思想和心怀。

“仲彬提醒了我们，水资源的问题的确十分重要。生活在生态脆弱的水源地附近的居民也十分重要。尽管我们的生活方式把我们和这里的现实隔离开来，一旦有机会，我们仍然有可能和它重新建立联系。”

随着工作的进一步开展，大家对工作目的的理解也逐渐深入。“我们不必建立一种表面的联系，硬要把可口可乐公司的目标和基金会的目标联系起来，”弗米尔说，“也许，我们只需要看到，双方合作的成功确实要依靠那些相同的东西。我们发现，我们需要说的只不过是：‘看看，我们的目标并不完全一致。但如果我们系统地思考问题，就会发现我们有足够的共识。我们确实有合作的基础。’这是为了我们大家的利益。”

风 险

虽然这样的合作充满希望，但也不是没有风险。

可口可乐与世界自然基金会的合作本身就表明，这家公司承认水资源危机是真实的危机，并且会影响饮料行业。这是要让人们关注一个议题：饮料公司在整个供应链中究竟用了多少水。这个问题，许多人甚至根本就不知道。随着越来越多的人意识到这个问题，大家就会想要知道一个国家的水资源中，各种用途的百分比，对于印度这样的缺水国家尤其如此。虽然饮料公司用水的百分比比较低，这个问题仍然会把可口可乐这样的公司推到聚光灯下，可能会让它们穷于应付。

不仅如此。作为对合作的承诺，可口可乐公司同意，自然基金会了解到的可口可乐现在和未来的水足迹，都能不受干涉地公开报告。在过去两年中，这甚至包括两个组织共同工作，确定可口可乐在改善水效率和总用水量方面的目标。“他们一直在挑战我们，要我们确定难以完成的运营目标。”可口可乐公司负责管理这一合作关系的格瑞格·科赫评价自然基金会时说。达标方面的进步会做公开报道。科赫说：“世界自然基金会要可口可乐对达到指标负责。”[6]

从许多方面来说，世界自然基金会也面临同样大的风险，关乎这个组织在公众中的声誉和可信度，作为一家领先的环保NGO，这是它最大的资产。

媒体与民主中心（Center for Media and Democracy）是“一家非营利、无党派的公众利益组织，通过调查和揭露公关宣传操作的内幕，强化民主参与”。2007 年，这家组织发布了如下内容：

> 世界自然基金会是一家由大公司赞助支持的环保巨人，常常被人指责是“收‘绿票子’（greenback，指美元），帮助向其捐款的大公司‘漂绿’（green-washing）”。这个组织最近有了一个新伙伴。

世界自然基金会和可口可乐公司宣称建立了一种“新型合作关系”，由可口可乐公司支付 2 000 万美元。世界自然基金会在其网站上兜售这个交易。在《纽约时报》上，以一个整版广告宣布这个交易，标题是“这是我们的水滴”，可口可乐公司还把这个说法注册了商标。对于可口可乐公司而言，2 000 万美元的确只是其水桶中的一滴水，与这个组织合作给它带来的公众领域的形象提升相比，这个价格的确很划算。

“我们知道，处理这一合作关系有风险，”世界自然基金会的首席执行官卡特·罗伯茨（Carter Roberts）说，“但是不冒风险，什么变化都不会发生。”

对于西布莱特，这种合作关系的意义，不仅仅是可以得到世界自然基金会的专业能力的支持。“合作关系与雇来的咨询专家的关系不同。基金会的人确实是把我们从通常看事情的角度中拖了出来，他们是真正的思想伙伴。”

这两个组织开始了这一目标高尚，也毫无疑问是危机四伏的冒险旅程。基金会有水资源和可持续供应链方面的专门知识，也有公信力，可口可乐则了解商业系统，拥有庞大的分销系统，有政治影响力和财务资源（当然，良好的水管理带来经济和公关方面的好处，本身就是巨大的激励），集成双方的优势，合作的好处相当可观。有一点很清楚，这个正在萌发的合作关系的成败，有许多人会密切关注——其中也包括这样一批人：他们清楚，这样的合作对于我们共同的未来至关重要。

“我们要么团结一致，要么被绞死”

本杰明·富兰克林上面这句名言在当时的用意是，恳请正在彼此争吵的殖民地居民携起手来，为美国独立而战。但是，这句话也恰如其分地描述了我们今天面临的局面。没有任何一个单一实体可以应对我们面临的种种可持续发展问题，不管是政府（地方政府、州政府、地区性政府，还是国家级政府）、公司，还是非政府组织。没有谁有充足的资源，没有谁对问题有充分的了解，更没有谁具备足够的权威和公信力，能够把变革所需要的、更大系统的人群和组织联结起来。

跨越不同领域开展合作，对于创造性地处理可持续发展的核心问题十分重要，这类问题包括食品、水、替代能源和交通，以及气候变化。企业可以提供市场影响力和财务资源，而非政府组织能够提供的不仅是其公信力，也包括有关更大系统的知识，以及把适当利益相关者聚集到一起的能力。政府则有立法的力量。要想推动真正的进步，这些方面的力量都需要。

因为意识到了这一点，类似的合作正在全球范围内展开。联合利华已经与乐施会开展合作，评估公司对印尼的贫困的影响。联合利华也与雨林联盟（Rainforest Alliance）一起，针对联合利华的立顿茶业务在全球开展工作。美国的零售业巨头好市多（Costco）公司与中美洲当地农业社区的非政府组织合作，建立可持续农业的合作关系。英国石油公司碧辟（BP）与印度的非政府组织合作为电网尚未覆盖的村庄送电、送热。宜家公司与巴西的非政府组织合作，着力于形成某种方法，保证在亚马孙以可持续的方式进行木材砍伐。耐克正与泰国的非政府组织合作，尝试让制衣工人在家工作，而不是流动到城市里去工厂工作。我们会在本书中讨论许多类似的努力。但是重要的是要记住，这些努力都还是襁褓中的婴儿。

正像前面的几个故事所表明的，要真正形成成功合作的能力难度极大。非政府组织与大公司内部到处蔓延着对对方的不信任。在努力与其他领域的组织建立这种合作方面，多数政府基本没有相关经历，而且即便是到了今天，多数政府也没有看到这样的需要。这实在让人感到悲哀。在通常情况下，公司、非政府组织和政府机构都掌握着不同的技术能力，用彼此各异的语言进行沟通，各自与互不相同的利益相关者打交道。这些组织之间目前也没有什么可以让它们走到一起的征兆，除了一点以外，那就是，让它们走到一起是一种急迫的需要。

然而，类似的合作也极为鼓舞人心。“如果你去看美国最受信任的品牌排名，可口可乐排在第二位，世界自然基金会排在第八位；在欧洲，世界自然基金会排在第二位，可口可乐排在第八位，”阿佩尔说，“这两个品牌放到一起可以做些什么呢？如果我们可以做正确的、实质性的工作，并且把精力集中在结果上，我们就有可能一起创造一场以水资源为中心的运动，就有可能把理念传播出去，不仅仅是面对我们的成员和我们自己的消费者，而是更大的范围。”

时间可以证明：只要有真心的意愿学习如何看到更大的系统，学习一起反思习以为常的思维方式和行动方式，这样的合作关系就能成为工业泡沫之后的生活的奠基石。

第三部分　起步

在第二部分里，我们介绍了一些这样的人和组织，他们是创造泡沫后生活的引路人。他们的非同寻常之处就在于，他们实际上都相当平常。他们之中有些位高权重，另一些则没有什么权力；有些主要从事商业领域的工作，另一些则是为政府和非政府组织服务。对于组织来说，有的规模很大，有的只是区域性的。其中有些组织已经基础雄厚，而另一些则是为了应对全新的问题，最近才刚刚建立。在这些人中，有些人有技术背景，有些则没有；有些人受过多年正规教育，有些则是获得了“人生教育”。他们有的年长，有的年轻；有的既不老，也不年轻。他们仅仅是普通人，但是他们做出了非同寻常的抉择。

然而，他们确实有办法做事立竿见影。在看清自己的工作范围所处的更大系统方面，他们也是驾轻就熟。他们培育关系，建立有创造力的团队和网络。他们都有着远大的志向，但又不把自己看得太重。他们都具备很高的“组织智商”（organizational intelligence），也有着很高的“情商”和“智商”：这是一种技能组合，它能抓住组织里大家最关心的问题进行沟通，并把大家潜在的集体想象力和能量都激发出来。

“起步”的方法不止一个，多数变革的努力之所以开始，是因为人们看清楚了采取行动的具体原因。在企业里，变革启动之时，也是人们认识到认真对待社会和环境问题本身所带来的机遇和不这样做将会带来风险之时。情况往往是，当人们认识到，即便只是减少废弃物和提高能源效率，也会有可观的短期利益，就会开始变革。然而，这类短期的、被动反应的行动，会让许多公司陷入“我也做了”的低境界层次，只是“变得不那么坏了”，直到它们看到，通过新产品、新工艺流程和新业务模式，可以创造出新的价值来源。

在本书的这一部分中，我们用第 8 章和第 9 章，介绍一种重新思考战略的方法，它超越了限制多数组织发展的、典型的单维度可持续发展观。在第 10 章和第 11 章，我们将展示在实际的环境中，如何通过鼓励人们的参与，让变革令人信服，从而开始实践这种思考方式。在这里我们也开始探讨，制定新的战略会依赖哪些技能，比如，改变战略对话的质量，以及帮助人们澄清他们内心深处的志愿。

所有伟大的旅程都始于足下，也始于提出有意义的问题。如果你正在读这本书，你在某个时刻就可能已经发问：“我还能多做些什么？我怎样才能让我的组织更多地参与其中？”通过以下章节，我们希望能够帮助你提出自己对这些问题的解决方案。

| 第 8 章 |

风险与机遇：可持续发展的商业思维

到目前为止，我们一直都在用超级广角镜来看待可持续发展的问题：我们所有人的行动对整个地球的影响是什么？我们对地球的影响反过来又会如何影响我们自己？我们之所以将本书命名为《必要的革命：深层学习与可持续创新》，是因为这些问题已经不能再回避了。人类社会已经对这个星球造成了许多危害，所以我们需要变革。无所作为已经不再是一种选择。

但是，真正的创新需要改变思维方式。许多商业组织已经意识到了这一点，许多其他类型的组织也认识到了这个道理。其中有些组织，已经在过去多年中，以这个道理为基点展开了行动，本书第二部分所分享的那些故事，就是如此。许多其他组织也正在积极努力，追赶它们的步伐。虽然还有大量企业仍然处于无所作为、无能为力的痛苦与混乱之中，但是每一个行业中都有越来越多的商业机构，正在把可持续发展和社会责任的议题融入自己的未来发展目标。它们已经接受了这样的现实：如果想在未来的动荡中生存下去，进而得到发展，就必须这样做。

新的商业环境

虽然各类不同的组织所面对的创新的基本要求没有什么差异，但是营利性组织或许可以说是今天社会中最具影响力的组织机构。可持续发展正在成为CEO和董事会的首要议题，理解这种现象背后的原因非常关键。第一步或许是最简单的，那就是以全新的眼光去看清整个工业时代的系统。但是，这或许也是最艰难的。回想一下我们在第 3 章中给大家介绍的图 3.1。那张示意图展示了工业时代的工作方式与自然的工作方式的不同。如图 8.1 所示，现在许多企业高级管理人员，仍然在用工业时代的眼光看待世界。他们看到的最大和最重要的“圈子”就是经济，而社会和环境都是处于经济圈之中的、小得多的区块。

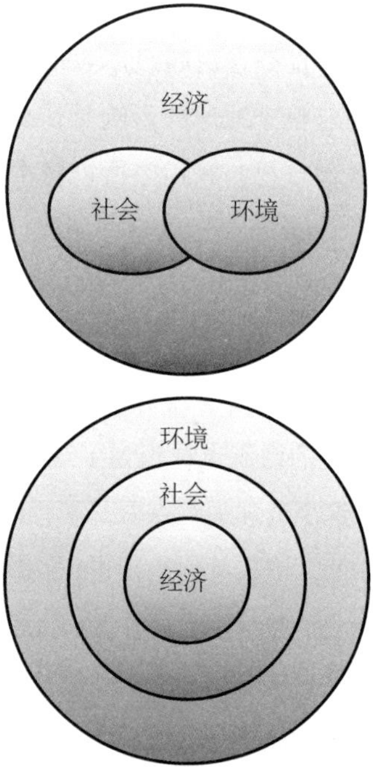

图 8.1 “真实的”现实世界

实际上，我们认为，要想开始有效地转变工作重点，把可持续发展融入组织之中，唯一的办法就是重新思考这个“图解”，用新的方法观察世界以及商业在世界中的角色。其中，最大的“圈子”就是环境，人类社会次之；接下来，经济、行业和单一企业依次排列，是越来越小的“圈子”，它们都处于社会和环境之下。英特飞公司首席执行官雷·安德森（Ray Anderson）在引述美国参议员盖洛德·纳尔逊（Gaylord Nelson）的话后，做了这样的表述：企业要清醒过来，需认清一个简单的事实：“经济是自然的全资下属机构，而不是反过来。”同样，没有稳定、活跃的社会秩序，也不会有健康的经济——要了解这一点，只需问问那些在腐败泛滥、缺乏法纪和极度贫困的社会中力图做点儿生意的人，就清楚了。

调整战略重点——谷歌的探索

接近 2007 年年末，谷歌宣布了多项研究计划，其中包括为公司内部的一个研究部门提供资金，决定开发出成本更低的可再生能源。许多行业分析师和金融分析师都认为，谷歌这样做远离了其核心业务的“舒适区”（comfort zone）。乔丹·罗恩是加拿大皇家银行（RBC）资本市场部的一位分析师，过去他曾经公开推荐过谷歌这只高价股。当谷歌在 11 月宣布这个努力方向的时候，罗恩震惊了。他对媒体说：“这帮人到底在搞什么名堂？这让我对谷歌的战略重点感到担心。”[1]

罗恩的话击中了一个重大问题的核心要害：企业今天的战略重点是什么？企业的战略重点是如何根据其在更大的商业世界中所处的位置进行调整的？每季度收入增长的压力来自罗恩这样的分析师们，而企业高层的决策为此所驱动，也已经成为惯例。然而，当战略抉择与全球气候变暖的现实和可持续发展的要求形成对立时，分析师们所关注的重点就必须被重新检验。保持现状显然已经不行了。

其实，谷歌这样做不过是遵循了公司的宗旨（“不做坏事”），同时这也是切合实际的选择。因为谷歌业务的中心是运营海量服务器，能源消耗巨大。公司创始人之一拉里·佩吉（Larry Page）说，如果谷歌的探索成功，“那么全世界就会有机会通过采用可再生能源，满足很大一部分电力的需求，并大幅度降低碳排放”。在许多地方，替代能源对于经济发展是必须的，因为在这些地方，基本上没有能让人们用得起的能源——无论是哪一种能源。谷歌的另一位创始人谢尔盖·布林补充说：“我们期望这也成为我们的优质业务。”[2]

谷歌推进自己的这项事业，并非只是依赖自己的力量单干。这与许多其他有远见的企业类似。正像我们在第 2 章中所描述的，企业周围更大的、相互交叉的环境由合作伙伴、供应商、客户、股东和竞争对手组成，理解现实世界的各个系统，就包括意识到这个环境对所有这些参与者都有影响。除了投资开展其内部研究外，谷歌还为其他企业、独立实验室和学术机构等提供资助。谷歌很清楚，意想不到的创新与融合对于其努力的最终成功至关重要。一些企业正在与政府或非政府组织合作，而另一些企业则正在建立全球合作关系和联盟。可口可乐与世界自然基金会协作开展水管理，只是其中的一例。通用电气公司、杜邦公司和BP，以及其他一些企业，一直在通过观察其业务对社会和环境的影响，重新思考战略。谷歌充分意识到，自己的目标相当激进，更认识到它需要合作伙伴，共同解决那些远远超越任何一家企业能力范围的难题。

相互依赖的世界中，变革的商业风险

多数人接受了这样一个随处可见、十分清晰的现实：世界已经改变了，现有的全球扩张已经无法维持下去。大家都在寻求答案，也在寻找领袖人物——这些人有解决问题的办法，也有能力向前推进。有头脑的企业领导者已经开始全面地接受挑战，因为越来越多的证据清楚地表明，企业如果在应对可持续发展问题上无所事事、按兵不动，就会面临各种风险——丧失市场份额、失去最聪明能干的员工、严重损害公司的声誉和资本市场估值。

各类公众调查一再确认，企业所有的利益相关者——客户、员工、商业伙伴、供应商和股东——都非常关注企业如何应对与环境健康和社会福祉相关的那些相互交叉的挑战性议题；他们也以此决定，买什么产品、在哪里工作以及如何投资。实际上，作为企业最关键“选民”的客户和员工，正在告诉企业：此事事关重大。更重要的是，他们以此对企业“问责”。比如，“环球扫描”这家广受尊重、经验丰富的公司，最近进行了一项涉及 2.5 万人、覆盖 25 个国家的调查。调查中 69% 的被访者表示，企业在损害环境方面要承担“全部责任”。[3]

由于这个变化，企业的环境和社会行为正在受到来自各个方面的严格监督。在互联网上的无数网站和博客等媒体上，与之相关的信息被广泛传播。即便是那些已经相当努力，力图变革的企业，也无法幸免。比如，耐克过去曾与第三世界国家中的“血汗工厂”和雇用童工有关系，还因此在企业形象上受到影响。今天，一旦出现这类情况更是让企业无处躲藏。

投资人也站到了监督者的前列，因此忽视社会和环境议题会给资本投资带来严重的风险。思考一下这个例子。碳信息披露项目（Carbon Disclosure Project，CDP）是一家调查机构，既收集气候变化带来的商业风险和商业机会方面的信息，也收集全球最大企业排放二氧化碳和其他温室气体的数据。2007 年，这家机构的数据库涵盖了 2 400 家企业，并代表管理着 41 万亿美元资产的 315 家机构投资者发布了一份报告。碳信息披露项目的首席执行官保罗 · 迪克森（Paul Dickinson）说：“投资者越来越多地把良好的碳管理作为一个标志，用来判断公司是否经营良好。”迪克森注意到，在企业的气候变化对策方面，当投资者得到的信息越来越多的时候，“要求企业采取应对措施的压力也就越来越大”。

许多市场上领先的企业，都曾经努力解决这个问题。但是，当投资者与客户一起说话了，明智的企业就会认真倾听。

“作为企业领导者，我的成长经历使我对非政府组织和环保运动抱有完全怀疑的态度，”通用电气公司首席执行官杰弗里·伊梅尔特（Jeffrey Immelt）这样说，“5 年前，我看到了技术，这让我真正感到，可以让这件事成为一个机会，而不是一种妥协。如果我们在可再生能源、环境保护和脱盐上做出正确投资，我们就可以在像往常一样，在赚取利润的同时，又解决社会问题。”

在通用电气公司，是客户启动了变革、推进了变革：当他们向通用电气的不同业务单元表示，能源效率、气候变化等可持续发展问题对他们很重要，通用电气听进去了。2002 年，伊梅尔特看到了成本效率高的新技术所带来的机会，当时原油价格是 25 美元一桶。虽然这个价格与 1999 年 11 美元一桶的价格相比大幅上升了，但是与 2008 年 3 月 110 美元一桶的价格相比，这个上升幅度根本不算什么。然而，伊梅尔特并没有等到灾难性的经济状况发生以后，才启动通用电气的环保行动计划。

“当社会改变想法的时候，你最好处在这个变化的前沿，而不要落到它的后面。而现在的情况是，社会已经改变了它的想法。”伊梅尔特说，“作为首席执行官，我的工作就是走出去，站到它的前列。因为，如果你不站到它的前列，就会被它卷起来，碾到下面。”

金融业急需“掉头”

制造企业规模庞大，排放污染，名声很差。与之相比，银行、金融机构、证券交易等行业素来给人以“清洁”的形象。但是，事实真相是，它们并非“环保天使”，从来都不是。它们就像任何一家制造企业一样，深深卷入了当前的工业时代之中，也面临着同样的风险。有头脑、有见识的消费者正在强烈要求这些行业加快行动、引领变革。

事实上，金融业正为环保运动提供大规模的支持。比如，管理着 2 万亿美元资产的花旗集团，宣布启动一项 500 亿美元的“绿色行动计划”，这是迄今为止单个公司承诺的最大金额。这项计划中的 100 亿美元已经到位，另外 100 亿美元的目标是：减小花旗遍布世界各地 14 500 多个办公地点所产生的庞大的“碳足迹”。据伦敦出版的《泰晤士报》报道，花旗将在 10 年内陆续投资另外的 300 亿美元，为风能发电、生物燃料、太阳能电池板等生态友好型技术提供资金。花旗集团市场与银行部主席兼首席执行官迈克尔·克莱因（Michael Klein）说：“我们坚信，气候变化是目前世界上企业领导人、投资者和政府共同面对的最重要的问题之一。而这仅仅是开始。”

心怀怨气的批评者可能会说，对于一家资产 2 万亿美元的企业来说，10 年内 500 亿美元的投入，不过是九牛一毛。然而，如果这真的仅仅是为了公关活动“作秀”，也不大可能骗过非政府组织、政府管制机构和环保活动家。因为他们已经认识到，银行在推进环保责任方面扮演着关键的角色。

20 世纪 90 年代，环保活动家针对石油、化工、木材和钢铁等行业的大型企业排污的抗议活动，开始逐渐日常化。此时，大家也开始清楚地意识到，把目标指向那些为这些行业提供资金的机构，是更为有效的对策。他们细查各大银行的借贷明细、发起广泛公众活动，“曝光”那些为危害社会和环境的商业行为提供资金的机构——事实证明，这是一种行之有效的方法。例如，在 2005 年，抗议者身穿危险品防护服来到摩根大通银行的办公地点，让全世界了解，摩根大通正在向印尼的非法砍伐企业和秘鲁的一家采矿企业的侵犯人权行为提供资金。《时代》周刊报道："仅仅两周之内这家银行就宣布，将会制定政策，促进可持续林业发展，保护土著居民权利，并切断可能被用于非法砍伐的资金。"

"雨林行动网络"（Rainforest Action Network，RAN）全球金融行动的负责人艾丽丝·霍格（Ilyse Hogue）在接受《时代》周刊采访时说："现代社会迫切需要在生态行为上'掉头'，私人银行业比其他任何行业更有能力推动这项进程。"[4]

"雨林行动网络"的执行董事迈克尔·布隆（Michael Brune）补充说，这个组织早在10年前就决定"追踪钱的走向"。他们以有影响力的消费者和投资机构为目标，开展市场活动，试图规劝这些企业停止其破坏环境的政策。"雨林行动网络"培训其员工和活动组织者，让他们像CEO一样思考，让他们问自己，什么会促使CEO采取行动。

"比如博伊斯–卡斯科德公司（Boise Cascade）。如果你是这家林产品企业的首席执行官，你所关注的问题是把纸和木材卖到哪里，从哪里得到融资支持，"布隆说道，"所以，要想让博伊斯–卡斯科德公司制定整体环保政策，我们就要先到市场上去找博伊斯–卡斯科德的客户，比如家得宝。我们说服了家得宝。对于那些没有获得认证，未证明是来自管理完善的林场的产品，它们会逐步淘汰。在针对'博伊斯–卡斯科德'的行动中，我们还走访了400家其他企业。这用了好几年时间。但是，最终在2003年，博伊斯–卡斯科德公司制定了公司层面的环保政策。"[5] 当家得宝这样的900亿美元市值的大客户有话要说时，博伊斯这样的57亿美元资产的供应商自然是要小心听着的。

据布隆说，金融机构现在已经领悟到，要从资产负债表角度看待这个问题。"当银行去看一项交易建议书的时候，'环保责任'成为一项风险因素，"布隆说，"银行还需要审查其他风险，诸如股东诉讼、声誉风险、缺乏保险覆盖等等。从概念上说，我们对银行业所做的努力，与我们对家得宝所做的是一样的。渐渐地，银行业也开始行动，逐步停止为那些推进不可持续项目的公司提供贷款和融资安排。”

尽管类似的“压力战”法已经奏效——许多企业因此而清醒起来，意识到从前一直忽视的风险，但是，在推动真正的创新上，这些行动的效力仅此而已。由于理解了这个问题，很多非政府组织和银行，已经开始形成互惠的“缓和”关系，甚至合作形成网络和同盟。这类同盟之一是 2004 年建立的一个合作伙伴组织，参与者有银行监察组织（Banktrack，一个由社会组织和个人组成的网络，致力于跟踪监督私人金融业的运作）和世界上最大的 30 家私人银行（包括花旗银行、摩根大通银行、美洲银行、荷兰银行、巴克莱银行、汇丰银行、荷兰商业银行等）。正像汇丰银行可持续发展风险管理负责人乔恩·威廉姆斯（Jon Williams）对《时代》周刊所说的：“每个参与者都对实现环境保护和经济发展的平衡感兴趣。我们相信大家都能既做好生意，又做了好事。”

从风险的另一面发现机会

随手翻一翻报纸或者商业杂志，我们就能清楚地感受到，可持续发展的巨浪正冲击着整个企业界。正在做出变革的并非只有金融行业，那些业绩最优秀的企业正在引领变革的进程。比如，处于全球领先地位的投资银行高盛集团，不久前分析了能源、采矿、钢铁、食品、饮料、媒体等六个重要产业部门，研究了这些行业中，哪些是在环保、社会和治理方面政策和策略的执行得到公认的领先企业。高盛发现自 2005 年 8 月以来，这些领先企业的股票价格超出股票市场平均值的 25%，另外，其中 72% 的企业在同一时期内的业绩超过它们的同行企业。

对于企业管理层，这类研究结果会触发董事会向他们提出这样的问题：如果公司重新定位，我们能获得什么样的有形财务收益？如果我们对环保议题做出承诺，能让我们保持盈利，甚至提高我们的利润并提升我们的市场价值吗？

当人们就具体战略问题进行商业合理性探究的时候，最终总要归结到风险和机遇的选择上来。虽然每个企业、各个产业的短期、中期风险各不相同，但忽视可持续发展问题的终极风险却十分清楚：如果我们继续不顾自然的承受能力，向环境排放更多的有毒废弃物，向大气层排放二氧化碳，如果我们继续不顾资源再生能力的限制，任意开发和浪费自然资源，那么，传统意义上的商业终有一日将不复存在。如果鱼类灭绝，何来渔业生产？没有洁净的水，更何谈饮料公司？

今天，我们需要的是用一种全新的思维方法，来思考如何直面这些商业风险，思考如何在这些风险的另一面发现机会。

竞争优势、创新与增长

对于那些有能力看清这个不断变化的世界，以及其中所蕴藏的机会的组织，发展前景似乎充满希望。然而，要大幅度改变一家企业的经营方式，的确非常困难；要讲清楚这个道理，自然一定要有可靠的依据，说明这样的投资有大规模回报的潜力。所幸的是，在当今世界，企业商誉已成为一种有形资产：一个企业在环境和相关社会问题上的声誉，关乎企业的竞争优势。

《无形资产和价值创造》（*Intangible Assets and Value Creation*）一书的作者尤尔根·多姆（Juergen H. Daum）是德国的一位管理顾问。他在书中写道："在 20 世纪 80 年代初，有 40%的企业其市场价值超出账面价值；到 90 年代末，这一比例增至 80%。这意味着只有 20%的企业的价值是通过财务会计系统反映的。"[6] 因此，企业市值的很大一部分，是基于品牌和声誉，而非所谓的硬资产。然而，影响着企业品牌和声誉的，是一个正在快速成长的外部利益相关者群体，一个从非政府组织到消费者，再到各级政府的群体——他们既有表达能力，也有势力。其结果是，企业品牌争相努力拥抱可持续环境发展的各种概念，其数量前所未有。当然，它们也都是出于“好的”理由。

2007 年 10 月，英国民调机构益普索–莫里（Ipsos–MORI）公司，在全球 15 个主要市场，对 1.7 万名消费者进行了一项调查，调查证实消费者对于“绿色品牌”的评价很高。超过一半的受访者表示，他们更愿意购买在环保方面声誉良好的企业所提供的产品和服务。

在英国，一份由合作银行（Co-operative Bank）于 2005 年委托进行的调查报告表明：“道德消费”总额比前一年增长了 11%，达到 300 亿英镑——高于啤酒和香烟的零售额。环球扫描公司在 2007 年的报告中提到，在美国，“主流行动主义者”群体占总人口比例增长迅速——从 2005 年的 38%，增至 2007 年的 45%。所谓“主流行动主义者”是这样的一类人，他们倾向于从自己对企业的期望出发，用消费行动来“投票”。这个群体一般学历较高、收入也较高，成为“意见领袖”的比例也比较高。[7] 为了尽快融入这个显而易见的成长势头，许多组织正在力推它们在可持续发展方面做的那些“小修小补”，力图使自己在客户和其他利益相关者面前显得很“绿色”。

“我想要有一个转变，而现在仅仅是开始，还只是行动的前奏。”落基山研究所研究总监乔·斯维舍（Joel Swisher）在接受《纽约时报》采访时说。落基山研究所成立于 1983 年，是一家颇具影响力的非营利组织，为推动可持续发展进入社会主流，在政策、战略层面以及实用革新方面做出了很大贡献，尤其是在能源和运输行业。虽然相对而言，目前变革的力度还不够大，但斯维舍相信，这些变革都具有积极意义，“这是在向正确的方向走”。

生产“环境友好型产品和服务”，已经与质量和价格一起，成为品牌属性。就像产品质量和产品创新一样，一旦企业品牌在这方面吸引了公众的注意力，企业风险就变得很大，人们的期望也变得很高。

消费者正在通过购买商品表达他们的选择。同样，员工也在根据企业在社会责任方面的声誉做出职业选择。调查表明，如果一家企业理解办公室外面的世界正在发生的变化，员工就愿意为这样的企业工作，年轻员工尤其如此。招聘服务巨头环球怪兽公司（Monster Worldwide）是一家在全球 23 个国家开展业务的在线就业网站，在其调查中发现：80% 的受访者表示他们有兴趣从事对环境有积极影响的工作，92% 的受访者表示更乐意为环境友好型企业服务。在前面提到的益普索–莫里公司对全球 15 个主要市场的调查中也发现，约有 80% 的受访者表示，更乐意为有“环境道德”的组织工作。

荷兰皇家壳牌集团首席执行官杰隆·范德伟（Jeroen van der Veer）说：“我的看法是，未来的成功企业，是那些能够把企业价值与员工个人价值观融合起来的企业。最好的人才都想做对社会有贡献的工作，都希望在这样的企业工作：他们能认同企业的价值，他们的观点有人重视，他们的行动能起作用。”

然而，追求再生型经济中的领导地位，并不只是为了品牌以及招聘和留住员工。下面讨论的是几个方面的具体收益。

1. *可以大幅度节约支出*。所有行业的各种企业，不论是IBM、美铝公司，还是沃尔玛，都通过节能减排节省了大笔费用开支。过去 15 年间，杜邦公司大力降低温室气体排放和相关能源使用，因此节省了 30 亿美元，并实现同期业绩增长 30%。通用电气工业集团仅将其工厂照明升级为自己生产的高效照明设施，每年就节省了 1 280 万美元。通用电气通过全公司各部门的努力，降低能源使用，减少温室气体排放，每年可节约能源支出总计 7 000 万美元。福特汽车公司采用了一项技术，使汽车在经过流水线组装完成时，同时刷三层漆，这就大幅缩短了新车喷漆所需的时间，也不再需要使用高能耗的干燥设备。这一改进使福特公司生产过程中的二氧化碳排放量降低 15%，挥发性有机化合物排放量降低 10%。这一改进还能使油漆工序所需时间缩短 20%。[8]

绿色建筑至少可以减少一半的能源开支，甚至常常可以减少更多。E资本公司（Capital E）的产业金融分析师格瑞格·凯兹（Greg Kats）的说法是，绿色建筑的潮流势不可当。“几年前，做绿色建筑风险很大，而不做绿色建筑的风险却微不足道。”凯兹指出，“目前，鉴于我们已建成 93 亿平方千米的绿色建筑，做绿色建筑的风险已不复存在，而不做绿色建筑，则风险巨大。”

2. 可以获取大幅收益。把 1 吨垃圾埋入垃圾填筑地需花费 100 美元，这一费用开支叠加起来，数目很大。然而，据《快公司》杂志报道：“通用磨坊公司（General Mills）已将其固体废弃物转化为利润。其中案例之一是脆谷乐（Cheerios）的副产品燕麦麸。通用磨坊以前是花钱请第三方进行回收，但后来意识到燕麦麸可以作为燃料使用。如今，顾客竞相购买这种燃料。2006 年，通用磨坊公司对 86% 的固体废弃物进行了回收利用，获得的收入高于处理这些废弃物所需要的开销。”[9]

而且，并非仅仅单个企业从中获益。可持续性产业市场（sustainability marketplace），即那些为应对可持续发展问题而成立的企业，可望获益丰厚。这是因为，当现存的各种组织转向使用再生能源，建造绿色建筑，或是对已有建筑进行“绿色”翻新的时候，都会需要这些企业提供的产品和服务。麦格劳–希尔公司在建筑信息趋势报告中称：2008 年新启动建造的绿色建筑市场价值超过 120 亿美元，而到 2010 年预计增至 600 亿美元。正像格瑞格·凯兹所指出的：用于建造绿色建筑而非传统建筑的附加资本投资率很低（目前已经低于 2%，而且还在进一步降低），其在建筑寿命周期内的投资回报率每年可达 40%。随着能源成本的急速上升，这一回报率还在持续增长。

3. 可以为客户提供竞争优势。随着计算机运算能力的成本逐年下降，为大型计算机和服务器提供动力和制冷的能源成本将超过这些硬件本身的成本，这个时间点也许就在2009年。IBM公司的“大绿色计划”，寻求大幅度降低其数据中心的能源消耗和用户的能源消耗，能为用户节省40%的信息系统成本，进而增加IBM公司的市场占有率。

4. 可持续发展是一个差异点。在进取号租车公司（Enterprise Rent-a-Car）的车队中，每3.8升汽油行驶超过45千米的车辆约有一半（超过33.4万辆。该公司称，这个数量是其最大竞争对手提供的节油型车辆数量的10倍）。目前，进取号租车公司正在数以千计地增加混合燃料和弹性燃料汽车，并对替代燃料的研究进行投资。[10]

5. 可以塑造产业未来。在美国汽车行业采取追赶行动之前的许多年里，宝马和其他欧洲汽车制造商就意识到，“文明的自利”是件好事，有助于企业影响政府的未来产业管制方向（在第15章里我们会详细阐述这个故事）。索尼欧洲公司由于建立了一个有效的回收体系——回收使用寿命终止的电子设备，在欧盟也起了类似的领导作用。BP公司和壳牌公司，在应对气候变化方面处于领导地位，对能源产业政策的发展也产生了类似的影响力。

6. 可以成为优先供应商。好市多公司和其他食品零售商着力于寻找那些符合其质量目标的、长期可靠的供应商。当这些质量目标包括社会、环境方面更高标准的时候，便会引导独特的供求合作关系。世界领先企业都了解，要使它们的供应链保持真正的活力和可持续发展的能力，整个供应链上的所有成员都必须是领导者，都必须大幅度减少它们对环境的影响，并在全球范围内满足社会责任的严格要求。这些企业把这些要求列为与供应商开展业务的条件，并且只接受那些持续表现出领导力的合作者。对于承诺满足这些标准的供应商来说，这一点无疑代表着一个巨大的商机。

7. *可以改变企业形象和品牌*。任何产业的企业，无论是小型公司还是像通用电气、壳牌那样的大型跨国企业，通过对环保行动的真正投入，都可以重新塑造其声誉和品牌。比如，针对员工待遇和对地方小企业生存的影响等问题，媒体对零售巨头沃尔玛进行了负面报道。而沃尔玛正在以“绿色行动”（going green）为先导，努力弥补影响。通用电气最初承诺将用于环境友好型“绿色创想”（ecomagination）系列产品的年度研发投入翻一番，达到每年 15 亿美元，并且从宣布之日起，这项投入已经大幅度提高。通用电气也曾计划在 5 年内将“绿色创想”产品收入翻一番，由每年 100 亿美元增至每年 200 亿美元，这个目标也早已实现(这个故事的详细内容见第 9 章)。

从合规顺从到创新挑战

无论是出于什么考虑，越来越多的企业正在行动起来，试图在新的商业现实世界中获益。就像任何一次趋势发生变化的时候一样，所有的“早期实践者”中，总有一些会处于“等等看”的状态，等到大潮涌起才会加入其中。许多人都想知道，谁是在一边说一边做，谁又是只说不做——逃避将可持续发展的实践融入其主要业务的艰巨挑战。事实上，我们觉得，这已经没有什么关系了，因为你总是要开始的。沃尔玛的首席执行官李 · 斯科特公开承认，以前这家企业的所有环保行动，都只不过是公司洗清负面形象的努力的一部分。然而，一旦企业做出了承诺，客户和员工就会要求它承担责任。如果企业不能兑现，客户和员工就会离它而去，加入那些用行动表现出郑重承诺并向前推进的组织。

一个组织要么像沃尔玛那样被动地改变其业务环境，要么像IBM和通用电气那样主动寻求新的机会。图 8.2 展示了融合可持续发展与企业战略目标的 5 个阶段，一个组织总要从其中之一开始起步。

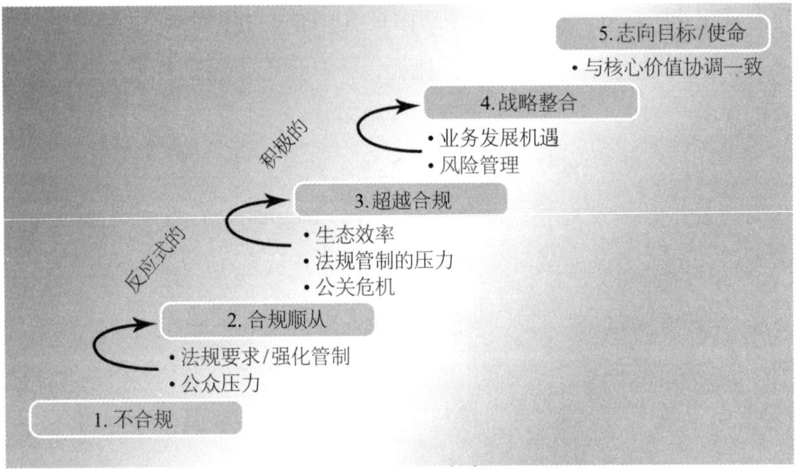

图 8.2　企业可持续发展的 5 个阶段和正在呈现的驱动力[11]

许多组织处于图中所示的最下端，处于“不合规”阶段，或是“合规顺从”阶段，但问题重重。在这两个阶段的组织，往往会对外在压力做出被动反应——比如，管制机构要求企业在 30 天之内解决大规模非法废气排放的问题，否则就勒令其关闭；或是一个激进的非政府组织，在企业总部周围示威，全球的媒体也站在它的一边。由于这种类型的变革成本高昂，企业高层领导往往会假设企业处于超越“合规”的阶段，但这样变革的成本就更高了。因此，它们不能享受到主动行动带来的收益，其业务无法因采取主动行动而获得大幅度的成本下降。

当人们看到超越“合规”阶段所带来的成本效益，变革的力量就会开始积累，因为第 2 阶段只是满足废气排放、有毒废物和废水方面的基本法律要求。当组织从第 2 阶段发展到第 3 阶段时，人们就会发现，节省的费用和增加的回报远远超过最初的投资。这就会变成一个“自我强化”（self-reinforcing）的雪球，因为初始的节约所进行的再投资，会带来越来越多的收益，其中也包括声誉的改善和品牌价值的提升。

达到第 4 阶段，组织的战略就与可持续发展完全融合在一起，这往往是在企业发现了更大的业务机会的时候。然而，只有当企业主动地将可持续发展的元素与其战略的每一个方面衔接起来，与其核心投资和贯穿组织上下的决策程序融合起来，第 4 阶段才会发生。像沃尔玛、通用电气、美国铝业，以及其他行业的一些领先企业，都已经达到了第 4 阶段。这些企业进步的一个明显标志是其可持续发展的责任状况已经产生了变化。可持续发展已经不再是总监、副总裁的工作，不再主要聚焦在利益相关者的管理和沟通上。现在，可持续发展已经是这些组织的业务部门领导人的责任，是首席执行官、首席技术官、首席财务官和首席运营官的责任（有关这一变化的情形，更多内容请见第六部分第 24 章：为了未来，重新设计）。

在第 4 阶段，可持续发展切入了企业战略与执行的中心业务，对资本和预算分配、供应链、新市场的探索、核心运营和研发都产生直接影响。人们常问的问题是："我们的实验室里有什么东西，怎样才能将其推向市场？"

属于第 5 阶段的著名企业中，许多是由这样的人创立的——他们在大多数企业还在以合规顺从为目标的时候，就看到了可持续发展的挑战带来的机会。他们毫不犹豫地把自己的企业放到了第 5 阶段，而没有经过其他阶段；他们大胆地宣布，自己企业的宗旨或目的，就是为社会做出贡献，并成为可再生型企业。美体小铺（Body Shop）、巴塔哥尼亚（Patagonia）、第七代（Seventh Generation）、赫斯基注塑系统（Husky Injection Molding Systems）等等都是如此。其他一些企业则在意识到它们正在制造的危害之后，立即转变了方向。雷·安德森是英特飞这家生产地毯和瓷砖的公司的创始人兼首席执行官，1994 年夏天，他面向公司的销售团队谈了公司所持有的环保态度的要点。"这其实很简单，"安德森回忆他当时的想法，“我们要符合法律的要求。”然而，作为销售来说，“合规”和“顺从”这种说法显然缺乏想象力，也不具备号召性。于是他开始阅读和思考与环保有关的议题，直到有一天他意识到，“我正在管理一家掠夺地球的企业”。自此，他不再提环保的合规和服从，而是从意识到的问题入手，“只有一种组织机构能够有足够的力量和影响力，来彻底转变这个问题的局面……那就是最初制造了这些问题的组织机构：‘企业、行业、我们这类人——就是我们！’”

他对同事提出了挑战，要求他们确定一个时间表，让英特飞成为一家“恢复归还型企业”（restorative enterprise），也就是成为一个可持续的运营系统：对生物圈不能产生危害，如果使用的材料不能循环使用或是迅速再生，就不能采用。[12]

越来越多的组织正在向第 5 阶段迈进，其中许多是中小企业。在西方国家，中小企业的定义是员工少于 500 人的企业。这类企业在美国、加拿大和欧洲占企业总数量的 98%。美国活跃地方经济商业联盟（Business Alliance for Local Living Economies，BALLE ）网络，是无数国际中小企业网络之一，把为可持续发展做贡献作为其主要宗旨和目的［有关BALLE和其他以使命为出发点的企业（mission-based business）的内容，请见第 26 章］。

然而，我们认为，随着企业领导人从各自启动新行动计划的经历中获得学习经验，随着他们从员工中得到正面的反馈，企业从第 4 阶段向第 5 阶段的转变也可以成为一个自然转换的过程。企业领导人通过自己的经历发现，如果逐步采取行动，把他们自己的志向目标和使命与员工的核心价值协调起来，就会释放出巨大的能量。

对于上市公司，进入第 5 阶段意味着面临这样的挑战：为了对可再生型社会和环境做出可持续的、正面的贡献，它们应当也必须成为赢利和成功的生意经营者。

当第 4 阶段和第 5 阶段的企业数量达到“临界点”的时候，这些企业的承诺和行动就表明，静态的分类已经没有必要了。主动行动的企业在行业和市场上采取战略行动时，就会引起客户、供应商、投资人和竞争对手的注意。这些领先者提高了客户、公众、非政府组织和政府的期望值，改变了游戏规则。合规和顺从不再意味着满足管制的最低要求，而是意味着要满足不断提高的、所有利益相关方的期望。

当许多组织在第 1 阶段和第 2 阶段开始行动的时候，许多其他组织已经处于第 3 阶段的运行当中了。它们已经接受了这个道理：变化是必须的——无论是为了生存，还是为了可持续运营带来的收益，如降低成本，或者改善企业形象。但是，最重要的“跳跃”在于超越第 3 阶段。一旦企业进入第 4 和第 5 阶段，就不仅是影响企业的未来，更是影响它们运营于其中的更大系统的其他各方的未来。这样的企业看到了它们自己生存和繁荣的机会与其运营环境的健康之间的联系。就像《可持续性的优势》（*The Sustainability Advantage*）和《下一个可持续性浪潮》（*The Next Sustainability Wave*）的作者鲍勃·威拉德（Bob Willard）所观察到的：处于第 4 和第 5 阶段的组织之间的区别，在现阶段不太重要。企业在这两个阶段的行为，其实基本上是一样的。[13] 在这两个阶段，企业都是在跨越一个边界：从仅仅因为风险而被动反应，走向对机遇的认知——这些机遇来自主动创造一个世界，并在这个世界未来的年代中持续繁荣发展。

| 第 9 章 |

定位：既为了未来，也为了现在

虽然大多数商业人士都了解，风险和机会的格局正在急速变化，但是，对于如何从认识发展出下一步行动，许多人还是懵懵懂懂。企业领导人期望了解，如何驾驭可持续发展的大潮驶向未来，同时又保持当前业务的健康和活力。今天，引领各个行业的企业也正是这样做的，因为它们已经认识到企业所面对的新的现实，并以此为方向调整了定位。然而，许多企业领导人也发现，拥抱可持续发展的广泛议题，就会引发冲突、制造混乱、导致“分析瘫痪”（analysis paralysis）和不作为。让形形色色、情绪冲动的外部利益相关者（包括非政府组织、消费者活动分子、社区团体以及政府官员）参与进来，可能会引起企业的挫折感大幅度上升，相关组织之间的不协调也会进一步恶化。

所幸的是，情况并非一定如此。我们不仅有可能在相关利益者之间的巨大鸿沟上架设沟通的桥梁，也可以创造关注点，进而在过程中释放追求进步的巨大能量。当你考虑了现实世界中新的力量，调整商业战略的优先次序（就像Google所做的），你就能从利益相关者出发，为所有的利益相关者创造长期的、可持续的价值。

这样做的起点，是“退后一步站”，从两个维度思考价值创造（你对股东和社会的贡献）。图 9.1 呈现的是“股东价值的四元素”，这张图最初是由斯图尔特·哈特（Stuart Hart）和马克·米尔斯泰因（Mark Milstein）开发的。图的纵轴显示的是时间，反映出一个组织需要在管理当前商业活动的同时，为未来发展技术和市场。[1] 图的横轴显示的是空间，反映出一个企业需要在发展和保护组织的内部能力的同时，从外部融合进新的思维方式和新的知识。这个维度反映出一种紧张局面，即一个组织一方面要在核心运营上保持聚焦，另一方面又要同时维持开放，吸收新鲜的思想，吸收新的、带有破坏性的模式和技术。

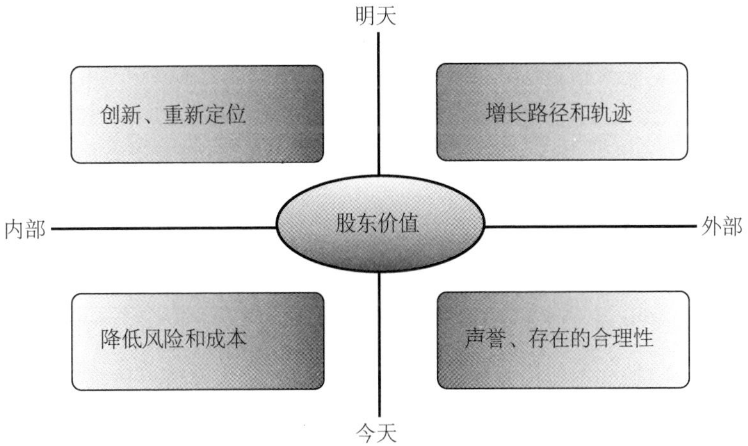

图 9.1　股东价值的四元素

把时间维度和空间维度放到一个平面上，就产生了由 4 个不同区域组成的矩阵，分别是：降低风险、声誉、创新和增长。它们中的每一个对于创造股东价值来说都至关重要。

在 4 个象限所代表的方面做得都好的企业，随着时间的推移，其股东价值得以实现最大化。这是因为，这样的企业更为全面地思考其业务发展，而这一点，又使其能够更加有效地为所有的股东考虑。仅仅注重其中的一个或两个象限的内容，则标志着不良业绩，或者至少也会导致企业在许多其他方面失去机会，不能建立长期的未来价值。比如，柯达公司就没能把握数字技术投入的恰当时机。类似的情况说明了一个道理：企业过度重视今天的业务（到了完全忽视明天的技术和市场的程度），在一段时间内是可以创造财富的，但是当竞争对手以更优质的产品和服务涌入市场的时候，最终会侵蚀股东价值。当然，对当前的过度重视，并不是一个组织面临的唯一陷阱。企业沉迷于明天的业务（到了完全忽视今天的业绩的程度）可能会激动人心而富于挑战，但也会寿命不长。互联网早期许多公司的经历就是明证。更进一步看，对于公司业务的内部环节过分重视（例如，在某一关键产品上投放过多资源）可以强化短期的实施效果，但最终会导致企业对竞争失去觉察。当然，对外部力量的过分强调，则会损害一个组织的执行能力。

创造可持续发展价值

可持续发展与股东价值创造类似，是个多维度、多方面的挑战。然而，就像哈特和米尔斯泰因提到的，大多数经理人看待可持续发展问题的框架，不是“从多个维度看到机会，而是从一个维度感到累赘”（在115页介绍的5个阶段中，管理处于“不合规”或“合规”阶段企业的经理人尤其如此）。哈特和米尔斯泰因首先提出的“可持续发展价值框架”（Sustainable Value Framework）简洁而精致地处理了这个问题（见图9.2）。

“可持续发展价值框架”采用了前面提到的、同样的时间–空间框架，但是在这个框架中，包括了企业当前面对的社会和环境挑战。[2]

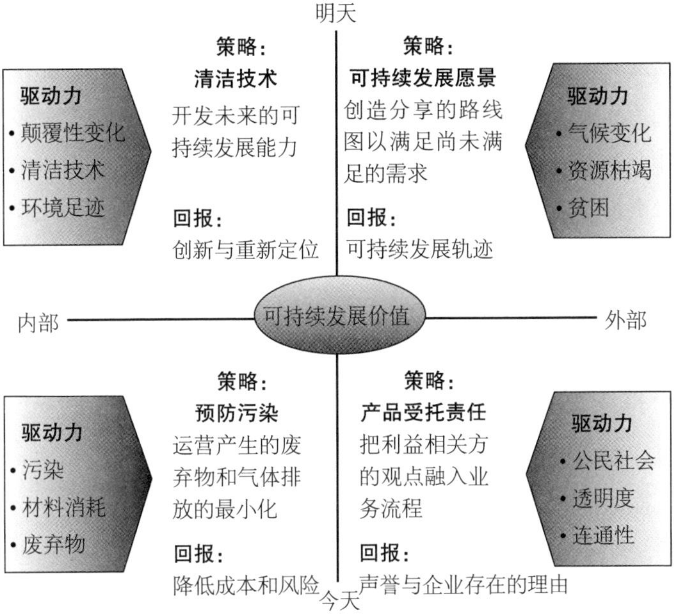

图 9.2 可持续发展价值框架 [3]

这个框架已为不同规模、不同行业的许多企业所采用，也为企业与非企业的领导者的广泛联盟所采用。比如，位于加拿大“化学谷”（Chemical Valley）中心的安大略省萨尼亚市，把来自政府、企业和社会的各界领导人召集到一起，共同关注和探讨各自领域的现状及未来可能的机会。他们在一起紧张工作了一段时间，使用这个“矩阵框架”，创造了一个实现的共同愿景的计划。他们的共同愿景是演化过渡到一个更加清洁的“混合生物”（bio-hybrid）经济，用生物质原材料替代传统的石油和天然气原料。

这个框架显示了可持续发展与企业核心职能之间的联系。正像哈特和米尔斯泰因所指出的，许多企业高级管理人看到这个模型之后就意识到，这样的联系以前从来就没有建立过。如果企业的经理人和员工对企业在可持续发展方面的努力感到悲观失望，那往往是由于他们看不到可持续发展与企业目标如何才能联系起来。其结果是，企业做出的努力往往是杂乱无章的，趋向于被动反应，与企业的核心宗旨和业务计划也没有什么联系。

这个框架帮助人们从不同的角度审视自己组织的行动，同时也显示出，大家如何才能共同工作，创造和保持价值，大家如何才能简化战略决策制定的过程。

可持续发展的驱动力

有许多各不相同的力量驱使企业走向可再生经济，然而，可持续发展价值框架帮助我们把它们分为四个宽泛的类别，这就使我们得以更好地了解，可持续发展的实践如何才能与公司的核心战略联系在一起。

第一类力量，或许也是比较明显的力量，与过去两个世纪中逐渐发展的工业化进程及其副作用有关，比如，物料消耗、环境污染以及生产过程中的废弃物。企业可以通过降低与其活动相关的物料消耗和污染，立即创造价值。

第二类力量，与“公民社会利益相关者”（civil society stakeholders）的普及和发展有关。当国家政府的力量随着全球化贸易机制的发展逐渐弱化，非政府组织和其他市民社会团体就进入这个被扯开的权力缝隙，承担起监控（有时是强化）社会和环境的标准的角色。与此同时，这些团体也得益于互联网和信息技术的普及，使它们能够以10年前还无法想象的方式，开展内部交流和沟通。通过互联网连接的联盟，像雨林行动网络、银行监察组织等其他组织一样，正使得政府、公司和其他大型组织越来越难以进行秘密操作。更为重要的是，企业在运营上体现了更高的透明度，对公众的可持续发展实践的意愿有了更快的反应，之后可以看到，品牌形象改善对其“底线”（bottom-line，指净利润）的直接影响。

第三种力量的发展趋势，包括了正在兴起的“破坏性”技术。破坏性技术对现存状况发起了挑战，今天的许多能源和材料密集型行业，都可能因其出现而退出商业舞台。基因技术、纳米技术、信息技术和可再生能源技术，都具备这样的潜在能力：大幅度改变我们的商业活动方式和我们对这个星球的影响。各个行业的公司都要投资未来，除了开发新型的、具备改变游戏规则潜力的技术，其实也没有什么更有效的办法了。

最后，第四种驱动力与一系列全球问题相关，比如，资源耗尽、生态系统恶化、气候变化；不发达世界中的贫困和不平等，以及其他同样宽泛的、发达世界中的可持续发展驱动因素，包括全球安全问题和与其紧密相关的气候、资源消耗和能源供应及安全问题。大规模的社会发展和财富创造，尤其是全球最贫困的 40 亿人群中的社会发展和财富创造，是可持续发展的基本问题。然而，为了避免造成生态系统的彻底毁灭，全球各地的发展必须采取一种全新的方式。但是，对最后一部分驱动因素的应对，不仅对于这个星球的健康非常必要，通过把握各个行业层出不穷的可持续发展机会，企业也同样可以创造价值。其中的一个例子，便是采用一种推动财富创造和分配的方式，满足那些处于全球收入金字塔底部人群的基本需求，包括食品、卫生和健康。

全球可持续发展是一项非常复杂的议题，任何一家公司的行动都不可能完全应对。因此，希望在未来兴旺繁荣的企业，必须要应对所有这四个方面的多种驱动因素。对于不同的组织而言，不但在每一个方面的投资多少的决策不同，而且以什么周期进行投资的决策也不同。使用“可持续发展价值框架”的真正价值之一，就是在这个过程中形成智慧。最终要实现价值创造最大化的目标，就需要一个平衡所有这四个方面的投资组合。

杜邦的转变

杜邦公司是一家拥有206年历史、产值290亿美元的化学工业巨人，其重塑自我的过程深入、广泛，涉及企业的方方面面，无论是什么规模、什么业务范围的公司，在这方面都很难与之相比。这家公司的故事，在企业如何最佳使用可持续价值框架，并把它转化为行动方面，提供了重要经验。

杜邦曾经有过无数产品突破，其中许多是“二战”后经济爆炸式发展与繁荣的象征，比如，尼龙、莱卡、赛璐玢以及特富龙，但是，这家位于特拉华州维尔明顿的公司的创新英名最终还是变了味道。1989年，绿色和平组织的示威者潜入了杜邦公司位于新泽西州深水市的一家工厂，爬上工厂内180英尺高的水塔，并在上面挂了一条大幅标语，宣布杜邦这家开发了氟利昂制冷剂的公司是全球头号污染者。[4]

对这个说法以及类似的一系列说法做出回应，成了新任首席执行官埃德加·伍拉德（Edgar Woolard）的首要工作。他在这次事件之后不久宣布：“未来这家公司的颜色是什么，我不能肯定，但是我可以向你们保证，它的颜色是某种绿色调的。”他表示，未来他的CEO职位的含义是除了首席执行官之外，还要加上“首席环境官”（Chief Environment Officer）。他还发明了一个概念——“企业环保主义”（Corporate Environmentalism），用来表达他的信念：杜邦的环保行动的焦点是公众的信任，而不是法律上的合规。近20年过去了，历经变革的伍拉德表示，事实证明，环保主义“是我在这家公司中见到过的、最有激励作用和凝聚力的行动”。

其实，早在绿色和平组织的公众曝光行动之前，杜邦公司的高级管理人员就已经开始认真反思公司的价值命题（value proposition）了。他们做出的一项战略抉择，启动了一个新的方向，要把杜邦从以石油化工为基础的过去，转向一个新的定位：成为以植物为基础的化学原料和新型环境友好产品的全球领袖。启动这一转变不仅是杜邦的高级管理人员和科学家对未来发展的预想，也是因为他们意识到，公司当时的化学产品和有机聚合产品将会成为大宗商品，随着时间的推移，盈利能力会大幅度下降。今天，杜邦着力于生物技术、化学产品和自然系统，而非合成产品。保罗·塔布（Paul Tabe）最近刚从杜邦公司的健康、安全及环保副总裁的职位上退休，他说："很明显，这是具有转变性的变革。"杜邦的声誉也大幅度改善了。2005 年，《商业周刊》在其"领先绿色企业"名录中，将杜邦公司列为第一位。谷神创业基金作为一家广受尊重的环保监察组织，将杜邦公司在应对气候变化的商业挑战方面所做的贡献，列为全美国第一位和全球第二位。

降低成本和风险：左下方象限

考虑到完成季报指标和满足华尔街期望的压力，许多公司很难放弃聚焦于"此时此地"结果的习惯。

对于杜邦公司，向可持续发展迈出的第一步在于降低风险和成本，这意味着减少废弃物、降低温室气体排放以及节能。像杜邦这样的行业领袖们很快就了解到，如果他们不在今天就表现出对减少环境足迹和降低风险的承诺，可持续发展的努力就会难以为继。也就是说，一家企业获得未来可持续发展行动的可信度的基础，就是降低风险与成本（图 9.2"可持续发展价值框架"的左下方象限）。总而言之，一旦你开始做出对未来的公开声明（在矩阵框架中，位于横轴以上的两个象限），利益相关者们就会公开评论："让我们看到你们今天在做什么！要是我们今天看不到你们的参与和承诺的证明，就不要跟我们谈未来的宏大远景。"

1990 年，杜邦确立了一系列减排的挑战目标，埃德加·伍拉德授权保罗·塔布，要他保证公司上下的所有管理人员都做出达到目标的承诺。到 2004 年，杜邦公司全球致癌物质排放降低超过 90%，全球危险废弃物排放降低超过 40%，全球温室气体排放降低超过 70%，总能耗降低 5%。塔布把这些指标叫作“减少碳足迹的指标”。他说，他们还能计算出，在产量增加 40%，并保持能源支出基本不变的情况下，杜邦节约的费用的具体数值。这个数字令人震惊：30 亿美元。媒体迅速广泛报道了这个数字，并且在有关绿色运动影响的相关报告和讨论中，也都在引用这个数字。“就是这样简单的数字，就可以把道理讲得非常清楚。”塔布如是说。改变原有做法、减少内部碳足迹，风险很低：其回报可以预先计算，获得的又是实实在在的现金，而不是对几个新型绿色产品的乐观销售预测。

这随之成为一个良性的、自我增强的循环。杜邦节省下来的钱，又可以再投资到他们认为最重要的、新的创新方案上。2005 年，杜邦将其成本和风险降低的目标延伸到 2015 年。

- 在 2004 年的基数上，温室气体排放的总量至少再降低 15%。
- 在淡水资源稀缺或紧张的地区的厂区，降低 30% 水消耗。在所有其他产地，保持现有水消耗水平。
- 保证杜邦商务车队和轻卡车辆 100% 采用最先进的节省燃料技术和化石燃料替代技术。
- 将致癌物排放进一步降低 50%。
- 保证 100% 的全球生产基地，都成功完成一次由独立第三方对其环境管理目标和体系进行的认证。

在减少废弃物产生和排放上表现出显著的进步，这对于公司建立外部信任非常必要，但是在公司内部，看到数字指标也有很大作用。节约下来的所有成本，都直接成为公司的利润，增强了竞争力，降低了风险。数字也有增强凝聚、激励参与的作用。有了数字，就不必再说服客户，也不用依赖外部力量。就像塔布所说的:“数字本身就是强有力的激励因素,尤其是对于今天的年轻员工。数字让大家了解自己的公司是在‘正确的方向上做正确的事’。”很显然,当公司从落后追赶变为引领潮流,这一过程对于员工来说很重要。可持续发展和产品创新的努力的基础就在于此,从而把每个人的兴奋和承诺都推上了一个更高的平台。

声誉与企业存在的理由:右下方象限

跨越内部的边界,与包括强力社区团队、非政府组织和管制机构在内的外部利益相关者沟通融合,这对于大多数企业,都是非同寻常的举措。在从前,对于像杜邦这样的一家公司,这种沟通融合往往会意味着自我辩解和激烈冲突。然而,塔布和其他许多人却看到了走出去与这些团队沟通的必要性,其中也包括在过去几十年中,猛烈攻击这家公司的绿色和平组织。

尽管还是有些“不舒服”,但塔布把这项工作定义为“一个非常特殊的学习机会”。他广泛征求意见和建议,既包括确立目标后如何应对减排的挑战的方法,也涉及对公司未来方向的想法。他甚至去找了保罗·吉尔丁(Paul Gilding),绿色和平组织的前执行总监,请其做自己的顾问。他最终把吉尔丁带进了杜邦,会见了首席执行官和其他高级管理人员,探讨可持续发展问题。通过吸引上百位像吉尔丁这样的“外部人”的参与,大家消除了破坏性的冲突,并把关注点就此集中到解决问题上(特别是环境问题),并由此创造了对未来的共享目标,也形成了以追求这些目标的实现为目的的合作。

对于高级管理人员来说,“外部人”真正的参与融合是一个心智净化的经历。倾听那些他们通常不打交道的人的想法,认真对待这些人提供的建议,对于这个过程十分必要。然而,有许多首席执行官正在开始改变他们的想法,并由此看到了另一种完全不同的情境。杜邦首席执行官克莱德·豪利戴（Clad Holiday）就是其中之一。

豪利戴说："从前的观点是，把科学家关到实验室里，去发明一些新的、奇妙的东西，而后再将这些东西推到世界上。现在，这种看法已经让位于从市场出发的方法了。要想让创新成功地推向市场，为社会所接受，就必须基于各种形式的合作，还要持续地与利益相关者对话，包括政府、非政府组织和学术界。科学与创新不能满足人类需求，就无法推动可持续发展。同样，如果设想可持续发展可以脱离科学，也不会获得成功。我们既需要对于可持续发展的承诺，也需要科学上的成就。"

这类革命性新型合作关系的紧迫性，无论怎样强调，都不是夸大其词。就像哈特与米尔斯泰因所指出的："利益相关者的广泛参与融合，是一个必要的源泉，反馈、方向、愿景以及创新的新观念，都从这里产生。"

塔布说："如果你想的是解决社会问题，那就应该包括，帮助全球40亿处于生存边缘的人，满足其对蛋白质和营养物质的需求。商业界对这部分人口根本无从理解，也没有办法了解。然而，许多区域性的非政府组织对此非常熟悉。除非你能有办法接触到这些人群，否则你就没有办法把企业的产品和服务带给他们。"

也就是说，即便是对一家像杜邦这样愿意为可持续发展实践做出承诺的企业，想要取得任何实实在在的进展，就必须与非政府组织合作。由于其名声上的污点，杜邦在达成这种合作上，大都要从零做起。事实表明，最初的确很困难，这是由于开始的时候，双方都带着固有的相互不信任。多数企业高级管理人员坚信：不承担盈亏责任的人，就一定无法理解企业和在企业中工作的人所受到的压力。而在政府和非政府组织工作的人也不相信，做生意的人对于改善环境和应对发展中国家人民的需要方面会有真正的承诺和投入。

尽管如此，企业还是开始意识到，与社会中的思想引导者建立正面的关系，可以产生极大的作用。而要让这些关系能够产生出有实际意义的结果，就必须让非政府组织参与到企业战略的制定过程之中。公众组织的参与，正在开始逐渐为现代跨国企业广泛接受。对于塔布来说，这就是关键。他相信，这种参与直接影响着一个企业的创新能力、重新定位能力和未来发展能力。

创新与重新定位：左上方象限

当一家企业开始展望未来的时候，其关注的重点方向就会发生根本性转变。比如，杜邦就是正在进行“第二次重塑”，重新创造自我。杜邦的第一次重塑，是从最初的炸药制造商转变成一家石油化工企业。由于杜邦选择了有机化学和模拟真实生命的自然系统，这家公司将 21 世纪的着力点放到了生物技术与化学的结合上。从化石燃料转向生物燃料，从化学原料转向更为自然的材料，这些努力都代表了最高层面的转变。杜邦公司现任董事长克莱德 · 豪利戴把这个过程称作从人工系统转向自然系统，转向自然界工作的方式。更重要的是，杜邦所聚焦的三个“超可持续趋势”（mega sustainability trends），他们认为这将重塑未来市场的方向，包括对可再生能源和材料的需求，对于安全和保障的更高要求，以及增加食品生产的需求。

目前，杜邦制造了太阳能电池板生产必需的 8 种产品，在玉米基生物制品综合炼制（Integrated Corn-Based Bioproducts Refinery）方面也处于领导地位。杜邦与 BP 推出了生化丁醇（Biobutanol），这是一种生物燃料，与乙醇相比在替代汽油方面有很多优势。特卫强（Tyvek）是杜邦的独有产品之一，与楼顶包装材料（AtticWrap）共同使用可以改善建筑的隔热能力，帮助消费者大幅度降低能源成本。索罗那（Sorona），是这家公司新近基于玉米芯中的一种淀粉开发的创新产品。这种材料质地柔软，耐久性好，易于吸收颜色，正被用于制造地毯和生产服装材料。

杜邦目前的一个更为雄心勃勃的目标是，在可以为客户和消费者产生直接的、可计量效益的项目上，把投资增加一倍。在杜邦内部，针对如何模拟自然系统建立其生产过程，正在进行广泛的讨论。比如，杜邦的科学家已经工作了多年，学习用蚕制造茧的过程，尝试生产凯芙拉（kevlar）纤维。

为了创造这一类有抱负的高价值和高毛利率的产品，企业必须与处在图9.2中右下方象限的“声誉与企业存在的理由”区中的所有利益相关者合作，包括非政府组织和区域市民领袖，以及其他公司，无论是大公司还是小公司，共同确定不同时间范围的投资计划。

发展路径与轨迹：右上方象限

一家企业的发展轨迹是推动其创造可持续价值的动力，也为其带来在世界上产生重大影响的能力。

正是从这一点出发，企业提出了这样的问题：如何把我们的产品和服务带给世界，并改变我们思考全球社会与环境问题的方式？我们如何才能惠及那些期望改善生活质量、提高生活标准的人们？迄今为止，与可持续发展工作相关的许多成就都是在制造工厂中完成的，但是，随着企业进入新的市场，他们也许会意识到，这些产品具有比它们的生产设施重要得多的影响力。比如，杜邦公司确定并且公布了到2015年必须要达到的一系列大胆的目标，这是其更广泛的源于自然的战略的一部分，这些目标包括：

- 在为客户创造能源效率或大幅度降低温室气体排放的产品方面，将相关的年收入至少提高20亿美元。
- 将通过不可耗尽资源产生的收入提高近一倍，至少达到80亿美元。

惠及低收入人口（每天平均收入低于 4 美元的 40 亿人）的行动，从满足人类基本需求的产品开始。杜邦目前正在快速推出一系列产品和服务，应对工业时代带来的能源、食品、水资源及其他领域的不平衡问题。

这些新型产品对于公司的增长战略至关重要。杜邦最近宣布，提高新产品的收入目标——将过去 5 年中推出产品的销售收入占总销售收入的比例，从过去的 20% 提高到 35%，其中许多具有高增长潜力的新产品都将是基于生物材料的。一些持续注意杜邦进展的外部观察员相当敏锐，他们认为这家企业在达到这些目标之后，也不会停下脚步，这仅仅是开始。杜邦与创新有着历史上的渊源，所以能够如此快速地推出新产品倒也不足为奇。然而，真正让人感到新奇的是杜邦目前选择的路径。当杜邦转向农作物及其他废物流（waste stream）等生物质材料时，就发出了重大变革的信号，标志着这家企业的科学研究的焦点从聚合物转向生物。

塔布和杜邦公司内部其他富有热情的人所做的工作，就像是催化剂，这家公司对可持续发展做出的承诺，显然已经进入了高级管理人员的办公室，也正在改变这家企业的核心。

"可持续发展不是遥远的目标，而是眼前的现实，"豪利戴这样说，"对于杜邦，2015 年就是今天。可持续发展就是我们现在正在工作中的产品和服务。我们 2015 年的目标就是对公司的未来的投资，对我们客户的未来和全球家庭的未来的投资。这些目标也关乎我们这个星球的未来，既是我们今天生活的这个星球，也是我们决心要在明天留给未来的更加美好、更为安全和健康的星球。"可持续发展的驱动力创造出一系列尚未满足的需求，正是在这个描述增长的象限中，像豪利戴这样的领袖可以为满足这些需求确定必要的战略。

把可持续发展作为高毛利战略

对于杜邦和其他许多企业来说，可持续发展模型是一个有用的工具，把可持续发展的众多议题梳理归类到既容易理解也易于行动的不同领域之中。这个工具扩展了可持续发展的概念，超越了传统的环境影响、风险和降低成本的范围。它为企业提供了一种方法，让企业看到，通过将可持续发展作为核心目标（而不只是附加目标）开展价值创造的效益。一家企业选择在越多的象限中构筑战略，就能创造越多的相关利益者价值。可持续发展价值框架对于杜邦是个非常有用的工具，把可持续价值引入了公司战略议题。塔布说："可持续发展已经被接受，成为杜邦的企业宗旨，不仅仅是可持续发展的宗旨，而是杜邦在21世纪的企业核心宗旨。"

而最大的挑战是如何为这家企业中的每个部门的人都提供具体的方法，让他们接受这个宗旨。说到底，每个人都能够发现降低废弃物的方法。但是，这样的话可持续发展的挑战要大得多。塔布提出的问题是："你是否能够真正调整自己的产品和服务，让它们更贴近社会的需要？"由于对许许多多的企业来说，这还是一个正在形成的概念，这样的努力仍然被看作是由核心业务之外的一些人开展的非主流行动。但是，一旦意识到了可持续发展与价值创造之间的相互联系，人们就会理解，从长期来看，可持续发展本身就是一项高毛利战略。如果环境和社会产品的产生是以一家企业的财务表现为代价的，那么这家企业就不是在推行一个可持续的商业战略。可持续发展的努力必须要提供附加的财务回报，要做到这一点，就是通过增加市场份额，降低产品成本和改善客户价值。

类似杜邦公司的豪利戴这样睿智的首席执行官们已经做出了努力，保证这项面对未来的工作不会成为所谓企业总部的极端行为。豪利戴指出："我们从来没有忘记，我们是一家商业机构，我们的首要任务是为我们的股东创造价值。可持续发展意味着，通过开发满足市场需要的产品，为我们的股东和社会创造价值——这些产品也有益于环境、健康、安全和世界各地的人们的福祉。许多公司说，对环境有益的也可以对业务有益。我们的观点是，凡是对企业业务有益的必须对环境和世界各地的人民有益，否则企业就不是在走向可持续发展。”

投资未来

像杜邦这样的企业巨人，只是正在为未来投资的组织类型之一。过去几年里，风险投资投向“创新与未来”（图 9.2 中横轴以上的两个象限）成为趋势，使这些领域的投资数量获得了显著的增长。由于风险投资一般是为规模较小、往往处于初创阶段的创业型企业提供融资，人们自然会设想，这样的外部投资与大公司的大规模内部投资相比，没有什么相通之处。然而，风险投资一向被看作是一项重要的引导性指标，指出未来主流资本的流向，往往预示出一个全新的领域或行业的快速增长。最优秀的风险投资家的独特才能之一，就是能够在早期识别出高增长行业，比如，电信、半导体，以及生物技术。正因为如此，人们得知清洁技术风投（Cleantech VC）正在逐渐兴起之后，并不感到吃惊，虽然这个类别在 2001 年之前几乎还不为人所知。

清洁技术风险投资网络（The Cleantech Venture Network）协助推动了这个投资类别的形成和发展，起了催化剂的作用。清洁技术风险投资网络目前是清洁技术集团（Clearntech Group）的一部分，成立于 2001 年，那时候还处于投资“清洁技术”（clean technology）的早期。这个组织的创始人之一尼古拉斯·帕克（Nicholas Parker）在 20 世纪 90 年代有过投资几家环境基金的经验，但是让他担心的是当时大量资金的投向。“我特别不喜欢的是，污染事件在哪里发生得越多，那个行业赚的钱也就越多；被污染的土壤越多，恢复性项目的数量就越多；烧煤的工厂建得越多，烟道里装的除尘器就越多。我不想成为这一切的一部分，我想一步跨过去，越过这一切。”

帕克和他的合作伙伴科斯·拉布一起做出了一个决定，建立一个“创业家与他们的融资伙伴的社区”，大家在这里可以共同学习如何在快速增长的市场中培育企业成长。他们开始先是收集那些当时尚未整理过的数据，比如，数据表明，2002年已经有4%~5%的风险投资流向清洁技术，并且在这些投资中，有许多是由英特尔、可口可乐这类规模庞大、广受尊重的企业完成的。随后，他们就组织大型论坛，把投资人和创业者聚在一起。他们创建了一种会员服务，让人们可以通过网上获得交易信息。他们还把相关信息打包，提供给大型养老基金，说明在这个领域里投资是明智的选择。

从那时起，清洁技术方面的风险投资一直在以每年提高50%的速度增长，这在所有投资类别中是最高的。成长的势头还在持续增加：与2006年同期相比，2007年第四季度投向清洁技术公司的风险投资额增加了一倍。从其微不足道的创立开始，清洁技术集团已经发展成为一家会员组织，在全球拥有8 000个清洁技术投资人会员和9 500家企业和专业服务组织会员；同时，其中还包括一个由1 300名精英会员组成的核心社团，其成员来自风险投资公司、投资银行、政府和大型企业，所管理的资产超过6万亿美元。[5]

从雇佣军到传教士

当前，风险投资领域中最可信、最为成功的一批领袖，把清洁技术称为21世纪的最大投资机会。这些人中有科雷尼尔·珀金斯（Kleiner Perkins）的约翰·多尔（John Doerr），硅谷最为人尊重、最有影响的人物之一，维诺德·科斯拉（Vinod Khosla），太阳微系统（Sun Microsystems）的创始首席执行官，史蒂夫·凯斯，美国在线的创始人之一，以及维珍集团（Virgin Group）的理查德·布兰森（Richard

Branson)。正像帕克所说:“在这里,所有人都有一席之地,无论你是传教士还是雇佣军。出于雇佣军的原因加入的人,最后都成了传教士,因为他们除了接受‘更大问题’的信息,没有别的选择。”

然而,在目前大批流向清洁技术的主流投资资金中,风险投资只占其中的一小部分。许多大型金融机构都在建立数 10 亿美元级别的投资组合,其中包括退休基金中的加利福尼亚州公共雇员养老基金(CalPERS),保险公司中的瑞士再保险公司(Swiss Re)和美国国际集团(AIG),投资银行中的高盛、摩根大通和花旗银行。

同时,小公司与大公司的联系也在逐渐建立。清洁技术风险投资网已经与沃尔玛和微软合作,成立了目标明确的“加速器项目”,鼓励小型企业提出创新的清洁技术方案。然而,参与风险投资的网络,对于几乎所有大型企业来说,打开了一扇通向创新之窗,如果不加入进来,它们也不会有这个机会。许多大企业开始意识到,只靠它们自己创新,是无法从不可持续的桎梏里走出来的。它们需要途径去接触新的技术、不同的业务模式和市场机会。更重要的是,大型企业的参与带到“桌上”的不仅仅是资金,还有许多其他东西,比如,大规模进入市场的通道、物流、一支巨大的车队、一批区域性或全球性的工厂,也可能是它们需要净化和重新设计的炼油厂。

大、小企业可以一起工作,驱动创新

大公司正在主动与小型创业企业一起,探索协同合作。通用电气,这家总资产为 1 730 亿美元的跨国企业集团,就是这方面的例子之一。通用电气能源金融服务子公司,是通用电气的一个资本和金融部门。2008 年年初,这个部门宣布将其 2010 年的可再生能源的投资目标提高 50%,达到 60 亿美元,这比起原先宣布 40 亿美元的投资目标是个重大提速。

值得注意的是，通用电气能源金融服务子公司投资的许多项目中，没有采用通用电气的风力涡轮机，也没有采用它生产的其他设备。一段时间以来，它直接把资金投入到了其他公司的项目，涉及太阳能、填埋厂气体处理、电网效率和锂离子电池。它对形形色色的小型和中型企业的投资，显然正在改善整个可再生能源和清洁技术领域的增长前景。

2008 年年初，通用电气的这个业务部门达成了其最高价值的风电交易，交易额高达 3 亿美元，投资于横跨美国俄勒冈、明尼苏达、伊利诺伊和得克萨斯共 4 个州的风力发电项目。这也使这个部门跨过了 30 亿美元投资的门槛。这家公司期望到 2010 年清洁投资占其能源和水资源投资组合的比例从 2006 年的约 10%，提高到 20%~25%。

通用电气投资增长的新思维

除了上述这些对外部成长性公司所做投资之外，通用电气也正在成功地建立一种内部文化。它与尼古拉斯·帕克看到的，在清洁技术创业投资领域中，创业者和投资人之间的那种“活跃的创造性社区”有些重要的相似之处。马克·利特尔（Mark Little），通用电气的全球研发总监，这样描述：“我在这家公司工作了 26 年，还从来没有过如此令人激动的时刻。我们的创新对这个星球的福祉可能带来的广泛影响，本身就有极大的激励作用——我无法向你描述，这一切对我们的工程师、市场人员、金融服务人员，以及领导团队的士气，是多么大的鼓舞……这些技术发展都是大动作，都很费钱，也意味着要有犯错误的能力和从错误中恢复的能力。能做到这一切的一定不是胆小畏缩的人，而是有耐久力的人。”[6]

他的话引发了一个重要问题，也就是这种耐久力的源泉在哪里，这也涉及通用电气是如何开始走上这条路的。这个问题的答案是，拥抱一种新的投资增长的思维方式。

通用电气的首席执行官杰夫·伊梅尔特，通常要对每个业务部门进行年度战略评估——这些部门正在投资开发的每一个产品如何与市场结合，以及如何在市场中增长和变化。有的时候，这还意味着重新定义市场。从 2003 年起，他注意到一个现象，每一个业务部门都带来一个同样的、正在形成的客户要求：提高效率和降低排放。对于通用电气规模庞大的基础设施业务——比如能源、水、航空和铁路等，是如此，而对于家用电器和照明业务，也是如此——完全没有例外情况。随着燃料价格开始上涨，人们对于替代能源的兴趣也开始增加了。

新的思考方式出现了

洛林·博尔辛格（Lorraine Bolsinger），通用电气负责“绿色畅想”行动的副总裁，如此讲述了变化发生的过程：“杰夫（伊梅尔特）是个追随所有趋势的人，在思考这些问题的重要性上，与常人的看法也不一样。我们当时的首席市场官贝丝·康斯托克（Beth Comstock），也是一位非常锐利的趋势观察者。她做了许多工作，请了许多外部的公司进来，这对于我们是第一次。他们讲了许多超趋势（Mega-trend）的议题：从人口统计和人口趋势的改变，到能源、水资源缺乏，以及超级城市的建设。我们开始以不同的方式思考这些问题，而不只是从《新闻周刊》上读一读有关文章。我们把专家请来跟我们市场部门的人聊，跟我们公司上下负责产品的人聊，跟我们全球负责研发部门的人聊。我们开始重新定义我们的长期战略规划，特别是从资源匮乏的角度考虑。我们对自己说：‘既然我们知道这些趋势正在到来，我们为什么不能把它当作一种战斗号角，让我们公司的同事创造性地思考这个问题，让我们能够把它作为一种激发新产品想法的灵感？’”

为了证实这些内部的重新思考，公司上下的负责人都认识到了倾听的重要性，倾听来自公司周围更大社区的每个部分的声音，以及倾听客户的想法。他们主持了多次为期两天的“梦想会议”，并向客户询问：他们认为自己的行业正走向哪里，他们以及他们的客户在更长远的未来想要什么。考虑到对于这些客户中的许多人，这是关系到未来20年、30年、40年的决策，通用电气的负责人就会对他们提出挑战，请他们设想到2015年以及更远的未来，他们的世界会是怎样的。他们也拜访了政府和非政府组织，询问这些组织如何看待未来的管制和立法的演化，并讨论如何共同开展工作，使得通用电气在创新和增长上的兴趣，与这些组织在减少环境足迹方面的兴趣能够相互协调起来。

博尔辛格指出了一个要点，这是他们在重新思考未来时看到的最强大的力量之一：“我们很早就看到，现在还是这样看，将会产生最大影响力的趋势是新兴市场的经济成长，在于发展中国家的新兴经济体。各种趋势在那些市场中会产生强大的影响力，因为那些市场很大、增长也很快，并且急需解决方案。我们认为把未来技术带到那些地方非常关键。如果不在那里采用未来的技术，就意味着他们会继续购买和使用那些较为陈旧的技术，结果就是继续扩大温室气体排放、能源消耗和环境污染。如果我们不能抢先一步，阻止陈旧、污染技术的延续，那么我们得到更多的就会是我们已有的东西。”

对未来投资的承诺

随着内部重新思考过程与世界各地外部利益相关者的反馈汇合到一起，通用电气启动大胆的“绿色畅想”行动的信心也逐步形成，而构筑这个行动的四个承诺与可持续价值框架的四个象限正好吻合。通用电气的前两个承诺是减少内部的温室气体足迹，同时推动和保持与所有外部利益相关者的主动沟通，对应的是两个“线下”（“左下方”和“右下方”）的象限。通用电气的后两个承诺是创新和公司增长的轨迹，聚焦在两个

“线上”（“左上方”和“右上方”）的象限。

“绿色畅想”在 2005 年 5 月启动，是通用电气的公司平台，目标是“想象和打造创新技术，帮助客户解决最困难的环境问题”。这项行动是基于这样的信念：“财务和环保的绩效可以协同驱动通用电气的增长，同时接受世界上的一些最大的挑战。”目前，这项行动已经进行到了第三年，“绿色畅想”的业务组合已经从 17 种提高能效、环保先进的产品和服务，增加到 60 种以上。通用电气提供的产品和服务包括可再生能源（风能、太阳能、生物质能和地热），高效发电（包括先进的、支持碳捕捉和储存的海水淡化系统），下一代航空发动机和混合动力机车系统、混合动力汽车系统和其他混合动力车辆系统，先进的照明系统，比如，有机发光二极管（OLED），以及用于全球各地的水资源使用、净化和再使用方案。

2007 年，通用电气在清洁技术的研究和开发上投资了 10 亿美元，并且计划在 2010 年前，每年在“绿色畅想”的研发上投资 15 亿美元，这使得这家公司的基础研发投资增加了一倍以上。可持续产品研发是通用电气 2005 年承诺的四个聚焦领域之一，自项目行动开始，这方面的投资总额已经超过了 25 亿美元。

同时，在超越最初确定的增长目标上，通用电气也进展顺利。最初确定的目标是在 2010 年前，将相关收入翻一番，达到 200 亿美元。在 2007 年相关收入已经达到了 140 亿美元。从行动启动到 2008 年第一季度，通用电气获得的订单和承诺急升至 700 亿美元。这家企业持续展示着创新和增长之间的强大自我增强循环，这也是通用电气的企业基因中最为持久的两个方向，保证了其定位既有今天的优势，又面向未来。

| 第10章 |

让大家参与进来

在前面的几章里，我们讲了一些故事。这些故事中的许多组织与个人，在推动我们超越工业泡沫的生活方面起到了很重要的作用。在下面的几章里，我们想要做的是帮助读者去关注并创造自己的故事——随着你走进世界并采取行动，你实际上将会书写的故事。每个人在行动的时候，都是从自己的环境和背景出发，因此下面几章，就是要帮助你根据自己独特的情境，安排自己的行动。我们并不认为这里提供的观念、工具和方法，是全面综合、无所不包的，因此我们往往会告诉你有哪些其他资源可以利用，以帮助你在前进的过程中随时学习。[1]

一旦你开始采取下一步行动，无论在什么水平上的行动，你都加入了变革推动者（change agent）的行列，成为全球各地众多富于激情的同事们的伙伴。与他们一样，你知道，有些事一定要做，你也希望投入时间和精力去做。你还知道，推动事情的进展需要资源和人脉，需要保持开放的心态，从不同的理念中提炼方法，并且尽最大可能去获取盟友的支持和能力的拓展。对于必须要完成的事，你也许知道一些，但并不了解全部——怎么可能了解全部呢？你即将要从事的工作恐怕从来没有人完成过，即便有过，也一定不是以完全相同的方法，或者完全相同的环境条件。然而，就像那些在你之前的人一样，随着这个过程的开创，你会发现大部分情节，它们构成了这里的故事，还有你的故事，所有这些同样激动人心。

学习如何超越泡沫中的生活，虽然需要在许多不同层面上的变革——包括在组织机构之内、在组织机构组成的更大的网络之内，以及整个社会的变革，但是，这个过程总会从大家相互之间沟通的内容和方式开始。不幸的是，这往往也成了终结点。以下这个故事选取了一个企业环境背景，反映了在各种组织和集体中经常出现的谈话模式——当人们看到的现实存在着深层的差异，人们就会由于这个差异，自然而然地坚持不同的观点。在一个人看来是显而易见的东西，对另一个人而言却远非如此；在一个团体看来是必须马上完成的紧急任务，对另一个团体来说却是可疑的假定。考虑到这类对话中涉及的巨大不确定性和风险，这个故事所反映的这类沟通崩溃情形唯一让人感到吃惊的是，我们居然仍然把它当作令人吃惊的事，而不是把它当作普遍存在的现象。我们应当培养参与式的对话交流，培养相互理解和共同工作的能力，为此，意在可持续发展的创新者要有充分的准备和熟练的技能。

第一次争论

想象你是一家以供电为主业的企业的首席财务官。公司正在快速扩张成为一家跨国企业，在发展中国家有重要投资。你现在正在参加周一早上召开的管理团队例会。会议的最后一个议题是资本预算，涉及的是公司的发电设施，这些设施是以煤、石油和天然气为燃料的。这本来应该是一次比较简单的例行讨论，但却变成了一场激烈的争论。

特　德（副总裁，主管环境、健康和安全问题）：我认为，今年到了需要彻底重新考虑我们的资本投资方向的时候了。全球的石油和天然气生产正在接近历史峰值，未来5年中将逐渐降低；我对这一点的看法已经越来越明确。这种情况增加了电力供应出现大混乱的风险，同时也推动了原油、天然气、煤、铀和所有其他传统燃料的价格猛涨。我们对此实际上没有什么准备。我们必须把未来投资比重的30%转向可替代能源，从明年就开始；否则，我们就会有很大的风险。

乔安妮（副总裁，主管运营事务）：但是，煤可还有的是呢，况且在石油和天然气勘探上，在煤的清洁燃烧上，技术发展一定会延长这些燃料资源的开采寿命。我们从前就见到过石油和天然气价格上升，但是那并不意味着需求就会消失。这个世界还会依靠化石燃料许多年。再说，石油价格在两年前只是现在价格的一半。在这个行业里，价格波动是不可避免的，也会给冒险赌一把的公司带来毁灭性的灾难……

史　丹（副总裁，主管公共事务，他打断了乔安妮）：但是，即便煤、石油和天然气的供应都很充足，我们还是会在许多市场上，被政府的各种碳排放税费压死。公众要求对气候变化采取行动，现在这方面的压力在全球急剧增长。比如，燃煤电厂的污染正在造成骚乱和广泛的社会不安定。我知道中国正在清洁煤方面做大量的工作，但是这个国家的发展速度太快了，所以我担心这些工作最后不会产生真正的影响。随着国际压力的增加，我不能肯定，是否其他地方还会出现更多不稳定和具有挑战性的局面。

罗伯特（首席执行官）：能源问题从来都和政治有关，而今天的政治非常复杂。当然，政治家们跑来跑去，显得他们似乎是在为应对气候变化做点什么，但是只要再有一次恐怖袭击事件，他们又会转过来尽全力让人们放心，说我们的能源供应非常安全。我们可能会发现新兴的大市场，使用煤制气和替代进口汽油的煤制油。但是，考虑到我们做出承诺并承担责任将是长期性的，我们不能在一个问题上对媒体做出过度反应。在我的职业生涯中，这种事来来去去我见过许多次了。别误会我的意思，我知道气候变化重要，但是从市场方面和政治方面传来的信号，还是说什么的人都有。当人们发现，政府对气候变化的政策是过度反应，而且损害我们的经济和全球竞争力的时候，他们就会更加全面综合地考虑问题，保证我们有更大的选择余地。我同意乔安妮说的——我不相信在我们这一代，真的会把煤、石油和天然气耗尽。我认为，考虑在战略上做重大调整，或许为时过早，应该等到市场上的信号更清晰之后再考虑。

安东尼（副总裁，负责战略事务）：罗伯特，对于你在气候变化、政治和化石燃料供应方面的观点，我表示尊重。但问题是，如果你要是在其中一个问题上错了，或者在两个问题上都错了，那对公司未来可能会产生哪些影响呢？

罗伯特（首席执行官）：我不认为我错了，但是我肯定我下一场会议要迟到了。看来，这些问题值得我们在座的各位继续讨论，但是只能另找时间了。

当其他人站起身来，陆续走出会议室，你回想了一下这次谈话。你问自己：“我应该如何有效介入这个过程，才能使整个团队有能力应对我们许多人在这个问题上的不安情绪？”你知道，其他团队成员在会下也表达了类似的担心，但目前还没有一个方法让大家共同表达这些担心。

宣扬主张的危险

我们在前一章中提到，可持续发展极少会成为一家公司发展战略的核心。但这是为什么呢？从管理团队的交谈中，可以发现一些蛛丝马迹。特德和史丹对于具体驱动因素（石油生产达到历史峰值与气候变化）做出了预测，也强烈宣扬了个人主张，说这些具体的驱动因素会给公司的未来带来大问题。这样，他们就确定了谈话的方向。他们试图说服其他所有人，强调这个团队应该按照他们个人的信念，同意下一个巨大的财务赌注，并且要马上采取行动。但是，乔安妮和罗伯特进行辩论的出发点，却是对未来的不同预测。双方都没有询问对方，为什么彼此看到的是全然不同的未来。

在讨论战略的时候，这样的冲突经常会发生。然而，当这些冲突是围绕着可持续发展这类容易让人产生情绪化问题的时候，就会非常有害。那些坚信必须要应对可持续发展问题的人，往往会把他们饱受压抑的能量释放出来，力图直接说服别人，要别人接受他们的观点。他们预测，除非启动重大变革，否则未来的前景将会非常黯淡。他们激烈地宣扬自己在战略选择上的主张——常常是基于自己对未来的假设而下的“大赌注”。他们也许会要求投资新技术、建设新的生产设施、开发环境足迹较小的材料和流程；他们也会要求进入新市场，或者是启动“绿色”市场营销行动，想要强迫获得企业中的其他人，或者行业中的其他企业的承诺。他们的意图是激发迅速的、大规模的变革。但是，他们极少成功。通常，高级领导者反而会把对未来的负面预测放到一边，也会抵制任何大规模变革，并且往往不会为实验探索建议下赌注，哪怕是很小的赌注。更重要的是，激烈宣扬自己主张的人，还失去了一个机会，即与处在关键岗位的领导者进行有意义的交流的机会。

上面这个例子的灵感虽然来自我们在高管团队交流方面的亲身经历，但类似的谈话在各种各样的团队中时常发生——在公司内部、在政府机构内部、在非政府组织等机构的内部，并且也不仅仅发生在高管层面。这个例子中的团队交流陷入了真正的僵局，大家谈到的问题也是真实的，辩论的激烈程度不断升级。就像我们前面谈到的，利益相关者期望他们的组织做正确的事，而不是随便做点儿什么事。但是制定新的战略需要新的谈话方式。与上面这个会议大致类似的会议，估计你从前也参加过——无论是有关气候变化还是其他重大议题；也许你也有同样的经历，也会在离开会场时觉得沮丧。大多数人已经知道（或者他们认为他们知道）在谈话过程中每个人的感受，但他们不知道的是，如何帮助大家转变观点和改变情绪。

解铃

结果是，人们往往“套牢”在某个立场上，难以解脱。有些人扮演“宣扬者”的角色——通过读书看报，了解了气候变化的挑战，他们觉得自己有责任提出问题。他们甚至有一种道德使命感——如果不能让他们的组织转变方向，那对于他们来说就是个人的失败。因此，他们就变成了长期坚持不懈的宣扬者。上面故事中的那家公司恐怕不会是最后一次听到特德对这个题目的议论，他会一而再，再而三地提出这个问题，而且，当他受到的阻力和反对声音越大，他就会越起劲儿地去推广他的观点。

这也不会是公司最后一次听到乔安妮的观点。如果说特德是一个宣扬者，那么主管运营事务的乔安妮就是一个“反对者”，扮演从公司的角度说“不”的角色。像乔安妮这样的人通常是情绪激动的反对者，因为这些人觉得必须保护那些可能受到威胁的东西，比如公司的盈利能力、公司的财务稳定性，甚至是员工的生计。如果乔安妮犹豫退缩，特别是假如首席执行官罗伯特改变了主意，那她可能有理由怀疑：还有谁会关心公司的现有业务。

这类的讨论很容易产生极端对立的局面。“宣扬者”越是尽力推动，反对的力量就越会努力阻拦。有些人就会像负责公共事务的史丹那样，加入某一个阵营之中。随着乔安妮奋力抵抗，特德和史丹就会变得越来越固执，会越来越相信他们是对的。“他们就是搞不懂。”特德和史丹会对自己这样说。同时，作为首席执行官的罗伯特与乔安妮（还包括其他人）也许就会认为，特德和史丹是只关注单一问题的宣扬者，他们已经失去了客观的洞察力，变得很盲目，并且不再关注企业整体的安康。“他们的行为简直就像邪教徒。”首席执行官也许会这样对自己说。而特德和史丹从自己的角度出发，也许会认为整个问题就出在首席执行官那里——“他就是看不清宏观层面的问题。”于是他们认为，自己的任务就是说服反对派。

同时，其他人也会发现自身处于两难的境地，要么就加入大喊大叫的争斗，要么就逃避退出。其实，还有另外一个选择，一个极少发生的选择。如果你再次回过头去审视这个交流过程，就会发现谈话过程中最为关键的部分，也许是负责战略的副总裁安东尼问的那个问题：“如果罗伯特错了的话，对于我们公司未来可能会产生哪些影响呢？”这既不是“宣扬”也不是“反对”，而是一个问真正的问题的例子。这样的提问可能引导大家从新的角度来看问题。因而，这样的动作虽然简单，却给讨论带来了至关重要的平衡。

安东尼提出了问题，首席执行官也表达了意愿，晚些时候再回来讨论，这些都是宝贵的转折点，但通常会被许多人忽视——这些都是机会，开始一个全然不同的对话的机会。你发觉安东尼提出了一个有意义的问题，并不一定要相信，灾难性的气候变化是不可避免的——你只需要相信这些风险是可能存在的，并且与其他人一起去探讨其中意味着什么。同时，你一定要有意愿，去寻求这个过程可能创造出来的不同机会，并且在探索这些机会、追寻企业由此得到繁荣发展的方式的同时，你一定要预先考虑企业在能力方面会有什么样的增长。[参照第 296 页图 18.2“团队四角钻石模型”（Four-Player Model）工具中对富有建设性的集体交谈的讨论。]

建设更富有建设性的共同思考的团队，不是一件可有可无的小事情。企业的所谓“软能力”，比如深度聆听的能力和有意识地转换角度看问题的能力，与“硬的”投资能力和组织战略开发相比，似乎没那么重要。但是，共同的有效工作对于完成困难的目标是必需的。就像我们在本书第二部分中已经看到的，建立有效的团队和更大的领导力群体十分关键，往往还要把其他组织和社区的成员包括进来。个人能影响的范围实在是太小了。但是，如果把参与创建充满激情的团队和群体当作起步，个人就可以推动企业、组织，乃至更大的社区。

那么，此时此地，你究竟如何才能在周围环境中有效发挥作用，如何才能在这项关键工作中帮助组织取得进步呢？

成为倡导者：你的领导作用

在过去 25 年间，那些组织学习领域的主要实践者试图找到并测试对于这类问题的答案，在这个过程中，也形成了适用范围广泛的理念、工具和经验。在这本书的后面几个部分，你将能够看到这些实践者为推进可持续发展而运用这些工具的一些具体方法。

下面的一些建议不仅是提给已经处于领导位置的人，也是提给那些也许正从零开始的人——眼下并不处于权威位置的人，至少在他们设法影响的组织和团体中是如此。这些步骤，公司、非政府组织、政府部门以及社区都可以采取；那些希望跳出目前的工作领域或部门的人（例如，现在在企业中工作，但认为自己5年后会到非政府组织工作的人，或者是已经从政府机构转到私人部门工作的人）也可以这样做。但是所有这些人，不论现在正在做什么、要去哪里，都有一个共同点，都希望看到结果：他们要帮助世界工业系统超越泡沫的限制，并由此建设一个可以持续发展的未来。

在法语中，“animateur”（倡导者）这个词，就是指试图以这样的方式创造系统变革的人。一位倡导者（从animer这个词根看）会为新的思想方法、观察方式以及创造聚焦点和能量的互动方式“带来生命”。不说法语的人或许对这个词不太熟悉，但这个词所表达的恰恰是领导力的核心要素。英语中“inspire”（激发灵感）一词也与领导力有紧密的关系，但是理解这个联系的人却很少。这个词的拉丁语词根是inspirare，有“注入生命”或“吹入生气”的意思。从这个意义出发，领导力就是激发灵感，在一个组织中创造新的生机和活力。

倡导者是创造革命性变革的专业人士，是他们让泡沫之后的生活所需要的思想和行动变成正当和合乎理法的。他们能做到这一点，是因为他们把这样的行动当作自己日常生活的一部分。谈话交流和行动由此变得越来越富有建设性。倡导者处理实际问题，完成实实在在的目标，并反思结果，大家也因此从概念走向行动。这样做能够建立信心和不为自负所困扰的坚定的志向目标。往往只有当人们回过头去看的时候，只有当更大征程的轮廓变得清晰起来的时候，大家才会看到自己的成就产生了多么深远的影响，才会发现自己在这个征途上获得了多少个人成长。

倡导者也要学习如何从他人的角度考虑问题：对于其他人在具体观点和目标上的强烈感受，能够发现并理解其原因。他们不固执己见（也不执着他人的见解）。比如，我们可以考虑一下特德和史丹面对的挑战。在那家电力企业管理团队的谈话中，他们是变革的宣扬者。特德和史丹会很容易带着受挫、不满和决意战斗的心态回应首席执行官罗伯特："就是他在阻碍我们，我们一定要想办法说服他。"这样的感受就可能引导他们投入更大的力量，强硬推行自己的观点，试图让罗伯特改变想法，并且发动公司里其他人也去说服罗伯特。或者，他们也可以放弃对变革的期望，甚至辞职去找新工作——这是典型的"对抗或逃避"（fight-or-flight）反应，是我们所有人本能中都有的"程序"。

但是如果特德和史丹能够从会议室里其他人的角度考虑问题，特别是从罗伯特和乔安妮的角度考虑问题，并且理解其他人的观点和假设，他们也许就会做出不同的反应。比如，他们也许会了解到，实际上罗伯特的态度的背后是有原因的。不管怎么说，他在这家公司 30 年的职业生涯，称得上是为人楷模。他作为首席执行官的 10 年，是这家企业 80 年历史上最为成功的时期，其中一个原因或许就是他的领导让公司保持了一个稳健的发展路径，而其他领导者却在这段时间做出了过度反应。或许他的成功，来自坚持让这家公司聚焦在一个对未来的最佳预测上，聚焦在"推动公司业务的增长"，同时忽略那些会使大家分散注意力的变量和"背景噪声"。

如果真是这种情况，那么罗伯特在会上所表达的，就与他个人的信念、假设和经验是一致的。构成他的世界观的变量，是他所熟知的，也是让他感到安稳的。对于掌控公司的未来，他有强烈的自信。与他以及这个组织中其他人沟通的方式，不应当是挑战他们的观点，而是发现他们也准备好要问的那些问题。比如安东尼最后问的那个问题：在罗伯特改变自己的观点之后，世界是否产生了变化？他的信心是否依然像从前那样，有着坚实的基础？

这样的探询过程来自一种认识，即没有人能独自把握全局。特德和史丹需要全盘接受这种可能性，他们只是看到了未来可能的很小一部分，而乔安妮和罗伯特也看到了其他一些重要的方面。同时，罗伯特的策略所带来的风险，可能比他意识到的要大得多。真有人能把事情背后的复杂结构解析得更清晰，又能冷静地说明风险和不确定性吗？事实的确如此，而且这种能力的开发是推动进步的重要基础。

随着特德、史丹、首席执行官和其他人学会与他们的团队一起塑造共同的未来，他们真会把生命“吹入”这个组织，激活此前已经枯死的，或至少一直处在沉睡之中的那部分组织细胞。

改善对话质量的步骤

如果你期望从根本上改善组织中的对话质量，可以采取一些步骤。下面就是不同角色的成功倡导者和领导人的经验总结。你可以根据自己的特殊情形，改变使用这些步骤的次序，但是请注意整个演化过程，不要因急躁冒进就跳过一些步骤。

1. 花点儿时间做一下自我反思，确定哪些可持续发展问题对你来说是最核心的问题，并且根据你个人对事情重要性的考虑，对这些问题做一个大致的主次排序。一旦你确定了要采取下面的哪些步骤，告诉你的主管并获得支持。

2. 寻找那些可能关心此类问题的人，并选择几个与你想法类似的人谈一谈。随着初步谈话的进行，继续讨论一下还有哪些人你可以去谈，并把他们添加到你的名单上。

3. 在这些一对一谈话的基础上，筛选并组建一个非正式的团队。这个团队都关心一些共同的问题，对问题有多样化的不同视角，对采取行动也有强烈的意愿。从你的主管和其他经理人或高层管理者那里获得支持，给予你认为做这项工作要花的时间——同时也向他们保证，你将会用你自己的时间来完成部分工作。

4. 把你的非正式团队想象成一个高级“侦察小队”，它的工作是探索问题、启发灵感，为变革制订一个计划建议。你们要努力平衡不同的角度——既考虑现在，又考虑未来；既可以付诸实际行动，也对全局有战略上的把握。

5. 撰写一份提交给管理团队（无论是整个组织，还是你自己的业务单元或部门）的变革提案初稿，同时准备一份建议书，说明管理团队如何全面参与到对话中去。这会帮助你以最富有建设性的方式把你的非正式团队的工作与整个组织联系起来。面向管理团队的汇报会，应该安排在非正式团队第一次会议之后一个月到两个月之间，如果有必要的话，准备时间还可以再长一点，以便把汇报会安排到管理团队的例会周期里。

让你的角色富有成效

这些步骤如何演进下去，取决于你所处的环境，取决于你在其中所起的作用，也取决于你如何与其他人联系。这些领导力作用之间有一一对应的联系，并形成一个互相依赖的网络，对这个局面的理解会帮助你建立和保持一种开放的、有生成力的状态——在这里，不同的人可以用不同的方式去引领，同时又相互补充。在这里，领导者是这样的人，他们“走在前面”，他们承诺对自己和自己的组织做出深度变革。他们以自己的公信力、能力和承诺，自然而然地影响他人。他们也许会有不同的责任范围、不同的头衔和不同的专业领域。以下将要讨论四种领导者，即一线领导者（local line leaders）、内部网络领导者（internal network leaders）、专业职能部门经理（managers of specialist functions）以及高层领导者（executive leaders）。他们的存在，对处理可持续发展问题特别重要，也是处理这一问题的基本要求。

1. 一线领导者。几乎所有获得成功的变革活动，都会有那些富于想象力，也勇于承诺投入的一线领导者活跃其中，比如工厂经理、开发团队负责人，以及销售经理或者地区经理。这些人要对工作结果承担责任，并在本地区范围内拥有足够的权威；他们可以改变做事的方法，也可以重新确定本地行动的优选顺序和轻重缓急。他们的责任范围也许只限于直接向他们报告工作的小团队，也可能负责管理数千人。这样的领导者之所以重要，是因为他们与同事们一起，可以创建、授权并支撑有实际意义的组织管理实验，测试新理念和新方法的实际效果。

2. 内部网络领导者和社区建设者。内部网络建设者可能包括团队成员、咨询人员以及在培训或管理能力开发部门工作的人员，也可能是销售、市场、生产及开发部门的一线人员。内部网络对地方一线领导力起到一种自然制约和平衡的作用，这是由于地方部门的关注点过于狭窄，也更为局部。这些网络领导者的长处在于，他们可以在比较大的组织中"穿针引线"，与那些有着类似想法的人一起培育更广泛的联盟，并且让一线领导者与其他有类似激情的人建立联系，以在创新方面获得指导和帮助。内部网络领导者在组织的非正式社会关系网络中的种种联系，加上他们没有等级制度所赋予的权威，往往使他们的工作能够产生实效。

3. 有能力启动或协调跨组织关键流程的专业职能部门经理。许多职能部门的经理（比如战略部门，环境、健康和安全部门，以及组织开发部门）都有机会在一个较大的企业组织中，把不同领域的人召集到一起，启动以全新的方式思考战略问题的进程。例如：这些经理往往可以影响战略研讨会议和论坛的议程，从而影响高管们考虑未来可能的不同选择，以及每个选择会带来的内在机会和风险。这类由职能部门发起的行动，常常会有年轻的下一代领导者的参与，这对于你的行动计划的长期成功可能会十分关键。

4. 高层领导者。我们勾画了上面三种领导者的作用，但这并不意味着高级管理团队不重要。实际上，高级管理团队的领导力在今天比以往更为必要和关键，这是因为今天的组织要直面的变革，将会产生长期和深远的影响。这些变革要求彻底改变过去的假设和规则，也要求对习以为常的战略策略、组织结构和习惯做法进行重新思考。领导者必须形成提出问题的能力，提出无法轻易找到解答的问题；同时还必须意识到，他们是不能单独完成这一任务的。

自己“买股票”

一个好的开端源自你对周围环境的认识，以及你在其中所扮演的角色。想想看，是哪些问题在困扰你，有哪些东西是你希望改变的？当你问自己，什么对自己重要的时候，哪些事总是不断地浮现？你要把精力放在哪里？反思一下你关注的问题和你的担心，然后想一想它们与你的组织有什么关系？你的关注与你所在组织的关注有什么联结点吗？

如果你对这些问题感到烦恼、失去耐心或者无所适从，就允许自己大声喊叫吧，但要说出真相。把你的烦恼转变成一个粗略的正面诉求，表达你想要的东西——如此形成的一个正式要求，以后可能用得上。比如，由于“我们扔掉的东西数量令人难以置信”而引发的困扰，可以转化为一种愿望：“在两年之内降低 80% 的固体废弃物，并全面实施精益制造流程。”针对那些让你心烦意乱的问题，对你的组织或行业做某种宏观的扫描和诊断工作，寻找它们与组织的问题、目标和紧迫需要之间的关系。根据你目前的探索结果，评估你在这些问题中的作用和关联。你是处在与问题直接相关的一线管理者角色上，还是处于某种支撑角色，或者是咨询顾问角色？

从你现在承担的管理责任来看，你还有多大的空间去继续探索这些问题？假如你上班的时候没有时间，你打算下班后花多少时间做这件事？

随着你对各方面的问题有了更清晰的了解，你的热望也将逐渐增强：你会越来越关注你期望实现的目标，也关注和理解为什么变革是必须的。当你对于自己正在试图创造的东西有了一些大致的想法，就可以看看谁可能成为你的第一步合作者，并考虑要向你的目标迈进，需要采取哪些行动。当然，随着你与别人讨论，所有这些都可能发生变化，所以你要对这种可能性保持开放的心态，并且不要过多地花时间独自思考——否则很容易就会感到问题铺天盖地，完全无从下手。

组建最初的团队

组织发展理论的创始人之一理查德·贝克哈德（Richard Beckhard）曾经说过："一个人尝试改变一个组织，他一定会被'杀死'，不管这个人在组织中处在什么位置。然而，两个人在一起就可以互相安慰，只要三个人就可以成为一个羽翼丰满的密谋同盟。"无论你在一个组织中的职位有多高，影响有多大，要让一个组织内部接受变革的道理，一个人单干极为困难。对于可持续发展这样庞大而又复杂的议题，必须要从团队行动的角度去处理问题。你可以从寻找组织中有类似想法的人开始，他们与你有相同的忧虑，同时也在寻找变革的道理和依据。

比如，如果你工作的部门是市场营销，就可以考虑想办法从研发、运营、财务、生产、销售和战略等方面寻找盟友。还会有哪些人可能在目标和行动上与你兴趣一致？如果你是在客户服务部门工作，你的那些具有前瞻性的客户是否可以成为你的盟友，来帮助你激发老板的兴趣？你是否认识新产品开发部门里与你想法相同的人，而他们也愿意和你的客户讨论尚未满足的需求？

在回应现有客户和寻找新客户之前，你要先看一看，在你的内部推广行动中需要哪些人参与。数十年以来，在宝洁这样市场营销能力领先全球的组织中，新产品团队的领导者一直在展示这种策略的力量。这些企业依靠品牌和产品管理的领导力构筑了成功：他们的产品管理负责人能有效激发和接纳公司内部整个“供应链”的参与，最终使产品创新和上市获得成功——从模糊的产品概念开始，一路再到研发、样品制作、生产、市场测试，直到获得主要市场份额。

如果你是那位在前面提到的会议上不声不响地倾听了全部对话的首席财务官，你也许可以去找特德和安东尼，请他们加入你的计划，因为他们两个都想推动公司采取行动。或许，也可以考虑把负责沟通和公关的副总裁也包括进来。开始，可以考虑与他们每个人都一对一地简单聊一聊，建立初步的共同立场，把你和他们的烦恼与挫折都转化为更大的愿景和目标，并且找出变革的依据和可行性。当然，你的团队也要与高管团队的所有其他成员沟通，请他们也把问题和忧虑都说出来。

也许，你已经在心里列出了一个可能的团队名单。一旦你开始与其他人谈论哪些事对你很重要，你可能就会吸引那些对此真正感到兴奋并能承诺投入的人。他们也许不会因为完全相同的问题而获得灵感，但是，随着你倾听和探询他们的兴趣和思虑，你就会马上开始进入这个系统的更广阔“景象”，而你们都是这个系统的成员。这样的共同探索过程，就会形成大家围绕大胆变革的初步协同校正（alignment）的基础。

要记住，大家开会讨论的时候，不需要对每一件事都形成一致的意见，一个大致的目标、共同的兴趣，或者是相同的挫折与烦恼，常常就足够了。实际上，如果大家开放讨论，意见不一致反倒能激发能量和前进动力。在你的团队成员之间发生的谈话，也许对这个组织来说是第一次。在这些谈话中，一些相当困难但也十分基本的问题，以一种建设性的方式浮出水面。把你的小组想象成一个“容器”（container），非常有帮助。这个“容器”是一个小组，它有意识地给自己这样的定位：发现和应对在这个大系统中难免存在的、尚未缓解的矛盾和紧张关系。如果你的组织将要改变其运作方式，你就一定会遇到不同的意见。

这样的合作伙伴关系开始塑造一种协同领导力，它是继续开展工作的重要基础。尽管团队人员的数量几乎总是会随着时间而增长，吸纳进来的人更加广泛，也涉及更多部门，但是你在最初与一个小圈子的合作伙伴的那些交谈，是关键的第一阶段。这个团队可以作为工作氛围的模型，在其中大家可以提出正在面临的困难问题，而不会被愤怒、嘲笑或者相互冲突的爱好所阻断——这样做不是假装这些强烈的情绪不存在，而是承认并超越它们。

不论这个过程需要花多少时间，你很快就会发现，你与来自各种不同背景和团队的人产生了联系。其中许多人在开始的时候相互之间并不了解，也并不信任。即便你的团队都来自同一个组织或部门，大家在经历和观点上也会存在相当的差异。这个小组的规模可能相当大，因此小组成员之间还需要时间相互了解、相互欣赏，并且他们认识到：大家不仅可以相互依赖，而且为了获得成功，还必须这样。我们在本书中讨论的基本学习能力（理解系统、协同工作和培养个人与组织的热望），是这个过程的关键。

呈现你的热望

如果你和你的团队对于你们在做的事的重要性没有清醒的感悟，那么什么实质性的变革都不会发生，即便你们开始的时候有一个泛泛的高层愿景（high-level vision）。

美国绿色建筑协会创始人的高层愿景是转变建筑行业。而在BP、通用电气、杜邦和美国铝业这些公司中，新尝试的发起者谈的是引领各自的企业，通过新一代变革最终重新界定各自的产业，同时创造一个令人向往的新的未来。

提早留出时间，让团队一起向前展望，跨度最好是未来25年，这样团队就不会被目前的状况束缚住。到那个时候，你们希望实现什么样的成就？你们的可持续发展的子系统将会是什么样子？它是如何与自然系统相互协调的？大家应分享那些引发最初的共同讨论的集体希望。

对于最初的愿景，你要有耐心。你的热望还会变化——实际上，组织学习方面的一些具体的做法，可以帮助这些最初的愿景深化和演进。真正的共同愿景是持续工作的过程。在这个过程中，这些愿景将变得更为坚实有力。同时，一个正反馈的增强过程也开始生根——在创造出更多的愿景的同时，你们在评估现实、采取行动以及反思工作进展方面，也会做得越来越好。在这个循环过程中的每个部分，也一直在持续强化你们这些协作者之间的关系。

除了其他方面的益处之外，表达一个初始的愿景还帮助你们吸引更多的人。就像通用电气负责“绿色畅想”的副总裁洛林·博尔辛格所说的：“为了参加这些议题的工作，大家蜂拥而至。这有两个原因。首先，那些非常聪明的从事技术工作的人，往往倾向于环保主义和可持续发展。对知识的好奇和解决问题的自然冲动，就把他们放到了解决多方面问题（环境、技术、社会和经济）的位置上。这是他们的本性。他们关心这个世界，也看到了长期的相互依存关系。其次，与最先进的技术相关的工作是他们的喜好，他们是自然而然被吸引过来做这种工作的。”

也许，你不可能让系统中每个部分的代表都在一开始就参与进来，但要把这作为最终目标。当你的小组开会讨论的时候，也一起探讨你们还可以邀请哪些人加入进来。谁能帮助你们建立起“影响力链条”(chain of influence)，进而联系到那些你们认为在后期决策中需要参与的人。比如，如果你们意识到，为了继续推进工作，将需要在未来改进工厂和设备状况，那么你就应该请一位有资本预算背景的财务人员加入团队，并让这位新团队成员帮助你们想一想，如何与首席财务官和运营副总裁建立“影响力链条”，因为这两个人在工厂和设备方面的财务支出审批上起着关键作用。你也应该邀请销售部门和市场营销部门的人参与，因为这两个部门可能最先看到新的市场细分机会，创造对新产品的需求，进而把财务、研发和生产方面的人也吸引进来。

继续推进

到了某一个时间点，你的团队会变得比较稳定，团队成员之间也开始建立良好的工作关系。继续磨砺你们的理念，细化你们对实现目标的条件的理解，你们也会自然而然地把关注重点转向寻找有效的方法来与组织中的其他成员沟通。形成你自己的变革依据和道理，这将会是一个持续的平衡过程，既要创造新的理念，又要吸引组织中关键人物的参与，因为他们会让变革真正发生。

| 第 11 章 |

建立你自己的变革依据

在第 9 章，我们介绍了可持续发展的价值矩阵，也用这个矩阵说明了杜邦公司是怎样确定自己未来发展的路径，去超越泡沫时代的生活的。你的团队也可以利用这个矩阵框架，勾画组织的各个议题和各种机会。这个工具可以帮助你们在应对当下紧迫问题的同时，看到新的、潜在的创新路径。

前面曾经解释过，使用这个矩阵还可以帮助我们梳理议题、形成讨论，可以为高级管理团队和公司董事会的决策提供框架支撑，使他们的决策能够保护公司当期的财务价值，及公司未来发展的“可持续性”。说到底，这样的价值创造过程与企业高级领导者利害攸关。如果在试图吸引高层领导者参与时，你的团队主要宣扬环境和社会责任的专门议题，那么这些高层领导者只会把这些看作是未来很狭小的一方面——他们从自己的习惯出发，认为这些议题与公司的核心业务和生存发展关系并不大。他们相信，这类问题应该交由专家解决，因为专家会“把这些问题搞定，让我们不再纠缠其中，这样我们就可以继续搞业务了”。这样的信念反过来又强化了他们对问题的原有看法。

也许你还记得在第 9 章中，可持续发展价值矩阵引入了四个方面的“驱动力”，也就是与全球可持续发展相关的四种力量。第一个方面的驱动力与污染物的上升、物质消耗的加速和废弃物的增加有关。关注这些处于左下方象限的问题，就意味着，企业如果从今天开始及时应对这些问题，就可以降低成本和风险。处于右下方象限的驱动力，与数量持续增长的公民利益相关者有关。在一个愈加透明的世界中，这些驱动力要求组织对自己的行动承担全部责任。左上方象限聚焦于正在露出端倪的新技术，它们对组织提出了挑战：如何在开发未来可持续发展能力的同时，立足创新和重新定位。右上方象限重点关注的是不断强化的来自全球和本地的压力，既包括像气候变化、资源耗尽，以及贫富差距造成的不平衡等全球性可持续发展问题，也涉及企业如何在应对这些全球化问题的同时抓住机遇、实现增长，并建立可持续发展的愿景。

你的初始团队一旦形成，你们就可以选择在这四个象限中最合适的地方，标明你们共同的忧虑和烦恼是什么，最合适的变革目标是什么。学会如何把不同的行动方案放到这四个象限中，可以帮助你们把可持续发展的实践与公司的目标联系起来。这样做，也可以引导你们在组织中找到适当的合作伙伴，即在这些问题上也涉及相关利益的人。

许多变革都是从左下方象限——降低废弃物排放方面一开始行动并积累势头的。起初，人们常常会因为系统中产生废弃物的数量而感到沮丧和愤怒，于是很想降低能耗和其他排放，比如温室气体。这点可以成为启动变革的理想切入点。废弃物的状况一旦被更多地曝光，许多人就会积极参与到减排活动中，同时也因此降低了生产成本。在这个象限中的行动往往既有实际效果，又有象征意义：实际效果是降低成本和废弃物排放，而象征意义是，这些都是可见的行动，它们发出了一个信号，表明这个组织承诺对降低内部环境足迹负责。大幅度减少能源消耗，不仅降低了温室气体排放，也降低了成本。而降低成本得到的现金回报，又可以用来支付企业对未来的投资。

弗雷德·维尔（Fred Ware）在加拿大著名的零售商哈得孙湾公司（Hudson's Bay Company）工作。2001 年，他大幅度削减废弃物排放的工作悄然启动。他先对公司总部排放的所有废弃物进行了一次审计，目的是让每个人都意识到，所有人总共产生了多少废弃物。[1] 他对当时的局面进行了这样的总结："我们扔这么多东西，这实在让人憎恶。对于社会来说，这种做法是不可持续的。"这么多废弃物显然是很大的浪费，这让他非常痛心。到了 2007 年中期，这家公司总部建筑（有 1 500 人在其中工作，也包括哈得孙湾公司以外的人员）的废弃物回收率达到 96.5%。在最初的过渡阶段，清洁人员把未经分类的垃圾留在了办公室，不予清理，同时留下便条提醒，直到大楼里的每个人都学会如何正确地给垃圾分类，以便回收处理。

一旦减少废弃物的努力开始产生投入回报，这样的行动就成为桥梁，连接到其他领域的变革行动中。人们开始考虑更大范围的可能性，比如更加重视外部利益相关者的需求，以及投资更清洁的技术。例如：哈得孙湾公司目前在多伦多市中心的店铺和办公室的夏季空调，就是利用管道送来的安大略湖水制冷——这是能波公司（EnWave）的建筑业主合作计划的一部分，这个计划在饮用水过滤厂与多伦多市用户之间的管道通路上，"借用"了寒冷湖水的巨大自然制冷能力。

目前，大多数的可持续发展行动计划都处于左下方象限——这些行动都是组织内部行动，关注的也主要是今天的事。而有些组织则已经开始发动相当规模的外部攻势，进入到右下方象限的工作，但是总的模式并没有变化——大多数的行动计划都在"横轴下"，处于下面两个象限，很少有对未来的投资。你工作的更高目标，就是创造平衡全部四个象限内容的选择组合和投资组合。

到了某个时间点，需要考虑你所在的行业或者其他行业中那些受人尊敬的企业正在做什么，考虑一下它们的关注点如何得到扩展，变得更加平衡，这往往会对你有帮助。回想一下杜邦公司，开始它对环境友好的变革之旅是迫不得已的，那时的焦点是大幅度、全面降低碳排放。当时的杜邦及其所在行业的形象，与制造毒性化学品和废弃物联系在一起，所以改变这个形象显然是公司必须要做的。然而，与此同时，杜邦公司也在生物基清洁技术方面进行了大规模投资，并且广泛联系外部利益相关者，倾听他们的反馈、指导建议和对未来的创新想法。这一切反过来又引导杜邦公司发现新的市场重要增长点。

通用电气的高层管理人员以提问题的方式开启上述过程——其各种业务要想在长期获得增长，需要做什么。这一举动与通用电气传统上对增长和创新的重视程度紧密联系起来。他们询问自己当前的和潜在的客户，未来 15 年或更长时间，大家对清洁能源和清洁水有什么设想和要求。由此他们看到，满足这些需求对通用电气来说是重大的增长机会。但是，要想抓住这些机会，通用电气必须对清洁技术做出大胆的投资，并且要做好自己使用这些技术的准备。"你们在自己的工厂使用这些产品吗？"他们发现，如果自己对大多数客户提出的这个问题不能给予肯定的回答，那么在销售高效能电机、照明系统和设备的时候，他们就没有可信度。

大型零售商，特别是英国的大型零售商——像玛莎百货（Marks & Spencer）和乐购（Tesco），意识到其顾客和其他利益相关者，都希望降低与业务相关的所有环境足迹。它们还发现了让顾客也选择这样做的方法和途径，并在食品和其他产品上提供最健康、最负责任的选择。这是两个"横轴上"的战略（分别位于左上方象限和右上方象限）。而这并不仅仅是因为大众消费者对绿色选择感兴趣，现在，从计算机到IT服务，再到工厂里最终要使用的材料和设备，企业客户从供应链上购买产品和服务的时候，都要求有可持续发展的选择。

工具箱

使用可持续发展价值矩阵建立变革的案例

第一步：在墙上挂上一张大纸，或者用一个白板，在上面画一个可持续发展价值矩阵。然后就可以用便条或者其他形式的标签，将你们团队成员认为重要的行动建议，分别贴到矩阵中最适合的象限内。你们可能会注意到，一些议题自然属于一个象限，而其他一些议题则会在初步目标完成之后，链接到另一个象限上。

第二步：这时，反思矩阵的内容，并以它为工具，确定你们想让组织内哪些人员参与进来。虽然你们知道，很多人都想加入左下方象限的讨论，但不要让讨论停在那里。你们可以自然地把注意力延伸出去，从降低公司内部环境足迹，到思考公司的产品和服务对整个生命周期的影响（我们将在第 14 章介绍如何深化这部分内容）。

在这个阶段，你们已经可以比较好地理解右下方象限内的不同利益相关者（包括客户），他们真正想要什么，愿意花钱做什么。这将帮助你们识别和确定在市场营销、市场调研、销售和新产品研发方面，有哪些人员应该包括在你们的团队里，或加入你们的关系网络中。

用类似的方法，考虑未来的清洁技术创新，比如可再生能源、生物基原材料等，这些技术将从根本上改变你们公司的业务经营模式。在工程部门、研发部门或其他部门中正在探索这类选择的人群里，你们可能想要去找哪些人谈一谈？在右上方象限内，设想一下怎样才能让公司经营模式上的这些突破，开启新客户和新市场的商业机会？公司里的哪些人对此最有兴趣，并能成为你们这个团队的成员？

第三步：使用另一种不同颜色的标签，把其他已经在实施中，或正处于讨论之中的行动建议贴到矩阵中。然后，再用第三种颜色的标签，把公司所在行业中的其他领先企业、相关行业的领先企业以及可能在未来与公司业务相关的新行业的领跑企业已经采用的行动，都贴在矩阵内，越多越好。这将帮助你思考更远的未来。

第四步：以各个行业领先企业的情况为参照，关注你们的行动建议和公司内部的其他建议在四个象限内是否平衡。尤其注意“横轴上”与“横轴下”之间建议数量的平衡，即在横线以下那些关注目前业务及其拓展的建议，与在横线以上代表对未来投资的建议之间的数量平衡。

第五步：当所有的行动建议都贴好后，整个团队退后一步，观察一下四个象限，然后问自己：哪些更广泛的力量可以将四个象限内我们自己的建议与行业领先企业的建议连接起来？到目前为止，在做决策和投资决定时，我们对这些互动关系做了哪些假设？我们的假设与行业领先企业的假设有什么不同？他们想的与我们想的，有哪些不同？哪些具体的驱动力能使我们公司向横轴上方移动，从而进入左上和右上两个象限对未来进行投资？这些驱动因素中，哪些会与管理团队中某些个人的兴趣和愿望相联系？

第六步：通过参看其他公司的不同想法，和企业对每个象限驱动因素做出的不同假设，你的团队可以对此做进一步的探索。

把你的努力与团队管理联系起来

你的团队可以成就几件非常重要的事——探索、研究并形成变革的依据，据此你们就有信心去接触具体业务部门或公司总部的管理团队，争取他们的理解和参与。

要知道，就像所有侦察部队一样，你们的成功并不是以探索领域的广度来衡量的。最终的衡量，是看你们与整个社区（你们的“马车队”）能否沟通好，是看大家一起做出了什么选择。虽然你们对未来的领域已经做出了一些探索，可以向社区其他成员报告你们了解的一些情况，但其他人还必须自己发现前进的道路，必须从自己的角度去吸取侦察部队的经验。你们也许想到，要有意识地把侦察部队介绍给在工作中见过的“外部人”，就像保罗·塔布与绿色和平组织做的那样。这些外部人曾给予你们的挑战和灵感，也许同样会传递给整个社区中的其他成员。

在开始接触高管团队的时候，要有意识地从你们这个团队的第一次会议起，回溯介绍你们走过的历程。在积极吸引高管团队参与进来的时候，不要假设你们可以跳过上述那些关键步骤。你们也许能够预料到高管团队中某些人的担心，但一定要创造性地给他们提供表达自己意见的机会。

要帮助高管团队使用可持续价值矩阵，就像你们自己做过的那样，把它作为一种经常使用的基本工具。你可以为这样的会议准备几个“种子”案例，但一定要鼓励其他人也提出案例，不要落入陷阱——把自己的工作当成“最终结果”的展示。

第一个会议的简单目标可以是，针对可能影响高管团队未来战略和投资决策的外部驱动因素，用可持续发展价值矩阵来明确他们的所有假设，包括他们个人和集体的假设。

也许在第二个会议上，有关未来的驱动因素的所有假设都被写在纸上，经过提炼之后，你们要问的第二个问题可能就是：“如果这些假设发生变化，我们目前的战略还能够应对吗？”第三个要问的问题则可能是：“如果这些假设发生了改变，我们能够创造哪些替代选择方案，以改善我们整体战略组合的强度和弹性？我们又如何对这些方案进行投资？”

你会发现，高管团队的成员会自然而然地被这些问题所吸引，这是因为前面对假设的质询引发了巨大的创造性张力，他们会想要通过进一步共同工作来释放这种张力。一旦你们的高管团队看到，那些在企业或行业运作方面必然发生的变化，可能会使他们目前的战略陷入混乱，他们就会想详细了解，冲击究竟会大到什么程度，以及哪些领域会受到影响。

“我们现在应该做什么，才能在假设一旦变化时，更好地完成准备工作？”前面的探索过程，反过来又创造了处理这个问题的能量。在这之后，你们就可以把高管团队的注意力集中到创新想法上——对于市场、技术以及公众或行业规则与期望等方面的变化，他们将如何应对（在那些易受影响的具体领域了解更多的知识，是做这件事的一个比较容易的办法）。在这里，你也许期望一个更加开放、更加有创造性的过程。首先你要提出尽可能多的想法，然后逐渐把范围缩小到一组初步行动选项上，其中的每一项都要有一位高管团队成员或主管支持。高管支持者往往要承担起与一个新团队共同工作的责任，去细化每一个选择需要采取的行动。他们也要监控与这些选择相关的、不断变化的外部商业驱动因素。

变革的新视野

下面三个章节会进一步描述一些工具和策略，帮助你在前进的道路上取得进步。在这条独特的道路上，你、你的团队和其他参与者正在共同探索前行。从本质上说，这一部分内容是创造深层变革的指导手册。

适用于每个人情况的清晰规则是不存在的，你必须选择自己的道路。这意味着你和你的核心团队将需要不断地质询——“现在对我们重要的是什么？”并且借助解答过程为你们提供的能量和方向，去创造一个超越泡沫时代的、繁荣的未来。

第四部分　观察系统

The Necessary Revolution:
How Individuals and Organizations Are Working Together to Create a Sustainable World

正在创造和构筑明天的再生型经济的人们，都已经以各自不同的方式学会了观察更大的系统，即他们在其中生活和工作的系统。他们的眼光超越了各种事件的表象和肤浅的修补措施，看到了各种更深层的结构和作用力。他们没有让边界（无论是组织的边界，还是文化限制产生的边界）约束自己的思考，在做出战略选择时，他们也考虑自然和社会的限制。他们创造出自我增强的正反馈循环的创新过程——这是模仿自然界增长方式的变革策略。

他们学会观察系统，靠的是开发一种我们大家都具备的潜在智能。人类天生是自然的系统思考者，但是，像其他所有天生的能力一样，这种能力需要我们去了解、开发和修炼。对“观察周围更大系统”的能力建设做出承诺和投入的组织，不仅在组织内部创造了浓烈的学习氛围，也开始成为在更大范围内激发系统智能的积极力量。

| 第12章 |

“公地”的悲剧和机会

2007年11月，政府间气候变化专门委员会（the Intergovernmental Panel on Climate Change，IPCC）发布了第四期，也是该年度的最后一期气候变化报告。报告警告说，如果全球的捕鱼量按照目前的速度继续下去，商业捕渔业所涉及的鱼类将在2050年之前出现全球性种群数量灾难。这份报告透露，目前捕鱼总量比自然界能够以可持续方式生产的总量，超出达250%。同时，被列为全球性“崩溃”（其定义是，当时产出量是历史最高水平的10%）鱼群种类的数量，在过去20年间已经翻了一番，达到30%。被该委员会列入“濒危清单”的鱼类，占商业捕鱼种类的70%。过度捕鱼并非新近出现的问题——加利福尼亚沿海的太平洋沙丁鱼的捕捞量，从1936年的80万吨，降到了1952年的100吨。大西洋西北部乔治海岸曾是全球最为富足、产量最大的捕鱼区，其年捕捞量在1965—1992年期间，下降了95%，从1992年至今，也只恢复了10%。但是，正像政府间气候变化专门委员会的报告中所呈现的，这个问题的范围和规模都已经达到了前所未有的程度。[1]

捕鱼区是可以恢复的。实际上，许多捕鱼区也的确得到了恢复。只要减少渔船数量，把捕捞量限制在可持续的水平，变化的情况往往就会反弹，回到原来的状况。几十年来，人们在阿拉斯加附近海域对鲑鱼和帝王蟹的捕捞，一直采用可持续发展的方式管理，具体方法就是捕捞配额和限制。与此类似，在埃及红海建立水产保护区 5 年后，周边地区的捕捞量就增加了 66%。虽然这些成功的故事只是些例外情况，不过也恰恰证实：需要构筑共同的理解，建立集体的意志，形成有效的基础设施，才能把可持续渔业的做法推广到全球。而这一切，又是多么困难。

为什么这么困难呢？人们是了解过度捕鱼对当地的经济和社区（暂且不论生态系统）的毁灭性影响，但为什么就这样难以防范呢？

借用莎士比亚的表达方式，问题的答案“不在我们的天命星相……而在我们自己”没有看到自己创造的系统。

人们在说到系统这个词的时候，往往想暗示某些处于他们控制范围之外的事情——“这不是我的问题，是系统的问题。”在可持续发展的舞台上，这种情况同样司空见惯。人们谴责企业的贪婪、政府的腐败和投资者的短视，谴责他们创造出的那些系统在耗尽自然资源、毁灭物种、产生贫困和废弃物。这些机构也的确需要改变，但如果每个人都在责难其他人，这些机构恐怕也改变不了。

社会系统（如企业或供应链）和自然系统（如热带雨林）的根本不同，就在于社会系统是人类创造的。如果没有人类生存于其中、活动于其中，没有人类行动使其获得生命，也就根本不会有这些系统。换句话说，系统的工作方式来自我们的工作方式，人们的思想和行为塑造了系统的整体运行方式。

进而，要想理解我们的行动，还必须理解我们的“心智模式”，也就是要理解我们大家心中有关世界的各种图像。我们都有“心智模式”——这种现象没有好坏之分，这是人性。没有哪个人的头脑里能装着整个公司、城市或家庭。我们头脑中的这些世界观往往是分散和支离破碎的，它导致我们创造的各种系统都产生出没人想要的结果。

观察系统并理解我们在这些系统的塑造过程中的作用，如同一枚硬币的两面。从哲学理念上承认这一点相当容易，但要看到实践中发生的这种联系，就困难得多了。我们还是先来更深入地了解一下全球渔业的困境吧。

可以“授人以鱼”，但要当心“授人以渔业”

当科学家想要更好地理解一个复杂现象的时候，他们就会设计实验（experiment）。在实验中，他们会控制一些变量因素，以便能够集中注意力，研究几个关键的因果关系。当系统方法教育家想要帮助人们理解自己的行动如何塑造更大系统的时候，他们也一样：设计模拟实验（simulation experiment）。“海岸捕鱼公司”（Fish Banks Ltd.）就是这样一个模拟实验，它简化了商业环境中的渔业界：这里没有外国竞争者，没有急于获利的投资人，也没有腐败、无能的政府管制者——只有你我这样的、试图做大自己的捕鱼生意的普通人。[2]

“海岸捕鱼公司”模拟实验，看上去有点儿像“大富翁”电脑游戏，只不过内容不是房地产买卖，而是管理捕鱼公司。每一方由 6~8 人组成，每家公司开始都有一小队渔船，一个存有现金的银行账户。每家公司在捕鱼地点和条件方面都可以有一组选择（深海捕鱼或者浅海捕鱼），也都会得到每个捕鱼区的相关信息，比如，鱼群的再生速度有多快。他们既可以购买新渔船，也可以把旧渔船卖掉。每家公司都了解，虽然海洋的潜力巨大，但并非资源无限。每家公司也都有一个简单的目标：通过扩大捕鱼量和降低成本去获取利润。玩这个游戏的时间大约是 1 小时，但模拟的时间跨度是 10 年。

在过去 20 多年中全球范围数以千计的人参与这个游戏，游戏的结果令人深思——几乎每一次游戏的结果都是一样的：很早就过度捕捞，持续过度捕捞，灾难性的过度捕捞，直至最终渔业资源崩溃。即便有些团队在开始时采取了明智和可持续的方法捕鱼，但通常也会屈从于竞争的冲动，因为他们的假设是：必须增加渔船、加大捕鱼量才能赶得上其他团队捕鱼业务的增长。来自公共部门的游戏参与者会过度捕捞，来自私营机构的游戏参与者也会过度捕捞。即便是由环保人士或环境监督人士组成的团队，在游戏中还是会过度捕捞，虽然他们过度捕捞的速度有时会慢得多。曾经美国一个较大州的环保机构的团队做了这个游戏，结果一样是过度捕捞。看来，我们应该对那句古老的格言有所补充：授人以鱼，救一时之需；授人以渔，解一生之需；而授人以渔业，则鱼将尽矣。

生态学者把这种现象称作“公地悲剧”（Tragedy of the Commons），借用了加勒特·哈丁（Garrett Hardin）于 1968 年发表在《科学》（*Science*）杂志上的一篇文章的标题。“公地”（commons）指的是在公共草地上放牧的一个古老习俗，“悲剧”则指的是其后发生的结果。具体情况是这样的：面对公地，每个农民都会有扩张的动机，但如果所有农民都这样做的话，牲畜的总量最终就会超过公地可以承受的限度。如果过度扩张持续下去，到了某一个时点，牲畜共享的公共草地就会消失。

所有社区共享资源，如渔业资源、土地资源、水资源和石油资源等，都无一例外受这个悲剧模式的影响。并且，无论问题牵涉的资源是本地资源（比如水源），还是全球资源（比如大气），结果也没有什么不同，其中的作用模式完全一样。

但崩溃不是不可避免的。不论是在“海岸捕鱼”游戏中，还是在现实生活里，渔业发展尽管存在限制，也还是可以繁荣的。有一次，在哈雷-戴维森（后面简称哈雷）公司组织的一次研习营上，哈雷公司的团队拒绝继续进行这个游戏，除非每一个团队都同意共享各自捕鱼量的信息。哈雷团队的观点是，各自的捕鱼量是个基本信息，对于监控总供应量非常必要。尽管没有人知道年捕鱼总量达到多少就是过高了，但每个团队都可以看到捕鱼总量是否开始下降了。哈雷公司的团队成员还自愿决定，每年向所有其他团队公布，他们当年是否还会扩张船队，虽然游戏并没有要求披露这种信息，而许多其他团队受到这一做法的鼓励，也这样做了。

结果是，哈雷公司参与的这个捕鱼游戏没有崩溃，而且永远不会。这个捕鱼产业对自身实施了管制。更重要的是，每个团队获得的利润和拥有的资产，都高于任何其他游戏中的参与团队。即使是其中获利最少的团队（各个团队之间还有竞争）的收入，也比最终崩溃的游戏中获利最高的团队的收入高。到游戏结束时，开始的鱼群不仅还在，并且还随着渔业生产的提高而扩大了。

为什么哈雷公司参加的这个游戏有如此不同的结果呢？也许这与哈雷的文化有关系。长期以来，哈雷的文化一直注重组织学习、系统思考、团队内部对话和不同团队之间的对话，把这些作为公司的核心业务来实践。[3] 事实上，当这家公司在 20 世纪 80 年代陷入困境的时候，是一群员工通过雇员集体收购的方式，把公司从“濒临灭绝”的边缘挽救了过来。通过共同工作来创造健康的竞争环境，这是大家共享的心智模式。

在哈雷发生的一切，也可以在任何一个地方发生。作为维系公共资源健康的受托人，一开始就要思考你的团队和组织也身处其中的更大的系统，并且意识到大家如果都“一如既往”地照常经营，就很容易形成“人人都是输家”的最终结局。正像哈雷团队成员以他们的冒险行动所证明的，竞争与协同本不是一个“非黑即白”的选择。实际上，英语中的compete（竞争）一词，来自拉丁语competere，其含义是“共同努力”。共享基本信息的做法可以保证所有参与者都知道公共资源的健康状况，而这又是所有参与者的生存所必须依赖的终极条件，同样也是健康的竞争得以存在的基本条件。

“公地悲剧”是可以防范的，做法就是行业的参与者都接受“游戏规则”，这些游戏规则确认了行业运行的基本限制条件。这种限制条件的形式，可以是政府立法，像欧盟的“产品生命周期终结回收”立法（在第 15 章讨论）。但是，全行业的同伴压力和行业基本信息共享（哈雷团队演示的）这两者的共同作用，也可以形成游戏规则。在这个游戏的现实版中，其他好几个行业的领袖企业的经历，也清晰地表明了这一点。比如，联合利华是全球最大的鱼类制品销售公司，曾经对过度捕捞问题十分担忧，于是就主导成立了海洋受托责任委员会（Marine Stewardship Council，MSC），目的是对全球来自可持续捕捞的鱼类产品进行认证。这个行业是否会有足够数量和影响力的关键成员，从资源受托者角度出发共享心智模式，而不是从强化竞争的立场出发耗尽资源，并最终导致“人人都是输家”？时间将证明这一切。

系统思考的冰山

多数“海岸捕鱼”游戏的参与者所犯的错误，与真实生活中各行业的企业是一样的：他们都没有退后一步站，与竞争对手一起更深入地思考，作为一个行业整体，他们所面临的威胁是什么。

更具体地说，他们都无法意识到，是他们的假设使他们陷入了险境。他们所看到的世界，是一个由“我们的渔船”“我们的捕鱼量”“我们的利润”组成的有限世界。当然，他们也关注其他渔业公司，关心它们的渔船、它们的捕鱼量和它们的利润。他们很清楚，捕鱼业的规模最终会有个限度，但是他们把这个限度看作是不太重要的外部信息。

一旦竞争加剧，参与者就会全身心投入其中，力求赶上或超过竞争对手——不管怎么说，他们只是许多竞争者之一，也实在搞不清，对于捕鱼规模的限制，他们有什么应对的办法。

如果有意愿退后一步站，他们就会意识到，找出方法，去尊重捕鱼总量的制约条件才是长期成功的关键。因为一旦这个限制条件被打破，大家的捕鱼量就会逐渐萎缩。而且，如果由于他们相互之间的激烈竞争，导致捕鱼量突破了限制指标，大家也不可能回过头来再一起消除这种破坏所带来的影响。很清楚，某种程度的协作是必须的，也是基本的要求，而且协作开始得越早，对每个参与者就越好。

有关渔业以及其他共同资源的问题一再出现，这不是因为大家运气太坏，也不是由于有少数坏人作恶，而是产生于大家竭尽全力的盲目竞争，使得每个个体参与者都忽视了更大的威胁。如果天真地设想，我们不必从根本上改变这个倾向，就可以得到不同的结果，那就大错特错了。要想在“海岸捕鱼”游戏中获得成功，要想在面对资源限制的某个现实中的行业获得成功，都是非常困难的，因为这需要有能力看到自己也运营于其中的更大现实。有一种方法可以做到这一点，那就是学会如何从四个层面去看待不同的情境。如图 12.1“系统思考的冰山”中所示，这四个层面多数处于“水面之下”，对于“常规”观察者来说是不可见的。但是，如果只关注“可见的”部分，我们就无法了解真正在发生的事，无法理解现实的影响力如何形成，以及如何变化。

在“海岸捕鱼”游戏中获得成就，需要对以下普遍存在的四个因素形成共同理解：事件、模式及趋势、深层的系统结构及其影响力，以及塑造这些结构和影响力的心智模式和假设。

事件。冰山的第一层，可以用一句话来诠释：“刚刚发生了什么？”我们可以把它设想成现实生活中的“六点早新闻”。我们身边的事件非常具体，会吸引我们的注意力——很像突然间出现的巨大声响，让我

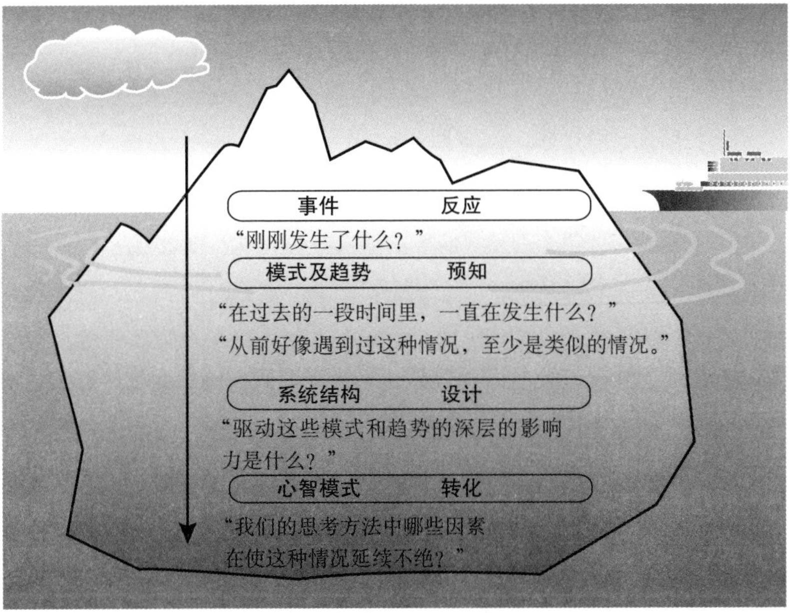

图 12.1 解释现实的不同方法

们立刻丢下手中的一切，赶紧去看一看。但问题是，事件会支配我们的注意力，把我们锁定在此时此地，结果我们就完全忽视了整体局势。在“海岸捕鱼”游戏中，一个事件，可能是捕鱼量的突然下降，也可能是竞争对手买了更多的渔船。但当人们在这个层面上被“锁定”了，他们就只能看到“冰山的一角”，只能随着新情况的出现，做出被动反应，其他什么也做不了。

模式及趋势。“在过去的一段时间里，一直在发生什么？”当我们提出这个问题时，就超越了身边刚刚发生的事件。为回答这个问题，我们需要对系统多一点儿了解，稍稍潜到“水面以下”。图 12.2 显示出在过度捕捞的情况下，“海岸捕鱼”游戏中出现的情况：鱼群的总量在下降，最终不同参与者的捕获量也随之下降。但是，除非参与者

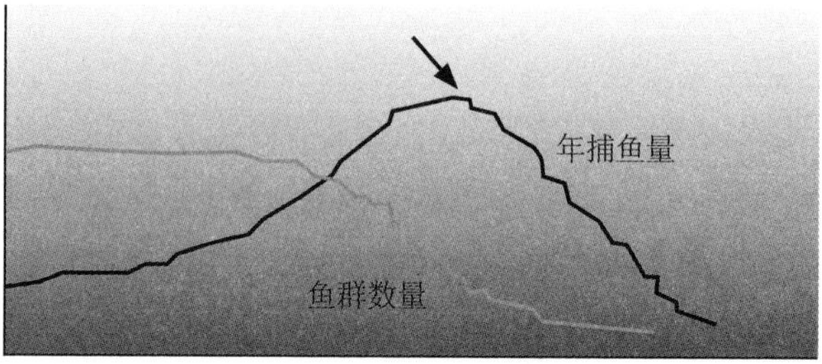

图 12.2　鱼群数量与年捕鱼量的变化

决定与其他团队分享信息，否则谁也不可能看到曲线的变化，他们了解的只是自己的捕鱼量，也许还有少数竞争对手的捕鱼量。

然而，一旦各团队了解年捕鱼总量，他们就可以看到，什么时候捕捞总量开始达到峰值（图 12.2 箭头所指处）。通常，捕捞总量达到峰值的时候，同时发生的事件是利润停止增长或开始下降。而大多数参与者对于利润下降的反应是：为保持收入水平不下降，要加大捕鱼量。但如果他们真的这么做，渔区就会崩溃。如果反过来，即开始减少捕捞，鱼群的规模就会开始恢复。但很少有人这样做，因为他们没有注意到这种模式，也因为他们不了解在这种模式背后产生作用的系统结构。

系统结构或影响力。在这个层面我们要问的问题是："驱动这些模式和趋势的更深层的影响力是什么？它们从何而来？"比如，如果"海岸捕鱼"的参与团队考虑到渔区资源为什么会枯竭，以及如何再生，那他们就可以开始了解更深层的影响力。这里有一个关键的"结构性"问题："什么时候鱼群的规模下降最快？原因是什么？"这个问题的答案是：在捕获量达到最大值的时候。因为就是在这时，捕获量破坏了鱼群的再生能力。也就是说，当渔业公司获得最高收入的时候，渔区正经受着最大的压力。表面上看渔业利润很高，但在表面以下（从系统思考冰山的角度，"表面以下"既是描述，也是比喻），鱼群正在崩溃。

然而，没有多少人会意识到这一点，因为大多数人没有能力考虑水面以下鱼群数量的动态变化。为了完全理解为什么这一点如此重要，回顾一下第 2 章中与大家分享的“二氧化碳浴缸”会有所帮助。在这里，想象鱼群总量就是浴缸里水的总量，而捕鱼总量就是排水总量，鱼群的再生能力是注水总量。渔区鱼群总量下降速度最快的时点，就是捕鱼总量（排水总量）达到最大的时候。[4] 因此，为了避免灾难的发生，捕鱼公司必须在业务增长压力最大的时候，降低各自的捕鱼量。

现在可以看到了吧，如果捕鱼公司对正在发生的情况，及其对自身长期发展的影响没有系统的理解，它就不大会在这个时点减产。当然，崩溃经常发生的原因恰恰就在于此。[5] 但这种理解其实是很直觉的，即便是儿童也能明白这些概念：排水、注水以及浴缸。那为什么在崩溃之前没有人减少捕捞呢？因为这样做与多数参与者的心智模式相冲突。

心智模式。我们的心智模式往往反映在我们的核心信念上，比如，民族主义感情、爱国主义或宗教信仰。“自由市场”的信念，反映出许多商业人士的一个强大的心智模式。“人民自由”也是如此。我们都有心智模式——其中有些为社会所共享，另外一些则为某个社会阶层、政党、行业、特定的公司，甚至家庭内部所共享。但往往不十分清楚的是，我们的思想和行动以及我们周围人的思考方式是如何被这些模式影响甚至主宰。

第一个挑战是识别那些我们可能会抓住不放的假设。由于心智模式往往存在于“水面之下”，并且常常与人们表达出来的“政治正确”观点（“我们都关注捕鱼区的健康”）相冲突，所以心智模式通常是不可见的，人们甚至可能会拒绝承认其存在。就像可持续发展教育家吉米·克劳德（Jaimie Cloud）所发现的，往往孩子们会说出成年人不会说出的话。克劳德调查了几百个参加了“海岸捕鱼”游戏的学生（年龄从 8 岁到十几岁），问他们为什么会那样做，最终使捕鱼区崩溃。下面是一部分回答：

- 外推论者的回答："我们的行为不会影响未来，总会有鱼的。"
- 不惜一切代价也要赢："我们一定要赢，就这么简单。"
- "泰坦尼克综合征"："海面救生艇总归是不够大家分的，所以，如果我们正在沉入海底，那最好还是坐头等舱。"
- 无赖语言："事情就是如此，我们没有办法。"
- 社会陷阱："如果别人都这么干，我要不这么干就是傻子。"
- 最大化个人收益："我的责任是对自己和家人负责。"
- 看不见的手："市场、技术、某个人或某种东西总会有办法把这件事情搞好的。"
- 贪婪："我想要很多，后果是什么，我并不关心。"
- 其他："这只是个游戏嘛。"

看到水面以下现实的更深层面，为什么如此重要呢？因为，根据我们的经历，这往往就是持久变革的关键。当个人或组织只关心"冰山"的可见一角，他们就只能在变革发生时做出被动反应，所以最好的情况也只是被动地渡过危机。这样的个人和组织常常会采用激进的"主动积极"战略，试图去弥补在分析问题上的不足。但以被动反应的心态去实施"积极主动"战略，本身仍旧还是被动反应，两者并没有什么不同。阿基米德曾经夸口说："给我一根足够长的杠杆，我就能撬动世界。"[①] 在这里，杠杆就意味着我们愿意深入可见的表面现象背后。有了这个杠杆，我们就能更好地认识和理解那些心智模式、那些人智模式塑造的系统及其影响力，比如公地的悲剧。

① 阿基米德这句话的另一种说法是，"给我一个支点，我就能撬动地球"。——编者注

共享的经济和生态

全球系统造成的挑战，如第 1 章介绍的“三大议题”（食品与水，能源与交通，以及材料、废弃物和有毒物质），犹如大山压顶，让人感到无能为力。但是我们有一个罗盘，可以指导系统思考的旅程。一旦着手实际观察系统，人们就会开始理解那些为人广泛接受的心智模式的谬误，以及可选择的未来可能性。

比如，“海岸捕鱼”游戏展示了一个关键性问题：在经济和环境之间，并不存在终极的取舍——多年以来，许多企业领导者对这个问题一直有误解。从短期来看，忽视自身行为对环境和社会方面造成的副作用，当然可以让企业挣更多的钱。然而，短期的事转瞬即逝。当深层的环境（和社会）限制条件发挥影响的时候，所谓的“三重底线”，即利润、自然资源和人类社区，就会协同互动、相互影响。今天我们看到的许多情况都是如此。经济健康、环境健康和社会健康会紧紧地耦合在一起，不是共同繁荣，就是一起受难。在那些陷入困境的捕鱼区，能够生存下来的捕鱼公司也是每况愈下。鱼群已经耗尽，更大范围的海上生态环境的质量可能已经下降，而当地社区也困难重重，往往陷入崩溃状态。

抱着传统“非赢即输”竞争心态的商业人士，等于蒙住了眼睛，无法看到这样的事实：处理可持续发展问题，其实只有两个长期的选择——要么双赢，要么双输。为了避开双输的前景，我们所有人就必须有能力：(1) 打破既有的心智模式，突破其各种假设强加在我们思想上的界限；(2) 退后一步站，拓宽我们的视野，看到自然资源的更大限制，以及这些限制对于我们公司的业务意味着什么；(3) 在需要的时候，努力在我们各自的行业中，建立一种呵护自然的受托责任道德规范，帮助其他关键参与者意识到，我们大家都在共享一块“公地”——只有知道我们要做些什么才能维持它的“生存”，它才能支撑我们的生存。

| 第 13 章 |

地球号飞船

布克敏斯特·富勒曾经把我们的星球比作一艘在宇宙中飞行的飞船。这艘“地球号飞船”根本没有配说明书。因此他警告说，如果要想生存下去，我们就需要学会如何把这个星球看作一个系统，看作一个整体，并以此为基础呵护这个星球上的所有资源。他在 1963 年的论文中写道:“如果真的是‘想的事情越大，持久力就越大’，那我们就必须问自己，‘我们想的事情究竟能有多大？’”

“想大事”意味着要有意识地退后一步站，扩大自己的认知范围。大多数人都习惯于待在工作和生活中的某种“舒适区”。我们习惯于在自己的小系统的边界以内运作，不去理会我们工作和生活所依赖的那些更大的系统。但是，一旦我们的眼光开始超越那些限制我们思想的心理栅栏，超越我们工作上的日常琐事，延伸到我们自己所处的更大的组织、行业，乃至世界，我们就会开始发现，有些事情亟须我们关注。

近年来飞速发展的互联网就是一个例子。我们许多人每天要花几个小时时间“上网”。2000—2007 年，全球互联网使用量的增长超过

250%。但是，我们中很少有人会考虑，维持全球互联网的通畅运转要消耗多少电能，而这又意味着什么。

据估算，目前支持互联网所需的电能占美国全部用电量的 3%~5%，全球的数字也处在这个比例范围。这包括了我们所有的个人电脑，所有的数据中心和服务器，所有的电子商务，所有的搜索引擎——简而言之，包括了我们在网上共享信息和相互沟通的所有五花八门的形式。虽然这个数字看上去并不是很大，但如果考虑到即便是保守估计，互联网使用量的增长速度也是每隔 4~5 年翻一番，那就要重新想一想了。美国环境保护署 2007 年发布的一项报告指出，服务器和数据中心的能源使用量，从 2000 年到 2006 年增加了一倍，并且到 2011 年一定会再增加一倍。[1] 在此之前，研究人员的计算表明，美国的服务器和数据中心的用电量，已经超过了全美国的电视用电量。[2] 这就意味着，如果以目前的速度增长，在未来 10~15 年，支撑互联网运行的用电量将会超过全球用于家庭照明的用电量。[3]

显然，在有些方面我们必须让步。当下的世界需要尽快转向低碳、非化石燃料能源，而互联网的高速发展就成为一项巨大的挑战。作为互联网的使用者，我们也同样身处这项挑战之中。这种情况，要么把各个国家和民族推向对有限电力供应的激烈竞争之中，要么引导我们对生产电力的方式进行全新的思考。谷歌在可替代能源研究方面做出重大投入，就是因为看到了其业务要么繁荣于其中，要么萎缩于其中的更大系统——也是因为其理解到，不能对这个系统的限制视而不见。而且，谷歌并非孤军奋战。

“如果……那我们该做什么”

拓展思想疆界就可以带来长期的变革，这一点，从美铝公司的例子可以看到。1997 年，美铝公司集团环境部的主管派特·阿特金斯（Pat Atkins），召集了一次有 30 多位经理参加的会议，他们管理着这家公司全球业务的很大部分。在两天的会议里，他们尝试设想未来 25 年的商业和社会环境将会变成什么样。

他们首先定下了基本规则：在以这种方式思考可能的未来时，无论遇到什么问题，他们都会当作自己公司的问题去解决——不管是有限的资源，还是心怀敌意的利益集团，或是重大气候变化。不能把问题推给政府、社会或其他公司。既不能责怪他人，也不能推卸责任。

定下这个规则之后，这个小组开始对自己提问："如果……那我们该做什么？"

"……假如没有垃圾场呢？"阿特金斯说，当这个小组展望 2020 年的时候，"我们谈到了垃圾填埋场之类的事。我们对自己说：'如果这个世界还有理智的话，就不该允许我们把东西丢到填埋场里，让子孙后代来解决。所以在谈我们的愿景的时候，这就是我们应该考虑的问题之一。'"

"……如果水资源变得越来越匮乏呢？"水资源问题迅速成为头等重要的议题，因为制造铝本身需要大量的水。甚至在 10 年之前，水已经开始成为美铝公司的问题，并且公司领导者也知道，问题会越来越糟。"加利福尼亚州拒绝给我们的一个工厂颁发扩建许可证，就是因为厂区用水太多，"阿特金斯说，"他们要我们把这个厂搬迁到其他地方去。这件事告诉我们，在全球范围内，水资源可能成为我们许多工厂发展的限制，其中有许多地方，我们原以为永远不会缺水。"这个小组还设想，对于铬和汞的排放，以及水中可溶物质的富集，公众的认识程度将会持续提高，"很多人现在已经不再信任自来水的质量了"。

"……假如一系列有问题的排放必须减少或完全消除呢？"美铝公司的这个团队认识到，长期以来，排放是这个生意的一部分——二氧化硫、氮氧化物、有机排放和二氧化碳，这些排放都必须要大幅度减少。当他们去想象一个没有这些排放的未来时，发现这在经济上和环境上都有道理，并且在短期和中期也有道理。降低排放可以节省能源，而节能就是省钱。

最后他们得出了两个结论：要证明真正的变革是可能的，就需要行业领导力；围绕着气候变化这类问题制定的策略，是符合商业理念的。据阿特金斯回忆，他们在向公司执行高管委员会报告时是这样讲的："我们可以这样做，并且保持业务的发展，而且我们会发展得更好。"

美铝公司所做的思考未来 25 年的训练，不仅激发了许多人的思考，还导致了正式目标的建立和重大变革。在生产用水排放方面，他们确定了公司的目标：在铝制造厂的生产过程中达到生产用水的零排放。阿特金斯说："当时这是个激进的目标，今天仍然是。人们今天听到这个目标，还是会表示怀疑。"水的使用量到 2005 年下降了 17%（与 2000 年的水平相比）。美铝公司最近确定了新目标，到 2010 年把水使用量降低 70%，到 2020 年实现整个生产过程用水零排放。还有其他一些挑战性的"摸高目标"，包括到 2010 年前将温室气体排放降低 25%，到 2005 年前把填埋场废弃物降低 50%。美铝公司提前 7 年，即在 2003 年，达到了其降低温室气体排放的目标。而 2005 年美铝公司达到了填埋场废弃物降低 2/3 的成果——这又让它确定了新的目标：到 2015 年将填埋场固体废弃物在 2000 年的基数上，降低 100%。

美铝公司靠什么成就这一切？靠的是吸引数千人参与。有一种做法是，把大幅度降低用水量的目标拿给公司的运营人员，取得他们的帮助。最终，人们想出各种各样降低用水量的方法，许多都是"小办法"，有几个则是大项目。比如，2005 年在法国圣·克斯梅（Saint Cosme）的工厂安装闭环清洗和冷却回路（同样的水在循环系统中反复使用），达到了降低水消耗和水排放 85%的成果，在运营成本上每年降低了 4

万美元。

在美铝公司，好想法传播得很快。集团公司的欧洲轧制品公司（European Mill Products，EMP）位于意大利的富西纳。通过安装循环使用生产用水的闭环系统，那里的水消耗降低了95%。公司的一些冶炼厂，比如在澳大利亚西部和牙买加的冶炼厂，已经达到了2020年的目标，即生产用水零排放。

同样重要的是，由于小组成员们设想的是未来，所以他们的基本观点也改变了，从前处于边缘的问题如今变成了公司战略的关键部分。需要特别说明的是，在1997年，气候变化还远不是大多数企业所担心的主要问题。然而，这个团队还是在那时得出了这样的结论：气候变化是桩“好买卖”。阿特金斯说：“如果是最好的情形，我们就是在做一个全球性实验，最后证明这不是个问题。但是，如果出现了最坏的情况，我们也是在做一个全球性实验，这个实验可能会彻底改变这个星球的特征。我们想，我们宁愿犯保守的错误，所以要动起来。”兰迪·奥弗贝（Randy Overbey）当时是美铝原生金属开发集团（Alcoa Primary Metals Development）的总经理，他注意到：“当我们说，‘我们不会再讨论气候变化的科学问题了’，我们就完成了一次重大转折。我们相信，这是一个需要发挥美铝在全球的力量来应对的问题，我们希望能够发挥一些领导作用。”

对重新思考疆界的建议

当你重新考虑思想的疆界时，几乎总会遇到阻力。人们会说：“我们应该坚守我们最了解的领域。”或者就像他们谈论谷歌时所说的：“他们应该聚焦在自己的核心能力上，即保证广告收入。”

如果你试图说服别人，说他们错了，说他们需要重新考虑思想的疆界，那你一定会碰上阻力。没有人喜欢被人说成思想狭隘。更有效的途径反而很简单，就是帮助他们反思自己所做的假设。

罗杰·萨朗特（Roger Saillant）是燃料电池生产商普拉格动力公司（Plug Power Inc.）的首席执行官，还曾是福特公司的高管。几年前，他会见了一家大型飞机发动机生产厂的管理团队。会面之前，别人告诉过他，要避免对温室气体和其他环保问题进行说教。他了解到，这些管理人员此前曾经接待过的几位来访者都谈到了这些问题，但都很不成功。

“这些人都是技术功底深厚、讲究实际的高级管理人员，他们不喜欢听到别人说，他们的业务模式莫名其妙地变成全球变暖问题的一部分。”但是萨朗特在这个挑战面前，并没有退缩。

他一开始是请这些高管谈他们的商业战略。过了一会儿他又问这些高管们，制定战略的关键假设是什么。没过多久，高管们就识别出一个关键的假设，即他们确信，在大多数情况下，全球各地的政府对温室气体排放都采取容忍的态度。“我们做了这样的假设：将来不会有排放税，即便有，航空公司也可以得到豁免。”那些高管说。

“如果最后证明这些假设是错的，那会发生什么情况呢？”萨朗特问道。在这之后，就不需要更多的引导了——这群人展开了一次很长时间的对话，谈到了各种不同的技术选择方案、各种不同的燃料选择、飞机的总体设计等，甚至还谈到了利用他们的技术专长为替代运输模式提供有用的价值。没过多久，他们的谈话就转到了“超越泡沫时代”的航空运输方式，而这正是许多“外部人”曾经试图强迫他们做的。然而，这一次萨朗特请他们做的，是让他们反思现在如何思考，而不是试图强迫他们换一种方式思考。

就像这个故事所表明的，在扩展人们思考的疆界时，“探询”通常要比“宣扬”更有效。当团队看到，他们因为抱着令人质疑的假设而限制自己的工作范围时，他们自然就会开始挑战这些假设，就像美铝公司团队所做的那样。

下面是启动工作的简单方法。找出一个实际问题，它应当是你的组织或小组正在努力解决的问题，然后开始把目前思考方法的疆界明确地表达出来：

- 我们面对的问题的关键性影响因素是什么？
- 现在正在发生什么，有哪些力量可能会塑造未来？
- 谁是系统中的关键人物或者关键决策者（包括那些没有太高权位的人物）？

虽然这个过程听上去简单，但实际上人们很少明确地提出这样的问题。我们界定问题时，往往基于已有的、碎片化的心智模式，它体现的是主观的，或者一时方便的思想疆界。比如，我们会把某个问题人为定义成运营问题、预测问题、营销问题或环保问题。或者，我们预先认定，哪些人是专家，哪些人是决策者，然后以此界定问题。比如，我们会说："这是物流团队的问题"或"这是销售副总的问题"。或者，我们定义问题时，要么只注意可以测量的东西（"这个问题导致上个月销售量下滑"），要么含蓄地表达我们倾向的方案（"问题在于我们还没有实施新的质量管理计划"）。

当你在思考目前重点关注的问题时，要问自己：

- 我们在以什么方式强加主观的思想疆界？
- 为什么我们假设某个人是决策者？是不是因为问题最明显的症状出现在这个人所在的组织之中？

最后，扩展思考的时间范围，像美铝公司展望 2020 年，那是发现自己强加的疆界局限的好办法。扩展时间范围，也会改变空间疆界，即你考虑的系统里有哪些人和事。如果你的时间范围只以月和季度计算，那就很容易忽视更大的系统；如果考虑你的决定对未来几十年的影响，你想问题的角度就改变了。

- 你界定的问题，暗含着什么时间范围？
- 如果把时间范围放大一倍，或延长 10 年、20 年，那又会发生什么改变？
- 选择一个扩展了的时间范围，回头再问一次你开始时的问题，然后观察一下，新的回答如何反映出你开始没注意到的假设疆界。

思想的疆界是无法逃避的。所有思想，并由此推及所有管理实践，都是以各种疆界为基础的——你永远无法去想所有的事。问题不在于我们的思维有边界，而在于我们忘记了这些边界的存在。各类团体忘记了自己做出的假设，随后就把自己“封冻”在理所当然的世界观里。之后，当有了人或事件的压力，要求他们在更大范围思考时，他们就会因尝试考虑过多的选择方案而陷于决策瘫痪，或者让超出他们直接影响范围的各种问题把自己压垮。跨越思想疆界的压力往往使他们灰心丧气，甩手宣布：“我们没有能力处理这么大规模的问题。对于我们来说这个问题太大了，应该是由政府或联合国来处理。”

其结果往往是：大家会退回到自己假设的思想边界，但这又无法适应大家面对的现实问题。出现这种情形时，要做的第一件事就是，帮助大家看到自己主观强加的那些边界，并探询为什么会有那些边界，更好的替代方式会是什么样子。不要试图一蹴而就。帮助大家体会挑战自己假设的思想疆界的感受，随后大家往往会开始主动地定期去做——即使偶尔需要一点儿外部刺激。

1 000 英亩①小岛的原则

让我们回到富勒。他建议要为“地球号飞船”制定一本运营手册。有些个人和组织已经制定出一些原则，可以成为这本运营手册的基础，其中最著名的一些原则［例如：“自然步骤”（The Natural Step）和“自然资本论”（Natural Capitalism）］已经列在本书的附录里。[4]

以下的练习可以帮助你的团队开始思考这本运营手册应该包括的基本原则。许多团队发现，在深入研究其他人对可持续发展原则的观点之前，这个练习是有用的第一步。

在《崩溃》（*Collapse*）一书中，贾雷德·戴蒙德描述了位于南太平洋的一个小岛提科比亚（Tikopia）。小岛的面积大约是 4.66 平方千米（差不多 1 000 英亩），有 1 200 名居民在岛上生活，每平方英里可耕地的人口密度达 800 人。提科比亚岛已经有 3 000 年的历史。

在这个小岛上，“朝海”和“内陆”是常用的参照用语。当地人甚至会指着一个来访者说，他的“内陆”一侧的肩上有一只蚊子。海洋永远呈现在这里的生活中，永远可以听得到；岛屿生活的意识恒常不变，且真实存在。这个区域距其他岛屿都很远，在这个常常受到暴风袭扰的地区，在海上航行是危险的，往往会危及生命。

事实证明，提科比亚人能够生存下来，要归功于他们在环境方面的精深知识和严格管理。为了保证能够持续而多样化地生产食物，他们在开发林业和使用淡水湿地方面，采用了可持续的方法；他们依靠部落禁忌来限制海产品的捕捞，他们也放弃了其他地方采用的“刀耕火种”的农耕方式。此外，几个世纪以来，提科比亚人通过各种各样的方式实行计划生育（他们宣传零人口增长的时间，比西方要早很多）。提科比亚

---

① 1 英亩≈ 0.004 平方千米。——编者注

人也采用了高度发达的集体决策机制，提科比亚人有一个网络状的权力结构。按照波利尼西亚的标准，这是最不能让人满意的制度。提科比亚人是真正把自己看作整体的人群，通常把自己称作“我们提科比亚人”(Matou nga Tikopia)，这让人回想起美国《宪法》上说的“我们人民”。

就像玩“海岸捕鱼”游戏可以帮助人们重新打造捕鱼业的互动关系一样，想象我们居住在提科比亚这样的小岛上，可以帮助我们把握在富勒的“地球号飞船”上生活的现实。为了成就如此长期的繁荣，岛上的居民必须遵守哪些原则？我们从提科比亚的基本事实——“真相”中可以学到什么？如果你得到授权治理这个小岛，要保证那里的人类社会的永续存在，保证所有人最大程度的健康和富足，你会把哪些原则变成小岛的法律、政策和习惯的基础呢？

【工具箱】

创建 1 000 英亩小岛的原则

想象你生活在一个拥有各种动植物栖息地的小岛上，就像提科比亚这样的小岛。再想象你是与你的家人、朋友，以及一个约 1 000 人的社区生活在一起。你不能离开这个岛——至少不能轻易离开，也不能离开很久。岛上充足的日光可以作为可再生能源，但只有有限的原材料和资源，比如，金属、森林、鱼类及野兽、用于食物生产的土地，以及水。所有的物品只能从这个岛上获得，并且所有的废弃物也必须留在岛上，始终、永远地留在岛上。

考虑一下物理学、热力学和生物学的基本原理：物质和能量既不能被创造，也不能被毁灭；物质倾向于从较高浓度区域向较低浓度区域移动，从较高能量状态转向较低能量状态（气体趋向于扩散；雪球会滚下山，但先要推一下）；能量和物质结构的主要生产者是各种绿色细胞，绿色细胞又利用光合作用，把阳光和惰性物质转化为糖和淀粉，并且储存能量、保存生命结构，并维持生命本身。

展开“头脑风暴”，谈谈你们会遵循哪些原则来治理这个小岛。原则应该与政策有所区别，比如，“保护所有水源，并保持其处于原始状态”就是一个原则。基于这个原则的政策，则可能是要求所有的行业重复利用自己的排水。重要的是要找到每个政策所依据的根本原则。

用标签或者书写板，写下你们可以想到的所有原则，并用适当的方法给它们分类组合。你们想到了哪些原则？如果你们遵守这些原则，能够支撑自己繁衍生存吗？如果你们能有机会让几个小组同时做这个练习，就可以相互比较一下各自的结果。其他人关注了哪些原则，而你们却忽视了？如何把你们的原则应用到自己今天身处其中的不同系统之中？

看到增长的极限

当你开始扩展思想疆界的时候，就会开始看到深层的限制，也会看到新的力量在相互作用——比如，石油基原料带来持续提高的成本和风险（杜邦），减少废弃物的需求（美铝公司），以及保护水资源（可口可乐和美铝公司）。这些限制中，有许多一直就存在，只是被我们从前所持的心智模式所掩盖，比如："我们的业务是石油和天然气的生产和营销，不是能源业务，更不是可再生能源业务。"况且，对于我们来说，需要把这些限制考虑进去的那一天，似乎是在遥远的未来。因此我们也就不再理会这些限制了——大多数公司就是这样做的。但是，需要考虑这些限制的日子就是今天，对许多人来说，或许这个日子正在飞快逼近，其速度要比人们改变心智模式的速度快得多。

当你把注意力移向"冰山的下面"，你就是在开发观察深层作用力的本能，就会超越事件和表面的症状，看到深层的模式和影响力。但你这样做的时候，你看到的模式往往不是独一无二的。实际上，正是一些反复出现的心智模式和深层结构，才引发出这些行为模式——这就是为什么我们把这些模式称作"系统基本模式"。[5] 开发我们与生俱来的系统智能的起点，就是认识这些作为我们日常生活经历一部分的基本模式——我们往往注意不到它们，因为我们缺乏识别能力，也没有描述它们的语言。

通过展望未来的前景和思考支撑公司业务的那些更大的系统，美铝公司看到水资源是一个限制条件，有可能会逐渐吞食掉公司的未来。如果遇到加州拒绝颁发工厂扩建许可证这样的问题，其他许多公司的对策就会是寻找另外的厂址。然而，美铝公司却从这个事件中发现了正在形成的模式的迹象，并由此探求其更深层的原因。在此之前，美铝公司的业务模式在很大程度上忽视了水资源对其发展的限制，也忽视了未来可能发生的填埋场短缺所带来的限制。但美铝公司能够看到这些限制已经在逐渐逼近，也看到需要现在就把这些限制纳入考虑的范围。

图 13.1 是一种方法，用来描述美铝公司在思考方式和战略制定上的变化。美铝公司运营的业务模式，原来一直是由一个基本的自我增强的正反馈引擎驱动：随着生产能力的扩张，需求也在扩张，这又引领了新一轮的产能扩张（图中位于左侧，用R表示的正反馈循环）。然而，到了某一个时点，美铝公司遭遇了一系列的限制力量，或者说“平衡”力量，在图中以右侧的负反馈B循环显示。新一轮的扩张需要更多的水，这又会引起更多的用水限制，也造成新厂址的确定越来越困难。这个循环反过来又影响了产能的提高。水资源的可获得性，连同公众对水质担忧的不断升级，代表了外部系统的根本性限制——这些限制已经开始驱动这个负反馈平衡过程。

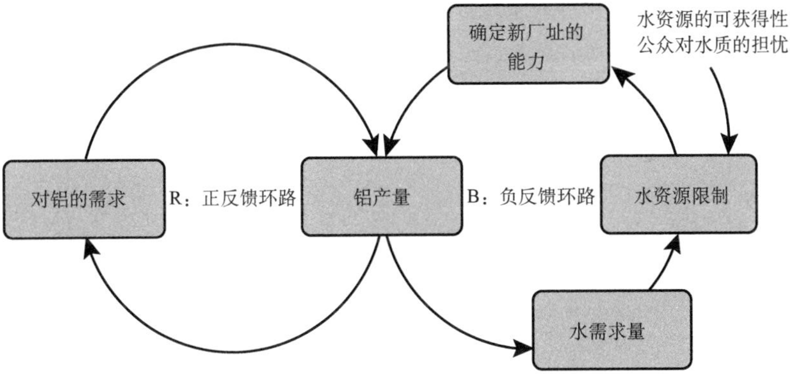

图 13.1 制铝业的增长极限

观察这类系统的影响力，有着重要的战略意义。实际上，类似美铝公司这样的团队，既开发了看到“增长极限”的能力，也同时开发了看清未来的能力。它们不用等到那些正在逼近的影响力显现为紧迫的问题，然后才不得不采取紧急行动。这样，限制因素就可以起到“水晶球”

（crystal ball）的作用。看到水晶球的企业，能够比竞争对手更快地调整和适应，也能够制定远比竞争对手更有效的战略。比如，早期投资中小清洁技术企业开发清洁能源和新材料的投资人，就看到了不同行业对绿色工艺的内在渴望所带来的机会，也看到了公众对可再生能源和绿色产品的强烈需求。通用电气对客户在排放和能源成本上受到的种种限制，也应用了类似的长期视角，并决定把研发投入增加一倍。通用电气能够在早期就做到这些，并使自己从一系列新产品的销售增长中获利。这些新产品包括用在太阳能板上的纳米光电材料和下一代飞机引擎，都是为应对那些限制条件而开发的。

美铝的管理人员因为可以看到更深层的模式，就没有把州政府拒绝厂址申请这件事看作当地政治角斗的结果，或者看作政府在工厂扩建的例行申请过程中的管理不善。他们没有等到这样的“叫停”事件继续发生再采取行动。当看到对水资源和填埋场的深层限制今后也不会取消时，他们就问自己：“如何把这一限制变成我们的优势？”通过设计不需要额外用水的铝厂，通过对用水进行完全循环利用，企业利润可以继续增长，并保持成功业绩。

杜邦也展望了未来：没有等到石油价格达到 100 美元一桶时，才看到高油价和人们对碳排放在气候变化等方面影响越来越强烈的忧虑将影响公司未来的发展，而是早在 20 世纪 90 年代初期，就看到了这些影响力的形成，并开始转向生物基原料，这点几乎领先所有竞争者。

并非所有限制都来自外部力量，有时候限制也是自己制造的。比如，由于假设乘用车必须越来越重，那么大幅度改善汽车燃油经济的机会也越来越小。近几年，甚至连美国汽车制造商都已经意识到，许多消费者希望使用燃油效率更高的车，而满足这样的需求则可以刺激汽车销售。但是，汽车制造商感到，达到更高燃油效率就意味着在汽车原有的某些性能上做出重大牺牲。在这个例子里，图 13.2 中左侧正反馈R增

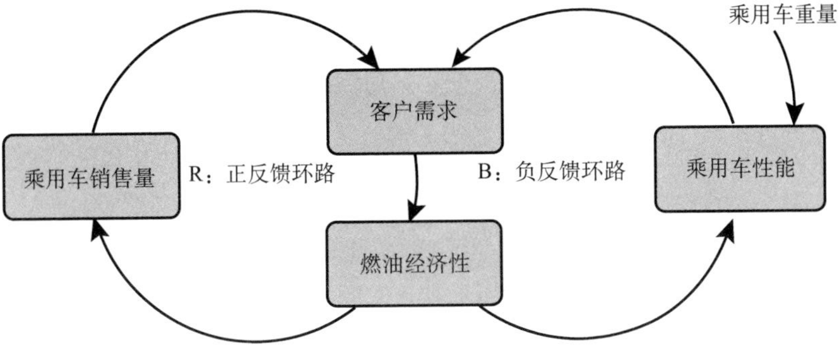

图 13.2　汽车业的增长极限

强环路，显示出消费者对更高燃油效率车型的需求，引发这类车型销售的增加，而客户的满意又能帮助其创造新的需求。在右侧负反馈B环路中，平衡力量来自更高燃油效率（需要较小的发动机）导致性能降低，这反过来又限制了需求。当然，这个系统产生真正作用的条件是，汽车的重量保持不变。

许多年以来，汽车制造商大都没有意识到乘用车重量这个强加的限制，也不愿重新考虑这个问题，因为没有人对乘用车越来越重这个行业惯例提出质疑。过去 20 年间，美国所有车辆的平均重量都大大增加了。轻型卡车的重量增加了 50%，而其他许多乘用车型的重量，特别是小型乘用车的重量，几乎翻了一番。（比如，本田思域车的重量在 1990 年是 1 500 磅，到 2000 年就达到了 2 800 磅。）此外，许多从前开轿车的人，现在开的是SUV（运动型多用途车）、客货两用车以及卡车，这些车型比他们原本应该开的车，要重得多。[6]

有几家公司已经从中清醒过来，意识到事实的真相：汽车重量是一个由制造商自己强加的人为限制。丰田公司和本田公司目前都在规划轻质复合材料制造的轿车；福特公司最近宣布研发并推出一系列铝质汽车，公司的目标是在每英里油耗上达到 30%~50% 的改善，同时不降低性能。推动这个创新浪潮的关键洞察力，来自对汽车重量这一限制的认识（车越重就越安全，汽车必须用钢铁制造——这是两个未经审查的假设），来自看到克服这种限制的方法。

看到来自深层的限制力量，也使人们看到未来。皮埃尔·瓦克（Pierre Wack）是情景规划的创始人之一，他曾经说："如果喜马拉雅山下的丘陵地带下一个星期的雨，那么一星期之内恒河就要洪水泛滥。"要做出这种具体的预测，必须了解水的深层系统，包括土壤吸收极限、蒸发极限和支流的限制条件。喜马拉雅山下丘陵地带的大量雨水，最终汇入恒河，是因为水没有别的地方可去。

观察系统的修习是一个持续的过程：退一步站，看大局"画面"，领悟问题或局势背后更深层的影响力，看到这些力量可能同时创造的新机会；而后，则要把注意力聚焦在这些机会上。但这个过程中产生的认知洞察力，也就只能做到这些了。最终，我们需要反思驱动我们所属系统的那些心智模式或假设，然后做出选择，确定新的方向。

工具箱

用“增长极限”模式观察组织的深层影响力

确定你的组织目前正在面对的某项关键挑战，可以是在销售、市场覆盖率以及利润方面大幅增长的要求，也可以是你们对世界有更大影响力的愿望——还可以同时是这两者。做这个练习，要建立由多种视角的人组成的小组——比如，把销售、研发、生产、原材料采购和市场等方面的人都包括进去。

1. 确定一个自我增强的正反馈过程，这个过程可以产生增长（图 13.3 中的正反馈R环路）。比如，对某一个特定产品的需求导致销售的增加，进而通过客户之间的“口口相传”或增加产品开发资源的投入，又引发更大的需求。

2. 确定一个起限制（平衡）作用的负反馈过程，它会抵消增长的过程。问自己：(1) 作为我们增长的副作用，出现了哪些限制性力量（比如，确定新厂址的能力，或者汽车性能的降低）？（2）深层的限制是什么 (可以是外部的——比如水的可获得性，也可以是自我强加的——比如理想汽车重量的假设)？

3. 与你的团队一起，按照图 13.3 的模型，确定正反馈自我增强过程、负反馈平衡过程，以及你们感受到的深层限制。大家可能对如何做

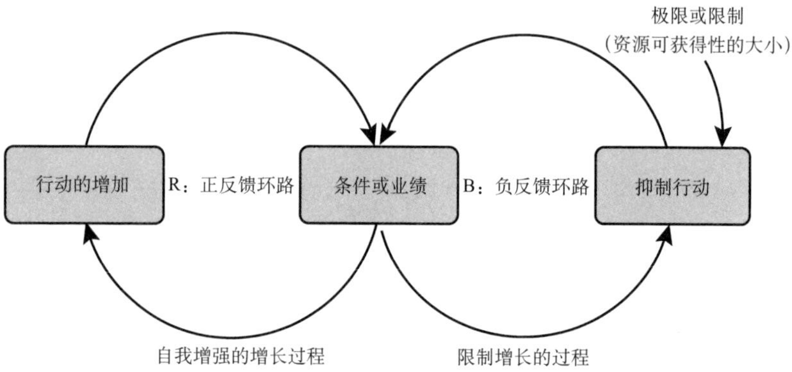

图 13.3 增长极限的模式

有不同意见——这种情况可能引发你们对不同观点背后假设的讨论，并使之富有成果。可以最终讨论确定一个统一的模式图，也可以考虑两个不同的选择方案。唯一的正确答案并不存在，你们的工作目标是：让每个人都参与进来，一起思考这个模式结构的基本元素，并考虑这些影响力如何随着时间变化。

4. 对这些影响力的作用，你的组织通常如何应对？比如，考虑一下，当负反馈平衡过程引发了一个问题事件，那会发生什么——比如像厂址申请没有通过，或者是某个车型燃油效率高但性能差，销售差强人意，你的组织如何反应？大多数公司的反应是，试图加大力度推动正反馈增强过程——比如，在工厂选址工作上加大力度，或者，把更多的资金投入到营销上，把燃料效率的小幅改善也作为重点来宣传推广。

5. 换个角度看，什么是更高效的杠杆作用战略呢——比如制造重量较轻的汽车？要让大家都能追随这样一个战略，哪些事需要首先发生？最有效的杠杆作用通常在于负反馈平衡环路中的限制因素，要针对它去解决问题，而不是在自我增强的正反馈过程上加力。

6. 完成了前 5 个步骤之后，思考以下几个问题：这种思维方式与我们通常的思维方式相比，有什么不同？有什么好处？又有哪些局限？如果我们探讨的那些策略是有用的，并具备潜在的盈利能力，为什么它们并不多见？我们需要做出哪些变革，才能让它们成为我们核心战略的一部分？

| 第 14 章 |

看到我们的选择

在很长一段时间，耐克公司与其直接竞争对手一样，忽视了为它们提供产品的亚洲生产商在劳工方面的行为。耐克公司当时认为这个问题不是自己企业的核心问题，因为自己不是一家制造企业。到 20 世纪 90 年代中期，当几个组织发起了严重损害耐克公司形象的大型运动时，耐克公司才发现事情与原来想的不一样。

在一年之内，耐克完全转变了不闻不问的传统，开始制定更好的劳工政策规范，并采取监督措施，确保制造商合规。今天，在社会和环境行为方面，耐克在其行业中是声誉非常好的企业之一，耐克公司内部的企业责任团队也是全球商业界非常活跃和有影响的团队之一（公司负责企业责任的副总裁直接向首席执行官汇报）。[1] 耐克不但努力改善劳工的工作方法，而且持续开展各种各样的创新：确定了只为耐克供货的专门供应商，这些供应商也承诺投入到可持续发展创新工作中；在泰国和其他国家开发了分散式生产网络，以使工人能留在自己的村里工作，不必每天在上下班路上花很多时间；还推出一系列新型绿色产品，其中有许多我们在本书的后面部分将要讨论。总部可持续发展部门的前负责人莎拉·塞弗恩（Sarah Severn）说："我们意识到将面对一个选择——要么合规顺从，努力避开麻烦，要么就成为这个行业的领导者。"

在 20 世纪 90 年代初，丰田曾面对类似的选择：要么继续做多数汽车公司正在做的事——把未来建立在对内燃机的依赖上；要么就开辟一个不同的方向，承认廉价石油的极限正在逼近，承认温室气体排放的模式和后果是不可持续的。普锐斯汽车采用的是油电混合动力，是集中力量强化创新的产物，也是在一个小型汽油发动机和电动马达组合平台上进行投资的结果。在普锐斯投放市场的前几年，美国汽车业都认为这是个赔钱的买卖，在相当长一段时间也的确如此。但是，普锐斯获得了一部分消费者的青睐，这些消费者一直在等待，希望有人会足够大胆，做出一些全然不同的事情。现在，普锐斯的销量和利润给丰田带来了投资新一代交通工具的能力，包括以电动马达为主和使用燃料电池的车型。

一旦公司看清，就要做出一个简单的选择：要么成为可持续发展的引领者，要么就把那个负担转移给别人。然后，公司就可以进行严肃的投入了。

第 2 章介绍的转移负担模式，可以帮助公司看清这两个选择带来的不同结果。可能你还记得，一组选择是采用短期症状缓解的方法处理问题（如头痛时吃阿司匹林），另一组选择是寻找长期根本解决方法（找到引起头痛的病因）。这里的关键是，选择应急措施而回避根本解决方法会形成一种自我加强的正反馈作用，使你越来越依赖应急措施。

图 14.1 显示出今天众多公司所面临的选择。图中上方的环路代表这样的决策：通过把负担转移到自然界的方式把决策的影响外部化，尽可能少做可持续发展的事情。这种做法你一定熟悉，其结果是一个治标的方案再引出新的治标方案。许多企业试图忽视潜在的极限——不论是

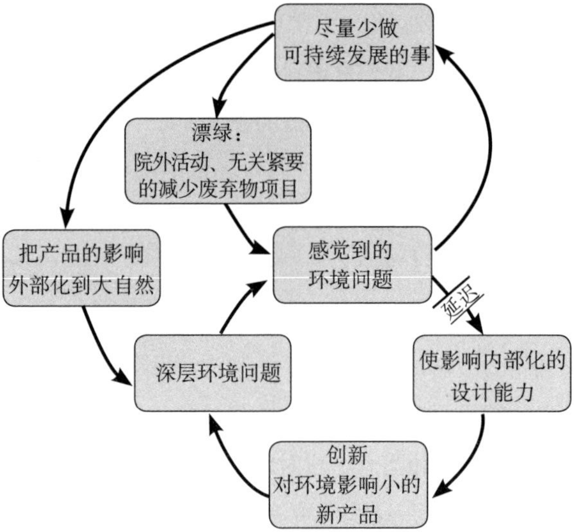

图 14.1　转移负担或创新的选择

哪一种极限，它们认为对水源的损害、温室气体排放，或者增加废弃物都不是自己的问题。为避免给组织的公众形象带来负面影响，企业也常常试图去“漂绿”，或者通过开展公关和院外活动、做些无关紧要的减少废弃物项目，以及对产品做些小修小改（比如推出混合动力的SUV，但其每公里油耗比10年前的轿车还要高）去改善自己的形象。这些企业继续选择在图中上半部分的区域运行，因为它们认为这样会容易些、会少花点儿钱、做起来也快一点儿。但与此同时，问题还在扩大，与不可持续的业务行为相联系的风险也在扩大。

但是，还有另一种选择。在下面的环路，我们创造出根本的解决方法，也就是投资于再生型可持续发展解决方案。在这个“创造环路”（Innovation Loop）中，企业对世界的影响，要由企业自己负责。

正像莎拉·塞弗恩所说，最终，做引领者的这一选择变得至为关键。如果有人坚持认为，把气候变化或类似的大规模破坏归罪于任何一家公司并不公正，这也许有道理。但如图14.2所示，现实情况是许多家企业

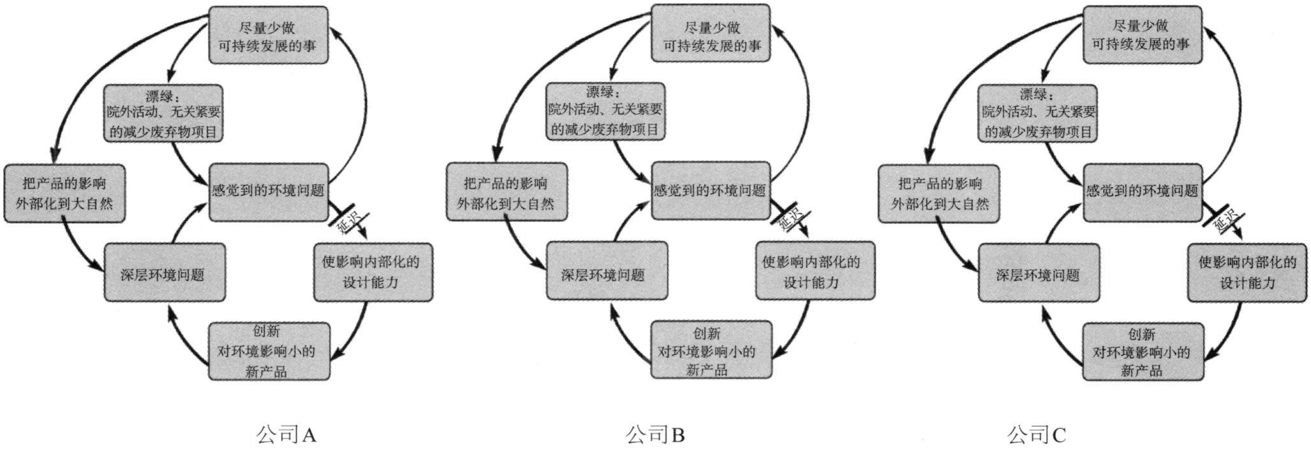

图 14.2 复制“向自然转移负担或创新”：工业公司选择的集体影响

都选择了上面的环路，其叠加效应所造成的恰恰就是这样的累积影响。另一方面，当一个行业中的一家乃至多家公司停止责备其他人或所谓的“系统”，并将其作为问题的一部分承担起责任，它们就会在寻找解决方案的过程中起到关键作用，并影响其他企业去做同样的事。

看到共同的极限

当你问自己，采取哪些措施和方法就能增强自己把握极限的能力，你就会发现行业中的其他人，或者你所在地区的其他人，也在问相同的问题。当丹麦卡伦堡的企业经理们意识到，他们都面临潜在的水资源短缺问题时便共同工作，建造了一个从附近湖里引水到工厂的管道系统，以节省不断减少的地下水资源。他们随后又在工厂之间开发水的再利用系统，从而大幅度降低了工业园区的用水总量。

同样，像前面说到的，许多数据中心、软件及计算机公司已经了解，它们会在不远的未来面对电力供应的限制。事实上，所有技术公司现在都意识到自己是处在能源业务里，其中许多企业正在以此为基础进行规划。虽然还没有多少企业像谷歌那样，在可替代能源方面做出大笔投资，但越来越多的企业认识到自身有很大的“能源足迹”（Energy Footprint），需要延伸自己业务模式的疆界，以解决这个问题。如果现在投资创新，就可以最终在未来获得收益。

这很有道理：计算机行业的特点就是具有前瞻性，这个行业的企业如果不能延伸其疆界、创造新市场并持续创新，就不能生存。多数企业已经拥抱了这个观念：如果找不到办法大幅降低能耗、回收产品并转向可替代能源，竞争对手就会这样做的。

但从长期看，计算机行业中的所有参与者都会撞上一系列共同的极限。这些参与者协同工作，去面对这些共同的极限，就有可能让创新更快、更成功。几十年来，技术公司一直为“行业事实标准”（de facto industry standard）协议而争来斗去，其中具体涉及通信协议、分组交换协议、局域网连接协议、文档共享协议、网络协议等。但最终它们还是达成了一致，结果所有企业都因此受益。基于这一合作历史，这些公司现在有机会去迎接更艰巨的挑战。

选择公共资源受托人的角色

当我们打破“转移负担”的模式，就会开始关注共享资源的恢复。企业最终会发现，它们面对的许多限制，实际上是来自于与行业其他成员或社会本身共享的“公地”资源。这些企业以各自的努力为基础，再去联合其他组织进行合作，就会有可信度。

卡伦堡工业园中的 11 家企业，起初是为水资源供应的限制寻找解决方案。此后它们又共同工作，把一家公司的废弃物变成另一家企业的“原材料”——在许多情况下，这样做还会产生收入。工业园内以及与当地村镇之间，类似的呵护公共资源的项目有十几个。比如，电厂的废热用来为居民、一家炼油厂和一家制药厂供热。电厂的粉煤灰卖给了几家水泥厂，大幅度降低了水泥生产的原材料消耗和温室气体排放。制药厂胰岛素生产中的多余发酵物，则提供给当地农民用作猪饲料。炼油厂产生的废气，过去是用燃烧的方式处理，现在则提供给发电厂，这样每年可节省大约 3 万吨煤。[2]

许多公司意识到还有一些其他方法可以让自己参与到公地资源的维护。

企业往往从开发整个组织的“内部公地”开始，利用它来减少环境足迹、实现成本节约，以及开发新产品。杜邦公司的起点是建立强有力的内部网络，着力解决大幅度降低能源成本和有毒物质排放的问题；

并在其后整个化学工业开展的“责任关怀”项目（Responsible Care program）中，起到关键的领导作用。BP公司通过在其全球运营组织中推动创新联合，实现了大幅度的减排。BP公司此后又建立了全公司的内部碳交易系统，把它作为学习工具，并用自己的经验为欧盟碳交易系统开发做出了贡献。

美铝公司在相当长一段时间内做了大量投资，开发全球铝回收的技术能力。这是源于这样一个经济现实：铝回收比生产原铝要节省95%的能源，并可以进行多次回收。美铝公司开拓了自己的思想，把关注点放到整个铝行业，并持续挑战自己，以便在建设行业回收规范的全球“公地”方面发挥积极主动的领导作用。

例如，在2008年年初，美铝公司宣布了一个目标：在2015年前，将北美铝行业饮料罐的循环使用率，从目前的52%提高到75%。在普氏铝业座谈会上，美铝集团金属回收部总监格雷格·惠特伯格（Greg Wittbecker）在对行业领袖“呼吁采取行动”的演讲中说：“铝行业（中的各家企业）必须超越企业各自的商业目标，为共同的可持续发展目标一起工作，对此我们必须有紧迫感。这就是要把这个能源宝藏夺回来，在它们被丢到填埋场之前夺回来。”目前美国市场每年消耗150万吨铝质饮料罐，其中约有80万吨得到回收。惠特伯格补充说：美国的回收率从1992年的最高值68%，一直在逐年下降。相形之下，巴西和日本都有很高的回收率，巴西达到近95%，日本达到92%，而全球平均为60%。

惠特伯格提到了北美回收利用率下降的几个原因：回收系统不方便，涂层废物处理技术停滞，以及不适应回收工作的商业目标。所有这些问题也代表了巨大的变革机会。

类似的例子还有欧洲索尼公司。该公司引导创建了一个制造商共同延伸责任的系统，这个系统要求制造商在所有电子产品的生命周期结束后，全部收回这些产品。电子产品欧洲回收平台（European Recycling Platform）使电子行业所有公司集体组织和管理产品回收成为可能，成本节约效益显著。比如，德国包装回收的平均成本从 2000 年的每吨 350 欧元，下降到 2004 年的 80 欧元。同样，奥地利通信产品回收的成本在 2005 年 1 月高达每千克 0.6 欧元，在 2006 年 1 月降低到每千克 0.11 欧元。这方面，索尼公司自己在 2005 年就节约了超过 40 万欧元。

公共资源处于良好的管理状态时，就能使置身其中的企业大幅度节约成本——索尼公司和整个电子行业的成就是典型的例子。节约产生的现金流又可以再投资，推动更大、更广泛的改进——随着新开采的原料变得越来越昂贵，这将带来更多的效益。这也揭示了大多数成功的可持续发展战略的特征，即自我增强或“滚雪球”式的良性正反馈过程。

创造积极变革的“滚雪球效应”

变革的宣扬者往往会落入一个陷阱：为了保持前进的态势，就要在他们的事业中投入越来越多的时间和精力，其结果就像佩尔·卡斯泰德所说的，这些变革的宣扬者很快就“筋疲力尽”了。所幸的是，卡斯泰德通过与真正有承诺的人形成网络，终于发现了让积极的变革为自身提供动力的方法。对于美国绿色建筑协会的创始人来说，一旦 LEED 系统开始成形，情况也是如此。对于那些既看到当下的系统，又看到未来可能出现的系统的创新者，催生自我增强的良性正反馈变革势头，就成为推动可持续发展的共同战略。

马尔科姆·格拉德威尔（Malcolm Gladwell）在他的畅销书《引爆点》（*The Tipping Point：How Little Things Can Make a Big Difference*）中说：引爆点是“变革的势头达到了不可阻挡的发展水平……临界量变的时刻……观点、产品、信息和行为等等像病毒一样扩散”。[3]

例如，成功的行动计划改变了不同组织联合对公用资源进行呵护的方式，超越了一次性干预，进入了自我增强的改革轨道，这也成为其突出的差异性特征。把成功行动的收益再投入到公共资源管理的改善工作中，这样就可以保证产生一个良性循环的改进过程：节省的成本成为继续建设公共资源的资金，进一步降低了系统运行的成本（见图 14.3）。

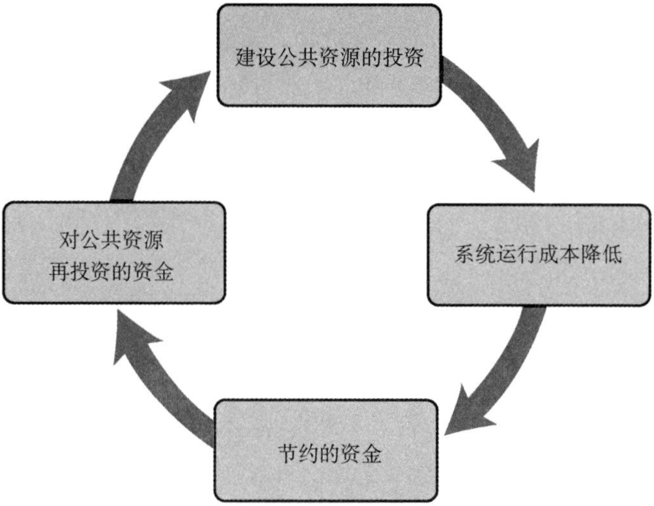

图 14.3　利用节约成本和再投资产生“滚雪球效应”

培养自我增强的“滚雪球效应”，对于成功的可持续发展创新者，是一项基于直觉的策略，因为这是个自然的模式。自然界一向都是如此，其原因是深层的自我增强结构。一个细胞分裂产生了两个细胞，再裂变产生 4 个，再产生 8 个，以此类推。一个稚嫩的初芽从种子中崭露，再吸入更多的水和养分，就会伸展成长。动物进入有丰富食物的新生物区，开始生育繁殖，引发出数量的增长和更多的繁殖。滚雪球效应来自深层的系统结构模式：变化成为自身的输入端，又产生了更多同样的变化——要不了多久，组织就会像滚雪球一样形成自我增强的增长模式。

最初的变化可能是微小的，然而随着时间的推进，就会产生重大的、实质性的变化。也许一家公司开始只是销售一种真正更好、更可持续的产品。在老客户中这个消息被传播出去了，然后就有了新客户；不断增加的收入中的一部分，就可以用来进一步增加投资、改善产品或扩大创新产品的数量——于是形成大家希望得到的可持续业务增长的正反馈环路（见图 14.4）。

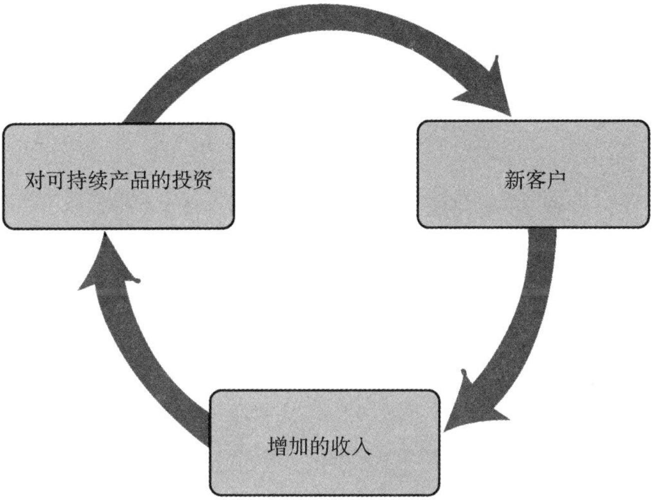

图 14.4　利用自我增强的"滚雪球效应"推动可持续发展

当然，如图 14.5 所示，正反馈增强环路也可以制造负面的滚雪球效应。NGO组织看到不负责任的公司行为，可以做出反应，从而引发一系列波及范围不断扩大的事件：负面报道和抗议、公司的被动解释，以及更为激烈的来自NGO组织的冲击。不管企业对相关问题的观点是什么，如果企业没有能力，或是不愿意认真听取外部批评，并真正从外部批评的角度看待问题，这种情形就很有可能发生。

例如，当可口可乐最初发现由于自己在缺水地区大量用水而受到

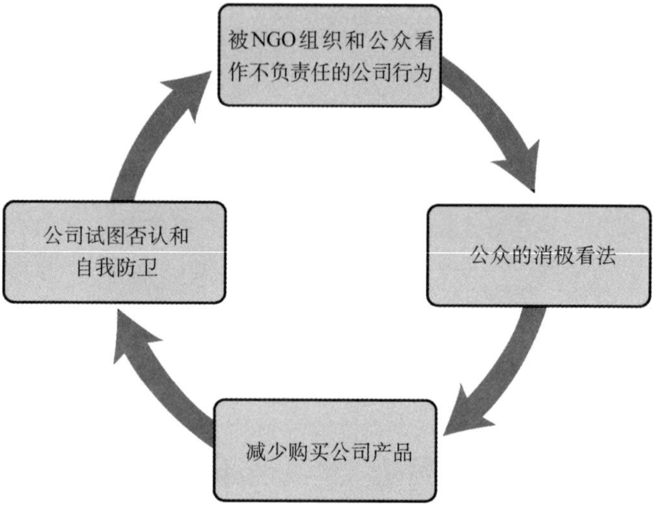

图 14.5　公司行为和公众看法的恶性正反馈环路

批评，它本可以凭借技术分析为自己辩护。比如它可以争辩说，公司在印度南部是从地下的深层水源抽水，而不是从正在枯竭的水源取水。然而可口可乐意识到，从技术分析的角度加以解释其实偏离了问题的症结所在。可口可乐运营的地区处于缺水状况，那么可口可乐就有责任站出来，尝试对问题的解决做出积极贡献。可口可乐采用了这种做法，从而避免了一个恶性的下降螺旋，以及公司律师和环保人士之间旷日持久、不断升级的争论。

通过展示“什么是可能的”，某个行业中一家企业的良性自我增强行动所带来的影响，会改变所有人的游戏规则。当几个组织，或者甚至是一个组织中的几个业务单元，开始改变自己的选择，转向创新和制造可持续的工艺、产品和服务，从而显示“不同的思考方式”时，其效果往往会被放大，其他的组织就会开始加入这个行列。当你能指名道姓地说，某人已经让大家看到了一些可能性和更好的做事方法，那么你的公司、行业和客户群里的其他人都会投入各自的关注。

能源巨头BP集团旗下的替代能源公司曾有过的经历是：只要还在赔钱，那么不管花费多大力气也无法引起集团董事会的注意。董事会倾向于把它们看作是探索性、研发性，甚至是慈善性的事业，认为在可再生能源成为BP业务中的重要部分之前的准备过程中，它们是亏损的。薇薇恩·考克斯（Vivienne Cox）成为BP太阳能业务负责人以后，这一切都开始改变了：她带来了一种管理智慧和系统思考方法的融合，激发人们去创造一种不同以往的合作和承担风险的氛围。2006 年，董事会批准投资 80 亿美元以扩大可替代能源业务。这项投资要求太阳能业务部做出承诺：在 3 年内把公司太阳能业务规模增加 300%。现在他们正在按期执行。虽然与BP的石油和天然气业务相比，其可替代能源业务的利润还很小，但是一旦替代能源被当作一项实实在在的生意，就吸引了大规模资金投向进一步的创新和增长。

如图 14.6 所示，行业中各企业如果能从行业整体战略一部分的角度

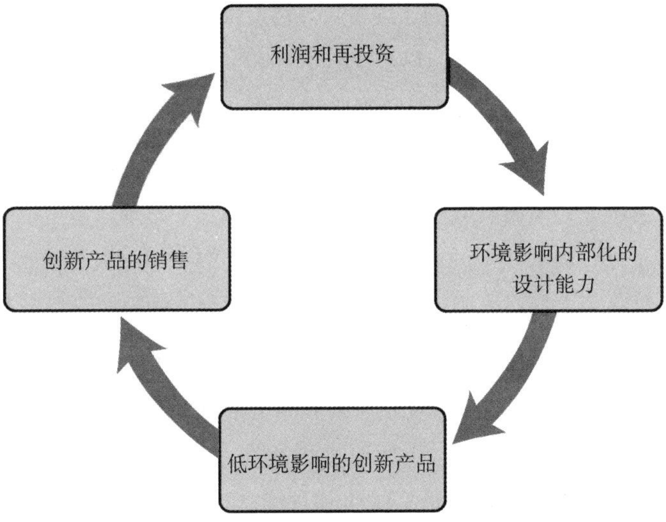

图 14.6　再生型根本解决法的良性正反馈环路

成功地起到领导作用，就可以使其投资成为一个良性的正反馈循环。

对于整个行业来说也是如此。当丰田和本田证实，混合动力车是可以赚钱的，其他公司就开始跟上来了。一些公司模仿或购买了丰田的技术，另一些公司承诺投入开发自己的技术。过去被认为不可能的事，现在被当作必要的事。甚至汽车业“三巨头”，说得好听点儿它们是“落后者”（福特原来计划于2002年或2003年推出混合动力车型，但由于内部管理矛盾而推迟），说得难听点儿就是“搅局者”，现在也在投入巨资开发混合动力、全电动和替代燃料车型，包括使用氢内燃机的车型。

麻省理工学院的约翰·史德门（John Sterman）认为，人们如果看不到这样的良性增强循环，就会继续使自己低估整个可再生能源行业的潜力。“有些人指出，比如太阳能，这项技术目前与煤和石油相比没有竞争力。但是他们看到的只是当今形势的‘快照’。在学习和规模经济的作用下，新技术的成本有快速大幅度下降的趋势。这些都是强大的良性反馈作用。每次增加新的经验，太阳能光伏产品的成本都会下降20%，而这个行业会以高于30%的速度增长。目前美国太阳能累计发电量只是化石燃料1950年到现在累计发电量的0.000 4。但随着成本的下降，需求将会增长，各个企业在成本经验曲线上也就会进一步下移，价格也进一步下降，市场就会随之成长。可再生能源正处在这一过程的起点。”

对太阳能行业增长潜力做出了这样评估的并非只有史德门。德国研究机构富顿咨询（Photon Consulting）做出了这样的预测：“对全球变暖的关注提高了人们对太阳能的需求，这会驱动全球太阳能设备行业的发展——2006年行业年收入是200亿美元，到2010年会增加4倍，达到900亿美元。预计太阳能设备行业的利润增长速度会更快，由于其成本控制在一定水平，其毛利可以增加到近60%。”[4]

美国市场的实际增长证实了上述预测。2007年是太阳能增长破纪录的一年：美国安装了314兆瓦新太阳能发电装置，与2006年相比增

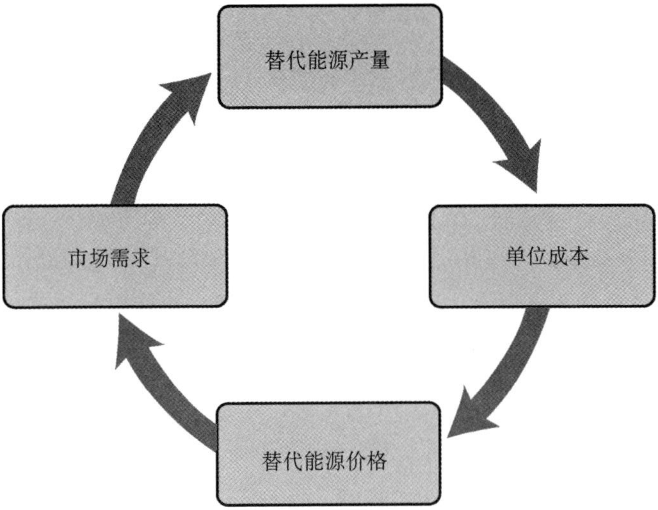

图 14.7 替代能源的良性正反馈环路

加了 125%。根据美国能源信息局的统计资料，太阳能发电占美国发电总量的比例到 2007 年年底仍低于 1%。但是，需求增加、成本下降的螺旋上升趋势正在美国逐渐形成，这种指数级增长的趋势将会继续下去。例如：美国太阳能企业第一太阳能公司（First Solar）的年收入从 2006 年的 1.35 亿美元，猛增到 2007 年的 5.04 亿美元，而同期每千瓦电能的生产成本却降低了 12%。

《华尔街日报》最近报道，在加利福尼亚，大型商业太阳能设备的安装总量“现已超过家庭太阳能设备总量，这一变化扭转了长期的市场模式，并可能成为其他州的引领者。太阳能行业装机设备的大型化会随着大型电站级规模的项目投入运行而变得更加显著”。[5] 正如《经济学家》杂志最近报道的，“太阳能让电力行业感到兴奋的原因是，太阳能是在人们最需要电的时候发电能力最大：炎热的、阳光充足的日子，正好是人们打开空调的时候”。报道也指出了太阳能聚热发电（CSP）系统的优点，这种系统把阳光聚集起来作为能源来生产蒸汽，驱动汽轮机发电。“有些设计以熔融盐的形式将能量储存起来，能够 24 小时供电，而不只是在太阳光照射的时候供电。”[6]

类似的滚雪球效应在风电行业也相当明显。2007 年，美国风电行业的新装机容量是 5 244 兆瓦，使全国的总风力发电能力在一年中增加了 45%，打破了先前的所有纪录，也为整个经济带来了 90 亿美元的投资。[7] 在全球范围内，2007 年的风电新装机发电能力为 20 000 兆瓦，比 2006 年增长了 31%，使全球的风电总装机容量达到了 100 000 兆瓦。[8] 欧洲在风电市场上目前处于领先地位，但其风电也仅占总电力消耗的 3%，其他国家正在快速赶上来，包括美国、中国、印度和巴西。这些例子的关键之处不在于目前的规模，而是增长的速度，以及由成本、价格和数量构成的深层良性的滚雪球效应。

当新业务需求在供应链中传递时，就会产生类似的自我增强螺旋。今天最有影响力的案例莫过于在沃尔玛发生的一切。这家全球最大的零售商在 2008 年宣布其新目标：通过与供应商合作，在 3 年内，使其销售的大部分产品的能源效率提高 25%。自然资源保护委员会（Natural Resources Defense Council）的高级科学家诺亚·霍罗威茨（Hoah Horowitz）说：“当沃尔玛提出要求的时候，供应商就跳起来了……于是在整个供应链产生良性的连锁效应。”随着供应商努力改善其产品，滚雪球效应也就产生了，各式各样的创新就会扩大到其他产品、其他产业和其他客户。

这些例子说明，许多积极的良性引爆点是有可能产生的，恶性引爆点也同样可以得到逆转：企业相互攀比着把环境影响外部化，推向大自然（见图 14.1）。随着越来越多的公司在再生型根本解决法方面进行投资，并且提升交付和实施解决方案的设计能力，这些企业的协同就会创造出新的引爆点和新的滚雪球效应，进而推动整个行业，甚至整个经

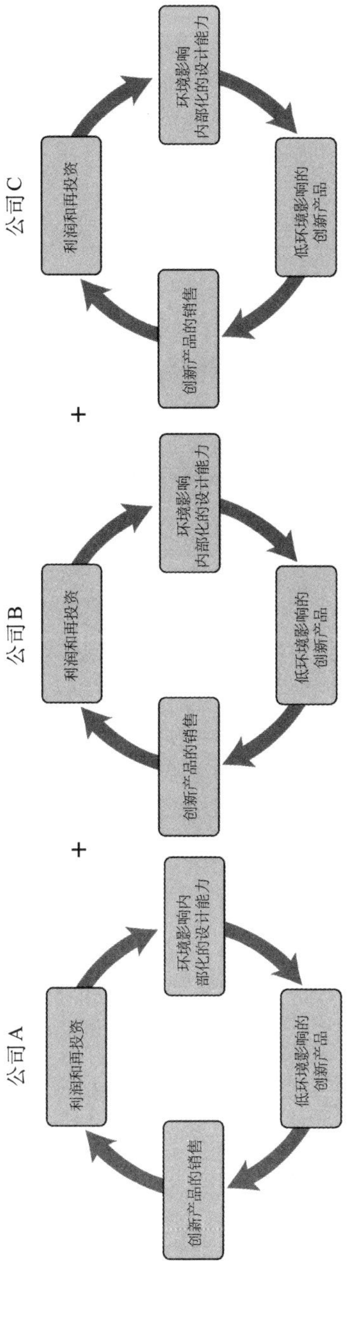

图 14.8 公司投资再生型解决方案良性正反馈环路的联合影响力

济体，完成向企业再生型的转变。

那些有意愿创新并与政府合作提高整个行业标准的组织，对于形成引爆点、引发滚雪球效应、创造指数级增长的积极变革，是必不可少的。而率先行动的企业，比如丰田和本田把混合动力车推向市场的领先行动，自然就获得了对政府和非政府组织的影响力。此时，它们实际上是在和这些组织说："对创造再生型系统的愿景，我们与你们有一致的想法——让我们一起工作，去解决如何实现愿景的问题。"

如果企业没有起到这样的领导作用，政府就只能通过立法来干预，然后企业对此会采取抵制的态度。企业要么是在执行法规的时候没有什么承诺，要么是更差的情况——干脆抵制那些即便是温和的可持续发展行动。这是对资源的悲剧性浪费：本来应该用到创新工作上的钱，却用到了支持防御性的院外活动、公关运动或法律行动，以及反对正在讨论中的法规变革。相形之下，当足够的企业真正起到了领导作用，同时又有足够的公民和政府官员伸出手来共同合作，创新的自我强化循环就有潜力把各方面都吸引进来（企业、公民社团以及政府）成为合作伙伴，去开发更高标准的商业行为规范和管制标准。比如，根据 21 世纪可再生能源政策网络（REN21）最近的报告，"超过 65 个国家现在已经有了加速可再生能源使用的计划，并正在制定富有远见的政策，以达到这些目标。"[9] 这个报告还称："可再生能源领域目前在全球提供了 240 万份工作。"

指出这种良性循环或许显得有些天真，因为我们中的大多数人屡屡目睹政府和企业一贯缺乏领导力和混乱失职的情形，往往形成了愤世嫉俗的情绪，这点应该可以理解。但是，超越工业时代泡沫生活的必要性正在产生严酷的压力：要求创新、要求新的心智模式、要求新的管制政策等。重要的是要记住，当前的主流极少会引领变革。

格拉德威尔的引爆点理念的核心是：一些规模较小的团体接受了

新观念和新行为，并因此产生了长期的影响。我们因此发现一个评估各种不同变革前景的有用工具，其曲线的形状，正好描述了不同的团体在某个新问题上所处的不同状态。

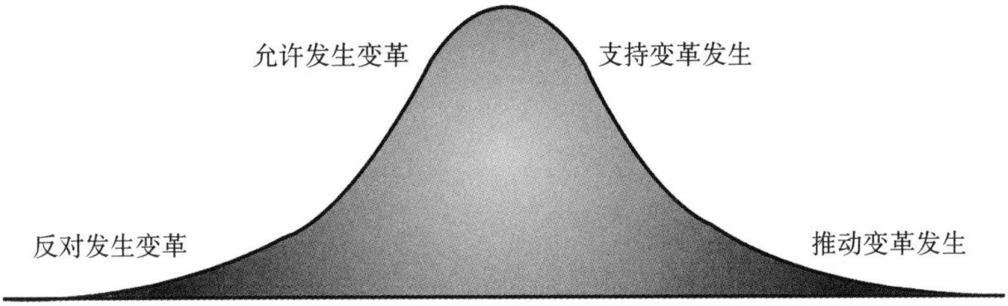

图 14.9　发挥领导力的公司会产生变革“牵引力”

具体地说，对于任何变革，都会有为数不多的一些组织在进行创新，并作为变革的受托人思考和行动。这种“推动变革产生”的领导力可以证明新观念切实可行。而一旦有足够的证据显示新观念的实际可行性，就会激发数量更多的参与者来支持这项变革。虽然第二批参与者可能没有创新灵感去引领第一阶段的变革，但他们可以积极支持变革，并增强变革的基础。

用这样的方式审视领导力，可以帮助我们找出哪些立法变革是可行的，哪些是不可行的。一个行业中至少要有几家公司展示并证实新规则在实践中行得通，否则政治领导者不大会愿意为新管制政策立法。政治家知道，不可行的管制政策可能会带来经济和政治上的损害。结果是，企业如果能展示公用资源受托责任规章政策是可以成功实施的，那就能在建立管制系统的过程中施加直接的影响力（我们将在本书的下一部分再回到这个观点）。

相同的引领行动，也可以让企业在市场上创造强有力的引爆点。全球市场研究组织环球扫描（GlobeScan）的总裁道格·米勒（Doug

Miller）得出了这样的结论："我们为客户所做的具体研究一再确认，无论是绿色产品、绿色电力供应，或者是其他可持续的产品和服务，目前至少会有 10% 的市场客户会实际花钱购买，以体现他们的支持——他们愿意为产品的可持续特性支付额外的费用。以某位美国客户为例，我们看着他们的'积极绿色消费者'客户群在两年中增加了 50%。这对于市场份额和价值创造都有极大影响。市场以这样的速度启动的原因是，在这 1/10 的市场之外，还有许多人也有类似的想法和行动的意愿——他们只是不想做最先开始的人。但只要前面 1/10 的人行动了，就达到了引爆点。很快，说不清什么原因，人数就在 10% 的基础上翻了一番。在任何市场上，达到了 20%，后面的速度就会相当快，因为第二批客户群就跟在第一个 10% 后面。超过了这个 20%，各种其他市场力量就会加入进来，就像 iPod 的市场情形一样，驱动不可逆转的变革。"

那么，在你所处的情境里，要付出什么样的努力才能达到这样的引爆点呢？你和你的组织要做些什么，才能创造出这样的临界点，使不可逆转的滚雪球效应，随着人们不断加入进来而传播到整个系统？你如何才能帮助把看起来很激进的观念引入主流？

大局观："循环经济"

在第 2 章我们提出，各类可持续发展问题的背后是一个既有的工业系统，它掘取可再生资源的速度超过了这些资源的再生速度，同时产生逐渐破坏自然再生能力的废弃物。在这本书中，我们与大家分享一些组织的故事，描述它们如何发现这样的道理：通过扩大思想疆界，看到资源和废弃物的深层极限，继而发现战略机会。把两者放到一起，就为超越泡沫生活的新工业系统，找到一个简单的框架。

在下面，我们提供了一张替代既有工业系统的总视图——这里，废弃物总量大幅度降低，因为它们通过转化程序变成两种有用的副产品。

“自然养分”是工业产品和工艺过程的副产品，可以进行生物降解，并重新进入自然的可再生资源中。这个类别包括：食品废物混合肥料、用有机纤维制造的布料混合物，以及可再生能源的副产品，比如燃料电池把氢转换为电能过程中产生的水。[10]

“工业养分”（technical nutrients）是麦克·布朗嘉与威廉·麦唐纳在《从摇篮到摇篮》（*Cradle to Cradle*）一书中所使用的词汇。工业养分是指可以被循环利用的，用于制造或使用在其他产品上的材料。[11] 工业养分可以是回收并制成新瓶子的饮料瓶和洗涤液瓶，也可以是重新制造成新零件的汽车零件和复印机零件。工业养分可以是易于安全分拆的计算机，其部件可以重新生产使用，也可以是需要较少电能的超高效灯泡（因此而减少二氧化碳排放），在其生命周期结束后，可以拆解并完全重新利用。工业养分还是制造过程中的副产品，可以用于其他制造过程，例如：在卡伦堡或在佩尔·卡斯泰德的“绿区”的废热和化学副产品，可以变成能源或其他生产过程的原料。

图 14.10 简单易懂。我们发现对所有人——从孩子到资深经理，迅速理解真正可持续经济的原理都是一个极好的途径。在可持续经济之中，我们的工作是逐步减少所有形式的废弃物（固态、液态和气态），直到废弃物为零，并持续发现设计产品和生产过程的新方法，这样就可以使以前的废弃物良性地回归自然系统，或者成为其他工业过程的宝贵原料。

让工业养分和自然养分各自形成独立的循环流动，经济系统就模仿了生命系统的“废弃物等于食物”的原理。这会产生两个关键效益：减少废弃物流及其对社区和自然系统的并行损害，同时减少必须掘取或收获的自然资源的数量。

许多公司很早就着手开发循环经济模式，并已经获得了可观的收

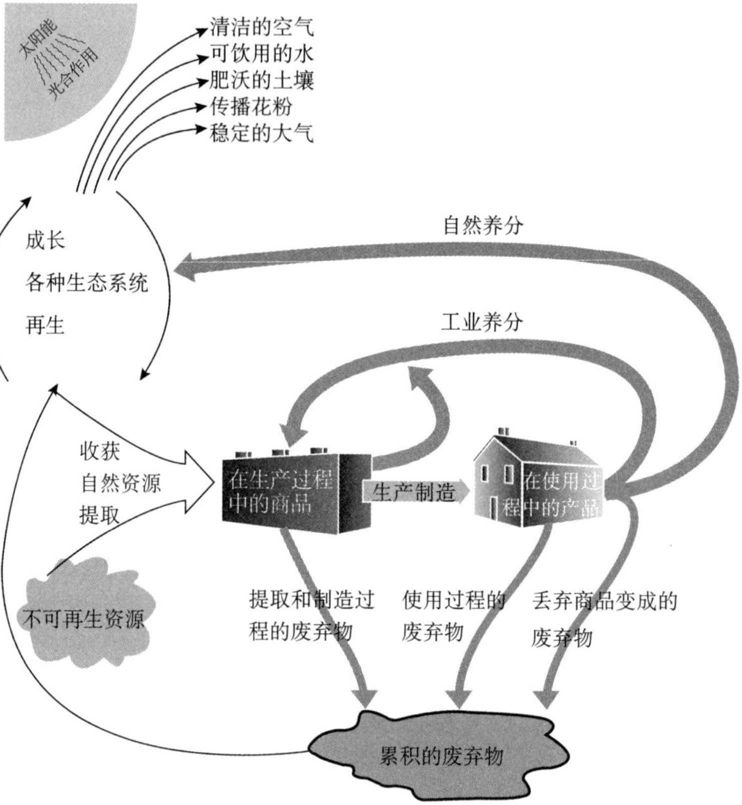

图 14.10

益。施乐公司许多年以来一直在开发可以分拆、供再生产和循环使用的复印机，每年由于使用回收部件而节约成本达 4 亿美元，并将其全部转化为利润。宝马公司和其他汽车公司也同样发现了一个必须收获的经济价值——在汽车生命周期结束时进行回收，并在设计时就考虑整个部件，比如要求仪表盘和车门易于拆卸和再利用。普惠发动机公司（Pratt and Whitney）在飞机发动机再制造上也是这样做的。类似的投资和创新浪潮最近两年也已经开始冲击计算机行业。

关于如何发现循环经济机会的建议

以下几个步骤说明如何开始把循环经济模式作为一个战略思考工具来加以使用。从图 14.10 的左半部分向右半部分依次追踪，选出你的公司所提供的某个产品和服务。沿着“上游”路线向左：你们掘取的资源有哪些？哪些是副产品？你们一直用什么方式处理废弃物？如果你的公司提供的是服务，那么其中包括哪些物质产品，比如移动电话和光纤？在图中从左至右追踪制造这些材料的原料，问问自己它们从哪里来，到哪里去？如果你不知道，想办法找出来。正在考虑未来的企业，比如美铝公司，不会愿意把任何不良产品，即不能被回收和再利用的产品，放到它们的价值链“前端”。

在追踪整个系统中的所有材料和能源流方面，生命周期评估（Life Cycle Assessment，LCA）可能是一个强有力的工具。（这方面的资料参见附录。）然而，必须保证生命周期评估的工作定位是战略性的，以使所有参与进来的人能够在图 14.10 的大局观和具体产品流程的更详细分析之间，反复比较。采用两个角度进行观察，可以保证从高层领导者到一线员工，每个参与者都对整体系统有一个共同的全局总览，并可以根据需要，共同进一步深入细节，对某个具体部分形成更深入的理解。

在再生型循环经济中，目标是零废弃物、可再生能源、可回收材料，以及对流过这个系统的所有材料承担责任。因此，在每一个地点，如果你看到有一个废弃物流，流入图 14.10 下半部分那个较大的废物池，无论其是来自生产、使用或废弃阶段，都要停下来考虑一下。美铝公司以其“零废弃物”目标，去挑战自己对电解铝废槽衬的思考。废槽衬是在生产用来溶解铝的大槽过程中逐渐排出的一种危险废弃物。现在，美铝公司在意大利和西班牙的电解铝厂把这种物质运出去，转化成一种安全的、可供钢铁和水泥行业使用的产品。美铝公司在巴西的冶炼厂和电解铝厂，目前回收所有固体废弃物，并在填埋场“挖掘”固体废弃物。而美铝公司位于全球其他地区的工厂，正在学习和复制这些案例。

图中每一个向下的箭头都代表了一个选择点，在这里你可以选择不把制造过程和产品使用过程中产生的废弃物推给自然界。你可以通过两种相互补充并且彼此交叉的方式去做这件事：重新设计产品或工艺，以及回收再利用废弃物。要记住，在废物流中存在潜在的价值，是先前从未考虑过的价值。考虑一下，这种废弃物是否可以作为你的公司或另外一家公司的原料。会对那些人有什么样的价值？为了计算潜在的净经济效益，可将其潜在价值（减去回收成本）与采掘新资源的成本或从零开始的成本做对比练习。施乐、宝马这类公司多年来就是这样做的。

然后考虑一下，在未来确保这种原材料供应的努力会有什么风险。许多矿产和其他昂贵的原材料正在变得越发稀有，况且目前有许多开采地点都位于那些政治和经济局势动荡的国家。就像可口可乐处理水问题一样，你要超越直接供应商，去看整个价值链。这样做往往会让你看到潜在的供应链破裂和价格波动的巨大风险。这样的风险可以用专业的风险模型进行定量计算，这样的模型会引起董事会的注意，因为董事会成员会看到通过风险估值转换而来的财务表现。这些模型同样可以加以扩展，从处理这类风险创造的各种选择上计算财务价值，并利用这些风险背后存在的机会。

这个“大局观”框架，会引出一些战略性问题，而多数在狭窄疆界之内运行的企业，长期以来一直在回避这些问题。为什么要采掘更多石油去制造塑料容器，而我们有数量巨大的废弃塑料正在等待回收利用？希塔·科曼－卡姆拉（Seetha Coleman-Kammula）博士，从前是石化行业的高管，他说：“企业必须形成一种像石油公司那样的思路——在我们的废弃物流中储存着巨大的潜在价值。90%以上的聚丙烯（这种材料用于日常包装和其他容器，其可回收性和再利用价值很高）都被丢弃了。我们需要开发一种类似地震分析的方法，去发现潜在价值的大型储存库，并探索如何采掘这些价值。”在许多情况下，这意味着重新设计产品，增加回收价值，但重新设计的成本往往并不高（比如所有聚丙烯容器使用同样的颜色，加上热缩塑料包装，用颜色作为品牌标识），“学会如何这样做的企业，将会获得巨大的潜在业务机会”。

材料进入回收和再制造的闭路循环，就可以增加价值，而不会造成损害。你可以识别出那些相关的决策点，在这些点上进行这种投资会为你提供最大的杠杆效益，在你的公司内部或与其他组织合作中都是如此。

这样，循环经济图就成为一种视觉探索工具。如果你在一个特定的废弃物流上打个叉，代表要终结这个废弃物流，这意味着什么？有些人甚至想象在废弃物的外流线上，安装一个阀门来控制——他们想把阀门关上，这样就不会失去重要的价值源。要实现这一点，我们需要做些什么？这样做的效益可能会有哪些？

我们建议，这样的分析不要单独做，否则很容易就会被分析的复杂性压倒。观察系统是一项团队体育活动，大家共同工作时会提出许多新观点和新思路，相互激励、共同进步。这一点很重要，却往往被人忘记。我们看到过许多有良好意愿的经理人开始从事这项工作，后来又被迫放弃，因为他们看不到“推动大象”的办法。据我们所知，没有哪个管理团队或跨功能团队在完成这项分析之后，还没有提出重要的见地和下一步的实际操作步骤的。

创造管理公共资源的公共资源

全球各地的组织和领导者正在意识到，他们要么扩展自己的思维，去适应自己所属的真实系统，要么就人为地收缩他们管理的系统，让系统适应他们的思维。越来越多的组织选择了前者。正像做过联合利华管理委员会成员的安德烈·凡·赫姆斯特拉（他也是可持续食品实验室的共同创始人，下一章要讨论这个组织）所说："可持续发展的意识一直在增长，因为各种形式的系统思考让我们看到比过去更强的相互依赖性。正是这些相互依赖性让我们得出结论：不顾社会或环境的可持续性而单独考虑商业的可持续性，不但是愚蠢的，而且是鲁莽和不顾后果的行为。"

持续提高的意识水平正在引导人们看到，我们必须找出方法来管理基本的公共资源，比如，水和地表土壤、健康的生态系统、热带雨林和稳定的气候。但是，我们要发现一系列方法并实际完成这项任务，还有很长的路要走。管理与呵护这些公共资源的开始，是拥有达到临界数量的受托者：个人、团队，以及看到风险并且有意愿行动的组织。然后，他们必须创建与这个任务相适应的新系统——基于新的心智模式的正式和非正式的规则，以及管理实践规范。

今天我们可以在全球各地看到，许多做法可以更好地管理共享资源，最传统的方式是通过政府管制。但是，虽然政府管制是必要的，但通常不充分——这点在今天尤其如此，因为我们需要激励创新速度和规模的增长，为超越工业时代泡沫而重新创造产品、工艺和业务模式。

另外，如果管制政策没有获得来自公众和企业的广泛支持，实施起来就会困难重重，还可能会被推翻——过去几十年间全球企业的快速拓展进程中，政府提出的许多管制政策最终只落得被推翻的结果。管制政策在过去几年中不断成长的另一种方式，是私营部门形成的各种各样的认证（比如咖啡和巧克力的认证），这类认证策略突出展示了那些被较好管理的共同资源，同时也就含蓄地指出了那些没有得到很好呵护的公共资源。

随着我们思考这些不同的方法所面对的挑战，以及获得的相对成功，我们开始相信，要确保公共资源的健康，可能首先需要开发一个有效的从事管理工作的公共资源。比如美国绿色建筑协会的LEED认证系统，实际上是集合知识、经验和工具的新的共享机构，在设计、建设和运营绿色建筑和绿色社区方面推动持续创新。在这里，建筑的整体系统质量是被管理的“公地”——包括能源使用、水资源使用、废弃物、空气质量等等；而LEED认证系统则是监控这个“公地”的管理型公共资源（management commons）。为什么我们把LEED称作公共资源呢？因为LEED系统的运行和持续改善，与数以千计的设计师、建筑师和建筑商息息相关。实际上，LEED就是一个管理型公共资源。这就是为什么形形色色的专业人士和公司，通过对最佳实践、设计突破和新发现的分享而共同协作，而这些分享又进一步融合到不断提高的LEED标准之中。LEED系统的运行和持续改善，对所有这些人都利害相关。随着绿色建筑住户对建筑能效和运营成本的大幅改善，以及住户工作健康度和生产率大幅提升的口口相传，这个过程现在又像“滚雪球”一样推动市场的进一步发展。这一切又驱动了人们对绿色建筑的更多需求，以及对更严格标准的更多投资。这就是我们所指的：创造管理型公共资源来管理公共资源。

虽然很多人已经意识到关键的公用资源，并正在试图呵护这些资源，但这个水平上的协作和系统创新，看上去并未在其他领域出现。比如，许多在食品行业工作的人也认识到了决定性的环境“公地”（比如渔场、表层土和雨林）和社会“公地”（比如健康的农业社区）。但现在这些认识的结果却是出现各种不同的认证体系，包括公平贸易（Fair Trade）、雨林联盟、林业管理公会（the Forest Stewardship Council）和美国永续森林计划（Sustainable Forestry Initiative）、海洋受托责任委员会（The Marine Stewardship Council，MSC），以及许多其他认证系统。虽然这些体系成功地吸引了公众对关键公共资源的关注，许多体系却因广泛实施工作而疲于奔命，并且随着体系的扩张，它们之间开始相互竞争。一段时间之后，这种混乱局面就开始折磨消费者（“哪一家的认证更有效呢？"）和企业（"哪一家的认证对我们的产品更有意义？"）。从这个意义上说，独立认证机构可能最终会导致自相矛盾的结果，它们的表现恰恰是它们原来寻求纠正的：围绕我们必须共同保护的关键性资源的限制而进行分割行动和过度竞争。第一个好消息是，过去10年间，全世界在启动保护共同资源方面有了长足的进步。第二个好消息是，我们都有许多要学的东西。

如果把独立认证和类似美国绿色建筑协会的系统进行比较，你头脑中就会浮现出几个重要的问题：

- 这个评级系统本身是透明的吗？
- 这个评级系统是不是来自一个协作的过程，由相关行业中有代表性的关键参与者共同完成？
- 这个评级系统是不是通过吸引"临界点"数量的关键私营企业的支持，持续引向更严格的标准？
- 作为持续改善的基础，这种合作关系稳固吗？

实际上，这里的基本区别也许就是，"治标"的症状缓解方法与"治本"的根本解决方案之间的区别。许多认证系统设立的起因，是要解决某个重要问题（例如环境破坏，或是农民没有可维持生计的收入），而不是努力看到更大的系统并界定需要协同管理的公共资源。比如，如果把重点放到前者，每个小团体就会设计体现他们认为有意义的标准系统，而他们又可能最终会试图将这些标准强加到相关行业的企业利益团体身上。然后，另一些人就会推出一个不同系列的标准或工具，竞争就这样开始了。

"一旦企业到了依靠不同的认证机构和生态标签的相互竞争，来保护自己的组织和品牌不受影响的程度，整个过程就可能开始妨碍创新，而不是鼓励创新。"星巴克公司可持续发展总监丹尼斯·马克雷（Dennis

Macray）说。星巴克与保护国际组织（Conservation International）和科学认证体系组织（Scientific Certification Systems，SCS）协作，开发设立了“咖啡与种植农公平规范”（Coffee and Farmer Equity，C.A.F.E.），用来为咖啡种植者评估维护社会和环境公共资源健康的实践。“我认为，已经有足够多的主要组织理解了这个核心问题，并且想要支持呵护社会和环境的基本目标。但是我们正在艰苦努力地寻找为生产商和消费者做这件事的更好方法。”

相形之下，当个体利益与他人利益得到协同时，杠杆作用、机会和真正的亮点才会到来。我们已经记录了在美国和全球其他地方绿色建筑开始发展的方式，而这项运动也已经扩展到了所谓的建筑行业之外。承诺减少温室气体排放的美国城市数量呈指数增长趋势，从 2005 年的少数几个，到了 2008 年年初的 715 个。这些城市正在寻找方法来吸引员工、整个商业供应链，以及城市中的所有企业去降低能耗、扩大可再生能源的使用规模，并减少温室气体排放。类似的努力也正在州与州之间开展，比如，美国东北部 9 个州的“区域温室气体行动”（the Regional Greenhouse Gas Initiative，RGGI），是设计一个区域性“封顶—交易”项目，涉及这个区域内所有电厂的二氧化碳排放。另外，有些州独立确定自己的减排目标。比如，纽约州计划在 2010 年前，把排放在 1990 年水平的基础上降低 10%。此外，在美国城市与全球其他城市之间也在建立协同，比如，通过克林顿气候变化行动（the Clinton Climate Change Initiative）和国际当地政府可持续发展理事会（ICLEI-Local Governments for Sustainability）。后者是一个由 700 多个地方政府、国家和区域组织参加的协会，组织成员都承诺投入可持续发展。

所有这些协同合作的努力都还处于襁褓之中。随着更多的人意识到，“三大全球系统”（能源和交通，食物与水，以及废弃物和有毒物质）

的核心挑战不可能孤立地解决，随着个人和团队在跨界协同中把思考和技能结合起来，这样的协同合作就会扩散开来，并且变得更加成熟。我们只是刚刚开始领会到需要什么水平的协同系统思考，但毫无疑问，这就是真正的撬动未来的杠杆作用点。

第五部分　跨界协作

The Necessary Revolution:
How Individuals and Organizations Are Working Together to Create a Sustainable World

“由深思熟虑、忧患未来的公民组成的小团体，是能够改变世界的。对此永远不要怀疑，事实也的确如此。”玛格丽特·米德（Margaret Mead）如是说。对此，我们还要加上一点：“这还要看它们建立更大网络的能力。”在组织内部，为了变革而建立“临界量变”网络，总是要从小处开始，往往还要维持在不大的规模。然而，有些变革的领导者能证明他们是建立更大协作网络的大师，因为他们理解，如果没有协作，他们将无法成就大业。在更大的系统中引发大规模变革，需要建立类似的网络，把不同的组织，甚至是不同类型的组织联系起来。

这是项艰巨的工作，需要很大的勇气和耐心来面对各种困难问题，而许多人却倾向于假设这些问题不存在，或者假设它们应该由别人来解决。采用系统方法看问题，并把由此产生的观念付诸行动，我们就必须离开存在于思想上和组织中的“舒适区”——这就是人们通常不采取系统方法的原因之一——不幸的是，我们因此把应对可持续发展核心挑战的重大机会给“划走”了。但现在越来越多的人已经发现，系统思考的人性化一面就是协作——这又是很幸运的事。

成功协作所需要的不只是良好的意愿，也需要你增强自己的“聚拢”技能（convening skills），由此你就能把合适的人聚集到一起，举行更开放、更有效的会议。它需要你考虑别人的立场，设身处地地从别人的眼中看待现实，更好地理解是什么在限制他们，也限制你自己，使你们不能建立更开放、更富成果的合作关系。此外，它还需要培养真正共同分享的热望，并需要所有人都能承诺投入。在第五部分，我们会介绍一些工具和实际感悟，帮助你学习这些协作技能——这种容纳能力对创造超越泡沫的生活绝对至关重要。

| 第 15 章 |

协作的紧迫性

今天，如果你在欧洲销售一辆新车，那么作为生产商，你就要负责在汽车使用寿命终结时回收旧车。对电器和电子消费品，例如电视、视频和音乐播放设备、计算机和家用电器设备，也有类似的管制政策。欧盟在 2004 年通过立法确定了影响深远的生产者责任延伸（Extended Producer Responsibility，EPR）制度，一系列指导性原则已经建立起来，其中包括终止使用多种有毒物质的时间表，以及进一步明确禁止在各种产品和生产工艺中使用其他危险化学品。生产者责任延伸制度的指导原则，代表了全球第一个在废弃物和有毒物质方面的综合性政府管制制度——但不会是最后一个。

这类法规改变了制造企业的游戏规则。生产者责任延伸制度的含义是："如果你生产了这个产品，你就要对它永远负责。"这会引导企业以全然不同的方式设计产品，因为企业意识到它们要对产品的整个使用周期负责，并且最终还要将其收回。不仅如此，在当今这个产品全球化的世界中，众多大型企业发现，与其只对在欧盟销售的产品进行除铅除汞的处理，而不处理在其他地区销售的产品，还不如让所有产品都满足最严苛的可持续发展法规，这样反而会节省费用。这就是为什么越来越多像通用电气这样的全球化企业，开始按全球最严格的环境绩效要求来设计产品。通常情况下，欧洲市场决定了这些公司的产品必须达到的标准。

此前的惯例是，各个行业可以有意无意地把废弃物管理的成本转嫁给整个社会，它们同时也把产品和工艺中有毒物质造成的公共健康成本转嫁给了整个社会。像生产者责任延伸制度这样的行动计划，就把从前外部化的成本正式内部化了，使其重新成为产品制造企业自身的责任。比如，由大都市和地区政府负责处理这些产品的日子已经一去不复返了。这个责任现在已经实实在在地落到了制造企业的肩上。

还有一件事可能比法规本身更令人惊奇，那就是在法规出台之后，并没有出现成群结队的律师和院外活动集团去集中力量废止这项法规，或企图降低它的标准。这是为什么呢？你马上将要看到，这是因为欧洲的汽车制造商和政府管制机构曾有过一次非同寻常的经历，在欧盟通过这项法规前 10 年，它们就开始跨越各自的边界进行合作了。

这是在许多年间逐渐发生的深刻变化——围绕一系列有关可持续发展和环保议题，无数协作网络被陆续建立起来。比如，世界可持续发展工商委员会（The World Business Council for Sustainable Development，WBCSD）是一个由 200 家企业的 CEO 领导的联盟，这个组织声称其成员公司代表了全球 1/3 的 GDP 总值。类似的可持续发展工商理事会在其他国家也建立起来，包括美国、中国和澳大利亚。

其他联盟，比如谷神公司和商务社会责任国际协会（Business for Social Responsibility，BSR），为那些理解并愿意应对可持续发展问题的企业提供支持服务。美国活跃地方经济商业联盟（BALLE），这一由 1.5 万家小企业组成的网络拓展得十分迅速，它在美国和加拿大支持地方创立的可持续发展企业。绿色电力市场发展集团通过保证大用户使用“绿色电力”推动了可再生能源的发展，它的成员包括通用电气、联邦快递、IBM、必能宝（Pitney Bowes）和史泰博公司（Staples）。

美国气候行动合作伙伴是一个由 30 多家大型企业和环保组织组成的集团，呼吁联邦政府制定强有力的国家立法，大幅度降低温室气体排放。它的成员公司包括卡特彼勒（Caterpillar）、陶氏（Dow）、杜克能源（Duke Energy）、通用电气、强生、壳牌、力拓和西门子。气候行动合作伙伴发布了一系列原则和建议，强调建立针对气候变化的政策框架的紧迫性。对于这个组织来说，二氧化碳管制政策背后的逻辑是：相关政策会刺激创新方面的投资。这个集团的创始人相信，通过扩大可持续发展推广活动的范围，不仅可以实现全球的愿景，也会让成员企业更容易在建设再生型经济方面处于领先地位。

国际组织学习学会（SoL）及其可持续发展协作组（SoL Sustainability Consortium）提供了这本书中涉及的多个故事和案例，它们与全球的商业和非商业组织合作，致力于针对食品与水、能源、废弃物和有毒物质等核心挑战的系统变革。在全球范围内，这样的跨界合作组织有几百个，每天都会有不同规模、不同领域的联盟诞生。

最终的结果是，进行跨界协作的组织越来越多，因为随着问题的复杂化，人们逐渐发现任何单一组织的能力都是有限的。正如美铝公司原生金属开发部总裁兰迪·奥弗贝所说：“协作是实现规模增长的关键。”

奥弗贝的说法背后，是我们一再见证的两个具体的紧迫需要：一个是在组织中建立变革的临界量变规模，另一个是为使不同组织能够共同完成各自无法独立实现的目标而建立重要的跨组织联系。

类似世界可持续发展工商委员会所做的那些引人注目的工作，已经引发了许多关注。然而，如果没有人先在组织中耐心地建立内部领导力网络，并积极推动那些大胆的新观念（像可口可乐与世界自然基金会合作之前所做的)，那么大规模的合作可能只会带来大量的报告和宣言，却不会有什么真正的组织变革。归根结底，奥弗贝提到的规模需要超越单一组织，需要建立跨组织（而且往往跨行业）的合作才能实现。

生产者责任延伸

欧盟的生产者责任延伸政策的立法故事源于一家企业，它扩展了自己的管理边界，也把“限制”（需要循环回收更多的旧车）变成了“战略机会”（这两个概念，我们在第四部分中曾详细讨论过）。但是在最初做这件事的时候，它完全没有想到旧车回收和再生产上的创新，会最终引发公共与私营部门之间的一次历史性协作。

多年以来，宝马一直在为循环回收工作而努力推进设计方面的知识积累。20 世纪 90 年代初期，宝马想建立一家新的大型回收中心，以大幅度扩展其循环回收工作。公司管理层确信，在德国从几乎所有车型上回收使用过的零配件和材料，既在经济上说得通，也与社会对未来的期望一致。在公司的发源地巴伐利亚建设大型回收中心，还能为 1 500 名工人提供工作机会，这在政治上也有吸引力。

然而，宝马任命的新设施建设负责人霍尔斯特－汉宁·沃尔夫（Horst-Henning Wolf）却很快得出不同结论：管理层的计划在系统上的考虑不够充分。他的团队在详尽分析细节的时候发现，之前的财务分析忽视了一个关键因素，即把所有宝马车运到一个中心设施的总成本。他无法与公司中受人尊敬的工程师达成一致，其中还包括某位力推这项工程的董事会成员。对此他相当不安，但是他坚信，这样一个单一的循环回收中心肯定是不经济的。

他说：“长途运输废弃物完全没有道理。应该只运输有价值的东西，运送拆除后回收的材料。”他认为，最初的建议采用了“过于狭隘的边界——只看到运营回收厂本身的投资和回报”。

沃尔夫提出的备选方案，是建立由多个较小的拆除设施组成的网络，但这个方案有个很大的问题，就是它的成本高于宝马的投资能力。“我们的计划要求我们与其他德国汽车制造商协同做这个项目，而这又大大增加了项目的风险。”经过他的分析，总体成本和收益就清楚了很多，他因而说服老板取消了建设大型回收中心的计划。但老板还是安排他出面，负责说服其他汽车制造商共同建立一个由较小的拆除设施组成的网络。

沃尔夫开始了一次远征。最终，他走得比自己最初设想的要远得多。他拜访了其他德国制造商，比如戴姆勒－奔驰、大众和奥迪，与它们分享了他的合作循环回收愿景。由于公众压力持续增加，许多人都在考虑回收和循环利用。20 世纪 80 年代以来，德国绿党逐渐增强实力，欧盟也曾讨论过生产者责任延伸的概念。欧洲有 4 亿人，他们住在约占美国面积 1/3 的土地上，所以，这里没有什么“离得远远的”空地来弃置旧车这类东西。沃尔夫发现，在这些公司里，与他对立的都是些技术专家，他们先前都说服了相关的管理团队为自己的车型投资建设先进的回收设施。然而，当时并没有人考虑到建设一个囊括多家厂商的更大系统意味着什么。

沃尔夫后来说：“在一次会议上，有位著名的工程学教授用了足足一个小时，详细介绍了他发明的一项非常复杂的回收技术。它拥有许多技术优势，其中有好些我都听不太懂。他讲完之后，我很抱歉地说，我只有一两张幻灯片为他们做介绍。我的介绍归纳了我们集团的总成本分析。我问这位教授，他的成本分析是否包括了回收所有旧车的成本，他说没有。于是，会议在几分钟内就结束了。”

沃尔夫在说服汽车制造业同行，让他们相信合作计划的可行性。与此同时，另一个趋势也变得明显了：当时新形成的欧盟也会推出某种形式的回收法规。汽车制造商们意识到，要建立可执行的法规，最好的机会就在于让全欧洲的汽车厂商与政府官员们共同工作。如果制造商不主动引导，无疑就会让法规强加在自己头上。

他们顺理成章地请沃尔夫和宝马公司帮助他们实现这个目标。始于说服德国同行的一个诉求，就这样演化成了所有欧洲汽车制造商和新上任的欧盟官员之间复杂的协作挑战。

最终，所有商业团体都团结在一个共同的立法目标下："鼓励创新，并为商业组织大幅度转变对废弃物和毒性物质的态度，创造更大的激励。"虽然一些公司可能已经与政府开展了合作，已经在为这个目标努力，但共同工作让他们有了统一的声音，也为企业带来了与最终要遵照执行管制政策的众多制造商交换想法的机会。在全然不同的利益相关者之间形成共同想法，需要一段过程和时间，共同工作完成了这个过程，并得到了参与者的广泛支持。

跨界合作的努力常常失败，这是因为需要参与其中的人（那些同时具备所需技术和管理技能的人）既没有做好准备，也不愿承诺投入必须花费的时间。由宝马及其谈判对手欧盟管制官员组成的小组用了将近 10 年时间，才在 2004 年完成了"车辆寿命结束指导原则"。沃尔夫估算说，在直接介入这项工作的三年中，他花了"近 1/3 的时间与官员打交道"。这是个缓慢的过程，与宝马严格高效的管理流程有天壤之别。

"多数人都有良好的意愿，"沃尔夫说，"最花时间的是持续教育，不断让人们了解关于汽车设计、生产和回收的现实情况。让数以百万计的旧车堆在销售商的场地上，不会是个有吸引力的选择。"但是，欧盟委员会中没有多少人对这类"真实世界"的问题有什么概念。"我们必须不断强调，经济上无法实施的立法，会让所有人都成为输家。"

最终，欧盟的法规在政府目标和商业实际之间提供了可行的妥协。"一直把这件事当作一个系统性挑战的企业，就处于领导地位。比如，它们花了许多年，为拆除和回收而重新设计了车辆。而许多其他制造商，特别是欧洲以外的制造商，就没为即将到来的未来做好准备，也无法从中获得这些利益。”沃尔夫说。

每一个成功的跨界协作案例中，都有许多次失败。在可口可乐与世界自然基金会以及欧洲汽车制造商这样的成功经验背后，发挥深层作用的有强烈的意愿、特殊的耐心和毅力，还有使这些合作关系成为可能的具体协作技能，而这就不那么明显了——对那些用传统的投入产出理性分析问题的管理者来说，尤其如此。

协作说到底是一种关系，而良好关系的成长并不在于投入和产出的理性计算，而是出于真心的关怀和开诚布公地暴露弱点（mutual vulnerability）。建立协作的容纳能力是一项艰苦的工作，它要求人们展示出自己的精彩，特别是当协作涉及不同组织（甚或是较大组织的不同部门）的时候，大家不但有不同的目标，而且基本上没有共同工作的经历——可能反而还会有不信任和相互对抗的历史。我们发现，建立这种能力的关键，具体说来在于三种能力，即聚拢、聆听和培育共同承诺。

| 第16章 |

聚拢：把系统放进房间里

只有当数量足够多的、有能力采取行动的人参与，才能引发像可口可乐公司或欧盟与汽车制造商合作所产生的那种大规模变革。这并不是说你只要去找身居高位的管理人员就够了。管理层的领导力固然重要，但它只是领导力复杂拼图的一部分。毫无成果的CEO和管理层会议，我们经历过很多——这类会议在高级政治领导人那里也很常见。处在组织层级结构顶端的人，往往为保持组织的现状进行了太多投入，因而无法在他们的界限之外进行大胆的实验。他们往往离日常现实太远，无法理解各种多元的力量，因此也无法推动真正的变革。

把达到“临界数量”的、有意愿也有能力起领导作用的人聚拢起来，用美国绿色建筑协会的吉姆·哈斯菲尔德的话说就是“把系统放进房间里”，这非常重要。但它的实际含义是什么，又如何才能做到呢？

确定战略微系统

通常来说，让成千上万的人面对面谈话是不太可能的。但反过来，由大系统中角色大体相似的人（例如只有建筑商，只有建筑师，或者只有社区活动家）参与的小型会议一般又只会强化已有的观念。非同寻常的变革需要非同寻常的关系。从某种程度上说，这需要把代表各种观点的各类人物聚到一起，使他们以新的方式相互倾听和表达观点。

在考虑如何进行这项工作时，需要记住：我们无法简单地说清楚“多大程度的多元化才是足够的多元化”，但这方面的指导原则还是有的。先考虑一下你认识的、与组织的健康发展利害相关的各方人士。然后，问自己一个问题——富于传奇色彩的美国女童子军总裁弗朗西斯·赫塞尔拜恩（Frances Hesselbein）提出来的问题：“他们是不是每个人都在屋子里看到了自己？”

像所有其他探索一样，“把系统放进房间里”也是个逐步推进的过程。除了需要极大的耐心和毅力，这个过程也需要洞察力，去判断什么时候需要哪些人参与进来。比如，产品中的毒性物质含量这个问题，就会反映出产品设计、生产和业务模式等方面根深蒂固的观念。如果没有像欧盟的生产者责任延伸这样的外部压力，这类问题看起来就好像无从解决。这就是耐克公司中的一小群人曾经面对的局面。20 世纪 90 年代后期，在阅读了对公司生产的一种新鞋的毒性分析报告之后，他们开始提出一系列难以回答的问题。当时魏斯洛是一个先导研发小组的负责人，她问自己：“我们真的了解我们的公司和整个行业在制造的产品吗？”这是个重要问题，她也就此开始运用自己的想象力去思考这个“我们”。

她发现，虽然有些高级管理人员有兴趣聆听她的问题，但当时的耐克在可持续发展工作方面，还只是局限于对政府管制要求的合规（其中部分原因是，20 世纪 90 年代中期耐克由于其外包制造商的恶劣劳工表现，而受到广泛抨击）。于是她意识到还有更多的事要做。“我知道，这一定与我们的产品有关，因为消费者是通过我们的产品来直接感受和了解耐克公司的。我们必须找到削减我们的产品在生产和使用过程中所带来的废弃物和毒性物质的办法。”

所幸的是，魏斯洛当时刚刚读完马尔科姆·格拉德威尔的《引爆点》，得到了书中理念的指导。比如，她根据书中的观点解释说，在许多情境下“一旦你能让 20% 的人都朝着同一个方向努力，你就达到了引爆点，导致更多朝这个方向的运动变化”。格拉德威尔在书中还谈到了“联系人、专家和推销员”，谈到这些不同的人物在任何变革中都会起到关键作用。“我知道，我们的设计师中有许多是‘专家’，由于有技术知识和创造能力，他们有很大的影响力。”魏斯洛说，“发动 25 000 名耐克员工中的 20%，看起来是件非常难的事。但是，联系和动员 300 位设计师中的 20%，就简单多了。”

考虑到自己也认识公司中许多天生的新理念推销员，魏斯洛和其他几位部门负责人和中层人员就担任了最初联系人的角色。他们组织了一场为期两天、有 200 人参加的会议，其中有产品经理、设计师（许多是独立供应商，而不是员工）、业务合作伙伴和几位高级管理人员。环保运动的著名人士在会上做了发言，其中包括能源专家阿默里·洛文斯（Amory Lovins）和绿色建筑师威廉·麦唐纳。会议的真正目的，是在整个耐克产品系统的各部分关键人物中，组成一个有代表性的微缩群体，他们能够相互交流讨论，形成重新思考耐克产品的“氛围”。

一次聚会固然激动人心，但聚会并不等同于参与。人们回到自己的工作中之后，“氛围”就会渐渐消散，一切往往又归于原状。你是否创造出了你需要的有效“战略微系统”，关键角色是否都准备好了要参与，这些在初期阶段一般都不会很清晰。

所以，在实际过程中，“聚拢”会议一般会变成逐步推进的多次反复过程——思考你试图影响的系统，考虑这个系统中形形色色的关键角色，还要顾及过去极少参与正式决定或官方政策制定，但有重要影响力的圈子里的人，要记得把他们也包括进来。这还涉及理解你的组织的独特价值来源——对耐克来说，这就与产品创新密切相关，所以它的设计师和产品经理才这么重要。

一旦你确定并吸引了战略微系统代表的参与，真正的工作就开始了。就像维尔米尔和他在可口可乐公司的同事所经历的那样，也和魏斯洛所经历的一样，“聚拢”会议最后归于一对一的交谈，而且是历经数月，乃至数年的个人沟通历程。

工具箱

战略微系统成长的指导原则

从各方面看，“战略微系统”的理念都是显而易见的，可以从直觉上加以把握。然而，无论变革的领导者的正式职位是什么，他们往往不能按照严格缜密的程序，去识别和建设这样的工作小组和网络。

以下练习的目的，是帮助你不断追问自己，让你思考有谁已经包括在你的行动计划中，有谁还没有包括进来。至于你是否以及如何吸引新成员参与，会在后面的练习中涉及（参见第 263 页“利益相关者对话访谈”）。但是，这个程序应该能帮你先把该来的人请到房间里。

1. 持续反思你正在试图改变的系统。要明确你的愿景和热望、确定关键业绩改善指标，并由此建立各项目标，这对本步骤很重要。要仔细思考哪些是你面对的关键挑战和系统中的关键角色，哪些是维持现状的主要力量，哪些是可能协助支撑可持续发展创新工作的人。记住第 13 章中有关重新思考疆界的建议。在做这个练习前先回到那个练习，应该会有所帮助。

2. 在这个系统中有哪些主要观点的代表人物，还应当加入你的小组或网络中？为什么之前你没有这样做？是因为你不认识他们，还是因为没有联系渠道？是因为你认为他们不关心甚至会反对你的目标吗？

是因为你认为他们一点儿影响力都没有吗？或者因为他们远在组织边界壁垒以外的其他地方（在不同组织或同一个组织的不同部分）工作？这些问题的目的是帮你反思自己的推理，不是用来做出判断。你也许有很充分的理由不把某些人算在内，或不联系某些人。但是，如果能明确列出这些理由，你就可以去思考甚至挑战这些理由。这样做总是有益的。

3. 哪些重要的意见或角色你还没有发现？人人都有盲点，关键是保持开放的心态去发现盲点。最好能多询问不同的观点，来探寻你可能忽略的重要意见和关键角色。

4. 如果在更大系统中的一些重要角色还不是你目前圈子的成员，那现在是不是与他们联系的合适时机？如果不是现在，什么时候才合适？

5. 你会如何吸引那些目前被排除在外的人参与进来？

6. 建立战略微系统需要持续的组织工作，人们的角色在这个过程中也会发生变化。在你的整个行动计划中，在你的“系统”内部的人会在下面 4 个圈子中变换角色：

- 核心领导小组：对这个行动计划负责的人群。
- 参与圈：积极参与行动计划中的项目或者其他工作的人群（不管这是他们“日常”工作的一部分，还是在他们的正式职责之外）。
- 知情圈：知道这个行动计划的人群。
- 不知情者：不知道这个行动计划的人群。

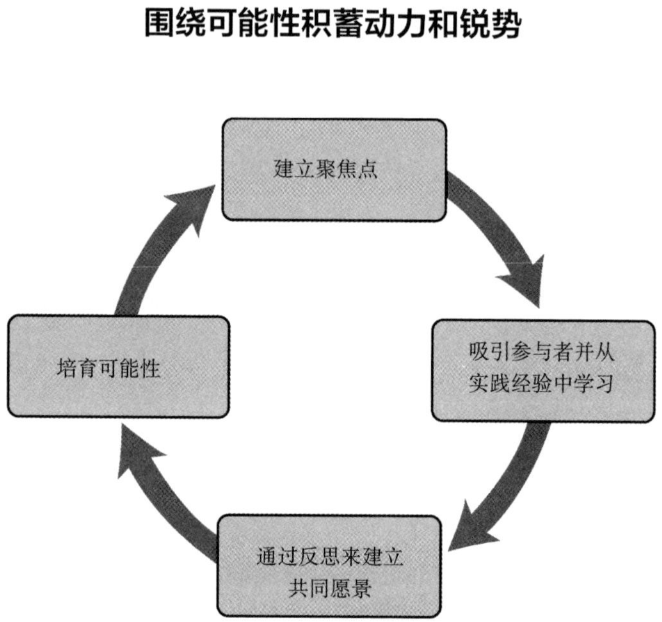

图 16.1 积蓄动力和锐势

人们在反思并谈论对他们至关重要的事时，就会看到新的激动人心的可能性。这样做同样会把其他人也吸引到谈话中——第四部分讨论过这种自我增强的变革过程，这就是其中的典型例子。

“那是个很‘有机’的过程。”魏斯洛说，“我去敲门，如果感觉可以沟通，我就深入交谈。领导者不断涌现，那些人会自己掌握并实行新理念——这很容易就看得出来，在交谈中领导者自己冒出来了。”

这一切听起来很简单。如果仔细观察就会看到，吸引人们去参与探究可能性的方式，与许多管理层发动的变革工作（包括许多可持续发展计划）的方式全然不同。这也正如魏斯洛发现的：“我们的企业（社会）责任团队有一个指令，说：我们的鞋要完全停止使用聚氯乙烯［PVC，因燃烧时排出有毒气体二噁英（Dioxin）而被怀疑为致癌物］，实现‘无

PVC’产品。但是，这项要求等于命令说：‘停！你不能那样做了。’对设计师来说，一扇门在他们面前关上了。而我们是想多开几扇门，我们对他们说，‘这么来考虑这件事：从根本上说，有许多尚未被人认识的机遇，可以创造全新的产品，而且不会影响它的性能和美观’。”

把谈话从人们熟悉的“防止做坏事”，转变为谈论做好事、做激动人心的事，这种情况一般不会轻易发生。多数设计师习惯于根据不断加长的化学品“黑名单”，避免使用某些材料，也习惯于把对环保的关注看成“问题”。“这要花很多时间，我和他们也交谈过不止一次，”魏斯洛解释说，“我必须回去，和他们再谈。但这就像在乱石中发现钻石——他们就在那里，等待着这样的交谈。”

就像魏斯洛的话中所表述的，积蓄动力、建立势头的关键在于培养对某个议题的情感联系，比如从产品中消除废弃物和毒性物质。要开放地讨论哪些事最要紧，不但需要有时间，也需要机会。在企业环境中，太多人迷失于追逐利润和市场份额，而可持续发展的困难议题却从个人的角度深深地触动了大家，成为变革的强力催化剂。这是大家愿意和家人探讨的工作。对于魏斯洛来说，这最终形成了支撑她在耐克的所有努力的基础。

“我看到大家对我们初步工作的反应，觉得深受鼓舞，”谈到第一次会议时她这样说，“我又重温了我热爱这家公司的感受。我们和其他大公司一样有着各种问题，但我又重新发现了耐克公司是‘谁’。我认识到，我们是一群创新者。这家公司就是搞创新的，创新就是激发大家的灵魂，而我们都看到了，整个可持续发展领域给我们提供了尚未为人所知的、前所未有的各种创新机遇……和大家交谈得越多，我就越清楚地看到，‘零废弃物和零毒性’是我们自然而然的目标。”

当魏斯洛能够看到人们对于可持续发展的激情转回到了创新，她的“聚拢”策略就开始聚焦了。她意识到许多人都感受到的一点，她自己是这样形容的：“这个生意中一定有比下一个‘小发明’更多、更重要的东西。”她说：“如何设计一种完全可回收和循环利用的鞋？”“如何设计一种完全可降解的汗衫？”“怎样能找到一种完全安全的替代品，取代那些有重要功能但危害环境的材料和成分？”——设计师一听到这类设计问题，就会激动不已。通过这样的问题，难题转变为愿景，人们自然就开始考虑各种方法，以在整个组织中创造新的价值来源。

把谈话从问题转向可能性，不仅影响了“聚拢”的过程，也为参与工作的人奠定了真正承诺投入的基础，让他们为共同工作激动不已，就像耐克已经在做的那样。

今天，耐克的三大官方管理目标之一就是“提供可持续的产品和创新”。在这个官方目标背后，是一个数以百计的设计师和产品经理组成的网络，他们与魏斯洛一样，对长远目标有共同的激情，这就是：“零废弃物、零毒性和100%循环利用。”所有生产过程中的副产品和材料都可以被回收利用，或者是可降解的。

虽然这家公司在实现零废弃物、零毒性物质的愿景上还有很长的路要走，但许多新产品却正是因这个愿景而成形的——包括不用胶的鞋（这种鞋可以在其生命周期终结时被拆解），以及其他产品，比如编织成的衣服（在编织过程中因没有剪裁材料，所以不会产生废弃物）。耐克公司有一条完整的有机棉制品产品线［耐克参与了有机棉花交易中心（Organic Cotton Exchange）的建设，这一中心旨在把更多的有机棉推向全球市场］，还有一个内部可持续材料小组，帮助设计师了解可选择的材料，也帮助他们了解回收和循环利用的各种行动项目。

然而，从另一方面看，耐克的“聚拢”过程，即确认关键利益相关方和吸引他们参与的过程才刚刚开始。他们正在挖掘创新需要的第二个重要参与方，即客户：帮助顾客了解这些对他们自身而言也至关重要。最近，通过“考虑过”标贴，他们开始了一个全新的教育客户的方法，邀请客户考虑自身购物选择的社会和环境影响。“很显然，越来越多的顾客已经理解，社会和环境议题是相互联系的，因此购物选择会产生深远的影响，”魏斯洛说，“谁知道呢，没准儿这就是我们最大的机遇。仔细想想，耐克真的是能够把可持续发展这件事做得很‘酷’的少数几家公司之一。”

有目的地构建网络

耐克和其他案例表明，建立领导力网络最终必须投入大量的时间，开展一对一谈话或小组谈话，探讨议题，培养参与意识。魏斯洛在耐克月复一月、年复一年地做这件事，可口可乐的维尔米尔也是如此，美国绿色建筑协会的创始人也是如此，清洁技术网络的创始人也同样如此。然而，时间并不能保证效力，有目的地构建网络与发展一般个人关系网是不同的。

相互联系会引来更多的相互联系。像魏斯洛、哈斯菲尔德和卡斯泰德这样的构建网络的领导者，除了能够与具体的个人更深一步交流之外，他们还总会问：“我们还可以和哪些人谈谈这件事？”这是一种简单的方法，现有的共同关注者网络可以由此开始自行发现“自己人”。就像魏斯洛说的，“领导者在涌现……他们自己冒出来”。有目的地建立网络始于一种观察角度：谁是系统中的关键角色，例如耐克的产品经理，或建筑行业的建筑师、设计师、建造商和业主。如果你在这件事上做得顺利，你的观察角度就会逐渐演化，就会看到其他一些最初没能留意到的角色。但是，以上所说的这个过程，只有当你更好地理解了谁是关键角色，这些角色又如何影响你们所属的更大系统时，才会发生。

当你吸引了不同的人参与，大家的反应往往存在差异。虽然从自然的本能出发，你会尝试说服那些对你探索的问题不感兴趣的人，你会过于关注那些你觉得非常重要的某些特殊人物和角色。但通常来说，比较有效的方法是寻找那些似乎能马上理解问题重要性的人。按照魏斯洛的说法，他们是那些你感到可以建立沟通的人、愿意进一步“深谈”的人。卡斯泰德说：“我常常发现，你在几分钟内就可以知道一个人究竟对这个问题有多少关注。”

这并不意味着其他人都不重要。但是，有目的地建立网络，关系到塑造一种对关键问题和重要机会的集体把握，关系到不断再造这种把握。这样的过程会带来惊奇和意外。你常常会发现，一些你从未期望投入关注的人，一些你认为对这些问题没什么兴趣的人会开始参与。部分原因是受他们所尊敬的人的影响，还有部分原因是从前没有人真正询问和倾听过他们的看法。这就是为什么说，学会放下预先的判断和固有的观点很重要。许多最终成为重要合作伙伴的人，会是你以前从不认识的人，或是和你持不同观点的人。

最后我们要说，许多在初期没有表现出兴趣的人，往往在后期会有不同的反应。那时他们会看到，“临界状态”开始围绕他们关注的议题慢慢形成了。哈斯菲尔德说：“我们发现，许多人最初对我们的想法没有表现出明显的兴趣，可到了后来，当他们看到一种真正的势头正在逐步积蓄的时候，我们就不能继续排除他们参加会议了。”

【工具箱】

利益相关者对话访谈

“聚拢”的基本方法之一是对关键利益相关者（比如你部门之外的意见领袖）进行有目的的访谈。这类访谈通常是一对一进行，或者是在小组中进行。访谈的关键是访谈人的内心状态和价值取向。

与关键利益相关者会面时，人们常常抱着自己的目的（挑明的或隐蔽的目的）：想吸引对方参与他们的行动。然而，这往往会引发令人失望的结果。利益相关者会感到自己面对的是“推销员”，他们要么表现出客气却没有承诺的表面意见一致，要么就完全拒绝。

另一种极端是，访谈人以开放的头脑进入访谈，但除了问许多问题之外什么也没做。这也往往不能激发利益相关者真正的能量潜力，因为访谈人没有提出具体内容让对方参与。此外，这种做法还可能使被访谈人怀疑来访者是否另有所图。

替代方法是明确表达你的忧虑和热望，并且抱着“来学习”的心态，而不是为鼓动或兜售你的观点来进行访谈。试着想象一下，将要与你谈话的人真的可能成为你的老师。如果你真心愿意以这种态度行事，你往往会发现这是个充满力量的“自证预言”。下面是几条有用的建议。

1. 准备。约瑟夫 · 贾沃斯基（Joseph Jaworski）是这类学习型访谈的先驱。他说，最重要的时间是开始访谈前的一小时。在这段时间里，他会进入一种安静状态。[1] 他不是努力聚焦在具体问题或目标上，而是把他对被访谈者的先入为主的印象、成见、习惯看法等都先清理出去。他的目标很简单，尽最大可能地放松，让头脑保持清净，这样他就可以在访谈时处在“当下”的状态。不管你是否有一小时的自由时间，花点儿时间放松，把担心和已有的观念释放出去，总是有益的。

2. 开场。告诉你的被访谈者为什么你会来，什么对你来说重要，学习什么是你感兴趣的。说话要坦诚、精炼。关于为什么要与此人谈话，你如果有特别考虑并且觉得说出来很适当，那就简明扼要地说出来，但不要夸张，比如，与“您是在这里工作过的人当中非常聪明的一个，每个人都非常尊重您”这类说法相比，“您的观点在组织中广受尊重”这种说法就有效得多。

3. 吸引参与。通常来说，最好是问一两个简单的开放性问题，给被访谈人以机会来反思他的经历和感受。显然，问题的性质取决于情境和你的总体目标。[2] 魏斯洛在对耐克的设计师和产品经理进行访谈时会提到，她和同事了解到了废弃物和毒性物质的问题，并解释为什么她觉得这对耐克很重要。然后，她就会问这样的问题：“关于耐克的设计工作和新产品开发，你认为最重要的是什么？假设我们能做到最好，你认为我们该如何应对这些挑战？”

4. 紧跟话题。要不断跟进谈话中出现的内容和节奏。请记住，英语“converse”（谈话）这个词是从拉丁文convertere来的，意思是“一起转动”。这是对你跟合作伙伴开展真正对话的美妙比喻。[英语中“dialogue”（对话）这个词，也有个类似的有趣来源，它的词源是希腊语dialogos，意思是“意义的流动”。][3]

5.“从桥上跳下去”。这个比喻来自厄休拉·威尔斯特金（Ursula Versteegen），含义是把阻碍你与被访谈者建立关系的所有东西都释放出去。经过十几年这类访谈实践后，她注意到，有时她会变得不愿意离开自己的“安全地带”，不愿跟着对方的情感状态走。[4]这样一种障碍产生的原因可能因人而异，但一般都涉及与别人保持距离的情绪，比如愤怒、冷漠或悲伤。对这类情感，我们内心的反应大都是不理会它们，转而“回到工作”。我们会对自己说，“我的感情与减少废弃物和可替代能源没有关系”，但就像威尔斯特金所说的，它会与“全身心进入当下”的状态，会与此时此地建立这种人际关系密切相关。

6. **扩展网络**。如果你与被访者建立了真正的沟通，也可以看出对方是真正进入状态了（比如，他会说“这次聊得太好了”，并着手安排下一步的日程），你就可以问对方，是否还有其他人也有同样的忧虑，也能对这个努力有所贡献，也应该安排访谈。这种方式会像魏斯洛所说的，有类似想法的人会“自己冒出来”，并组成网络。（一般来说，如果在谈话中你并不能确定对方进入状态，那你问这个问题就不好，因为对方可能会认为这样的要求很唐突，所以不会给你有用的回应。）

7. **结束**。工作场合的谈话往往以一种“未完成”的感受结束。如果能花哪怕一点点时间，停下来问一问下面的问题，那就是真正的奢侈了：“你觉得这次谈话有什么用？”或“你觉得下一步需要做什么？”或者“假如我们真的会在这个领域有所建树，你觉得会是哪些成就呢？”

说到底，无论什么样的建议组合，都不可能把利益相关者访谈大师的各种能力全部包括在内。每种情境都是独一无二的，每次访谈也是如此。你的能力会从你愿意拥抱这个“独一无二”的心态中自然显现出来，会从你充满求知欲的状态中自然生长出来。

对整体的责任

当聚会成为表达自己激情和愿景的途径时，大家都会自然而然地为它投入时间和精力。但看似矛盾的是，大家情愿放弃自己珍视的观点和信念，这又恰恰是成功培育超越个人的更大事业的关键。

按定义，聚集战略微系统的代表人士，就是让不同的人走到一起，而大家对问题及其起因和解决方法，都会有不同的看法。结果是，对于某些特定问题为什么会存在，对于谁应该对特定的问题和行为负责，你将看到相互对立的解释，也将听到不同的想法。你会自然而然地倾向于其中的一些，然后发现自己落入“选择站队”的境地。压制自己的观点当然是没有道理的，但是，让自己的观点控制自己，也同样会产生相反的效果。作为“召集人”，你的基本工作是创造安全和开放的环境，让人们可以带着不同的观点参与进来，并逐步建设“托起”和思考这些不同观点的容纳能力——这个问题我们将在下一章进一步探讨。“召集人”工作上的成功，始于他们更大范围的责任感。他们能够避免过于执着某个具体的愿景和观点。

回想欧盟“车辆寿命结束指导原则”的年复一年的谈判过程，回想其中各方需要保持的高度耐心和善意，沃尔夫曾说：“关键是我们在一开始的时候就说明，‘我们要为汽车负责’。在宝马公司我们一直是这个观点，但是我们必须要得到所有汽车公司的认同，然后才能用一个声音与政府沟通。这使欧盟的管制官员团队更愿意与我们共同工作。他们不用强迫我们负责。”

当“召集人”对超越个人愿景的更大系统的健康负责，新的愿景就会显现。回想美国绿色建筑协会的组织者，他们在初创的时候并没有LEED认证系统的想法。他们只知道要“把系统放进房间里”，只知道“要把建筑当作系统来观察”。除此之外，他们的“偏见”是，要建立以自愿为基础的自由市场机制，并鼓励创新。他们也知道这需要一步一步地开发。也就是说，需要“达成协议，马上实施”。只是随着时间的推移，综合评级系统的全新愿景才逐渐浮现，这个评级系统要包括健康建筑的所有主要方面，要能够引领市场化的创新过程，还要持续提升标准。无论是否实现了这个目标，他们作为“召集人”的成功，都来自他们没有“答案”。说到底，与邀请大家共同塑造一个项目相比，吸引别人参与“你的项目”要困难得多。

情愿把更大整体的健康看得比个人目标更要紧，这种观念会随着参与者群体多元化而愈加重要。正如乐施会总裁、全球可持续食品实验室（我们将在下一章介绍这个跨部门联盟）的联合创始人芭芭拉·斯托金所说：“我们就是要面对这个基本事实，如果我们不开始共同工作，这些大系统问题就会继续恶化。然而，这不是件容易的事。比如，在非政府组织圈子里的许多人都不喜欢大企业。但是我们必须决定，什么更重要——是我们过去的政治主张，还是我们希望影响的未来。”

| 第 17 章 |

从他人眼中看现实

全球食品生产和分销系统是最令人生畏的系统。农业是世界上最大的行业，也是各类全球系统中问题最大的一个行业。过度生产及由此导致的关键农业资源的丧失（包括地表土壤），过去 50 年农业价格水平和收入的不断下降，农业社区的持续恶化等，对于这些问题，即便像联合利华这样的大型食品企业，也无法独自左右其背后的驱动力量。[1] 尽管如此，全球可持续食品实验室仍是一个非同寻常的行动计划的一部分。它致力于以更深入地理解全球农产品种植、收获、收购和分销的方式，把来自商业、社会组织和政府的各类角色聚集在一起。这个行动计划很可能变成 21 世纪跨界合作的宝贵提示。

食品实验室的使命是：通过设计、实施和分享在政策和实践方面的创新，把可持续食品系统带入主流市场。[2] 其成员来自四面八方，包括联合利华公司、亨氏公司、通用磨坊公司、星巴克、好市多、蓝山咖啡、家乐福、乐施会、雨林联盟、凯洛格基金会（The Kellogg Foundation）以及盖茨基金会（Bill Melinda Gates Foundation）。在经过近两年的非正式聚会之后，食品实验室在 2004 年开始工作，形成了有 40 位成员的初期核心领导团队。[3] 这个团队的成员来自大型跨国企业、有机农业小企业、全球和本地的非政府组织、工会和合作社，以及政府部门。这些成员在各自的组织中，大都是副总裁或者总监级别的管理人员，大家都承诺在开始的两年中（在其他工作职责之外）专门为这个项目投入 40 个工作日，以便更深入地认识全球各种食品系统，并探讨如何共同工作来改变这些系统。[4]

联合利华欧洲部市场副总裁克里斯·保佛雷德（Chris Pomfret）几年前在一次演讲中表达了需要大家做出这种投入承诺的紧迫性："'可持续发展是否有人接受？'这样的问题是错误的。真正的问题应该是：'像我们这样的企业，如果没有可持续发展，还能长期维持下去吗？'"[5]

食品实验室旨在建立由数量相当大的各类组织形成的多元化团体，并开展持续和深入的协作。从我们的经验看，它在这方面有独到的建树。在我们研究和讨论食品实验室的具体行动之前，对形成这个团体及其使命的各种理念和实际能力做一些反思，会很有帮助。

建设人际关系

必要的变革越是看上去令人生畏，变革领导者的协作技能就越要老练纯熟。这几乎是显而易见的。但试图创造超越工业时代泡沫的新产品、新工艺和新商业模式的人，却还是会过度关注宣扬自己的变革想法，而忽视建立和发展那些成就变革所需要的人际关系。

我们常常发现，鼓动可持续发展的人，大致存在于两个阵营中：一类人认为，变革的道理如此清晰而又紧迫，只要是处于清醒状态的人就应该认同；另一类人则因为看到了现状与所需要的变革之间的巨大鸿沟，而变得灰心丧气、自暴自弃——他们声称，所需的变革永远不会发生，或者直接把维持现状的人勾画成妖魔。在这两者之间，还有一小群人，他们既有追求愿景的激情，也理解为完成愿景必须建设协作网络。

随着时间的推进，那些开发超越泡沫生活所需技能的人就会成为大师——他们不仅能够把所有适当角色都包容进来，也能够在原来缺乏互信的各方之间培育深层的沟通和联系。就像美国绿色建筑协会的创始人所说："一旦你把系统放进房间里，你就一定要让大家停止相互争斗和'摔椅子'。"

对话沟通塑造未来

然而，"摔椅子"事实上还要比"无可救药的礼貌客气"更好一些。许多这类团体都因为被"无可救药的礼貌客气"支配，最终窒息而死。哈佛大学研究员克里斯·阿基里斯（Chris Argyris）把这种"无可救药的礼貌客气"叫作"粉饰"（smooth over）。就像与此对应的另一个概念"直白表达"（speak out）一样，"粉饰"对于各类工作团体，特别是那些试图建立跨界协作的团体来说，也是一种自然反应。在遇到身体上的威胁时，大家会有"对抗或逃避"的直觉反应。与此类似，在团体中大家面对彼此大相径庭的世界观时，往往会感到陷入两难的困局——要么是超常的礼貌客气，要么就只能是辩论。

虽然有表面行为的差异，"粉饰"和"直白表达"的实际结果却很相近。原因是，在更深的层面，这两种方式都产生了"维持现状"的作用。进行"粉饰"的团体通过避开"不安全"的议题，从而得到这个结果；"直白表达"的团体则像一位经理人所描述的："大家都把各自头脑中的想法直白表达出来了，但永远没有任何人改变想法。"

然而，还有其他选择，可以让人际交往不再被过去的经历所支配（见图 17.1）。在第 9 章介绍的可持续发展价值框架中，把注意力集中到未来，对于开发“横轴上”的战略十分关键。与此类似，我们的经验是，“横轴上”的对话交流状态对开发这种战略创新的协作行动也必不可少。否则，如果总想追求个人的动机，最终会导致重大创新的失败。

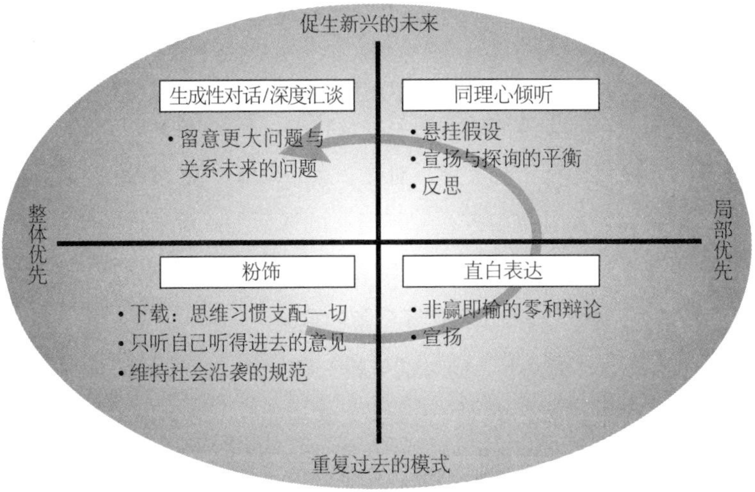

图 17.1　对话交流的四种类型

资料来源：奥托·夏莫（Otto Scharmer）。

当有足够多的人真正相互理解并欣赏对方看世界的不同方式时，“横轴上”的对话交流就开始了。此类对话的第一步“同理心倾听”很容易获得认同，但不容易做到。因为我们全都深陷于自己对现实的理解和观念，常常连其他人实际上在说什么都很难注意到。深入交流的第二步是“生成性对话”或“深度汇谈”，这与普通的商业谈话大有区别。在这个阶段，大家表达的是对自己而言真实的东西，而不必费尽心思去暗示这些“真理”的普适性。大家也同样吸收了别人的“真理”，而不必被迫同意别人的观点。大家实际上会开始产生一种信心，即当表达和倾听开诚布公时，大家是可以深入理解世界或某个特定议题的。真正的

“共同思考”就从这里开始了。

说到底，“同理心倾听”和“生成性对话”都要求大家变得更开放也更“柔弱”，即开诚布公地暴露弱点。它要求人们既开放头脑，又开放心胸。对于持实用主义态度的经理人来说，开放心胸似乎是“软弱”的表现，看上去与应对困难问题的要求相距甚远。然而，就像人都有“思考的头脑”一样，我们相信人还有“思考的心胸”。思考的头脑与理性和逻辑相关，而思考的心胸则与意义相关，与全身心参与相关。这两个特质对系统问题都十分关键。对这一点的理解，就反映在魏斯洛的经历中，反映在她关注能够产生“连通”的谈话上；对于这一点的理解，也反映在维尔米尔的评论中，反映在他追随可口可乐中的“创造性能量”，并培养一种“对参与和相互了解的偏爱”。

归根结底，“横轴上”的对话依赖三种技能：学习如何悬挂各种直接的假设，反思我们先前习以为常的心智模式，以及平衡对自己想法的宣扬和对他人观点的探询。

悬挂假设

我们自然而然地会认为自己的观点是客观的，但没有什么比这更不真实的了。女性看到的情况和男性相差甚多，销售人员和工程师看到的现实也大不相同，中国人和美国人看到的是不同的世界。这里没有好坏之分，这是人的天性。我们不是机器，不会被动地记录分立存在的外部现实。我们是持续与现实互动的生命，并通过这样的互动，构筑我们的知觉和意识。

只要稍稍想一想，大多数人就能体会到，任何人都无法真正看到现实。多数人也可以想象，个人的观点随着时间如何逐步自我强化，从而逐渐形成心智模式，形成未经检验的假设和习惯性的观察方法——比如，我们会对某一类人形成“老套”的成见。

问题不在于这些习惯性心智模式的抽象概念，而在于它对我们日常生活无所不在的影响。就像《韩非子·喻老》中所说：“智如目也，能见百步之外，而不能自见其睫。”要看到自己的眼睛，我们需要一面镜子，我们需要反思。

这就是我们所说的“悬挂假设”——实际就是把假设“托起来，放到你面前”。与其断然声称自己的信念就是真理，实践悬挂假设的人会认识到，自己对情况的观察，实际上只是“自己的观点”。这个微妙的转变带来的是更多的谦卑和倾听他人的能力。在工作团队中，思想僵化往往导致对话和深度汇谈的失败，而悬挂假设则能打破思想僵化，使人们更乐于探寻自己和他人的观点。一位“细节至上”的CEO在进行数年组织学习实践后，曾被问起看到什么变化。他说：“从前，人们总是说‘事情就是如此’；而现在他们说，‘我目前看到的情况是这样的’。”

开展悬挂假设实践的团队常常使用一个叫作“推断之梯”[6]的工具。梯子是个比喻，指的是我们的大脑从可观察的数据（如录像机记录的事件）迅速转向对数据的各种推论的运作方式——各种直接的意义，基于这些意义建立的各种假设、结论，以及这些结论所强化的一般性信念。

当团队或工作小组陷入无效的讨论交谈时，可以肯定地说，这是由于各个成员已经爬到各自的推断之梯（见图 17.2）的上层，下不来了。比如，我们在第 10 章一开始介绍的故事中，陷于困局的管理团队由于对可持续发展投资持不同观点而争论起来。负责环境、健康和安全的副总裁特德认为，公司应该“彻底重新考虑我们制定资本预算的方式”，“将至少 30% 的未来投资调整到再生型技术方面”。此时，不难想见，负责运营的副总裁乔安妮会觉得“这个赌注下得太大了”。根据她头脑中看到的直接“意义”，她甚至还会认为“特德对于这类问题太情绪化了，他好像完全不理会其中巨大的不确定性”，或者她也许会觉得“特德总是背着这个包袱”。因为基于她的观点，特德宣扬可持续发展的原因是，这样做是“政治上正确”的。

根据她得出的结论，她对特德在再生型技术方面的热情表示反对。她指出：“石油价格在两年前只是现在价格的一半……在这个行业里，价格波动是不可避免的。”

这样的陈述反映出乔安妮对于化石燃料价格和再生型技术的假设，

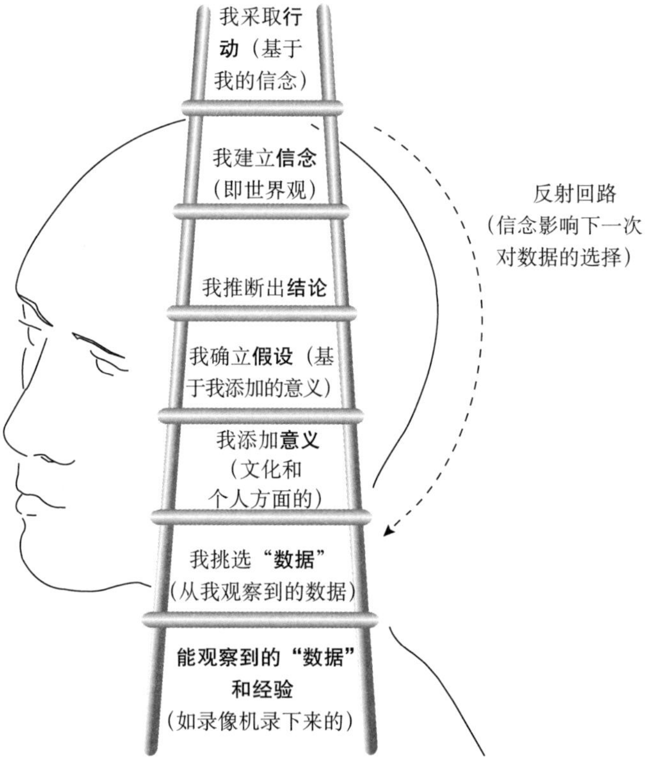

图 17.2　推断之梯

这些假设都是完全可以理解的。问题不在于乔安妮的观点，而在于她的观点产生于她对特德的陈述所做的推论，而对这个推论她并没有做任何“验证”。不同的观点之所以变成深度的内在冲突，而没有成为学习的机会，这就是首要原因。

比如，乔安妮其实可以坦白地说出她对特德建议的不确定性比较担心，询问特德对此有何考虑。这就可能引导团队去探讨不确定性和风险，大家甚至可能还会安排人，对不同选择进行完备的风险分析。相反，她再次断然重申她的核心信念：“这个世界还会依靠化石燃料许多年。”结果这场谈话不了了之，只是强化了团队成员间的旧有分歧。以上便是“直白表达”强化旧思维模式的例子。

悲剧不是出自“直白表达”本身，而是团队中没有人注意到“直白表达”这个现象——没有人意识到，学习的机会曾像火花一样在他们面前闪现，但在瞬间又熄灭了。学习的机会失去了，潜在的战略投资机会也就失去了。

通过悬挂假设，我们能够发现自己正在进行的推理，而后就可以寻求更多的数据，去确认或驳倒自己的推论。对于这个团队辩论的可持续发展复杂议题，问题并不在于其假设是否可以证实或证伪，而在于验证假设的严格训练会强迫我们明确陈述这些假设，让我们知道这些假设并不一定 100% 正确，也为随后学习实践的演进打下基础。相反，如果不能悬挂假设，不能验证假设，那么我们除了使交流互动模式强化各自旧有的立场之外，不会带来别的收获。由此，未经验证的假设不但会破坏真心协作的努力，还会控制组织的行为。

宣扬与探询的平衡

富有成果的对话交流的特点，是既有深度的探询，又有高度的宣扬；双方在表现出激情的同时也表现出好奇，既能坦然分享自己的观点，也随时准备仔细检查这些观点及其背后的假设。双方能预见到各自可能会以不同的方式看问题，也善于学习和领会产生这些不同方式的原因。

具有讽刺意味的是，探询往往被误认为是软弱的表现，是不确定的标志。多数成功人士在管理领域或专业领域达到今天的位置，是因为他们有能力形成自己的观点，并且强势地获得他人的注意甚至赞同。他们通过宣扬和坚持己见而获得的成功，甚至可能因其对目标的投资行为和支持举动而得到进一步强化，或者因有关其工作风格和成绩的文章报道而得到强化。但是，当人们面对真正复杂的、需要挖掘集体智慧的难题时，生硬的宣扬和固执己见只会适得其反。

比如，美国绿色建筑协会的吉姆·哈斯菲尔德曾清楚地表示，制定绿色建筑设计综合评级系统所需的专业知识，并不存在于“任何一个专家的头脑里，而是存在于那些把遍布整个行业的专业知识聚拢在一起的交流谈话之中”。

当协作行动的领导者真正相信，成败取决于能否培养集体智慧，那么帮助大家悬挂假设、平衡宣扬与探询，就成为一切的关键。哈斯菲尔德、鲍勃·博科拜尔以及美国绿色建筑协会的其他创始人，不仅知道必须把不同的既得利益者拉到同一个房间里，还知道必须改变这些人通常的互动交往方式。

他们制定了一个策略：让不同的人不断展示他们在各自领域中的专长。“在自己的兴奋点和经验所在的领域，大家会强烈地宣扬已见。”哈斯菲尔德说。但是，每位专家都只看到了“大象的一部分”，他们不得不暂时把各自对通风、能源效率和循环材料的激情“悬挂起来”，以便能够关注其余的部分。“人们的视野持续地被其他人的视野所扩展。”哈斯菲尔德说。渐渐地，这个过程触发了大家对自己专长之外的领域的好奇心。“大家总会说：‘这里面的东西比我原来想到的要多。’”

与此类似，他们也克服了“跳跃到梯子上面”的倾向，克服了相互之间做强烈的负面推断（更糟的情况下，会引出陈旧的成见，激化分裂情绪）。他们在会议中安排出时间，“让大家谈谈对个人来说什么重要，谈谈为什么我们自发自愿地花时间和精力一起来做这件事。”博科拜尔说。结果，“当人们的观点出现对立时，彼此间都有个相互理解的基础——大家都非常关注真正的变化”。

（帮助组织诊断“粉饰”和“直白表达”的具体模式的另一个工具是团队“四角钻石”——参考第 18 章的工具箱。）

无论是由于“粉饰”还是“直白表达”，当你的组织一筹莫展的时候，进入“横轴上”的状态去开展更有生成性的互动，会显得非常艰巨。但在这时，为可持续发展创新而相互协作的整个背景环境，就可能是至关重要的。由于水、绿色建筑、消除废弃物和毒性物质这类议题确实与大家有关系，所以，在真正相互倾听和激发集体智慧上即使只取得一点点成果，它也有可能迅速扩大。正像有意义的议题能够让人们抱住固有的观点不放一样，一旦意识到“放下”可以引发真正的变革，人们去这样做的意愿，会让最固执己见的愤世嫉俗者也大吃一惊。

“从他人眼中看现实”的实验产生了LEED系统，其真正的启示或许就在于此。哈斯菲尔德（原为英特飞公司的经理，在英特飞公司他初次接触了“推断之梯”和系统思考等组织学习工具）和博科拜尔（一位建筑师）都不会称自己是组织过程专家，但他们两人都理解改善谈话质量的基本法则。结果，他们发掘出了潜在变革的“深层洋流”。这一点在LEED系统真正启动之后更加凸显。LEED系统的启动，创造了一个学习和创新的自我增强循环，并随着新标准的出现而指导绿色建筑的新潮流，并持续至今。哈斯菲尔德说，回顾过去，“那时候很显然普遍存在被压抑的行动欲望——设计、建造更绿色建筑的行动欲望。这样的欲望在等待着某种共同的承载工具的引导，以便把它变成集体的行动”。

在我们的经历中，这并不仅限于LEED系统和绿色建筑，而是整个可持续发展领域的特征。当系统中的个人以开放的心态面对变革时，这类从前看上去不可能被改变的系统，也开始向变革敞开了大门。

开放心胸和头脑：学习之旅

理解了心智模式和生成性对话之后，可持续食品实验室行动（在本章开头介绍的）就从一个大胆的设想快速发展成工作现实了。

从最开始，这个行动的联合主任哈尔·哈密尔顿（Hal Hamilton）和他的同事就面临着挑战：如何让这批工作繁忙、热心承诺投入，又差异巨大的人放慢速度，来共同思考每个人对这些复杂而又充满浓厚感情色彩的问题究竟有哪些实际看法。哈密尔顿说：“大多数食品公司都认为，应用技术来提高生产效率是一切业务问题的答案。而他们办公室前面的大街上就是决意对抗跨国公司的众多抗议者。抗议者认为，大公司导致农民收入下降和过度生产，破坏了当地的农业社区和生态环境。而政府则被夹在中间，一方面是公司扩大生产和降低价格的压力，另一方面是农民失去土地、背井离乡以及随之而来的政治不稳定的压力。我在农业领域工作了30多年，在这个圈子里，大家共同工作的想法，听上去往往像是浪漫的幻想。”

通向更深度层面汇谈的探索之旅，始于对40位实验室团队成员的逐一深入访谈，其后是一次为期一周的容纳能力建设研习营。研习营介绍了系统思考、反思以及共同思考未来等方面的原理和核心工具，其中有许多我们在本书中都做了分享。这些初始步骤帮助大家掌握了集体学习的基本方法。然而，对于大多数成员来说，食品实验室的真正开端，是他们在巴西农村为期一周的“学习之旅”。

学习之旅是为了寻求对某一个或某一组议题的新认识而进行的探索。学习之旅意味着离开熟悉的环境，走出去直接观察系统中你不熟悉的部分。根据你要认识的对象，学习之旅可以是到公司的其他部门，像“影子”一样跟随观察你的同事做你从未做过的工作。复杂议题常常需要团队旅行（有时候是去往其他地区，甚至其他国家），以寻求建立对整个系统或系统某部分的集体认识。但是，我们需要直接观察的系统常常就在附近。关键是走到熟悉的环境之外，而不一定要走多远。这完全取决于你的目标。

我们都直接了解我们所属系统的某些方面，但是对其他方面的了解只是通过书本、文章、报告或数字。如果组织得好，比如像可口可乐与世界自然基金会（WWF）合作赴中国长青自然保护区的考察，学习之旅不仅可以把人们带到他们从未去过的地方，还可以打开他们超越智力的直觉。“去那里”意味着直接到不同于日常的地方，与通常不会交谈的人谈话聊天，看他们如何生活、工作、游戏、抚育子女，以及帮助生病的人。也就是在这样的时刻，我们才会开始实际感受，而不仅是用头脑认识一个较大的系统。特别重要的是，利用直接的体验去考虑与自己的看法大相径庭的观点——持有这些观点的人对我们所属的系统有过不同的经历。

食品实验室在巴西的学习之旅，揭示了这个行业的强大与脆弱两方面的情况。这次旅行包括考察大型甘蔗和大豆农场、食品和酒精大型加工厂、为小型农场服务的合作社、在一小块土地上艰难度日的咖啡和剑麻生产者、面向欧洲市场的创新特色葡萄生产商，以及为安置失去土地的农业劳动者所开垦的小块土地。在最初的食品实验室团队中，许多社区和环境保护活动家是第一次见到跨国企业，而企业成员也看到了乡下农民的生活，其悲惨程度是他们前所未见的。[7]

这个团队一起走过了所有的考察地点，所以他们有很多时间谈论彼此的所见所闻，也能发现在他们的解释和反应之间有多大的差异。比如，对农民合作社的考察引发了一位非政府组织成员的希望："这是让小农户在经济和政治影响力上达到临界点的真正办法。"但是，同样的考察却引发了一位企业团队成员的怀疑："他们看上去太混乱，做不成什么。"另一位企业团队成员后来评论说："至今我仍然感到非常吃惊，我们都看了同一个地方，却看到这么多不同的东西……我对此感到困惑。对别人的视角和看法，我的确所知甚少。"

令许多人吃惊的是，大家发现，为了截然不同的经历和观点而争吵，与"解决食物问题本身"，这两件事同样重要。就像一位来自非政府组织的参与者所说的，这是因为"我们不太可能只做其中一件事，而不做另一件。我们不只是商人或社会工作者，我们是彼此作为个体相互认识和了解的，我们不一定要彼此一致。这是件好事"。

一位参与者说，这个经历"开始穿透表面彬彬有礼的认同"（粉饰）。就像上文讨论过的，在这次考察之前，许多人认为只能用开放性的辩论（直白表达）来取代这种彬彬有礼。但当他们有充分的时间去反思和交谈之后，学习之旅开始让他们看到了第三种可能：既打开心胸又打开头脑的横轴上的交谈。渐渐地，建立在真正的尊重和同理心倾听基础上的关系开始成长了。

奥托·夏莫开发了本章所示的"四种对话"图。他把"横轴上"状态的特点表述为"生成区"，在这里，与把我们拴在过去的"锚"相比，我们对自己真正想要的未来的热望，成为更强大的主导力量。虽然许多协作行动都在争取实现这种对话交流，但都没有取得多少成果，因为人们不能克服夏莫所说的"判决的声音"和"自暴自弃的声音"：前者使人们执着于自己的观点，后者则由于坚信"不可能有真正的变革"，而使内心"冷淡僵硬"。

学习之旅的以下 5 个元素可以帮助你打开眼界，看到比你通常所见的更大的现实。你不需要像食品实验室团队那样，需要走很远才能理解这些要素的作用。

1. 组织一个多元化团队，尽可能使它代表你所处的更大的系统。
2. 确定这个系统中你们需要探索的各个不同方面。
3. “一同蹲点”——整个团队一起去考察。[8]
4. 拿出足够的时间，共同反思和讨论大家的经历。
5. 耐心花时间关注大家在反思中产生的心愿和投入承诺。

无论这些考察旅程涉及的是另一个国家，还是你的供应商办公室，甚至是楼下的另一个部门，最后一项要素都是关键。学习之旅的核心是感知（或对当下的开放意识）。但是，学习之旅的目标并不仅仅是为感知而感知，也不仅仅是进一步加深关键角色间的关系，而是要在人们深切关注的紧迫议题的背景环境中去感知。为了服务于真正的变革，团队成员必须从根本上准备好重新检查自己的各种观点和信念，以及过去的经验证明是正确的各种方法。

工具箱

平衡宣扬和探询的程序

今天的可持续发展议题充满政治意味，如果你对这种议题充满激情，那么学习以探询式的谦逊态度去平衡你宣扬的态度，就是非常关键的。学习这种技能或许就是个人（即便是自己单独做事的人）开始从内部改变一个大型组织的最好方法。你不需要依照什么指令、预算或建议书来着手改善这些谈话技能，而且你基本上总会获得回报——关系的加强和声誉的提高。

每当遇到讨论提供的学习机会时（比如在考虑某个难点时，需要团队中的每个人都提供信息和积极参与），你就应该应用这些对话“菜单”。如果需要进一步的工具和建议，请参见《第五项修炼·实践篇》。

1. 改善宣扬技能的程序方法

慢爬“推断之梯”，使你的思考过程清晰透明

做什么	说什么
说出你的假设，描述你是如何做出这些假设的。	“我是这么想的……我是这样推理的……”
解释你的假设。	“我假设……”
把你的推理明晰化。	“我得出这个结论是因为……”

（续）

做什么	说什么
解释你观点的内容：你的建议会影响到谁？他们受到什么影响？为什么？	
举例说明你的建议，即便是用假设的方法或者打比方的方法。	“要清楚地理解我说的意思，就请你想象你是受到影响的客户……”
在你说话的时候，试着在头脑中勾画其他人对你说的话的看法和视角。	
公开测试你的结论和假设。	
鼓励其他人深入探索你的模型、假设和数据。	“你们觉得我刚才说得怎么样？”或“你们觉得我的推理有什么问题？”或“你们有什么补充？”
你的想法遭到质疑时，控制住自己，不要自我辩护。如果你的见解是有价值的，那么测试它当中潜在的问题只会让它变得更强大。	
揭示你的思考有哪些地方不够清楚。这并不会让你显得软弱，却会减弱那些反对意见，同时也让大家愿意改进它。	“有一个地方，我特别需要反馈意见……”
即便宣扬时，也要倾听，也要保持开放的心态，也要鼓励其他人提出不同的观点。	“你是否有不同的看法……”

2. 改善探询技能的程序方法

请对方把思考过程变得更加清晰透明

做什么	说什么
慢慢地领着对方走下“推断之梯”（参考图 17.2，复习梯子上的不同阶梯），发现对方可能有的假设。	“是什么引导你得出这样的结论？” “对此你有什么数据？” “你这样说的理由是什么？”

（续）

做什么	说什么
避免使用挑衅性语言，特别是当面对那些不熟悉这些技能的人时。问问题时，不要采取容易引发自我辩护或“诱导证人”的方式。	不问“你是什么意思？”或“你如何证明？”而要问“你能帮我理解你的这个想法吗？”
让对方说明推理过程。尽最大可能去了解他们为什么会这样说。	“这一点有什么重要性？” “这点与你的其他考虑有什么联系？”
解释你探询的原因，说明你的探询与你的关注、希望和需求之间的关系。	“我问及你的假设，是因为……”
通过询问更大的背景或例子，测试对方所说的内容。	“你的建议会如何影响……”
确定你理解了对方所说的内容。	“这是不是类似于……”
倾听可能出现的新感悟，不要试图推翻对方的见解，也不宣扬你自己的目标。	“你能举个典型的例子吗？” “你说的是……对吗？”

3. 面对你不同意的观点的程序方法

做什么	说什么
探询是什么使对方得出这个观点。	“你是如何得出这个观点的？” “你是否采用了我没有考虑到的事实数据？”
确定你是真正理解了对方的观点。	“按照我的理解，你说的是……”
用开放的态度探讨、倾听并提供你的观点。	“你是否考虑过……”
在大家坦诚、开放地分享替代你的假设的各种建议时，留意倾听可能会出现的更深层的含义。	
说出你的担忧，解释是什么引发了这些忧虑。	“这个观点对我来说很困难，因为我的经验是……”

| 第18章 |

培养共同的承诺投入

试图让人们对可持续发展行动做出承诺，就像试着去“感到幸福”一样——力气用得越大，反而可能越不成功。

如果组织的多元化程度很高，从属关系比较复杂，固有观念相当根深蒂固，那么对于可能形成的协作来说，挑战就更为巨大。传统的培养承诺投入的管理方法，比如绩效管理和激励系统等，在此都没有什么用处。首先，当人们在组织内部或者不同组织之间跨界协作时，通常不会有清楚的权力结构来管理这类激励措施。其次，由于这类协作行动的目标演化往往需要时间，衡量其成功与否会很困难。最后，这些行动所需的承诺投入的深度，远远超过了通常的“胡萝卜加大棒”方法所能培养的深度。

相反，你会发现共同承诺来自两个方面。首先是关注参与，这涉及对你和你的组织都至关重要的事；其次是注重创造机会，以使注意力的聚焦和承诺投入都能自然而然地随着时间逐渐加深。

培养参与意识，发展承诺投入

回想一下美国绿色建筑协会的创始人在合作初期的口号："寻求一致，然后行动。"他们没有被面前的巨大挑战压倒，而是集中精力完成可操作的小规模任务，开发动力，形成势头。就像吉姆·哈斯菲尔德所解释的："我们寻找大家有兴趣解决的具体问题和任务，找到之后我们就说，'开始行动吧。与其在重大问题上各执己见、吵来吵去，倒不如从这些具体工作入手合作，并由此学到更多东西'。"

这种策略方法，或许会被误认为是回避深层问题，然而，只有当这种策略导致大家无限期地忽视重大问题，才是真正的回避心态。相反，我们发现，参与本身就是在培养人际关系。人们通过共同工作而彼此了解，建立共识，哪怕是很有限的共识。进一步看，如果把共同工作与反思和深度汇谈结合起来，就更容易让背景各异的参与者渐渐开始谈论自己心中更大的目标和更深的忧虑。独木舟在水里动起来的时候总是更容易掉头，而当它一动不动的时候，你就需要花很大力气才能让它掉头。

把你的关注和组织的关注联系起来

你激励承诺投入的能力永远不会大于你自己的承诺投入。培育共同承诺的关键在于与你自身的关注相联系，与你所在组织的关注相联系，并逐渐把这两者编织在一起。

所有组织，特别是那些存在了10年以上的组织，本身就具备创造和创新的能力。否则，它们不可能在周围环境不断变化的过程中生存下来。但问题在于这种能力往往会退化，即便最为成功的组织也会失败，尽管它们拥有资源、人才、市场地位和强烈的生存动机。探求超越工业时代泡沫生活所需要的深层创新，为挖掘乃至不断提升这种生成能力提供了超乎寻常的机会——仅从所需变革的深度和广度而论，也是如此。

通过与可持续食品实验室合作，美国的大型食品零售商之一好市多已成为健康食品供应链原创试点的领导者。好市多参加到食品实验室中并非出自其CEO的要求，也不是公司实现食品产业可持续战略的一种手段。正相反，这个故事始于一位妇女，她当时的工作与这家企业的食品业务并没有直接关系。

谢里 · 弗莱斯（Sheri Flies）对可持续发展产生兴趣的时候，已经在总部法律顾问的职位上工作了 12 年。“我对食品系统有些了解，对食品价格持续下降导致全球农民陷入贫困的悲惨境况也知道一些，但我不是专业人员。我自己会去买公平交易系统的咖啡，而且我一直在想，我一定还可以再多做些什么。”

但是，要找到一个可行的路径，她就必须把自己的关注与公司的关注结合起来。要做到这一点，就需要她去学习一些她已经知道的东西——只是她当时还不了解其实她已经知道了。

对自己的公司究竟代表什么意义还不甚了解的可持续发展提倡者，常常只会试图把自己的观念“硬塞”给组织。他们这样做在最好的情况下也只能产生微小的影响力，却同时面临风险，即疏远许多原本能自己参与进来的人。当弗莱斯在食品实验室成员会议上开始会见其他企业（比如联合利华和蓝山咖啡）的代表并了解各种项目的时候，她可以感受到这些企业与好市多的潜在联系。但是，她不知道如何才能让公司里的其他管理人员也有这种认识：好市多是一家有自己做事方法的公司，如果在当时就提出变革整个供应链，很可能会让人觉得“不靠谱”。

她开始与公司中的其他人进行探讨。出乎她的意料，她发现公司中已经有人在为创造更可持续的食品供应链而认真开展工作了。他们只是没有给自己贴上标签，说自己在开展这方面的工作。最终她找到了给自己的想法定位的合适办法，并使它在公司的管理层中产生了共鸣。

“这花了我好长一段时间，但是我逐渐理解了怎样才能与公司的‘DNA[①]’联系起来。”弗莱斯说，“我们有与忠实的供应商建立长期关系的传统。从本质上说，我们是一家‘握手成交’的公司。我们很重视关键供应商，把他们看作我们业务的一部分。他们的生意做得好，我们就能做得好。所有这些都植根于我们对客户的质量承诺。据我所知，在整个行业中，只有我们这一家公司在总部政策层面限定了加价幅度。因为如果我们加价过高，就是对我们的会员客户不公平。所以，我们提供质量可靠的产品，并且有真正关怀供应商的天性。

“我能看到，现在只需要扩展这种关怀的边界。我只要帮助经理们了解：今天的可靠供应链，需要超越我们的直接供应商，看到它们的供应商。这就会自然而然地引发不同程度的积极行动，保障农民和农业社区的健康。”

挖掘组织的生成性DNA，能创造出承诺投入和创新所需要的火花。要做到这一点其实没有什么“魔法配方”，但总会涉及那些造就组织的特质——与造就每个人的特质一样。尽管如此，在那些拥有强大的自我认知的企业中，我们一再看到，那些具备开放的头脑、对（系统）整体的健康做出承诺的人，如果同时具备足够的耐心和谦卑，最终会找到方法去建立这样的联系。

一旦他们找到并建立了这样的联系，弗莱斯和耐克公司的魏斯洛这样的领导者就会帮助组织中的许多其他人，重新发现他们所代表的意义。在交出“结果”的日常压力之下，人们很容易忘记，组织实际上是人的社区。组织作为社区能够获得生命，是因为有足够多的人关注某些

① DNA（脱氧核糖核酸）此处将企业视为生命体，DNA即其遗传基因。

事，并共同进行探求。在耐克，一位传奇教练训练出了激情高昂的赛跑运动员，并在制造世界级运动员跑鞋方面取得了重大突破[1]；在星巴克，这些人可以是那些咖啡爱好者；在谷歌，这些人可以是想要塑造互联网世界的远见卓识的技术人员。好市多创始于一批具有丰富零售经验的人，他们真诚地致力于为“会员”顾客提供高质量、低成本的商品。随着时间的推移，各个行业随之演化，新的环境和愿景造就了新的运营方式。但是，就像在其他所有人类社区中一样，“根”很重要，从“根”出发的变革过程，激发出广泛参与并获得成功的潜力要大许多。

为志向和热望的成长创造空间

培养承诺投入是一个难以进行抽象探讨的问题，因为它往往非常个人化。然而，它又完全不是关于我们自己的。这两点看似自相矛盾。

就像一位CEO曾经说过的：“所有的真心承诺都关乎比我们自己更宏大的事物。”

通过观察各种富有才华的领导者，我们得出结论：耐心和对个人自主性的深切尊重，是他们处理共同承诺这个问题的方法，但这并不意味着他们会被动旁观。他们会不知疲倦地把代表关键相关利益的各类参与者聚拢在一起，帮助大家看到各自和对方的现实和热望。他们尊重历史和实际环境，精于“保留空间”，也就是创造氛围让大家安全地反思，并相互开放、坦诚相待。换言之，他们对深层连通会有一种庄重的神圣感。

谢里·弗莱斯在可持续食品实验室工作两年之后，辞去了集团法律顾问的工作，转到了公司负责食品业务的部门。在参与了运营方面的强化培训之后，她开始负责几个试点项目——管理健康价值链方面的新型实践，这些实践都是原型项目的工作。每一个项目都涉及培养新的、规模超越前人想象的协作。

这些项目之一是好市多从危地马拉收购法国青豆。一年之中，她持续开展了“聚拢”工作，也深深沉浸于这个食品产业链第一线的现实之中。随后，她参加了一次非同寻常的工作会议。

2007 年 1 月一个清冷的早晨，在危地马拉的安提瓜一所 400 年前女修道会上重建的小礼堂中，弗莱斯坐参加了一个庄重的仪式。坐在她旁边的是她组织的项目团队，其中包括好市多负责采购的副总裁助理兼货物总经理弗兰克·帕迪利亚（Frank Padilla），好市多的采购商之一戴尔·霍林斯沃思（Dale Hollingsworth），好市多的两位本地采购商，国际热带作物中心（the International Center for Tropical Agriculture，CIAT，这是一个专门从事热带农业社区建设的地区性非政府组织）的主任，库特拉·皮诺斯合作社（Cuatro Pinos Cooperative）的联合创始人兼主任图利奥·加西亚（Tulio Garcia），几位本地的农场主和合作社员工，以及洛杉矶沙拉公司（LA Salad Company，这是一家食品批发公司，也是合作社的客户和好市多的供应商）的总裁。这个活动是为加西亚的儿子胡安·弗朗西斯科（Juan Francisco）举行的弥撒，他在当年早些时候死于一场悲惨的车祸。在此之前，弗莱斯建议，为表达对他的纪念，这个试点项目以他的名字命名。

在仪式进行过程中，弗莱斯回想着在此之前所发生的一切。当她了解到，有了健康的青豆产业链就可以保护当地农业社区的环境健康之后，她就到危地马拉出了几次长差，与国际热带作物中心的马克·伦迪（Mark Lundy）一起工作。他们两人达成了共识，要一起参加一次对这个国家供应链的独立审计，试图了解其中所有资金的流向，以确定在供应链的每一环节上谁增加了价值，并评估其对社会和环境的影响。

这次审计开始把这个系统拼成一幅图画——哪些部分运行正常，哪些部分存在问题。但是，这也提出了一个难题：“审计是为谁做的？”

公司在这种情况下的典型做法，是以这项研究为基础采取“单边”行动，不考虑合作社或者供应链中其他成员可能采取的行动。这一次他们决定，在检讨审计结果的时候，把所有关键参与者都包括进来：本地的农场主（这些农场主还从没见过这么深入野外一线的公司总部人员）和农民合作社的代表。

弗莱斯说：“如果不请所有的人参与进来，就会破坏正在建设的人际连通感。”不仅如此，他们还决定，这个会议不在美国的好市多总部举行，而在危地马拉的农村举行，而且就在玛雅农民当年居住的高地附近举行。他们想为会议的参加者营造与以往截然不同的体验和经历。而后，当加西亚请他们参加为他的儿子举行的弥撒的时候，弗莱斯同意了——她了解并信任自己的合作伙伴，相信他的直觉。

在仪式进行过程中，胡安 · 弗朗西斯科的家人谈到了他的生活。弗莱斯说：“现场非常感人，对好市多的人来说，是很有冲击力的。这不是一个普通的采购商会议。”随着仪式的进行，他们也明显沉浸到了当时的情感气氛之中。弗莱斯说：“这项工作开展两年以来，我的学习收获之一就是，当我们一起严肃交谈时，神圣事物很重要——祈求指引的简单祷告，长者的祝福，或是每个人在会议开始时都有机会表达内心最深处的愿望。[2]

“当图利奥提到这次家庭弥撒的时候，我们两个都觉得这是让大家了解我们所属的社区和家庭的理想场合。我没有料到的是这个活动对其他人的影响。弗兰克 · 帕迪利亚在长大成人之后，就再也没有听到过一场用西班牙语做的完整的天主教弥撒。他后来告诉我，这个场景把他带回了自己的家乡和家庭的‘根’。我相信，这对于胡安 · 弗朗西斯科的家庭也是一次弥合创伤的经历。我从未想到可以用这种方式帮助他们。”

在这场弥撒和家庭聚餐之后，项目团队围坐在一起审阅审计报告。在此之前，每个人都阅读了这份报告。它记录了农民生计的脆弱性，也记录了环境和社会问题，还描述了使这个产业“压力越来越大”的各种影响力。弗莱斯和兰迪提出了三个问题：“你主要希望我们的项目实现什么？这个报告中的哪些内容使你感到吃惊？对于实现这个项目的最高期望，你觉得存在哪些主要障碍？”在此之后的对话中，大家畅所欲言，许多人都听到了自己从未听到过的观点。

第二天上午，这个小组驱车四个小时前往一个偏远的村庄，与农民家庭进行为期两天的探讨。“我们到达高地的时候，天气非常冷，但已经有农民在那里等我们了。”弗莱斯说，“农民们准备了一次介绍，每个家庭都花一段时间和我们坐在一起。家庭中的每个人都会跟我们谈话——孩子、父母和祖父母。对有些人，谈话的内容要翻译两次才能听懂，先从他们的本地语翻译到西班牙语，再从西班牙语翻译成英语。他们领我们去看他们的农田和住所。他们告诉我们，孩子们现在有鞋穿，有更多的衣服穿，还可以去上学，也有更多钱买食物了。这都是因为他们的作物有了一个好市场，他们通过合作社提高了农业生产水平。尽管审计报告里写到了紧张压力和风险，但项目本身在许多方面还是获得了成功，特别是在好市多、洛杉矶沙拉公司和库特拉·皮诺斯合作社的合作方面。”

在访问快要结束的时候，一位农民说：“这是我们第一次经历平等的对话。”另外一位补充说：“我们每个人都在倾听。”

弗莱斯说：“非常有趣的是，当我们第一天提出那些问题的时候，每个人对这个项目的目标都有不同的看法。依我看，这点非常重要。这体现出我们是可以真正以诚相待的，这似乎象征着这个项目背后的全部理念：真正深入观察不同的环境条件和需求，同时又承诺投入让每个人都满意的系统。”

三天之后，好市多的人在离开以前，承诺与库特拉·皮诺斯合作社进行更密切的合作：提供商业建议、协助改善可持续作物的产出，以及开发对农业社区健康更具针对性的通用采购流程。这次会议之后，他们还协助合作社培育了更多的作物品种。所有这些行动都是更大规模的胡安·弗朗西斯科项目的一部分。

回顾这次审阅审计报告会议和好市多此后的工作，弗莱斯描述了后来产生的最大转变："我们的采购商知道了谁在生产这些农作物，他们不再是在'真空环境'中做决策了。这点不仅对于库特拉·皮诺斯合作社是如此，对于其他地区的合作社也是如此。人们后来明白，这就是传授可持续发展的起点——不仅是理念和标准体系，还要了解农民，要确定他们获得了公平的回报。"

比如，他们了解到，洛杉矶沙拉公司与库特拉·皮诺斯合作社合作建立了一个储备基金（双方投入总额是销售额的 10%），让农民总能按时收到付款，而不受气候或者运输问题的影响。"这对于他们来说，可是一件大事。"弗莱斯说，"这个行业里总会有一些你不能控制的事情发生。以前，受影响最大的是农民。"对于好市多的人来说，这也体现出像洛杉矶沙拉公司这样有承诺的"中间商"（大型零售商为了降低成本，常常想要除掉价值链上的这个环节），能以好市多做不到的方式，为这个系统的安全运行贡献力量。

反过来，这个项目也为公司中其他类似的供应链项目提供了信息，后者似乎也在进入自我增强的创新成长。"当我开始做的时候，这真是件小事，"弗莱斯说，"现在，可持续发展在我们公司已经不再是小事了，而是主流。我们的利益相关者会询问这件事。公司里方方面面的人都在询问他们可以做些什么。许多在不同领域工作的人现在都在做项目。"在单一价值链以外，人们还在探索能够帮助整个产业的项目，比如正在美国快速发展的有机乳业。弗莱斯说："人们学会如何看整个系统，学会应当提问哪些问题，学会看到典型的管理政策无意间制造的后果，这些都太重要了。"

从某种意义上说，弗莱斯这种创新者的工作，可以归结为让人们明白：看清系统最终意味着看清彼此。时间会证明，这个微妙的道理会传播多远。说到最后，好市多从事的是商业活动，而商业的思维方式不可避免地会渗透到公司里人们的互动交往中。“虽然这种思维方式在做出合理的商业决策上有实际意义，但是，如果人们对此习以为常，就常常不能把它放到一边，不能真正深入地看清自己，不能更深入地看清更大的系统。”弗莱斯说，“我们也许最终会为错误的系统做出正确的决策。如果不能改变我们的人际交往方式，又如何能指望事情会真正发生改变呢？”

开放头脑，开阔心胸，从超越我们自己的观点和个人目的开始，由此我们才能开始建立连通，才能真正为创造新的系统而工作。但是，还有第三种开放，这就是意志的开放——理解系统思考和跨界协作的人，都一再表现出这个特点。当个体和集体在自己的志向目标或使命方面开放的时候，就是意志的开放。当这些词汇与“健康的食品系统”和“强壮的农业社区”这类应对非常实际的问题的开发计划一起出现，更是不同寻常。然而，就像弗莱斯所说，目前缺乏的往往正是这些。

[工具箱]

团队四角钻石模型：辨别你的工作团队的现有模式

在与各类团队的多年工作中，我们注意到一些可观察的、影响力强大的行为模式，它们决定了团队实现绩效的能力。戴维·坎特（David Kantor）是在团队工作方面应用系统思考的先驱。他发现，在人类的交流互动过程中，有四种个人交谈行为不断反复出现。这四种“交谈行动”或陈述方式，在各种内容的交谈中都会出现。围绕像可持续发展这类题目，常常产生激烈的交谈，而我们发现此时这个模式特别有针对性。

这四种行动方式及其目标如图 18.1 所示。

在一个运作良好的团队中，每一种行动都存在，也都起到有效作用，不同种类的行动之间也相互平衡。实际上，在图 18.2 中所示的“钻石”应该是完备和对称的，没有特别弱的方面，也没有变形。相形之下，如果缺乏一种或两种类型的行动，或它们的力量很弱的时候，“钻石”就崩溃了。

在有建设性的交谈中，宣扬与探询之间有一种平衡，并且讲话的人都会走下“推断之梯”，以开放的心态分享自己的推理或感受，欢迎对方回应，欢迎深入探讨。

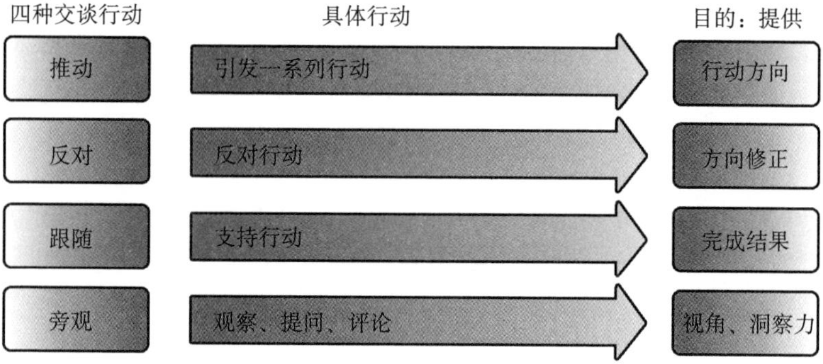

图 18.1　四种行动方式

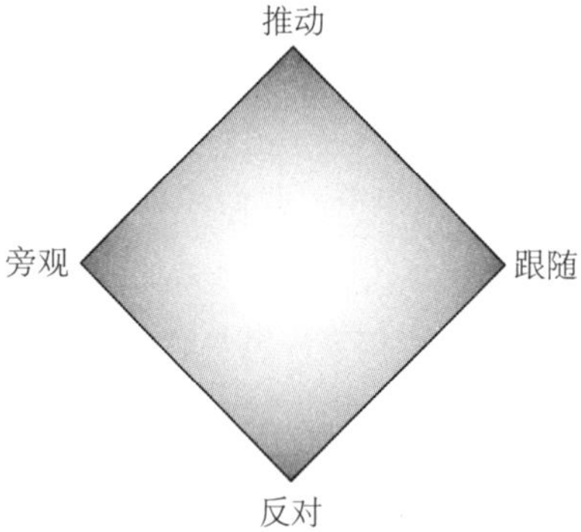

图 18.2　团队四角钻石模型

比如，有效的“推动者”会为团体提出一个立场，或建议一种行动，而他的态度会激励别人发表意见。相形之下，糟糕的“推动者”往往会采取一种“公牛闯进瓷器店”的莽撞方法，试图把自己的观点强加到团队成员身上。

与此类似，有效的“反对者”态度坚定而又尊重他人。他们往往在推动者最初建议的不同方向上提出意见，比如，“我不同意比尔的想法，这是因为……但是，比尔，你看我是不是忽略了什么？”

有效的“跟随者”头脑清晰，往往会把行动建议再向前推进一步，或表示真心的情感支持："我同意这个想法，我建议这样开始行动……"糟糕的跟随者软弱又模棱两可："我猜这对我来说还可以。"（或者，甚至是沉默的同意。）

最后，有效的"旁观者"会观察并做出评论。这些评论提供其他视角，但不提出具体的解决方案。"旁观者"也可能问问题，使大家得以用新的角度看待复杂的问题，比如，"我注意到，我们小组刚才劲头有所下降——我们是不是忽略了什么东西？"无效的观察者的例子，包括冷漠的消沉，大家不愿意说话。他们要么是因为害怕枪打出头鸟，"把脖子伸出去冒险"或"陷入权力斗争"（我们把这类沉默称作"问题的旁观者"），要么就是漠不关心。

如何知道你的团队是否运行良好呢？首先，评估每种行为方式是否都存在，有哪些是不存在的。然后，评估其有效性。总体上看，健康团队的特征是平衡性和流动性。所有四种行动都应该是同时存在的，也都应该被看作是有价值的；同时，每个人都是流动的，有能力扮演不同的角色。

以下是戴维·坎特和史蒂芬·奥博（Stephen Ober）研究确定的，运作良好的团队的一些具体特征。查看这些特征表时，考虑一下你的团队。这些特征中有哪些在你的团队中有持续表现？

运作良好的团队

1. 团队具备所有四种行为能力，它们易于察觉，而且彼此平衡。

2. 团队中的成员具备参与一种以上行为的灵活性。

3. 团队及其成员不会经常陷于重复性的、几乎是固定仪式的互动模式。

4. 团队成员做“有效旁观者”的能力纯熟，可以避免处于“卡壳”的状态。

5. 团队成员有能力做出清晰而非含混不清、模棱两可的陈述。

6. 不能形成决定的时候，团队对此有清晰的认知，并能够确定重要的问题，或者确定推动形成适当决定的下一步行动。

“卡壳”的团队

四角钻石模型特别有助于帮助团队诊断何时处于“卡壳”状态，帮助团队了解如何解除“卡壳”状态。

团队“卡壳”的时候，一些模式会反复出现。即便是健康的学习型团队，有时候也会“卡壳”，意识到四种角色作用中有一种或者多种缺失，或者注意到以下任何一种模式的出现，就能够帮助团队回到正确的轨道上来。

1. 只说“是”的人。一两位有能力的人物出现了，其他人跟随他们的引领，不问问题。

2. 会议枯死。“说”主要由几个人完成，组织中的其他人变成了“问题的旁观者”。

3. 我们在干什么？对于一个问题，没有人提出立场（做出有效提议），因此不清楚前进道路。

4. 辩论协会。大家陷入“推动—反对”的互动机制之中，换句话说，人们卡在彼此的相互争论之中，既不“悬挂”也不改变既定的立场。

团队“卡壳”时怎么办？

我们再回到第 10 章中提到的“卡壳”管理团队的故事，看看“辩论协会”模式是如何形成的。具体说，负责环保、健康和安全的副总裁特德与负责运营的副总裁乔安妮，很快就卡住了，形成了“推动—反对”模式，两个人都没有做出改变这种处境的努力。结果是，团队中的每一个人都站到其中一方。负责公众关系的副总裁史丹支持特德的意见，然而首席执行官罗伯特则站到了乔安妮的一边，并得出了结论：此时没有必要采取任何新的行动。

有人提出动议，另一人反对，以此类推，团队工作逐渐沦为一种行为网球赛。跟随和旁观行为不是不存在，就是无效或无法带来新的视角，也无法停止争论。请注意负责战略的副总裁安东尼，在会议即将结束的时候，他做了旁观者的评论——他说：“如果你要是在其中一个问题上错了，或者在两个问题上都错了，那对公司未来可能会产生哪些影响呢？”但是，这个评论在会议过程中来得太晚，所以看不出是否有效果。

如果你的团队陷入某个重复出现的模式，比如“推动—反对”模式，那会发生什么？团队会不会“卡壳”？其他角色行为会不会消失？你们如何相互支持，并在“卡壳”时带来有效的旁观视角？

以下是一些基本的步骤和人际开发性实践方法，可能让你的团队走出“卡壳”状态，变得更有效。

1. 请每一位成员确定他们最喜欢的角色行为。做这件事有个好方法，就是请每个团队成员都走到房间的一角，这个角落代表了他们最倾向的角色行为，或者代表了他们技能最熟练的角色。

2. 看一看团队的自然分布。是否所有人都是推动者，或所有人都是反对者？团队一般不会处于完美的平衡状态。

3. 问一问自己：“团队表现出来的不平衡倾向，对我们的工作、解决具体问题的方法以及大家是否感到自己的想法得到了认真对待等方面将有什么后果？”

4. 请每一位成员都反思自己想要开发的技能。请大家站起身来，走到代表他们期望开发领域的房间一角，是个有用的方法。

5. 讨论一下，要让每个团队成员都在学习上获得进步，应该做些什么？团队应该如何支持他们？（每个人也可以在平衡宣扬和探询的能力方面下功夫，支持整个学习实践过程。）

6. 最后，作为一个团队要经常对自己的互动方式进行反思，辨别“卡壳”模式，认可自己的进步，并且不断自我完善。

第六部分　从解决问题到创造未来

The Necessary Revolution:
How Individuals and Organizations Are Working Together to Create a Sustainable World

本书开始曾经提到，解决问题与创新是两种完全不同的心态。虽然两种方式都重要，但要实现创造再生型社会所必须经历的巨大变革，就不能仅仅依靠在危机出现后再做出反应。这样的变革需要灵感、热望、想象力、耐心、毅力，也需要谦卑。这样的变革需要愿意做出承诺投入的个人和组织构成的网络——他们不仅要学会如何观察塑造了今天世界的种种系统，还要创造新的替代系统。

在共同创造未来时，大家会以不同的方式工作：会把自己定位于未来而不是过去。吸引大家前行的是自己真正想看到的未来世界。要学习如何激活创新过程的独特能量——创造性张力。当真正的愿景呼应了当前大家坦诚面对的现实，创造性张力就会存在。要学习如何放弃事先想好所有安排的做法，大胆走进具有巨大不确定性的空间。还要领悟到，开发这些容纳能力的先决条件是使自己真正成为自己，即真正整合自己的生活。一位女士曾在小组会上愤怒地说："我讨厌乱七八糟的'帽子'，经理的'帽子'、夫人的'帽子'、妈妈的'帽子'。我只是我，这就是我的生活。我不会根据不同场合，在一个又一个角色之间换来换去。"

引领这些深入变革的组织正在全球逐渐显露头角。这些组织没有停留在"少做坏事"的阶段，它们把可持续发展的各种挑战，转化成有强大吸引力的战略机会，它们在创造真正的新产品、新业务、新能源基础设施，以及新管理实践和新组织架构。但坚持以创新为定位运作，既没有魔术般的神奇，也并不神秘，而只是将工作做到极致。大家都充满激情，人人都做出承诺投入，做无私呵护未来的受托人——尽管这个未来的许多方面他们永远也看不到。

| 第19章 |

从生命系统获得灵感的创新

企业必须创新，否则就无法生存。而激发创新灵感来源的这一改变，就是工业时代泡沫过后生活的重要特征。

从被动反应式解决问题的心态转变到积极主动的创造，最终都要围绕如何激发灵感。更具体地说，就是围绕如何把自然作为我们灵感的基本来源。美国绿色建筑协会成员吉姆·哈茨菲尔德说："我们一次又一次地回到这个简单的概念——要像大自然的运作那样去做事。无论从内部还是外部观察建筑物，都要把它当作一个生命系统去看。不断提醒自己这一点，它就会成为一座灯塔，帮助我们在必须经历的航程中穿越巨大的不确定性水域，战胜艰难险阻和矛盾冲突。"

耐克公司的达茜·魏斯洛也有过类似的经历。她曾努力让公司的设计师们对自然系统兴奋起来。在这个过程中，她聘请了珍妮·班娜斯（Janine Benyus）及其同事戴娜·鲍迈斯特（Dayna Baumeister）做咨询师——班娜斯曾在1997年出版过一本名为《生物仿生学》（*Biomimicry*）的著作。在书中，她介绍了生物仿生原理。魏斯洛举办了多次为期数日的研习营，第一次就召集了公司内部20多个不同职能部门的代表人员参加，包括设计、后勤、运输、人力资源、组织发展和工程部等。魏斯洛说：“对于我们所有人来说，珍妮所做的工作已经变成一个经常的提醒——无论设计挑战多么艰难，我们有35亿年的大自然实验数据可以利用。”

对于耐克以及斯迪尔科斯公司（Steelcase）、美国绿色建筑协会、第七代公司、英特飞、赫尔曼米勒和福特等其他公司和组织，另外一种灵感则来自建筑师威廉·麦唐纳和化学家麦克·布朗嘉，这就是“从摇篮到摇篮”的设计理念。

当然，在化学和石油化工等现代科学出现之前，对自然的研究曾是不同古老文明社会持续数千年的共同基础。实际上，回归自然，以自然为师，把自然作为企业战略和创新的基石，也不是近几年才有的商业发展思路。比如，20年前，施乐公司中一个工程师团队在重新思考产品设计时，就对自然这位老师有过令人震惊的、全新的发现。

废弃物零填埋

在世界对“仿生学”或“从摇篮到摇篮的设计”这类概念还茫然无知的时候，施乐公司的一个工程师团队就已经建造了一条非凡的绿色产品生产线。这个振奋人心的概念叫作“雷克斯”（Lakes），后来转变成为全新一代的复印机，于20世纪90年代后期开始面世。在世纪之交，公司财务状况处于极度紧张的时候，这个雷克斯“文件中心”系列产品在多个市场上销售旺盛，对公司维持支付能力起到了关键作用。此外，这个系列产品的设计创新，还产生200多项发明专利，在复印机行业内外引来无数模仿者，并最终获得国家季度设计大奖。“雷克斯”项目组长约翰·艾尔特（John Elter）获得了美国国家技术奖章的提名。

1999 年，当SoL可持续发展协作组的一个小组参观这家DC260 工厂时，他们走进的是一座到处洒满阳光、洋溢着活力的超一流精益生产厂。大家首先注意到的是这个装配厂里的清洁和宁静。每件物品上似乎都有一个标牌，比如每个货柜上都有标签写着供货商的名字，货柜会按照标明的信息返回到发货处。悬挂在头顶上方的是一条大型标语："为了我们的子孙，实现废弃物零填埋。"只是到了后来，参观者才了解到这个标语背后的故事。[1]

20 世纪 90 年代初期，施乐公司CEO保罗 · 阿莱尔（Paul Allaire）授权艾尔特，要他通过开发新一代集打印、复印、扫描、发送文件功能于一体，并可与电脑连接的新型数码复印机，将施乐公司带入数字时代。这些全都是因为当时已经出现了可靠的网络、正在兴起的互联网和能够集成所有这些功能的数字体系架构。

艾尔特说："那是从一张'白纸'开始的设计，我们从头做起，开发出最合理的功能，创造出全然不同的产品工艺流程。那真算得上是把整个公司拿去赌。"

在艾尔特和同事们的手中有一块空白的画布，用来重新绘制数字时代。他们没有去征询其他人的意见，就决定在整个过程中打破以往的思路，并且从团队的组织方式入手。艾尔特尤其希望他的团队对生态系统有深刻的理解，也能够理解为什么这个产品从一开始就要从环境的角度加以设计。设计的目标是，所有零部件将来都可以重新利用或重新制造。

艾尔特回忆说："我们知道，要按照我们的目标去做，就必须要用全新的方法思考。因此，我们想从一开始形成这个团队的时候，就能让大家与自己的个人目标建立更深层的连通，与公司的目标建立更深层的连通，并在大家之间建立更深层的连通。"

艾尔特联系了一家叫特玛（Terma）的位于新墨西哥州的小公司［现

在已经改名为“生命系统公司”(Living Systems)]。这家公司开发了一种创新的训练程序，帮助人们建立团队成员之间以及团队与自然之间的深层联系。艾尔特他们决定，让所有团队成员经历这个过程。他们分成几个小组，每组大约12个人，参加包括两天“野外独处”生存训练的课程。训练开始是在新墨西哥州举行的，后来移到纽约州北部的山区，靠近施乐公司在罗切斯特的总部。

“野外独处是最重要的部分。因为我们知道，大家都必须达到一个很深的层次，才可以放下一直以来所熟悉的过去，放下他们自认为懂得的事。”艾尔特解释说，“我认为，当时我们并没有充分理解，对有些人来说这是什么样的深度。很多人以往从未有过像这种独自与大自然相处的经历。虽然活动是绝对安全的，我们也得到了特玛公司员工的很多支持，但这个过程还是让一些人内心有了新的感受。独自站在高高的沙漠上，看到月升日落，看到令人难以置信的新墨西哥的夜空；而后又看到黎明，从一片漆黑到一丝曙光，再到阳光四射洒满天空。对于许多人来说，这都是一种深层的舒张和开放。”

野外独处活动结束后，各个小组集中起来，走回到静修营中心。在这个过程中，有一个小组被有意引导经过一个大型垃圾填埋场。有人建议说，他们应该下去看看垃圾场有什么东西。当他们走下去之后，就发现了一台老式施乐复印机的部分机身。

“很难详细描述当时到底发生了什么，”艾尔特说，“但是，在这个原始的荒野里度过两天之后，这堆废弃物的意义在我们眼前变得清晰起来。我们站在一个大自然从未产生过的景象中。这些人对这种复印机了如指掌：如何设计，如何制造，包含哪些部分，所有部件需要多长时间才能降解——正因为如此，大家才感到震惊。制造一台复印机所使用的金属、塑料、橡胶以及其他上百种不同的化学物质，会一起长久地矗立在这里——时间会比在客户办公室里待的时间长几百倍。我们究竟是在为客户设计产品，还是简单地组装起那些原料几乎都攫取于大自然的零部件，目的仅仅是为了使它们在走向垃圾堆的过程中，先短暂地拜访一位客户？

“工程师的天性就是计算。我想，在那个时刻，许多工程师都在计算——全球每年每家公司会制造成千上万台复印机，每年也有成千上万台复印机被消费者送进垃圾场。这个数字乘以生产厂家的数目，再乘以发生着同样事情的各个工业领域的数目，就是个大数字了。它意味着大堆大堆的垃圾，意味着许许多多的填埋场。

“就在这个时候，有人说，‘我们不能再这么做了’。然后，另一位补充说，‘如果我们制造的产品，都不会再被送到垃圾场，那会怎么样呢？’不需要回应了，大家都知道他是对的。也就在那一刻，我们的愿景产生了——废弃物零填埋。”

“制造一种所有部件都能被重复使用的机器”，这个灵感引发了创造力迸发的大潮。设计工程师们都知道，伟大的创作来自对约束条件的理解。没有一位画家能在一个无穷大的画架上作画，也没有一位雕刻家是在无限延展的原料上雕刻，音乐要用有限的乐器来演奏。约束条件对于创造来说是十分重要的。但是现在，事情有些不一样了。正如艾尔特后来所说的：“这些工程师在他们的生命中第一次感觉到，他们的工作不仅仅受到管理条件的约束，比如单位生产成本，还应该受到大自然的约束。废弃物零填埋的创想就是来自大自然的约束。”

于是，管理人员、工程师和技术人员共 800 多人参与了新型“文件中心 DC260”的创造过程。在这个项目的初始阶段，施乐公司的一位资深人员评论说：“我们需要的当然是一种绿色机器，但是更需要的是‘绿化’公司自身，即创造一个由大脑、心脏、身体和灵魂组成的生态系统。”结果是，这个队伍的“人权法案”（Bill of Rights）包括了“管理从心出发”，而“人、工艺、产品、地球”则成为其指导真言。

经过大约 6 年的开发，施乐公司推出了一系列复印机，改变了整个行业，也改变了公司自身。这些新机器曾经是（现在及日后开发的型号依然是）93% 以上可再制造，97% 可回收。十多年以来，这个系列的复印机一直在无废料排放的工厂中产生。整座工厂里没有边角废料，没有包装，没有一片塑料，甚至没有在生产复印机过程中使用的喝水杯子，没有任何东西被随便扔掉或送到垃圾场去。在废弃物零填埋这个愿景的重要性上，雷克斯小组甚至设法说服了主要供应商，许多供应商都采取了很多类似的措施。

同样令人瞩目的是，雷克斯项目随着时间推移而显现的绩效。时任施乐公司CEO安妮·马尔卡希（Anne Mulcahy）指出，由于零件和组件的再利用和再制造，“我们估计，相当于给 280 多万个零部件赋予新的生命。仅 2006 年一年，我们就相当于从垃圾场中‘回收’了超过 55 338 吨废弃物”。实际上，自 1991 年以来，施乐公司相当于从垃圾场里“回收”了 861 826 吨废弃物。艾尔特估计，这一回收项目每年为公司节约了超过 4 亿美元的制造零件成本。

我们将回过头来讨论，是哪些原则和领悟催生了雷克斯这类项目，也会探讨你如何能拥抱这些原则和领悟。问题不在于复印机本身，而在于有才能的人给再生型经济产品注入生命时产生的现实可能性。能认识到这一点，到此也就足够了。

生命系统的商业模式

驱动了几乎整个工业时代的公司商业模式，基本可以归结为“卖东西”。消费者从购买的汽车、电脑或 iPod 播放器上得到所需的价值后，会在这些商品的使用寿命终结时把它们扔掉，再以更多的商品来替代。实际上，人们购买一件物品是为了它的临时价值，一旦它没有了价值，也就没有人再想要它了，处置这些商品的任务就落到了消费者身上，而作为整体，最终落在了社会身上。但是在一个循环经济体中，为“生命之后的生命”（life after life）而设计商品，也就意味着设计有同样目标的商业模式。这主要通过创造新的商业模式来实现，尽管可能要借助于政府管制，比如欧盟的车辆寿命终结指导原则，而这种的商业模式的灵感乃源于自然。

约翰 · 艾尔特 2001 年从美国施乐公司退休后不久，就加入了普拉格动力公司。这是一家在创新燃料电池技术和天然气“再生”（将天然气转化成氢气）领域均处于领先地位的公司。约翰在这家公司做首席技术官，他带来了废弃物零填埋的愿景。事实上，美国燃料协会从那时起就采纳了这项愿景，并把它作为整个行业的目标。

然而，除了技术创新之外，艾尔特也提出了有关商业模式的重要问题。他说：“如果我们不能真正进行产品再制造，那设计可再制造产品就毫无用处。而这又取决于，当消费者不再使用这些产品时，我们是否有简单经济的方法进行回收。”

艾尔特和他在普拉格动力公司的同事的出发点是“永远不卖商品”，而是把产品出租，从而保留了对商品的所有权，并负责在产品的服务寿命终止时回收。其目的不仅仅是产品回收，也是以适当的方式调整生产者和消费者之间的利益，这点不是仅仅靠“卖东西”就能达到的。艾尔特说：“企业过去曾经把自己看作是产品的设计者，并且或多或少忽视了产品卖出后的命运。而企业现在不仅仅是商品的设计者，也负责商品出售以后的持续利用和再利用，这也就意味着，这件‘产品’永远不会离开他们的关注。”这种做法将使公司把关注重点完全放在产品使用过程的价值上，也就是提供给消费者的价值，因为商品是保证要收回来的。艾尔特说：“这更像是你把自己珍视的东西借给朋友，而不是把东西卖给你并不关心的人。”

比如，短暂的服务寿命是目前燃料电池的一个主要局限。艾尔特说，当普拉格动力公司出租而不是出售燃料电池的时候，“服务寿命和可靠性就已经成了我们的问题，而不是消费者的问题。因为如果产品不能再使用，我们就必须回收，更换新的产品——否则，我们就会失去这个客户的业务。这使我们建立了更好的客户关系，同时也促使我们不断改进”。

这也意味着，消费者可以把对减少废弃物的关注，与对燃料电池技术及服务的持续改善的愿望，协调统一起来。这意味着，要像基于愿景的新型企业，如第七代公司那样，超越消费者与生产者之间的交易关系，进而共同减少废弃物，共同改进重要的替代能源产品。

在大多数传统的商业模式中，卖东西比为消费者创造真正的价值更重要。不过，其副作用是，怨气冲天的消费者和废弃物堆积如山的填埋场。实际上，传统的商业模式一方面代表着企业和消费者与更大社区的根本脱节，另一方面，又试图使浪费大量材料和能源的系统永续。

对于重新思考如何同时为消费者、社区和环境创造更多价值的企业，这种脱节意味着巨大的机会。

| 第20章 |

释放出每天的神奇

施乐公司的故事是希望的故事，是激发灵感的故事，而不是对现状感到恐惧的故事。它也是恰逢其时的提醒，即“激发灵感”这个词原本是指“吹入生气”。这类故事远远超越了它们所传达的具体经验与思想，为我们对自身的潜能和可能性的感知力“吹入生气”。约翰·艾尔特说：“如果从逻辑层面说，确实无法解释雷克斯团队所实现的成就。原有2 000多个零件的产品，被简化到不足200个零件的全新平台，用的都是便于拆卸的螺丝和搭扣。要实现这样的变化，只靠解决一大堆技术问题是不行的。”

然而，从另一个方面来看，施乐公司所实现的变革虽然很神奇，但并不神秘。我们还完全不了解自己重新创造世界的能力。但首先我们必须理解，当创新的驱动超越对问题的被动反应时，我们的心态会发生的那种深刻的转变，也要理解这种转变所要求的承诺、技能与开诚布公暴露自己弱点的精神。

正面愿景和负面愿景

杰弗里·霍兰德（Jeffrey Hollander）是大获成功的第七代日用消费品公司的创始人。他在反思时强调："正如俗语所说，到了一定的时候，我们要么行动，要么就闭嘴。因此我们决定，与其展开行动抗议或者试图阻止我们不喜欢的事情，还不如创建一家公司。这家公司要尝试通过直接与顾客协作，改变消费的性质，帮助所有人看清我们在创建更健康的世界方面的潜在影响力。"

霍兰德曾经做过有关社会公平和市场营销的工作，他想要"做这样一种生意：卖的产品越多，对这个星球的影响就越积极。提到个人的影响力，我们中的许多人都会有自暴自弃的心态。我们设计这家公司时的想法非常简单：买日用品也能带给人们希望，因为我们能够让大家看到，大家的行动，哪怕只是选一卷卫生纸，都是有影响力的"。

可悲的是，各种环保和社会公平运动的大部分历史所表现出来的态度，与这种"创造"精神恰好完全对立。试想一下，直到今天，许多有意义的运动都打着"反"的标签——反吸烟、反毒品，反核武器。现在世界各地许多人都在行动，对抗气候变化。人们投入大量的时间和精力，试图通过反对他们不想要的世界，去争取一个更美好的世界。类似的传递负面愿景的事件在公司中也经常上演。上司激励下属改变，方法是给他们制造压力，告诉他们如果不这样做的后果，诸如失去市场占有率、失去工作等。

要避免那些威胁的想法可以成为有效的激励方式，但是只能起到一定的作用。一旦威胁不在了，变革的动力也随即消失。负面愿景使你敌视他人，把他人当成威胁的来源，而不是建立一种共同承担责任的态度，共同面对问题并寻求解决方案。为应对威胁而制定的策略，最终限制了人们的承诺投入、想象力以及持续创新所需要的集体智慧。简言之，恐惧心态束缚想象力。为反抗某些人或事而产生的承诺投入，与为实现真正的关怀而产生的承诺投入是完全不同的。

但是人们会问："我们今天面临的可持续发展问题，难道不是真的很让人绝望吗？社会要觉醒起来，要看到变革的紧迫性，难道不是真的至关重要吗？"对这两个问题的答案都是肯定的。然而，虽然我们都需要让人提醒变革的必要性，但真正产生影响的，是我们如何应对这些信号。创新和解决问题的心态之间的差异，就像两个不同的人：一位是在一次心脏病或中风之后，选择开始不同的生活方式；另一位则生活在持续的恐惧之中，总在担心下一次健康危机的到来。这一切最终都取决于组织的选择能力和容纳能力，取决于组织是否无论在什么情况下，都关注人们真正渴望的愿景，而不是企图逃避的结局。

认为变革总要伴随着绝望与恐惧的观点，已为组织内部和社会的许多人所接受。这个观点传递的是一种细微而深层的局限性信息，即我们无法进行变革是因为我们认为自己真正想要的东西仅是一个愿景。如果绝望理论（desperation theory）真的是正确的，那我们根本就不可能学会走路、讲话、骑自行车，也不可能成为小提琴家或工程师。是我们的愿望，而不是绝望，驱动了这些深层的学习过程；而学习创造再生型社会和经济，也是一样的道理。

创造性张力与情感张力

但是，只有愿景，不管它多么积极，都还是不够的。

过去 30 年间，我们在与不同地位、不同背景的领导者共同工作中发现，取得卓越成就的人都有一个显著的特征，那就是，他们对于解决问题和发挥创造力之间的区别有直觉的理解。这表现在他们激发出来的那种能量和承诺投入精神，表现在他们建立发展势头的耐心和能力，最终也表现在他们帮助别人掌握和运用这种必然发生的创造性张力的能力。这种张力存在于他们对未来的强大愿景和对现实的坦诚反思之间。

马丁·路德·金曾经写道："就像苏格拉底认为，有必要在心中建立一种张力，以使大家从神话、谎言和半真半假的束缚状态中解放出来……我们也必须……在社会中建立一种张力，以帮助人们从偏见和种族歧视的黑暗中解脱出来。"[1] 在这个叙述中，他指出了创造过程的核心原则，也就是我们所提出的"创造性张力"。[2] 马丁·路德·金以其种族平等的梦想而著称于世，但是他并非仅仅坐等愿景的到来。他的许多领导策略都包含了"把现实戏剧化"，也就是以游行、静坐及其他非暴力行动，揭露当时美国社会种族关系的现实状况。马丁·路德·金的愿景之所以有力量，恰恰是因为他有效地展示了他的愿景与现实状况之间有多么大的差距。

马丁·路德·金用词很小心，因为他了解张力（tension）这个词表示焦虑或压力。但创造性张力自身并不产生焦虑或压力，它仅仅是我们真正希望看到的世界图像与今天世界的真实图像之间的差异。想象一下，在你的愿景和现实状况之间有一根橡皮筋，像图 20.1 所示，绷在两手之间的那根橡皮筋。拉开橡皮筋时就产生了张力，代表上端的愿景和下端的现实之间的张力。张力寻求的是什么呢？是释放。只有两种方法可以释放张力：一种是把愿景拉近现实；另一种是，如果愿景保持不变，把现实拉近愿景。

这样，愿景与现实之间的张力就自然而然地创造了变革的动力。只拥有愿景，或者仅仅看到现实，都不会创造这种动力。

领导力的真正艺术不仅来源于创造性张力，还需要了解和运用其天然的伙伴——情感张力。应对恐惧、焦虑、压力、愤怒、伤心、放弃甚至绝望，是领导力无法逃避的一个方面，因为我们在面对愿景与现实的差距时，会自然出现这类情感。考虑到今天人类所面临挑战的巨大规

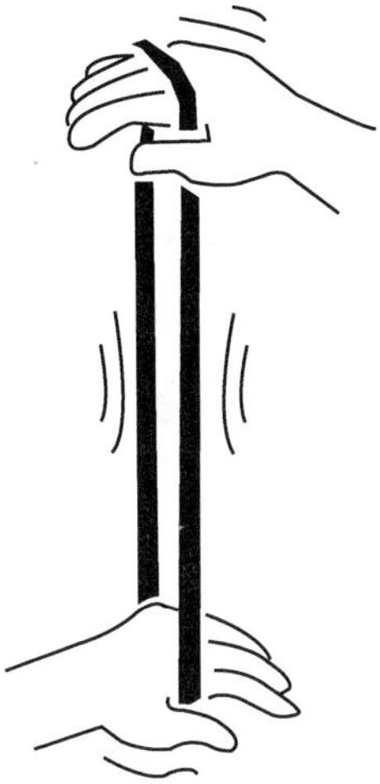

图 20.1

模——食物与水、能源与气候变化、废弃物与毒性物质，以及持续扩大的贫富差距，富有人性的人们就不会感受不到情感张力。

老练的领导者能够通过区分情感张力和创造性张力，避免自己破坏自己的努力。比如，在开发一种具有可持续发展性的创新产品时，我们因迟迟没有进展而感到沮丧和失望，我们也许会非常想摆脱这种感受。有一种立竿见影的方法，就是降低愿景。我们可能会告诉自己：“也许这种产品根本没有市场——是时候该放弃这个项目了。”调整创造性张力作用中我们可以控制的一端，也就是愿景，就可以释放我们的情感张力。以降低目标来接近现实，我们就减少了情感张力。但我们付出的代价是放弃了真正想要的东西。与此类似，另一种暂时摆脱这种消极情绪的方法是，假装一切都好，虽然事实并非如此。这就是否认现实的策略，个人、团队、组织乃至社会都常用这个方法。但这种策略虽然获得情感的释放，其代价是同时减少了创造性张力，也降低了真正改变现状的可能性。

相形之下，在应对情感张力的时候，得力的领导者和高效团队会依靠“说出事实真相的策略”。这样，他们就承认了消极情绪也是现实状况的一种表现形式，从而允许他们的内在现实与气候变化和水资源贫乏等外在现实同样“逼真”，并且不断努力说出这两方面的事实真相。如果用这种方式考虑情感张力，焦点自然就会转回到“我们想创造什么”的问题上来。就像现实状况的其他方面一样，情感张力不大会立刻改变，但会随着时间产生变化。

在处理可持续发展问题的时候，把情感张力转化成创造性张力尤其具有挑战性，因为可持续发展问题很自然地会激起人们强烈的情感。况且，学习如何去做，也需要时间和锻炼，需要相当成熟的个人修养。对于在恐惧、愤怒和不信任情绪蔓延的地方成就事业的个人和团队来说，没有什么比具备这种能力更重要的了。当前这些局面本身就已经相当困难了，不需要人们再把自己的恐惧和焦虑加进去，使之成为一种持久的状态。

看到创新的机会，而不是“少做坏事”

正如霍兰德所指出的，围绕社会和环境问题的消极负面愿景和持续增强的情感张力会让许多人变得自暴自弃。似乎我们能做的，最多也往往只是应付看似无法解决的问题。然而，少做坏事、减少损害（如减少二氧化碳排放量，减少污染、减缓使用资源的速度，给予穷人更多的帮助）虽然值得称赞，却仍然不同于努力去创造我们真正追求的东西。

绿色设计师威廉·麦唐纳和麦克·布朗嘉对这两者的区别有个很好的比喻：如果一辆车正在向南开，减速并不会让车朝北开。迟早你要把车头掉转 180 度。尽管减速可能是重要的第一步，却不能确保产生真正需要的变化。坏事你做得再少，也不会让你变成好人。

因此我们提及的众多可持续发展的创新者都强调机会，而不仅去补救过失，这也就不奇怪了。卡斯泰德说，气候变化的“现实一旦被大家所理解，你就必须帮助大家集中注意力……去准确地发现机会，去采取一些行动。如果没能帮助大家看到机会，就无法让个人或组织释放那种能量”。

美国铝业公司的高管们深信，如果他们追求大幅度减少废弃物的目标，就不仅能保持当前业务，还能做得更好，于是这种转变就发生了。杜邦开始看到利用生物基原料的巨大潜力，并在 20 世纪 90 年代——远在短期降低成本的证据出现之前，就开始逐步放弃石油化工领域，于是这样的转变也就发生了。沃尔夫和他的欧盟汽车制造业同行展示了如何在极具挑战的企业与政府的谈判中，有效地利用创造性张力。

历史上，私营部门在面对政府管制时一般采取以下三种方法：勉强顺从，这需要执行部门持续保持压力；真心顺从，即企业认真遵循和接受各项规章制度；承诺投入，就是超越法律要求的范围去鼓励创新。

沃尔夫和欧洲各汽车制造商原本可以把即将落在他们头上的欧盟回收立法当作他们需要应对的麻烦。在这种情况下，他们就会把欧盟官员和机构视为敌人，并雇用院外集团和律师与之斗智斗勇。恰恰相反，他们一起形成了一个共同愿景：汽车回收与再利用是值得推崇的，如果有了良好的制度，就可以创造机遇，加快创新步伐。他们接受了在汽车的使用寿命终结时自愿承担责任的立场，并共同努力考虑汽车回收的实际情况，以完成相关立法；他们还帮助各自政府部门的谈判对手意识到，社会能够从切实可行的系统中获益，并使更具创新力的企业蓬勃发展。与此类似，像区域温室气体行动倡议（Greenhouse Gas Initiative）和美国气候行动合作伙伴（U.S. Climate Action Partnership）这样的联盟，在联邦政府疏于行动时，承担了应对气候变化的领头羊责任，提出了建立“封顶—交易”体系的建议。

放弃所有负面愿景并不容易，况且也不一定非这样做不可。很多成功的宣传倡导组织，其基本任务就是对于有害的工艺或产品穷追猛打，它们的生存依赖于灌输恐惧，乃至妖魔化它们的斗争对象。这类组织中的人既不疯狂也不短视，它们之所以能够存在，往往就是因为现实中确实有问题需要解决，就是因为有强大的力量在维持着消极有害的现状。创造超越工业时代泡沫的生活，需要许多种类的愿景。

重点是要理解，基于负面愿景、情感张力以及“少做坏事”的战略，从根本上不同于正面愿景和创造性张力主导的战略。危险不在于负面愿景的存在，而在于负面愿景成为唯一的引导。

我们要指出的是，负面愿景的作用只能发挥到一定程度，而且，基于负面愿景和情感张力的做法，相比由正面愿景和创造性张力主导的做法，有根本的区别。

协调个人生活和职业生涯

首次访问施乐公司雷克斯项目时，我们看到一家先进的零排放和精益生产工厂，同时还见到了这个团队的许多成员。通过与他们交谈，我们看得很清楚：这些脚踏实地、从实际出发的工程师，对他们“零填埋”的愿景充满激情，且非常投入。许多人提到了这个项目对他们的意义。然而，直到下午晚些时候，我们才感受到他们这种表述的深度。

我们当时挤在一个声音嘈杂、密不通风的会议室里，隔壁就是组装区。主人原本想提供一个更舒适的地方，但我们还是决定选择这间会议室，因为这里是这个团队举行早 7 点“日出会议”的地方。一位年轻女士是雷克斯团队的主设计师之一，她刚刚结束了一个有关这个新产品整体系统设计的技术汇报，正在谈这个过程对她而言如何有意义。就在这时，一个不寻常的问题打断了她。

问题来自一位在福特公司工作的SoL协作组成员，他是经历了许多组织学习项目的老手。他问："我理解这对于你来说是多么大的机会，也理解这对于你是如何激动人心。我本人就是和工程师一起工作的，所以我知道推动技术取得突破性进展对大脑的刺激和兴奋作用。然而，我真正想知道的是，为什么你会做这件事。我的意思是，你的出发点是什么？在这个出发点上你是谁，是什么身份？"

这位女士沉默地望着他，然后当着众多同事和几位上司的面说："我是一个母亲。"

现代工作场所的一个悲剧是，许多人最后都相信，他们不能把自己的全部都带到工作之中，或者，为了成功他们必须成为另外一个人——更聪明的人、更会表达的人、更关注顾客的人。我们控制自己的外表，投入企业的目标，以职业形象行事。久而久之，我们就像在一个布满了镜子的房间里待得太久，以至很容易把自己在镜子里的影像当作真实的自己。诗人戴维·怀特引用了一位AT&T工程师写的一首诗："10年前，我转过了脸……然后这就成了我的人生。"[3]

理解其中奥秘的一种方式：当人们真正发现了自己的愿景，并有机会为实现愿景而投入精力，当他们可以说出真相，并关注自己的愿望而不是"少做坏事"，当他们能够变成真实的自己，那么某些东西就发生了变化。内心的平衡和协调就开始发展，并释放出异乎寻常的能量和创造力——在这以前，由于自我否定、内心冲突以及对现实和自我都缺乏认识，这些问题都消失不见了。人们可以开始把自己和集体的全部投入到事业之中。他们认识到，自己现在就足够好了，同时还认识到，自己还有很长的路要走。当我们的内心与外部协调一致的时候，创造再生型企业的工作，就像普拉格动力公司的萨朗特所说，变得与"努力成长为人"（to become a human being）不可分割了。

太阳底下无新事

就像马丁·路德·金所提到的苏格拉底的话，在理解创造性过程的方式上，没有什么新东西。全球各地的文化都充分领悟到了愿景的重要性，也都重视说出真相，并帮助人们看到真相。比如在西方，我们有《新约》的劝诫："真相将使你解脱。"①同样的智慧也存在于其他文化之中。马丁·路德·金承认，他的不合作主义策略，是仿效了甘地的非暴力行动方法。而甘地则是极富智慧地汲取了古代印度的精神原则，并把它用到实际的变革策略之中。[4]甘地也受到了另外一位更早的公民不合作主义的实践者梭罗的影响，而梭罗则是从东方和美洲土著文化的传统智慧中获得了灵感。

创造过程的这种普遍性，对于应对今天的全球可持续发展挑战将是至关重要的。这里"全球"(global) 一词有两个含义：一个是指气候变化、生态恶化和贫困深化的广度。但我们常常忘记的另一个定义是"到处"(everywhere)。从第二个含义说，全球就包含了地方 (local)。全球问题无所不在，这些问题就在这里，就在当下，而并非存在于某个遥远的地方。这些问题触及了我们，也是我们的生活和社区的一部分。接受了这一点，我们就会意识到自己与气候变化的"亲近关系"，意识到持续恶化的生态系统对人类的"亲密挑战"，它是让大家走到一起的力量。我们还意识到，如果要创造一个不同的未来，我们的每一个愿景都十分重要。

创造过程是我们人类共同遗产的一部分。在未来的岁月中，接近这种永恒的智慧，是释放我们个人和集体潜力的关键。

---

① 《圣经》中"The truth shall set you free"一句，《新约》传统常译为："真理必定让你自由。"这里译成"真相"是为了和彼得·圣吉的《第五项修炼》中内容一致。参见《第五项修炼》扩充修订版第 8 章《自我超越》中《对真相的承诺》小节。——译者注

| 第 21 章 |

不一定要有全部答案

创新是一个学习过程。在某一个时间点，你的愿景也许已经相当清晰了，但这并不意味着明天就会产生结果。一定不会！

只有通过实现愿景的工作过程，看到哪些做法有效，哪些做法有问题，你才能获得重要的领悟和洞察力。虽然许多人都大体上掌握这个基本理念，但成功的创造者，如企业家一样，都有一个特征，就是在实践中纯熟地把握这个理念。罗伯特·弗里茨（Robert Friz）是一位颇有成就的音乐家、作曲家、作家和电影制片人，也是他最先提出了创造性张力和情感张力的差别。我们中的许多人往往刻意忽视自己得到的反馈信息，这正是因为，我们在弗里茨所说的“创造与调整”方面的能力差强人意。

艾伦·韦伯是《快公司》（*Fast Company*）杂志的共同创办人，他把这个过程形容为：“在你和环境之间展开一次持续的对话，探讨某个新的想法是否有分量……你创造出的这个想法，是否需要以及如何才能进一步演化。”这并不意味着要不断地变来变去，也不意味着采纳你得到的所有建议。但这却的确意味着韦伯所说的，要保持警惕，注意我们是否封闭了头脑，是否实际上会说："不行，我想出的这个主意已经完全成熟了，如果不按照我想的办法做，那这件事我就根本不做了。"

美国绿色建筑协会的创建者们对于"创造和调整"的理解正是他们在"达成协议，马上行动"的方法中所表达的。建筑行业相互冲突的各利益相关方在早期的共同工作过程，正是借助此法找到了动力，形成了势头。佩尔·卡斯泰德在评估原型项目的价值时，也蕴含着这样的理解。

通过原型项目试点开展真正的学习

演讲、文章、数据，以及展现紧迫性和发展机会的故事，这一切的影响都很有限，无法替代看得见、摸得着、产生实际成果的原型项目。

类似卡斯泰德的"绿色地带"原型项目试点，让人们得以"从干中学"。这也是卡斯泰德的经历。他发现，类似丹麦卡伦堡大型工业园开发的"工业生态"概念，在应用到一个小商业群的时候，必须要做调整。卡斯泰德的小商业群中有一家汽车经销店、一家挪威国家石油公司的能源（汽油和生物燃料）服务站和一个麦当劳餐厅。比如他发现，除了使用余热之外，麦当劳餐厅中使用过的食用油，也可以转化为生物燃料，在隔壁的能源服务站销售。

通过在印度乡村开展试点项目，探索如何分销小型太阳能发电系统，通用电气发现自己需要当地的合作伙伴。这不仅是因为要由当地的工人去安装系统和提供维修管理服务，还因为，如果不同时促进当地就业，这个电气化项目就无法持续下去。村庄一旦通电，村民就会购买制冷设备，增加可以储存和销售的农产品数量。这个额外增加的实际价值，强化了一个积极的正反馈经济循环，并为村民改善生活条件提供了切实可行的方法。

实践中获得的经验和技能，又反过来帮助大家把握“我们能做什么”的可能性。这就是为什么相形之下，许多学术知识都有悲观主义的倾向。学术界的人士，甚至包括一些成就卓著的学者，往往把大量时间花费在讨论问题上，而不是去关注有什么事可以用哪些不同的办法去做。即便有时他们构想出了解决方案，但在概念与实施之间还是有极大的差距。几乎没有人关注该怎样做才能让大家有效协作，并获得成功。比如，多年来学术界在水和表层土壤资源持续短缺的问题上一直在开展研究，但在可口可乐与世界自然基金会合作之前，在建立可持续食品实验室这类行动之前，没有人想到非政府组织和公司竟然可以为解决这些问题而携起手来，共同努力。

有实际成果的原型项目能把各利益相关方和不同专业领域的人组织到一起，形成一个学习型社区。组成“绿色地带”的三个不同行业的企业，有不同的商业模式，吸引不同的客户，也需要不同的管理技能。同时，它们还可以在废弃物和能源工作方面相互学习。美国绿色建筑协会的创始人也同样鼓励协作学习，让利益相互冲突的各方一同工作，开发出无数的原型项目试点，最终这些成果形成了LEED评级系统。

或许最重要的就是，宏大设想的具体呈现，会点燃想象力的火花，这是抽象的争论无法实现的。这是卡斯泰德在“绿色地带”工作中得到的最大收获。最初，他并不认为这个项目有什么了不起，因为它采用的都是现有的、别人已经证明过的技术。但是，人们开始从全球各地跑来看这个项目。“我完全没有领会这里的意义……没有领会‘让人们触手可及’的重要性。”突然间，人们可以想象出“循环经济”真正长什么样子了——“对他们来说这个概念变真实了”。他理解到这一点之后，便和他不断扩展的团队开始考虑一个更大的愿景，即“生态区”原型项目试点。在成熟市场上，这种情况也会发生。比如，人们看到丰田的普锐斯混合动力车时，自然就开始问道，为什么不能让更多的汽车具有这样的功能。

从许多方面来说，可持续发展虽然是新技术的成功实施，但更是对潜在市场需求的发现。也正因为这一点，有实际成果的原型项目至关重要。潜在的需求是客户从未表达过的需求，因为他们没有表达方法，或者还没认真想过。采用标准的市场研究方法，比如焦点小组或问卷调查，也很难甚至不可能分辨出这类潜在的需求。但是，当人们看到新理念实实在在地体现出来，这样的潜在需求就会浮出水面。"对于燃油效率提高35%的车型，你愿意为购买它而支付多少溢价？"这样的问题会让人们进入理性分析的心态，也会让人们做出谨慎的回应（不管怎么说，没有人愿意"答错"，也没有人愿意冒傻气）。但是，当他们看到了一辆吸引他们注意力的轿车时，他们就会做出感性的反应。他们开始相信，就像霍兰德所说的，我们可以采取许多小步骤，向可持续发展迈进。现在有许多人都想加入这个征程。

自从1998年普锐斯混合动力车问世至今，丰田公司这个车型的销售量已达100万辆。丰田公司目前主要关注三个方面的潜在需求，并正与包括本田在内的其他公司一道，进行大规模投资，推动未来汽车业最主要的市场的形成。2007年，这家公司启动了开发配装高性能电池的充电版普锐斯的实验项目。这种车型可以在晚间（电力需求较低时段）充电。不久的将来，电动车或许可以储存足量的富余电能，然后在用电高峰或电价较高的时段，反输到车主的工作场所和住宅。在2007年底特律车展上，丰田公司总经理渡边捷昭承诺，到2010年推出一款主要靠电力驱动的车型，进入公司用车测试序列。这样的公司用车，将为企业和政府在可持续发展问题上起到领导作用又提供一个新的途径：采用对员工和外部利益相关者都有意义的高调行动来测试新产品。在日本，这个车型已经获得了在公路上进行这类测试的许可。

最后，新观念成为现实，就会引起追求更大愿景的热情（参考第

24 章的《工具箱：建立平衡的愿景组合》)。人们会说：“我们如果可以做这件事，为什么就不能做那件事呢？”企业看到成功案例时，就会去模仿，或者想表现还可以走得更远——那就更好了。这就是竞争到达最佳状态，也提醒我们，竞争（compete）一词来自拉丁语competere，意思是“共同努力”。正像卡斯泰德所说，如果一家瑞典汽车企业在一个弹性动力车型上获得了成功，“其他所有企业都会跟上来”。它们也的确这样做了。这也就是为什么通用汽车正努力在电动车市场上赶上丰田——这是“不创新，就落后”的又一个例证。

请求帮助

处在重要领导地位的人往往认为，他们一定要有全部答案，处在“下面”位置的人，也会有同样的想法。颇有讽刺意味的是，这恰恰不能挖掘本应出现的集体智慧——身处高位的人在公开请求帮助时所激发出的集体智慧。

美铝公司的一组经理人在 1997 年召开了会议，目的是转变公司应对环境问题的方式。他们意识到，需要把主要责任从环境管理部门的经理（在大多数公司主管环境、健康与安全工作的人）那里转移到工厂经理及其管理线负责人身上，再通过他们转移到组织层级中的所有人身上。

“确定零排放目标时，我们并不知道如何实现这些目标，”阿特金斯说，“如果纽约的工厂给我打电话说：‘我究竟要怎么做才能达到生产用水的零排放？’我没法给他们一个‘22 步行动’的单子，让他们实现目标；我甚至无法解释如何去说服他们的管理层给他们拨款，让他们做自己想做的事。但是我觉得，如果这个目标是可能实现的，如果他们有停止生产用水排放的真正动机，他们才是最了解生产用水排放的原因和方式的人，他们才最了解怎样做才能有不同的结果。他们可以拿出必要的工具、步骤和流程，做出不同的结果。”

回顾过去，阿特金斯看到，如果让所有人都去思考如何实现废弃物减排，而不是只有区区几名工厂环境专家去想这个问题，就会带来巨大的力量。“你拥有 13 万名美铝员工，如果每位员工每天都花 10 分钟想这个问题，接下来要发生的事就会令你大吃一惊。”

1997 年对于石油工业也是重要的一年。BP 公司当时的首席执行官兼董事长约翰·布朗，在斯坦福大学发表了一次历史性的演讲。在演讲中，他公开表示与其他所有主要石油公司分道扬镳，宣布气候变化的威胁是有足够可信度的，不应该再被忽视，“是必须采取审慎的预防措施的时候了”。他又说，实际上，对大气中温室气体持续增加所带来的威胁，如果人类社会要等待科学家完全形成共识的时候，再想做点儿什么去应对局面，可能就太晚了。这样的说法，今天听上去已经算不上是激进了，但在那个时候，一家石油公司的总裁公开发表这样的观点，却是闻所未闻的——多数石油公司当时甚至不会出席围绕这个主题的公开会议。

公众不大了解的是，布朗实际上真不知道BP公司如何才能实现他在演讲中做出的承诺：在 5 年之内让BP的排放达到《京都议定书》的要求（把排放控制在 20 世纪 90 年代的水平）。CEO代表自己的企业发布这样的公众承诺，并不少见。真正不平常的是，演讲之后不久布朗就写信给公司的 350 位高管。依照时任BP公司首席科学家巴尼·巴尔金（Bernie Bulkin）的转述，布朗实际上在信中表示：“我已经做了这个承诺，现在我要听听你们的意见。如果我们要这样做，你们的业务单元就要这样做，我需要你们的想法。”

这个请求在公司中引发了各种会议和讨论，都是关于降低二氧化碳排放的。巴尔金描述了这些谈话是如何展开的：“勘探人员说，‘我们打试验井的时候，天然气对我们毫无用处，所以就把它点燃烧掉，而这会白白产生很多不必要的二氧化碳’。然后有人就说，‘我们压根儿不想打这些试验井，太贵了，代价太高了。我们怎么就不能用好地质数据呢？这样就不必打试验井了’。每个人都有自己的想法。结果，到目前为止BP公司已经通过实施这些建议而节省下了几亿美元。”

请求帮助有两个好处，其中一个比较明显，而另一个则有些微妙。其一，由此产生了很多想法，相当多样，又有深度，变革的动力也同样随之而来。其二，它使人们关注并参与到对他们真正重要的那些变革当中。

1998 年BP公司和阿莫科公司合并后，对两家公司的员工做了一项抽样调查，询问对员工而言什么是最重要的。阿莫科公司的员工往往更多地关注工作是不是稳定，或者其他一些通常的担忧。而绝大多数BP公司员工关注的首要问题是“我们是否能在环境问题方面保持领导地位”。这大大出乎人们的预料。没有人能想到，BP公司员工会认为这个问题如此重要。

对试点项目的建议

原型项目试点的目标就是要推动变革的势头。如果没有明确的方法来集中精力完成容易实现的具体步骤，人们面对可持续发展的深层挑战和长期目标就会“绷得过紧”，从而产生巨大的情感张力，让个人或组织都难以承受。其实初级的具体成果往往唾手可得，比如减少废弃物，降低水和能源消耗，或者创造某个新产品。但从某种意义上说，这些初级阶段的具体目标完成起来比较容易，还不是这里主要考虑的问题。与任何学习过程一样，创造工业时代泡沫之后的生活，也需要一步一步地实现。

尝试在组织内部形成可持续发展的势头时，你能否在适当的时间选择适当的试点项目，这是决定成功与否的关键因素之一。在这方面，你和你的团队可以参考第三部分中的可持续发展价值框架。

通过分析你们最初阶段的工作处于哪个象限，这个框架对于确定你们团队的工作焦点来说是非常有用的工具。例如，致力于减少废弃物的试点项目处于左下象限（“内部—现在”）。就像我们说过的那样，这种努力可以用来获得进一步的杠杆效应，因为这样的项目向我们展现了实实在在的经济利益。同样，“外部—现在”的试点项目（右下象限）有助于和外部的核心利益相关者开展开放性对话，也可以为潜在的协作打下基础。与许多跨国公司一样，可口可乐在同世界自然基金会建立大规模伙伴关系之前，就参加了各种各样的团体，以便更好地了解世界水资源问题。

这个框架还能帮助你澄清试点项目会为谁服务，及服务的时间跨度，从而帮助你进一步聚焦。这个框架可以帮助你预见，用什么样的必要试点和原型项目，才能让你们的创新在组织内外传播。比如，如果想要与另一象限建立联系，在你工作的进程中就要考虑需要同谁尽早建立合作关系。

很多创新企业试验可持续新产品的做法是，在企业内部邀请对此感兴趣的业务部门和地区分公司（左下象限）。例如，通用电气公司已经在遍布世界各地的分公司内部场所，试验高效电动机、照明、太阳能和净水系统。这样做不仅得到了有关产品性能的有用反馈信息，还获得了不同地区关键市场的需求信息，如印度和中国。如果你有意识地让销售和营销人员参与内部试点项目，他们的一线经验就可以帮助你了解，新产品如何为现有消费者和全新的细分市场创造价值（分别属于左上象限和右上象限）。

在试点和原型项目阶段，让新部门直接同现有或潜在客户群接触并合作，反过来又会成为你和客户的学习良机。通用电气公司负责照明业务的一位高级销售人员说：“在开始从事创新型高效照明系统工作以前，我总是被推给负责采购的人，他们只有一个目标——强迫我一年接一年地降价。现在，我们能够经常和工程师及营销团队进行讨论，讨论的内容也大不一样了。他们对我们的经验非常感兴趣，而我们也会帮助他们从头开始，重新考虑新店如何设计、如何提供照明。”

请非政府组织的成员参与试点和原型项目工作也很有用。对企业有效开发更多可持续发展产品的各种重要问题和领域，他们往往都有自己的知识和经验。假如有一家企业致力于减少当前的产品和工艺所带来的负面影响（右下象限），使产品更加环保，那么非政府组织合作伙伴，就可以在产品反馈、创新观念和新市场开拓方面，成为丰富的信息来源（右上象限）。杜邦、通用电气、BP、联合利华、耐克、宝洁以及一系列大大小小的企业，已经认识到非政府组织参与到自己行动中的重要性。康奈尔大学的“金字塔底学习实验室”(The Base of the Pyramid Learning Laboratory)，现在已经成为一个论坛，这些企业在此相互协作，在发展中国家开展试点和原型项目，同时也加快了它们集体学习的进程。

| 第22章 |

从摘取“低垂果实”到新的战略

许多公司的可持续发展历程，是从减少废弃物或提高能效开始的，因为这样做有直接的“商业依据”：这是已经支付的成本，所以这方面的改善就会直接转化成利润。但许多公司从来没能超越这个摘取“低垂果实”的阶段，因为它们没有鼓起勇气并发挥想象力，去面对这样一个事实：它们正在用错误的商业模式（产品销售的最大化导致增加浪费而不是可持续性价值），把错误的产品（如耗油量特别高的汽车）销售给错误的客户（富人群体，他们应该考虑减少而不是增加高油耗汽车的消费）。相比之下，只有数量较少的公司在不断提升愿景，重新建立创造性张力。它们拓展新市场、吸引新的利益相关者参与，包括可能的投资者和各种不同的资本来源。然而，这必定要从吸引公司内外的人来参与新的对话开始。

大象与（正在长大的）跳蚤

约翰·布朗在斯坦福的那次演讲以后的 7 年里，BP公司进行了一次重大的品牌重塑，抛弃了以前的“英国石油公司”（British Petroleum Company）的称呼，代之以更简洁的BP，并采用了绿色和黄色的旭日图案——象征“超越石油”（beyond petroleum）。BP生产了一系列更清洁的燃料提供给消费者，实施了各种各样的提高能源效率和减少废弃物排放的措施，结果节省了数亿美元，并大大降低了温室气体排放。除了参与许多应对气候变化的行动计划，BP还放弃了美国主流企业惯用的维持能源现状的政治游说策略，成为第一家在美国设立办公机构，却禁止向各个美国政治行动委员会提供捐款的大型企业。

但是BP 98%以上的利润依然来自其核心业务——石油与天然气，正如当时负责高利润贸易业务的高管薇薇恩·考克斯所说：“BP这个品牌的推广，后来有点儿变味了。”——对公司是否确有决心真正引领可替代能源潮流并形成一定规模表示怀疑的人，就以嘲讽的口吻说，BP是“超越无可奈何”（beyond pathetic）、“超越似是而非”（beyond plausible）。考克斯说：“我们在广告上的投资依然高于面向可再生能源的投资。我们的太阳能业务在过去 30 年中亏损了 5 亿美元，开发风能的行动无非只是又一个项目而已。”

就在此时，公司要考克斯负责可再生能源业务。她在BP的很多不同业务岗位上工作过，有各种成功业绩，这也部分由于，她长期以来一直潜心实践对培育创新十分关键的深度对话交流。[1] 难怪她很快就从BP在世界各地的分公司召集了 150 位负责能源业务的高管，举办了一次题为“领悟全球运营环境”的深度对话。在 2005 年年初举办的这场对话中，战略部门的一位新负责人做了一次发人深省的报告。

与会的高管被直接告知，他们所处的行业目前正处于十字路口，传统的资本密集、技术推动的“大石油公司”的商业模式，虽然已经成功运转了50年，但完全没有机会在下一个50年里继续保持成功。而这在很大程度上是由于日渐高涨的、大幅降低全球二氧化碳排放的呼声和要求所致。虽然报告中没有使用80–20挑战这个说法，但与会高管实际上被告知，这个挑战已经摆在他们眼前。经过两天的对话，许多人对BP这样的能源公司将要面临的各类问题和各种机会，都有了不同以往的感受。

考克斯发现，需要进一步加深和扩展对整个业务的重新思考。于是，几个月后她又举办了一个“战略节”活动。她强调既要邀请替代能源的积极支持者，也要邀请对此持怀疑态度的人。她还给每位参与者都提供了能源行业的事实数据和发展趋势等细节材料，同时也在会议的背景墙上打出了一个简单的观点：未来与过去可能会大不相同。“墙壁上挂的都是电力工业、能源交易以及替代能源行业的图片、数据和图表。”考克斯说，“最终，所有这一切都归结到低碳电力的概念上。”

他们接着形成了一个以低碳电力为核心的商业模式，着重关注四个领域：太阳能、风能、氢能发电（当时正在开展与通用电气公司的合作）和燃气发电。

在随后的几个星期里，BP公司的许多人都开始谈论替代能源。当然，许多替代能源业务都是长期业务，但在短期和中期就有钱可挣，并可用来支持长期的投资。“大家可以看到，在风电项目上，有10%~14%的投资回报率。”虽然这些业务的收入规模与核心石油业务相比微不足道，但它们已经是“真正的业务”了，而不是简单的慈善捐款。

两个月后，考克斯把这个新的商业模式带回给布朗。布朗给她的挑战是“让BP公司的其他高管也谈论这个问题”——这个她做到了。到2005年年底，BP成立了一个新业务部门——“BP可替代能源公司”，并批准在未来10年里投资80亿~100亿美元。[2] 这家公司确实在准备超越摘取“低垂果实”的阶段。

在两年之内，BP可替代能源公司已经成为全球较大的可再生能源企业之一。它是美国占地面积最大的风能公司，目标是到2015年成为世界最大的风电开发商。在印度，它是唯一经营风力发电的外国企业。BP已经把在印度、中国、美国和西班牙的太阳能业务翻了一番，还制订了坚实的计划，承诺在不到3年的时间内把全球太阳能业务增加三倍。两个大型氢发电项目的协作正在进行中，更多的合作也正在开发中。[3] BP在生物燃料研究方面也开展了投资，其中包括一项为期10年的，对世界上第一个专门的生物能源研究实验室进行5亿美元的投资，这个实验室设在加州大学伯克利分校。

这些引人注目的数字背后，是一家态度保守的传统石油企业进入新世界的勇气。而过去，这家企业则是习惯于利用复杂、先进的工程和财务分析工具，在耗资巨大的项目上赌博。尽管机会很令人兴奋，但人们对于如何在超越泡沫的工作中获得成功，仍有更多未知的东西。考克斯有足够的经验，知道到目前为止公司在这方面还只是走了几小步——如果来自核心石油业务的压力迫使可替代能源业务收缩，那么BP放弃发展可替代能源的可能性很大。

至少，BP在这个方向走得越远，相对于石油业务来说，替代能源的世界就会变得越新奇。考克斯现在相信，未来不仅需要与以往不同的投资准则和管理技能，也需要完全不同的商业模式和合作伙伴。石油企业资本高度密集，雇员相对很少，主要是通过成熟的大企业组成小网络[包括各种技术服务提供商、工程和建筑公司，及其下游产业（石油化工和塑料行业的合作伙伴）]来产生巨大的现金流。

考克斯说，这种新的分散式能源业务与其说像大油田开发，不如说像个“地方集水工程”。因此，其成功可能取决于本地的企业网络和管理协作，类似可口可乐和世界自然基金会在水源区建立的网络。此外，当前的能源使用模式是建立集中式分销渠道（天然气和石油）和国家电网（电力）。但是，有相当大的人群在目前的能源模式下无法获得服务，他们有巨大的需求。毕竟几乎有1/3的世界人口没有连接到集中的电网服务系统，他们也不大可能在不久的将来成为集中电网的用户。

按照考克斯的说法，将新合作伙伴和新市场这两个要素合并起来，就能赋予替代能源一个必要的“社会功能”（social function）。这意味着培育一个由很多人负责运营的行业，而它并非简单地由一家集中式的分销公司来远程操控。

BP已经在向电网覆盖区以外的印度村庄销售一种无污染的生物质颗粒型燃料炉灶（biopellet stove，其目的在于替代贫困村落里不健康的烹饪习惯）。这种炉子采用由印度理工学院最新开发出来的技术，将农作物秸秆压制成颗粒型燃料。除了印度理工学院外，与BP公司合作过的还包括当地的（炉子和燃料）生产商和分销商、小额信贷机构、能为其提供启动资金的慈善基金会，以及村镇分销合作社。在为期一年的市场研究完成后，这项业务就建立起来了，但市场研究并不是由传统的市场调查公司完成的，而是由当地专门从事妇女合作社工作的一家社区发展机构完成的。实际上，BP公司的做法与好市多不谋而合：它扩展了企业自身的边界，远远超越了通常意义上的业务合作伙伴，从而整合了整个价值链，并且在这个过程中改善了贫困村民的生活。

考克斯把这一切都看作是用来创建全新企业和全新商业模式所必需的实验。“没有人知道这些新型能源企业会怎样发展，但我们知道，我们无法只靠自己就学会所有这一切。所以，这就需要非常规的盟友关系。我们必须善于发现新的合作伙伴，并在具体的商业原型项目的实践中共同学习。”

考克斯发现，在一些国家，譬如印度，这种“关系型”管理模式非常奏效。“关系型模式的魅力在于，它就是这些文化传统中的大多数的自然运行方式。”她说,“与其强迫他们服从我们传统的‘指挥—控制’模式，并因此破坏他们价值创造的源头，还不如顺其自然，从而挖掘他们创新的潜能。”她同时也深知，这样的变革在传统的BP管理文化环境中并不容易被接纳。“要想这样工作的话，你必须相当谦卑。你并不知道所有答案。你在为关系的建立和创新的涌现而创造空间，这正是高级管理人员的职责。”但这需要很大的勇气，“在一个通常并非如此运作的更大系统中，尤其如此”。

在为真正的新愿景提供服务的过程中，那些乐于不断学习的人很有可能发现，在替代能源和提供能源的替代型企业这两方面，这个世界跃跃欲试的程度超出了很多人的预期。2007 年，考克斯在印度的一次会议上宣布生物质颗粒型燃料炉灶之前，就做好了“功课”，准备去应对这样的争论：作为发展中国家，印度有权利去发展，所以BP公司不仅不应该再采取“居高临下”的批评态度，还要停止在替代能源问题上的说教。但与她的预期相反，她发现许多印度人决心要想出全新的点子和解决方案以超越西方国家。“这是一桩实实在在的、赢利的生意。但更重要的是，无论在BP公司内部还是外部,‘什么是可能的’这个话题的性质正在转变。”

对积蓄“横轴上”创新动力的建议

为了避免你的组织陷入只能带来短期效益的可持续发展创新行动之中，你需要像薇薇恩·考克斯和她在BP公司的同事那样，逐步积累对未来投资的商业合理性论据，并以此去培养一个由有着相同见解的领导者组成的、更宽泛的网络。在这个领域内，原型项目试点的逻辑同样有效，它能够帮助人们创造适当的实际步骤，并让人人都从中学习。如果只是激辩究竟是豁出去大干一场，还是暂不出手，那组织往往会被拖垮，并将一无所成（回想一下第 10 章一开始提到的受困管理团队）。

下面这两个实际演练工具，侧重于对未来进行的内部（左上象限）与外部（右上象限）的投入。回想一下之前我们关注了新产品、新技术、新管理基础设施和能力建设（比如BP在发展中国家为企业创新成长提供机会的内部新关系网和技能）。后者（右上象限）集中在对新市场、新合作伙伴和对外界的新认知上，比如BP公司在开拓新市场的过程中，“走出去”与各个组织和小额贷款提供者进行的合作。

开始，你应该挑选一个你认为既具备验证新可能性的潜质，又可以吸引重要利益相关方参与的具体创新行动。使用第一个模板步骤（第340~342页），主要去关注公司或组织内部可能被你吸引进来的人。你可能发现这个方法好用，当然这主要取决于你的方案的性质。然后，用第二个模板步骤（第363~344页）帮助你扩大关注范围，吸引公司外部的合作者，在公司外部建立变革势头。在积蓄变革动力和势头的过程中，你能逐步清楚地了解如何去协调和融合这么多不同领域的关注点。眼下假定你是从组织内部开始，在内部吸引关键合作者的参与。

不管是探索内部还是外部对未来的投资，对于新技术的采用以及寻求新的市场和伙伴，都不要太过纠缠。过分关注这些，你就会忽视这项投资怎样才能催生实际可行、可操作的业务。

例如，第一个模板开始的步骤会先询问关于你的想法的潜在商业价值，并鼓励你找出持怀疑态度的人——就像考克斯在她的“战略节”上所做的。之后会有各种各样的问题来帮助你识别创新行动里的关键参与者，并判断他们需要哪类帮助，以及他们每个人是如何界定成功的。

第二个模板的重点步骤，则在于识别占主导地位的客户和吸引组织外部的合作者。不管实行哪个模板步骤，都要持续关注项目在经济上是否现实可行。

最近我们问过考克斯，从那么多全新的创新冒险中都学到了什么，她回答说：“我们不缺机会，并且我们已经找到了很多有创业精神的人来探究并开发推动这些初创企业，这些都是在相当混乱的市场环境中进行的。但到了某一个时点，你就需要调整策略了，需要引入规则，把这些企业管理好。而对于创业型人才，‘引入规则’会很困难。如果想培养新的小型企业，使其在更大范围里创造价值，我们和合作伙伴们就需要有能力保持混乱与秩序的平衡。”

要记住，原型项目试点的精神，就是你不必知道全部答案。你现在只不过是在试图“证明概念”，你可以在以后的阶段再扩展关键积极参与方的多样性。巴尼·巴尔金曾谈到先导项目和原型项目试点，在BP公司刚开始涉足低碳能源和替代能源时的作用：“我们正在进行好几项初始阶段的创新行动。当我们获得初步成果时，现在看起来不可能的事情，到那时就将变成可能了。”

工具箱

在你的组织内部发现潜在能量和投入承诺

下面的模板步骤，是从新团队领导者的角度看待原型项目试点的投入。如果你在组织中还不具有启动试点项目的权威，想一想下面的问题，问自己需要做哪些事，才能吸引其他人参与，或者建立一个有这样权威的团队。

- 确定你的创新概念有哪些关键领域，需要在实际操作中验证。特别是公司中持怀疑态度的人提出的那些“不可能”的领域。需要做什么才能证实创新概念的可行性？通过邀请持怀疑态度的人和持反对意见的人来批评你的想法，吸引他们的参加（这是他们无法拒绝的请求，他们一定会接受），但不要指望他们马上就去推进你的想法。
- 然后问自己：“公司中哪些具体的人和团队希望找到办法实现这种创新——证明它的可行性？”
- 谁是公司中有远见的人，他们虽然听到了“不可能”的说法，却仍然迫不及待地要启动变革？他们是在第 14 章的图 14.9 中，处于正态分布曲线中“推动变革发生”一端的人，与怀疑者和反对者相对。

• 以你的核心团队为中心，画一张“联络图”，向外连接到你的公司中可能会涉及的人，用连线表示核心团队成员和这些人之间的个人关系链条。谁可能对你的某一个原型项目试点感兴趣？这个网络可以从其他哪些地方，自然延伸到组织边界之外的人际关系？你能看到连接这些外部参与者的个人关系链条吗？

对于你列出的每个关键人物，都画上方框，在方框上方写下他的姓名，下方写上你让他扮演的角色。比如，某个角色也许是开发出原型项目试点，以证明你的计划中某个“不可能”的方面，实际上是可能的。

预想一下，你该怎样利用这张内部联络图找出不同的方法来支持从事原创活动的人。

• 仔细挑选最初的原型项目团队成员，你的工作就是支持他们。挑选那些对原型项目有完全承诺的人作为关键成员，并保持与他们的沟通，理解他们遇到的挑战。询问自己，你将如何帮助他们，他们又需要什么资源。

• 保持项目与关键组织问题和组织目标之间的联系，这样大家就会认为，你的行动是有意义的，也是及时的。

• 在初期，要避免官僚主义的大型“推广”活动，你的第一个目标是要用原型项目试点表明什么是可能实现的。许多团队在实现目标之前，都有意埋头不声不响地工作。

• 制订多个应急计划，头脑中始终有多个路径，利用这些应急计划，在挫折和失败中快速学习，把从中得到的收益运用到新的战略和策略之中。

• 一面工作一面沟通。主动保持联系，并与所有重要内部利益相关者保持沟通，以使大家产生好奇心。必要的时候请求帮助，并培养承诺投入和支持。

- 不断为变革工作创造阶段性成果，这样可以发展你的试点项目，对规模经济的实现和其他正反馈产生滚雪球效应。

工具箱

在组织外部寻找先导和原型项目试点、市场和相关性

对市场中逐步显现的需求做出预期和反应时，你可以使用这里列出的第二个模板步骤，去关注你的公司或组织范围以外的情况。

- 你的公司里面有哪些关键人物可能最先看到潜在或者逐步显现的市场？（专注市场和未来业务成长的人，往往会比技术人员先看到机会，而技术人员则可能看到种种障碍。）
- 哪些先导客户已经对你的想法产生了兴趣？邀请他们帮助你开发和测试你的原创试点项目，并与你在试点项目中合作。
- 你如何利用客户的参与和兴趣？如何确保至少部分公司高管直接参加与这些客户的沟通？
- 是否有一些具体的地方（或社区），其各方面条件最有利于你进行成功的创新？如何把你的想法与潜在或正在显现的细分市场联系起来？例如在某个特殊市场中，是否有更多人在

决定购买产品时，会考虑到温室气体排放问题？哪些地区的政治环境最适宜你这类项目和观念的发展（比如，该地方的政治家一旦了解，清洁能源技术会创造更多的就业机会和更活跃的经济，就会倾向于支持这样的技术）？在这些地区或市场中，你是否有人际关系网络来保证试点项目的可持续性？如果没有，你是否可以建立，就像美国绿色建筑协会那样建立地方分支机构，以支持LEED系统的地区性原型项目试点？

- 看一看全世界所有地区和市场（无论你的团队在哪个地区），找到你的创新领域里最先进的市场。比如，在美国加利福尼亚和以色列地区，电动车市场的发展比世界上其他地方都快得多。同样，你将会发现干旱地区对节水产品及其原创开发项目的更多支持。在发展已经受到限制和约束的地区（比如，由于空气污染、燃料或水资源的供应和安全问题），市场需求会明显增加，这些需求有可能已经开始推动先导项目，甚至促进了大量细分市场的增长。这样的地区能够为你的团队提供丰富的学习机会。
- 关注公司组织的“DNA”。每个组织机构和社会团体都有自己的骄傲之处、辉煌的成就和实力优势，可以将其作为你的工作基础，使你能够悄然推出有更多增长潜力和高杠杆效益的原型项目。
- 如何围绕你的原型项目建立忠实、活跃的社群？比如，如何才能直接联系正在进行不同新产品开发试点的各家客户，使他们能够直接互动，一起分享经验和教训，并建设自立的互助支持的社群？

制定更全面综合的策略

最终，综合全面的策略将覆盖可持续发展价值框架的所有四个象限，连接内部和外部的努力成果，以及针对当前和面向未来的投资。佩尔·卡斯泰德正在进行的发展生态区域的工作就是一个很好的例子。有趣的是，随着这项开创性工作得到越来越广泛的认同，这个策略正通过一个主要由欧盟资助的项目，从瑞典北部地区向世界其他地区传播开来。欧盟这个项目的目的在于帮助全球 10 个地区探索超越化石燃料发展的模式，其中包括鹿特丹、马德里、中国南阳以及巴西圣保罗。

在瑞典，通过解决图 22.1 中心的前两个问题，佩尔·卡斯泰德和他的同事开始了他们的工作：他们解决了“先有鸡还是先有蛋”的挑战——在增加乙醇燃料车的数量的同时，也增加乙醇补充服务站的数量，而为了保证乙醇补充服务站的可行性，自然要求路上有数目可观的车辆。这实际上代表了汽车制造商在未来的内部投资（新型汽车，从最初的福特到后来的萨博）也会与外部投资有所关联（由各方人士建设的、新的乙醇补充站）。

如图 22.1 显示，属于“左上象限”的（车辆）和“右上象限”的创新举措（分销）的平衡关系与另外的四个子系统联系在一起，这四个系统也需要纳入考虑范围：

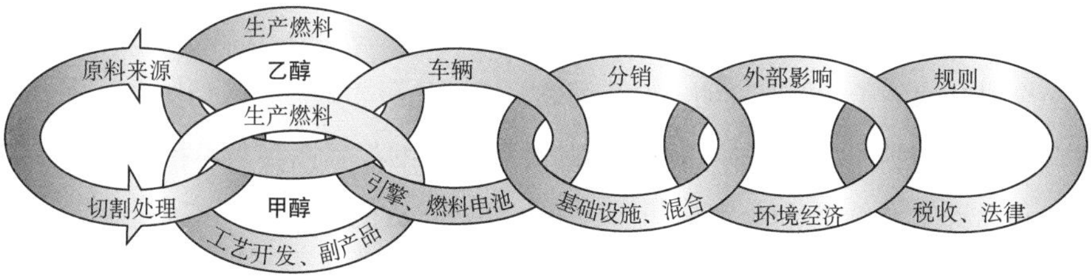

图 22.1 生物区开发

1. 原料来源（制造燃料的材料）。
2. 生产燃料。
3. 燃料对外部环境及经济的影响。
4. 规则。

每一个子系统都能转化成创新、发展和就业的机会。在这方面的例子是，瑞典通过建立世界上最先进的第二代纤维素乙醇生产设施，应对第二个子系统——燃料生产。这个设施利用林业废弃物，而不是将农作物如玉米、甜菜作为生产原料。瑞典也在通过形成合作伙伴关系，应对第三个和第四个子系统（环境和法规）。这些伙伴关系将会清楚地显示出，新的创新举措将要给经济和环境带来的实惠，最终形成创立法律的政治力量，从而可能扩大他们的最初成就。

不幸的是，目前生物燃料方面的很多举措都是追逐眼前利益的机会主义做法。其中许多措施都是快速草率的解决方案，忽视了许多意想不到的副作用。例如，把现有的农作物如玉米用来生产乙醇，这样做不仅忽视了对食品价格产生的负面影响，还忽视了增加净二氧化碳排量的副作用（在某些情况下甚至超过使用常规汽油产生的二氧化碳排放），尤其还忽视了对甘蔗、对水源地的副作用。由于全世界对替代燃料日益强烈的需求，我们需要像卡斯泰德那样的框架来连接现在和未来、沟通内部和外部观点，从而为生物燃料的热潮注入理智。

例如，卡斯泰德目前的一个主要项目在坦桑尼亚。他认为这是一个很好的例子，可以说明，对长期燃料来源的耐心开发、以受托责任为导向的本地企业家精神和对适当的基础设施的投资能够为可持续能源和经济发展奠定基础。“这里有大量能够转化成能源的阳光（通过太阳能和生物质能）。这里的人民与自己的土地、自己的孩子和精神文化之根，有着深层的关联。但是，这里也有很多人试图肆意掠夺这些能源，包括最近有人在进行生物能源生产来赚取短期利润。”在向政府提出建议的时候，卡斯泰德尝试将他们的注意力集中在理解可持续发展原料（如农作物废弃物）和生产能力上面，集中在培养具有促进周边社区全面发展大使命的地方及相关企业上面。但是短期收益的压力铺天盖地，正如他所说的：“把这件事做好，我们只有一次机会。”

| 第23章 |

愿景是什么并不重要，重要的是愿景能做什么

随着组织将创新过程内化，大家对愿景的实际作用的理解，也会发生一个微妙的转变。人们往往沉溺于“把愿景做好”，但完全没有领会愿景的真正意义——它是一种行动的力量，而不光是一组辞藻。愿景是什么并不重要，重要的是愿景能做什么。

零似乎是合适的数字

美铝公司确定生产用水零排放和废弃物零填埋的挑战性目标，实际上是受到了几年前发生的一系列事件的鼓舞。那时，保罗·奥尼尔（Paul O’Neill）作为刚刚成为公司的CEO，正在检讨公司的损失数字。奥尼尔、阿特金斯和其他几位高管相互争辩，损失数字的目标值是否有意义。

阿特金斯回顾说：“从我最初加入公司开始，关于美铝公司安全问题的辩论就一直很激烈。有些人会说：‘是的。你需要确定安全目标，

但是你不能把指标定得太离谱。你不能设定那种在两年之内让事故发生率下降 75% 之类的目标，因为大家根本就不理会这种指标。他们一定会说，这是坐在匹兹堡空调房间里的那群家伙弄出来的事，根本做不成。’另外一些人会辩驳说，如果不确定挑战性的摸高目标，大家就不会努力，就会说美铝公司对一年有 300 人受伤也根本不在乎，因为这个行业的情况本来就是如此。”

奥尼尔掌权之后不久，就改变了这场辩论的方向。阿特金斯回忆起奥尼尔当时说的话：“我的观点是，零是个合适的数字。我们不能计划今年要死 3 个人，就因为我们去年死了 4 个，而今年要有些改善。同样，在美铝公司的工厂里，你们也不应该计划送 1 000 人去医疗中心。所以，目标就是零。零死亡事故，零工时损失，零事故报告。”

虽然这场辩论还是持续了一段时间，但是奥尼尔的立场产生了成果。美铝公司的安全目标多年以来直到今天，一直是：零。自 20 世纪 80 年代末至本书稿截止时，美铝公司的事故率下降到原有水平的 1/15。其事故率水平是全美所有工业企业中最低的，甚至低于被广泛认为是大型企业工业安全“黄金标准”的杜邦公司。[1]

各种不同规模和形态的公司，都确定了一些没有什么真正影响力的公司愿景。经过一段时间之后，这样的愿景通常培养了更多玩世不恭的情绪，而不是承诺奉献的精神。这来源于经理人的根本性误解——他们认为，愿景的任务就是找出一些鼓舞人心的动听辞藻，这样似乎就能起到激励和动员大家的作用。激励他们什么呢？是要他们顺从于经理人想做的事吗？这样的做法很难激发组织中的创造力和承诺投入。

更糟糕的是，愿景宣言的存在往往是为了反击“这个公司没有愿景”的嘲笑挖苦，这样就潜移默化地加强了“解决问题”，而非“创造未来”的心态。另一个与此相关的错误理解是，只应设定我们自己知道能够实现的愿景。但是这样做，就像是看着后视镜开车。当你周围的世界发生变化的时候，这样做既不能振奋人心，也没有特别实际的用处。

评估愿景有一种方法，也是唯一的方法，这就是：把这个愿景已经带来的成效，与如果没有这个愿景现在会是什么样的结果进行比较。

对这个原则的完美诠释，在退役篮球明星比尔·拉塞尔（Bill Russell）写的一本书中有所体现。拉塞尔在退役之前，是波士顿凯尔特人队的队员。这个队获得了历史上最多的职业联赛冠军。他在书中描述说，他设计了一个 100 分的评分系统，他用这个系统在每一场比赛之后，从 10 个方面按照从 0~10 的标准来评价自己。在他 14 年职业生涯中，他从来没有给过自己 100 分。在状态最好的那几年里，他的平均得分也只是在 95 分以下。如果按照大多数人思考愿景的方式进行判断，这个可怜的人是个坠入深渊的失败者——他一生中参加了上千场比赛，却从未实现过自己的愿景。然而，以他和他的队友所成就的辉煌来评判，以他那前所未有的 11 枚冠军戒指的收藏来评判，他是历史上最伟大的球员。

真正能够产生作用的愿景，既来自头脑，也来自心灵。在美铝公司，人们认识到，无论针对死亡事故，还是针对用水，零都是正确的目标，虽然他们不知道如何实现这个目标，甚至可能达不到这个目标。这样的目标是正确的目标，是因为它们表达了大家真正的渴望和愿望；这样的目标是正确的目标，是因为它们充分挖掘了大家的学习能力，并最终带来其他方法都不能实现的成就。对于未来也是如此。比如，这家企业的目标是：在 2025 年之前，所有工艺流程，无论是加热水，还是输送空气，或是泵送液体，都要至少达到 80% 的理论能源利用效率。尽管许多人认为这根本是不可能的，但这依然是其目标。当人们真正理解了“愿景是什么并不重要，重要的是愿景能做什么”时，他们就会如此行事。

肩负使命的企业

彼得·德鲁克（Peter Drucker）曾经说过："利润对公司来说，就像人吸进氧气。如果你吸进得不够，你就得'退出'这个世界。"然而不幸的是，多数企业的运行让人觉得仿佛其目的就是呼吸。企业的目的就是实现利润最大化这一观念，是遍布商业世界的最根本的混淆。但一直以来只有少数企业理解这个问题的严重性。今天，创造超越泡沫生活的巨大挑战，正在使更多这样的企业涌现出来。

从某种意义上说，生命系统触发了这些组织的灵感，其产品、工艺、业务模式乃至管理哲学都属于未来，即越来越像自然界其他生命系统那样运行的未来。这样的企业是第 8 章图 8.2 中介绍的可持续发展目标整合第 5 阶段的典型。虽然这些企业在规模上仍无法与已经成形的大企业相比，但其中有一些已经开始产生超过自身规模的影响力。

格雷斯顿面包房（Greyston Bakery）是一家为纽约市多家高级餐厅供应面包的企业。1982 年，伯尼·格拉斯曼（Bernie Glassman）创建这家企业的地点是纽约州扬克斯市（Yonkers）最贫穷的地区，其创建的目的是为当地提供就业机会。今天，这家企业不仅雇用了 100 多名员工，还建立了一个由营利企业和非营利组织组成的网络，包括为无家可归者提供住所和为单身母亲提供公寓。

丁式咖啡（Dean's Beans）并非一家大型的咖啡焙烧企业，但一定是有着非常清晰使命的企业之一。其创始人丁·赛克恩（Dean Cycon）说："我们的工作就是提供最好的咖啡，同时帮助与我们合作的全球咖啡种植者兴旺发达。"这家企业销售的每磅咖啡的利润中有一部分会自动返还给供应咖啡的合作社，合作社就可以自己选择将这部分资金作为推动社区经济和社会发展方面的投资。这部分投资包括：在秘鲁的妇女发展项目和森林恢复项目，在尼加拉瓜为 1 600 名触雷致残者提供康复治疗的项目，在危地马拉一个每周有 7 000 名当地咖啡种植者收听的广播节目《咖啡谈话》（*Coffee Talk*），在埃塞俄比亚首次为 3 000 人提供洁净水的水井项目，以及在肯尼亚、巴布亚新几内亚等国家开展的为咖啡种植者进入市场而进行的有机产品认证培训项目。

这些企业不是慈善机构。它们是成功的企业，也是正在成长的企业。格雷斯顿面包房从创立之初的 5 名员工增长到现今的 100 多名员工，最近还迁入一所LEED认证的厂房，而丁氏咖啡的销售额则在过去 10 年中增长了 500%。

然而，从这些企业的所有者的角度看，他们的经营并不是为了营利，他们的营利目的是为社会做出贡献。赛克恩说：“我不是因为可持续发展的重要性而觉醒的商人。我开始做生意的原因，就是探求一种特殊的模式——如何为恢复地球的健康，让企业能够也必须发挥可持续的积极推动作用。”在格雷斯顿面包房，他们的说法很简单：“我们不是为了做巧克力小方饼而雇用员工，我们是为了雇用员工而做巧克力小方饼。”[2]

这类成长中基于使命的企业，正成为当下行业中具有广泛影响力的重要角色。比如，生产绿色家庭用品和保健产品（可生物降解的家用清洗产品，不采用含氯漂白剂的可循环家用纸制品、纸尿片以及妇女用品）的第七代公司，其产品近年来十分畅销（目前也在美国第二大超市塔吉特、美国全食超市，以及美国其他零售连锁店销售）。连沃尔玛也开始和这家企业接触，一方面是采购其产品，另一方面则是学习它在企业责任方面的创新方法。虽然这家企业与沃尔玛这样的业界巨头相比规模还很小，但是其目前的销售收入已经达到了 1 亿美元，与此同时，它坚持了自己的使命：教育“这一代和未来许多代人”，让他们了解自己对“人类健康和环境健康”的影响力。

购买第七代公司的产品，就像上一堂可持续发展的小班课。包装和容器上是有关日常家用产品包含的毒性物质的信息，有关节水的信息，还有其他信息，比如，如果每个家庭都使用植物基而不是石油基的洗碗液，美国可以节省 8.1 万桶石油。这样的信息都相当有意义且乐观向上，它们强调了个人或家庭健康与环境健康之间的协调。在这里，更重要的信息也很清晰：人人都可以通过日常生活中的选择而做出积极的贡献。

小行动帮助大系统

类似的企业在实践着推动更大系统健康运行的愿景。这可能是本地社区系统（格雷斯顿面包店），也可能是产业供应链系统（丁氏咖啡），或者如第七代公司总结的九项“全球指令”，即霍兰德所说的“全世界未来 50~100 年必须解决的那些问题”，包括改变企业的管理方式，强化自然界的再生能力，以及创造新社会来“推动社会公平”和“提高对不同观点的理解能力”。

这种对更大系统的关注可能听上去脱离日常商业现实，甚至可能因此加剧霍兰德所担心的玩世不恭的态度。为了避免这种状况，第七代公司力图利用其全球指令去评估当下的实践，就像霍兰德所说，“开发观察我们的行动和思考的自觉意识……持续对照检查我们与这些指令的差距。”

比如，这家公司不久前启动了产品环境影响综合评估。霍兰德报告说，他们很快就发现：“我们对这个问题的了解得太少了。”

他们了解生产和运输过程会产生大量二氧化碳，然而当超越生产和运输过程去看产品使用过程（参考第 2 章）的时候，他们发现自己的产品对环境的最大影响是：由于设计要求在热水或温水中使用，从而造成浪费。“我们进行了测算，我们最大的单一负面影响就是给水加温的能源消耗。这使我们非常震惊。”[3]

于是，如何重新制订洗涤产品的配方以使该产品可以在冷水中使用，就成为公司“（产品研发）优先考虑的问题”。这个问题花了近两年的时间。2007 年秋，他们推出了第一条植物基冷水洗涤剂产品线。他们投下的赌注是：新产品会为关注气候变暖的顾客提供一种新的方式来表明“他们的行动，虽然看上去很小……却能做出贡献”。

依靠共同目标网络发展业务

像其他生命系统那样运营的愿景，会引发全然不同的发展战略。有关第七代公司令人吃惊的事实之一是它的规模。尽管这家公司的销售额已经超过 1 亿美元，但它的员工人数却还不到 100 人。即便是最冷漠无情的资本家，也会对这样的销售效率指标印象深刻。

这是如何实现的呢？答案是通过建设“自我延伸的人际开发关系”（Self-Extending Developmental Relationships，SEDR）。格里格·巴尔内姆（Gregor Barnum）在这家企业工作了 5 年，他说：“如果我们想发展这个企业，又不希望它成为另一个笨拙的大型企业，就必须以不同的方式思考我们应该如何做事。我们与关键业务伙伴的关系，远不仅仅是出于业务方便而建立的联姻关系。”

巴尔内姆和公司中的其他人也了解，这是一个更多体现了自然系统运行方式的商业模式——通过建设共生关系（symbiotic relationship）网络而成长。就像巴尔内姆所说，“森林里并没有责任主管”。

但是，这样的战略要获得成功需要一种特殊的承诺投入。“关键是慢慢建立这类人际关系，这样大家就可以真正互相了解，知道对每个人来说究竟什么才是真正重要的。”

霍兰德说：“当你讨论的不是洗手间里手纸的价格，而是大家如何能够一起像合作伙伴那样工作，去发动一些大家想让世界发生的变革，你就会进入一个完全不同的环境氛围，从而看到完全不同的可能性。”

他补充说："对于那些把企业完全当作'交易'的人来说，这相当不合乎文化习惯。但是，一旦人们知道你真正在乎这件事，这就会变成公司的特征和优势。"

通过共同目标网络来发展业务，既可以延伸到客户，又可以延伸到供应商。围绕客户造成的积极影响开展教育活动，是第七代公司商业模式的核心，对于丁氏咖啡和格雷斯顿面包房来说也都是如此。然而，霍兰德和他的同事们想知道，他们能否走得更远，能否超越传统企业与客户之间基于产品销售的交易关系。

他们与绿色和平组织结成了合作伙伴关系，并启动了一项实验。在实验中，他们利用本来可以投放广告（几乎对所有消费品公司而言，广告都是关键的市场营销策略）的资金，为一项名为"改变它"（Change It）的社会和环境实验项目提供财务支持，该活动由 100 名大学生参与，为期 5 天。霍兰德说："这件事的整体想法最后变成如何改变我们与客户的互动方式，如何不仅仅通过人们购买产品进行互动。说到底，促销活动只是激励人们购买更多产品的方式。这难道是我们希望得到的人际关系吗？"

他们从销售自己产品的店铺中撤下了普通的促销材料，代之以为世界发挥积极影响作用的标识，并鼓励客户去寻找在这方面表现积极的大学生。参与这项活动的社区就可以跟踪观察加入进来的年轻人，并利用其经历去推动"与关注这些年轻人所应对的问题的人进行对话"。这里的核心概念是："与年轻的变革领袖联系，可以帮助人们参与到自己的社区中；另外，要创造系统变革，我们需要培养变革推动者，他们将有可能在一生中影响成千上万的人。"

要评估这个项目的更广泛影响还为时过早。然而，这个项目似乎正在引起许多社区的共鸣。那些大学生开展了各种本地项目，包括减少废弃物排放，对环境友好产品的宣传，提高能效，帮助社区了解气候变化，以及新奥尔良森林的恢复，等等。同样重要的是，他们的行动强化了各自社区的参与，发展了深度对话的实践。他们的努力在各自的校园中产生了显著的影响，那些通过购物机会表达价值观的对话引发了激烈的辩论和重大的变化。

该实验项目开展的第二年，200 个项目工作有超过 1 200 人申请。这个项目的最大意外之一，是来自零售商的反应。“要求参与这个实验项目的零售商数量比我们过去送洗衣机争取他们参与促销的时候还多。”霍兰德说。

你今天使用愿景的情况如何？

已故的汉诺瓦保险公司CEO威廉·奥布赖恩（William O’Brien）是我们的导师。他曾说过：“我发现每个人都会下意识地用自己的‘胡话’去判断，愿景是否只是胡编乱造的废话。你最终都会问自己，‘我们的愿景影响了我们的行动吗？’如果答案是否定的，那么愿景就只是空洞的辞藻。”我们所知道的解决这个问题的最好方法，是制造一种聚焦于你日常工作的创造性张力——通过对照你的愿望和抱负，来持续观察今天的现实和问题。

比如，中止广告促销的决定，在第七代公司内部引发了一些担忧，因为促销活动对于许多人，包括销售团队中的许多人来说都利害攸关。“我想，那时候是有点儿吓人……因为我们利用为什么会中止广告促销这个问题来引发更广泛的讨论。”霍兰德说。

在全公司以小组方式举行的对话自然引发出许多问题。然而，当人们深入进去之后，“大家几乎自然而然地开始反思、开始发现其他一些不协调的事情。当每个人开始从一个真正关系重大的使命出发，思考自己的职位和工作（或其他什么）时，就会产生非凡的力量”。

当这个过程逐渐展开的时候，一位负责应付款工作的女士变得情绪沮丧，她说："我实在没看出来这会与我有什么关系。你们知道，我的全部工作就是写支票。我收到一堆发票，然后我就写支票。"

"然而，当我们进入有关社会公平的讨论时，她逐渐了解到，她有权决定某些账单支付的先后次序，她不一定要像习惯的做法那样，按字母顺序支付。她意识到，她可以先支付我们的独立承包商，而后再支付我们的 10 亿级大公司合作伙伴。对于独立承包商，这就会有很大差别。而那家大公司却不会注意到支票是周一、周二，还是周三收到的。当所有层面的人都建立了这样的联系时，巨大的能量就释放了出来。"霍兰德说。

要判断愿景的实际作用，既需要看远期，也要看近期。从某种意义上说，我们未来数年、数十年要实现的目标非常重要。但是，从另外一个意义上说，愿景要么在此时此刻就是活生生的，要么就什么都不是。愿景激发我们的工作（在我们的工作中"吹入生气"），就在此时此地，从最深奥到最世俗的层面。如果想知道我们真正承诺的是什么，只要看看我们此时此刻的周围。这个标准很苛刻，但就像霍兰德所说的，一旦人们学会如此生活，他们就会发现无穷无尽的创造能量之源。

新观念，旧源头

正如人们对创造过程的普遍性理解，新一代使命驱动的企业也是基于非常古老的，甚至远早于工业时代的观念。这并不让人感到意外。

这些企业寻求为生命系统的健康和福祉做出贡献，并把它作为企业基本目标的一部分。这些企业放弃了获利是商业唯一目的的观念，并且把它们与其成员、供应商和客户的关系质量当作是成功的真正标志，这样也就回到了商业的本源。[4] 在最古老的瑞典语中，商业一词是narings liv，意思是“滋养生命”。在中国古代，这个概念是由两个象形字符号来表示，翻译过来的意思是“生活的意义”或“生命的意义”。

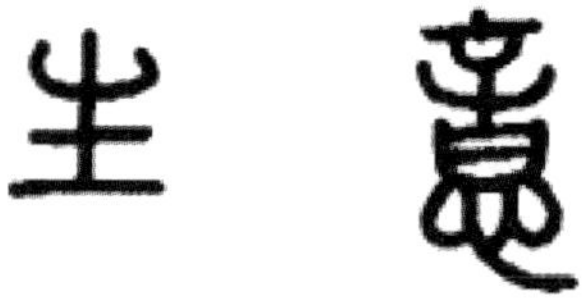

在英语中，company（公司）一词来自拉丁语的com panis，意思是“分享面包”，它与另一个词companion（同伴）是同一个词根。

在20世纪80年代初期，荷兰皇家壳牌石油公司进行了一项名为“长寿公司”的研究，研究涉及全球为数不多的一些生存时间超过200年以上的企业。当这项研究报告最终在1997年公开发表的时候，壳牌前高管阿里·德赫斯（Arie de Geus）把两类企业做了鲜明的对比：一类是那些自认为是“挣钱的机器”的大多数企业，另一类则是那些长寿企业——它们首先把自己当作是一个“人类社区”。

虽然创建再生型社会需要来自各种形态、各种规模的组织机构的领导力和创新，我们认为，正像壳牌公司原报告中所说的，有些企业“对‘自己是谁’的领悟超越了自己在做的事”[5]。这样的企业会发挥特别重要的作用——不仅在学习如何重新思考产品和工艺过程方面，还在学习如何重新思考企业本身（即把企业看作是超越泡沫生活的组织机构）方面。

| 第 24 章 |

为了未来，重新设计

人们通常认为，只有高级管理人员才与重新设计组织的行动有关。他们似乎也是本章最直接相关的受众。尽管如此，各个层级的团队领导者和团队成员还是可以从更好地理解这种重组过程中获益。各种组织如果期望在泡沫时代之后保持活力，就必须经历这样的重组。[1]

如何超越收获唾手可得的“低垂果实”的行动，比如废弃物减排和重复利用效率的提高？当各类组织开始认真考虑这个问题的时候，通常会发现：必须重新思考传统部门条块分割的组织结构。观察更大的外部系统和跨界合作这些方面的技能，最终必须通过创建支撑这种技能的正式管理架构、工作职能和岗位责任，并通过不断深化这些能力才能深入到组织之中。

正像我们在本书中所看到的，可持续发展的紧迫要求正在引发商业与社会环境的更大、更深刻的变化，为了与这些变化协调一致，各种各样的企业正在采用新的核心战略。毫无疑问，这些变化刚刚开始。但已经引发企业进行根本性转变，包括短期和长期目标、绩效期望以及优先事项安排上的转变，也使这些目标和优先事项融入企业的核心业务。同时，这也迫使我们按照新战略的要求来重新设计组织。如图 24.1 所示，当前的组织架构乃是在应对过去的（而不是未来的）需求过程中演化成形的，所以它需要经过变革才能支撑起全面契合可持续发展的新愿景、新战略和新目标。

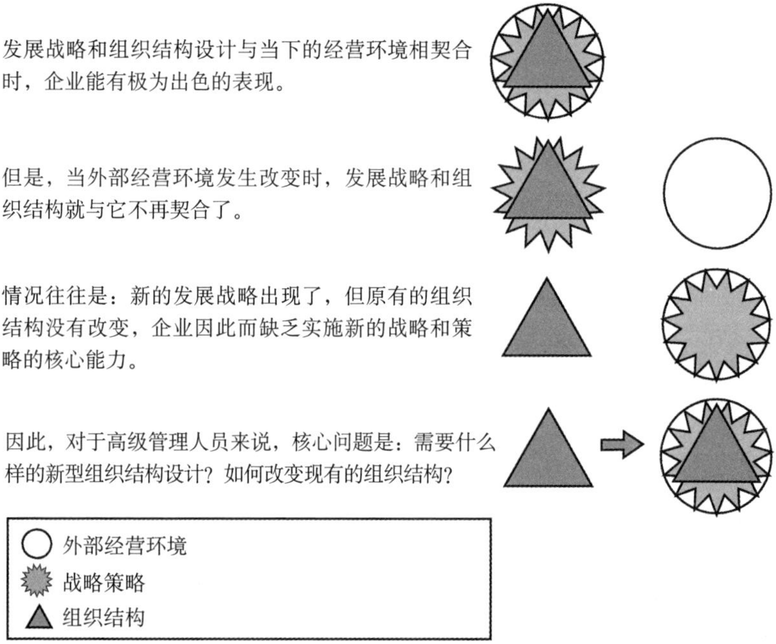

图 24.1　在变化的经营环境中重新协调结构设计与战略策略

与所有的创造过程一样，组织变革的过程也不会一蹴而就，而可能会分别在不同的层面发生——往往会从一个业务单元或分支机构开始，再向其他业务单元和整个企业逐步扩散。

比如，一家跨国能源企业意识到，公司增长极限的主要限制因素在企业的四面围墙之内，是过时的思考方式。公司在许多年前设立的环境、健康与安全（EHS）部门的组织方式，就已经设定并不断强化了这个限制因素。

这家企业曾经期望，在重大环境议题方面的领导力和长期战略的思考会出自环境、健康与安全部门的一批专家。但是，这个部门的专家们没有权力去激发管理线上的经理人参与环境运营绩效的改善，也没有相应的职责、资源和资金渠道去激发创新。这家企业的隐性策略似乎指向了“合规”，但常常不能完全达标。结果是，管制当局收回了该企业的数个运营许可，影响了它的发展计划，对其利润的直接影响超过了 1.5 亿美元。

这家公司的CEO意识到了所有这些问题，于是就启动了企业组织结构的设计和重组工作。首先是在环境领导力方面确定了远远超越“合规”的大胆愿景，包括多项被管制当局和其他外部利益相关者关注的“零排放”目标。

企业的首席运营官成为具体实施这些新环境领导力目标的负责人。一名直接向首席运营官汇报的高级管理人员，则负责开发可以大幅度降低公司环境足迹的创新技术。另一名直接向首席运营官汇报的高级管理人员说：“如果我们没有找到如何在高级运营管理团队和组织结构中落实环境领导力的方法，那么环境领导力的主张很快就会在组织中消失。重组运营管理、重塑创新和技术能力，这些都是我们回应可持续发展战略驱动因素的关键行动。”

这个例子说明，当你开始重新思考和设计组织结构时，要特别小心把负担转移给专家的倾向和风险。不要指望让新成立的“可持续发展部”“企业社会责任部”或换了名字的“环境、健康与安全部（EHS）”，也不要指望其他新增职能部门去完成企业的战略目标。这些部门顶多也只是成为临时的“催化剂”，支持初始项目的发展和形成变革势头。但是，在企业全面进入可持续发展状态的时候，不能指望这些部门承担整个企业运营的责任——那是属于每个人的工作，是以不同的方式整合起来的每个人的工作，是管理线上的责任经理应该尤为关注的工作。

要想避免出现转移负担给新增设部门的问题，就要参照前面提到的最佳企业应对安全问题的方法，去处理可持续发展问题——要确定宏大的目标，哪怕没有人知道如何实现这些目标。而后要明确，是管理线的领导者，而不是职能部门，要负责保证企业在整体上达到这些目标。在管理层和职能部门之间建立牢固的架构关联，应该是可持续发展的长期整合战略，也应该是大家作为集体共同分享的目标和追求。当经理人和职能部门协同一致的时候，他们就不是按照各自的目标工作，而是在不同的责权范围内，为同一个目标去工作。此时的责权设计，就是为了使所有人的努力都能够产生切实的积极影响。

自上而下开始

锁定关键问题、确定公司愿景和启动适当时间框架内的长期战略制定工作，CEO、业务单元总经理和组织中的高层管理人员要承担关键责任——尤其在前进道路仍然不清晰的时候。他们必须理解，自己的责任就是确定并实现愿景。回想一下杜邦的故事，埃德加·伍拉德重新界定了他的CEO头衔，称之为“首席环境官”，这是他发出的众多表明应对环境挑战和机遇已经成为全公司的核心业务问题的信号之一。他让所有人都明白，所有高级管理人员在各自的业务单元中，最好也挂上同样的头衔——不承担直接责任、不创造根本性变革的业务单元，就要面临被售出或关闭的风险。在通用电气，CEO杰夫·伊梅尔特亲自启动了所有业务单元的长期战略扫描工作。在这项工作的早期，他得到了市场营销总监贝丝·康斯托克的积极支持。不久之后，他召集了整个高级业务团队，让所有人了解到，公司的绿色畅想行动（通用电气大胆的新战略计划，目标是应对全球最艰巨的环境问题的挑战，在这方面实现产品创新和增长）将会成为每一个业务单元的核心工作。

在公司内部，从上至下，CEO和管理团队必须提出一系列问题，比如：我们需要做什么才能实现这些新目标？如何执行？这项工作有多复杂？我们需要哪些合作伙伴才能完成这项工作？我们是否有合适的人选去完成这些新工作？BP可替代能源公司的总裁薇薇恩·考克斯就是这样做的，她为所有层级的管理人员确定了一个目标：开发新业务，为发展中国家里那些因远离电网而缺电的用户提供能源。这也是BP公司的一项首要业务。

不知道怎么做？没关系！

如果你是个高级管理人员，你和你的团队并不一定马上要知道怎样实现你们的愿景。关键是，你们不能只在今天所知的范围内构筑目标。如果这样做，就会限制你们抱负的大小和范围。

技术和竞争状况将会快速演进。实现可持续发展，意味着用一切必需的技术、人际网络、伙伴关系和运作程序，开辟创新发展的道路。最终，每个人都要持续创新，但都不会有指导创新的“用户手册”可供参照。

参与组建重新设计工作团队的一位高管在回顾最初工作时说：“当我们的团队提出雄心勃勃的可持续发展目标时，我们的CEO可以说是把它‘硬生生吞下去’的，尽管开始时也在许多地方退缩了。他过早地把自己‘锚定’到了‘如何实现’的问题上。我们发现，大多数高级管理人员都有落入这个陷阱的倾向。”

催化剂的作用

有一种可能的方法是，有意设计出战略性（通常是临时的）催化剂角色，以帮助管理团队开展组织的重新设计工作，在整个组织中吸引大家的参与和关注，并保持聚焦、收集数据、提出建议以及激发管理线向前推进工作。要吸引有可信度的商业管理人员扮演催化剂角色，就像杜邦的CEO吸引了保罗·塔布那样——后者曾经担任过杜邦最大和最成功的业务单元的领导者。同样，通用电气的CEO征询了洛林·博尔辛格的意见，请他去做通用电气的绿色畅想项目的战略催化人，而博尔辛格则是在这家企业航空事业部广受尊敬的领导者。这两家公司的CEO以及塔布、博尔辛格都很清楚，责任需要由业务单元的领导者承担——只有他们才能成为真正的领袖。随着时间的推移，可持续发展较好地融入了企业战略之后，就不应该是某一个人的头衔和职责了。

为自由而设计的结构

简洁高效的组织最有能力激励实现愿景所需要的创造力，无论这个愿景是有关可持续发展的，还是其他方面的。

正如心理学家埃里希·弗洛姆（Erich Fromm）所说，“自由不是结构的缺失，而是一个清晰的结构，它使人们能够在成形的框架中以自主和创造性的方式工作”。

然而，说到底，什么是结构呢？管理人员设计一个责任和权力系统，把战略和业务计划转变成职位角色和管理责任，这个系统的设计就是结构。高效的组织设计目标是保证应有的角色作用在适当的群体和层级上，是保证承担这种角色的人有适当的能力和职能范围，也有适当的资源支撑和引导权威的支持，并在适当的时候完成适当的工作。就像我们在本书中所看到的，可持续发展打破了所有人为的边界。因此，为横向、跨界合作设计机制，与确定适当的纵向职责体系同样重要。

重新思考组织结构是一项富有挑战性又有高杠杆效益的工作；在理解和影响心智模式和深层系统结构与作用力方面，它也是一项必要的工作。这些深层结构和作用力，直接影响人们能够取得的成果。组织取得的成果就是组织设计的结果，不可能比这更多。而大多数组织是为过去而设计的，因而无法在面向未来的战略投入上有所收获。

首先，从骨架入手

从代表组织核心工作的骨架和主流职能开始设计，这些职能通常包括产品设计、开发、提供准备金、生产、营销和销售。正是在这些领域，对于可持续发展的关注才能带来显著的回报和绩效改善。要注意的是，不要力图分隔这些主流领域中清晰、长期的优秀运营战略与可持续发展方面的有意义的进步。比如，承担了日常运营责任的运营管理团队，必须同时直接在团队角色中承担特定的可持续发展职能。

正如通用电气的洛林·博尔辛格所说："不能把我们的绿色畅想战略看作是列车的最后一节守车，也不能看作是主要业务的额外附加。它必须 100%融入各项主营业务，并由业务主管来领导……你不能等到 2012 年才清醒过来，询问'我们完成指标了吗？'绿色畅想战略必须是业务的核心，它对于企业文化也必须是真实的。我们的CEO每个季度都会与全公司每个业务单元的领导者探讨。每个业务单元都有一个发展指标、一个业务指标、一个研发指标和一个温室气体标准，这四个标准与我们在绿色畅想上的四个方面的承诺完全一致。同时，为了保证其协调一致，我们必须有影响力很大的沟通计划。我们不能每年做一个活动，做几个广告，然后说'这就是我们想要做的'。我们必须月复一月地努力，把新的故事带给我们的同事、我们的客户和非政府组织。保证各方参与是一项持续不间断的重大议题。”

其次，聚焦创新

开发新工艺流程、新产品和新服务，也是重新思考和变革的关键领域。长期的研发和创新工作（包括重新设计核心工艺）非常关键，也必须设计到系统中来。通常这意味着主流业务运行方式的改善和变革，而且往往是以项目为导向的，但与主流职能有明确的联系。

在能源公司工作的一位高级管理人员这样描述他们的经历：“我们设计了‘重大项目组’，这样大家就可以从处理短期运营问题中解脱出来，因此获得了十足的马力——这是明智地开展可持续发展项目所必需的。他们现在都热情地支持以全新的方式思考问题。比如，他们正在考虑采用类似‘生命周期分析’的检查方法，使我们能在实际设计、开发和实施这类重大项目时，有更严格的前期管理。‘生命周期分析’的整个想法对我们来说是全新的，因为这是第一次真正要求大家在做出重大设计之前，进行清晰的反思。”

然后，关注职能专家

职能部门专家可以提供及时、高质量的建议，在外部世界仔细搜寻富有挑战性的全球最佳实践，并传递给业务单元的领导者和其他管理人员。他们的精力应该集中于保持和增长人力和物质资源的价值，保持和增长工厂和设备、品牌和商誉的价值。你的人力资源、财务和法律团队，也必须从战略角度参与支撑可持续发展——这个责任不能只落在管理线上的经理人肩上。

当管理人员重新设计组织架构图的时候，重要的是考虑到每个角色在总体设计中的位置，保证每个人的主流工作都与保证质量和可持续发展的总体目标相平衡。如果有一个独立的环境保护部门，就必须有清晰的组织结构，保证这个部门的成员能够为“一线”提供意见建议、先进的理念和反馈信息。也就是说，环境、健康与安全部门应该帮助整个系统提高可持续发展绩效，但不应该为这些指标的实现承担责任。达标任务要由核心业务部门承担。

职责一旦完全落实到主流部门，专家和支持小组就能以全新的互动方式参与一线运营，并可以做出重要贡献。比如，一家矿业公司的运营团队最近成立了一个工程工作组，帮助回收尾矿（多数矿业运营中产生的毒性废弃物的回收保留处）。一旦专家工作组的演示证明了回收工作的初步成功，他们就开始利用获得的实际经验和可信度，提出基本的系统问题：为什么矿业公司的运营上会持续制造尾矿？如何从他们的项目中完全消除尾矿？这样的问题自然又让焦点回到了运营团队，也给他们的工程设计小组提出了新的挑战。

这个例子显示出，把组织的各个部分考虑成一个整体十分重要。说到底，这也就是外部利益相关者看待你的方式，也是他们希望与企业打交道的方式。因此，当他们说“我们不想见你们的环境专家，我们想见CEO、首席运营官或业务单元总裁”时，你也不必吃惊。所以，企业也就必须如此设计：没有任何一个部门可以免责，没有任何一个部门的关键运营结果可以不整合可持续发展原则。如果设计工作不能以系统的方式开展，企业就很容易受到别人的攻击，说它在可持续发展方面“没有把行动整合到一起”，从而难以吸引投资，难以积累社会资本并建立外部利益相关者的信任，也难以完全发挥企业的潜力。但是，应该充满自信地去推动这个过程，因为你了解：艰难的重新设计工作是有价值的，即便整体设计需要时间才能逐步成形，显著的改善还是可能实现的，而且会给每个人呈现一个强壮的组织——他们需要这样的组织来激发自己创造业绩，去超越泡沫时代的生活。[2]

〔工具箱〕

建立平衡的愿景组合

在丰富和充实对未来的投资时，图 24.2 中所显示的“平衡的愿景组合”框架，是个有价值的工具。你可以用这个框架标出一组愿景，从时间跨度上覆盖从 1 年（V_1）到 15 年（V_{15}），再到 25 年（V_{25}）的未来，或者是更长的时间。

对于许多人来说，这样的长期观点，很难具象地看到。这是高级领导者的关键工作，不能授权其他人做，尽管各部门中有才能的人一定可以帮上忙，比如研发部门、市场营销部门、战略部门和新产品开发部门。

为了建立和管理现实与短期和长期目标之间的创造性张力，愿景组合的开发可以说是不可或缺的。比如，从未来 25 年的愿景开始：如果在那时你的公司会生产真正的再生型产品，并只采用可再生能源，那么实现废弃物的零排放就会是关键的第一步。然而，要平衡这种长期的观点，要吸引其他人参与，并帮助他们引导和发挥自己的能量，你就需要明确未来 1 年、3 年和 5 年的愿景。这样，你对切实可行的选项和原型项目试点的投资，就会使长期愿景变得富有活力，而当你取得进步的时候，最初看上去不可能的事，就成为可能的了。正是 1 年到 5 年的愿

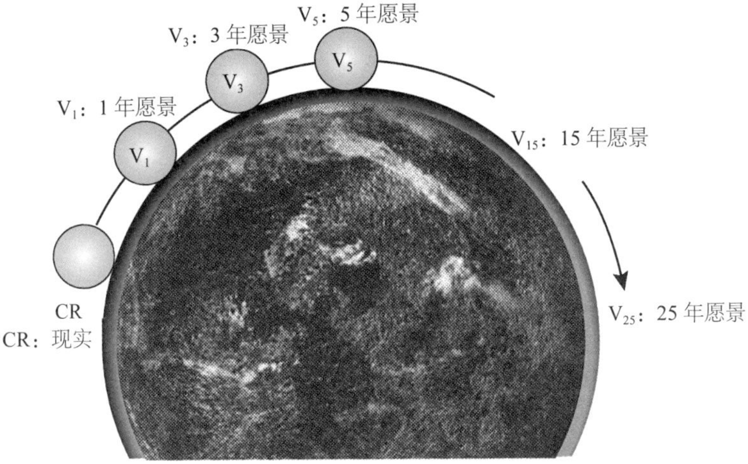

图 24.2 平衡的愿景组合

景直接推动了创新和学习的过程。然而，你也可以利用你的平衡组合，来保证短期决策与长期目标的协调一致。

在“可持续发展价值矩阵”中处于上方的两个象限里，分别创造两个这样的愿景组合：其中“内部—未来”组合用于指导研发和新技术投资，而“外部—未来”组合则用于确定你在进入新市场和建立新合作关系方面的愿望和抱负。

第七部分　未来

The Necessary Revolution:
How Individuals and Organizations Are Working Together to Create a Sustainable World

为了应对工业时代泡沫终结所带来的各种非常挑战，大家很容易陷入忙忙碌碌之中，结果没有时间停下来想一想：当一切都说过、做完之后，究竟都是为了什么？尽管可能无暇反思，未来尚不清晰，但投入这项事业的每个人都已经把自己的生命与这一未来牢牢地联系在一起了。

有一件事我们可以肯定：世界范围内正在发生的变化，相对于即将出现的未来而言，还只是微不足道的开端。80–20 挑战已经明确：刚刚诞生的全球村即将走进第一个生死危机。没有人知道如何在未来 20 年内实现全球碳减排 80%的目标，但靠一如往常的商业行为中微不足道的改进，肯定不行。

我们几个作者都没有魔法水晶球来预知一切，但在过去几年里，我们见到的许多事令我们感动，让我们惊奇，也给了我们灵感。后面的简短章节描述了这样几个故事，以及它们预示的潜在的未来可能性。

| 第 25 章 |

公司的未来

波士顿的芬威堂（Faneuil Hall）见证的历史，比美国任何其他建筑都多。那里发生的许多伟大的辩论，曾直接引发了美国建国。2007年11月一个寒冷的早晨，200多名代表聚集在那里，探讨公司的未来。阳光透过高高的窗户射入大厅，仿佛在重演历史的一幕。与200年前类似，我们聚集在一起是要发出挑战：挑战组织机构理所当然的权势——被认为不可动摇的势力和特权，好像过去的神赋王权一样。

参会人来自许多行业，信仰也各不相同：有法学专家、资本市场与公司治理专家、公司战略学者、环保主义者和社会维权者、在职企业领导人，还有退休的企业管理界的“元老”（例如查尔斯·汉迪和阿里·德赫斯）。

我们召开这次会议既不想埋葬也不想颂扬现代公司组织，只是想更好地理解它的演进和目前的健康状况。公司组织曾经是社会诸项组织的基石之一，为什么它的地位能迅速蹿升？曾经需要保护的投资者，为什么现在能如此一手遮天：一位30岁的投资分析师如果不高兴的话，就会让 50 岁的CEO浑身发抖？在鼓吹民主价值的社会里，为什么最有权势的组织机构的运作，反倒落后得像独裁王国？财产的私有化曾是公司宪章赋予的特别待遇，而不是仅靠个人野心争得的权利，我们为什么丧失了这个历史的视角？

这次会议的目的就是引发人们对这些问题的探讨，并由此显示社会各界代表，包括许多企业代表都普遍认同的一点：这些问题的重要性，应当足够引起全社会公众的关注了。它们已经与气候变化问题和贫富差距扩大问题同等重要——如果抛开对现代企业的思考，这两个问题就可能无法解决。

爱尔兰评论家、英国久负盛名的广播评论系列节目主持人、皇家艺术协会前主席汉迪在会上致开幕词。他指出：英国君主制延续近千年，那是因为一代又一代的君主，尽管很不情愿，但都努力适应周围不断变化的社会。抵制变化的一位君主——查理一世，因为拒不妥协而掉了脑袋。

汉迪又把现代公司的演化描述成一系列“无意中带来严重后果的重要概念”：16 世纪英国东印度公司开启了私人股权公司的先河，19 世纪后期美国和英国建立了有限责任公司，而汉迪“最不喜欢的”是第二次世界大战后问世的管理层股票期权制（ESO)。这些都“帮助公司扩大了权力、增加了影响力，也都通过物质进步让社会受益了，而最终又都创造出了无法管控的各种权力的滥用”。

与汉迪一样，德赫斯也曾在壳牌公司任高管。他进一步描述了有限责任公司的历史，也就是汉迪所说的第二个概念。这个概念已经成为现代公司治理的定义。有限责任公司在欧洲和美国的出现是为了应对当时的一个紧迫问题：金融资本的缺乏无法应付商业的迅速增长。同时，不断增加的中产阶级人口又在不断增加积蓄，有潜力成为更便捷的商业投资的来源。立法机构想把持续增加的资本需求与不断增长的潜在资金供应更好地联系起来，方法就是为数百万潜在的小规模私人投资者提供保护（包括破产保护法庭和公司董事对投资人的法律信托责任等机制），并向企业所有者推销有限责任的概念——即使他们的企业倒闭了，他们个人也不对投资者承担责任。随之而来的变革，为股权资本的历史性成长，为现代股票市场的发展，也为 20 世纪商业的空前繁荣，铺平了道路。

德赫斯继续说：但是今天，商业的资本环境与现代公司形成初期已大不相同了。股权资本的来源绝大多数不是小型投资者，而是巨型投资基金。后者已经不需要当年那样的保护了。19 世纪资本短缺的情况已经不复存在，由于全球金融市场的迅速发展，金融工具创新速度加快，现在的金融资本已经空前丰富了。

作为后一种情况的证据，德赫斯提到各类企业市场价值的历史性增长。仅在 25 年前，公司的平均股市价值也只比其有形资产（资产负债表中的“账面价值”）略高一点儿。而今天上市公司的平均市值，已经高出其资产价值三倍以上。[1] 虽然许多商业分析师认为，企业市值的历史性增加，代表着投资者对诸如公司知识产权等无形财产的重视，但德赫斯认为，没有金融资本的历史性平行增长，就不可能有企业市值大大超出物质财富和生产资本的历史性增长。24 小时运转的全球市场、股市电子交易、优化股价随机波动中的电脑软件——这些都在创造一个“金融资本过剩的世界”。

实际效果是，在今天的实体经济之上是一个巨大的赌场，而赌场中的玩家已经越来越直接操控着实体经济的运行。汉迪语气凝重地说：“出钱的人怎么就能比实际创造财富的人更有影响力呢？”

在金融资本如此泛滥的世界里，公司业务的最大输入端被认为是财务投资，这是有争议的。更令人感到奇怪的是，公司成功的唯一标志，竟被认为是财务投资的回报率。对德赫斯而言，这要求对 21 世纪的商业“游戏规则”实行变革，是与最初促生有限责任公司诞生的变革同样彻底的变革："在自然资本、社会资本和人力资本都受到限制的世界里，仅仅追求金融资本回报的最大化，就是把企业禁锢在遥远的过去的阴影中。"

德赫斯看到，整个商业界必须认清新的学习紧迫性，这与他最早传播组织学习理念的写作主题是一致的。[2]"企业是活的生命系统。与其他生命系统一样，企业也必须不断适应变化的环境，并与之和谐一致。今天的企业，即现代公司，是作为'赚钱的机器'被创造出来和管理经营的，它已经不再与环境和谐一致了。"

"我们需要一次新的波士顿倾茶事件（Boston Tea Party）。"麦吉尔大学的亨利·明茨伯格（Henry Mintzberg）说。时下的企业社会责任浪潮不足以应对"商业和社会之间的深层不平衡"。对大会提出的主要问题——"现代公司是否适应 21 世纪的需要"，他的回答十分明确："是。""但只有一个问题，"他补充道，"但是那样的 21 世纪，不适宜地球上生命的生存。"

明茨伯格继续说，美国的公司模式强调"几乎毫无约束"的股东权利，以及"完全超出其他国家常规的高管薪酬"，这集中体现了这种深层的不平衡，并且，随着这种公司模式的传播，它到处制造着更大的社会风险。

多米尼社会责任投资公司（Domini Social Investments）的首席投资官（CIO）斯蒂夫·莱登伯格（Steve Lydenberg）研究企业责任和投资风险已经有 30 年时间。他的意见代表了各种投资人迅速增加的担心，即当前对短期投资回报的执迷实际上隐藏着各种风险。"过分关注短期利润……使得公司经理人错误地配置资产，从而引起危险的金融市场动荡，从而使社会不得不挪用生产力资源来修复鲁莽的逐利行为对环境和社会造成的损害。"[3]

世界自然基金会的詹森·克雷是研究农业产业供应链的世界级权

威。他从生态系统的角度指出："目前我们正在使用 $1\frac{1}{3}$ 个地球。这种情况在未来几十年还将进一步恶化，以致接下来的调整越来越困难。"

这种看法很容易被大家认定为极端主义，或妄图阻止全球化浪潮的激进的反公司主义。而实际上，明茨伯格是世界上非常受尊敬的公司战略专家之一，汉迪和德赫斯则在世界范围的企业高管中广受尊崇。克雷与许多领先企业合作，帮助其制定农业产业标准和业务规范，他还是可持续食品实验室和可口可乐与自然基金会合作伙伴进程的核心顾问。多米尼是领先的投资公司，有 20 亿美元的资产。其他发言人包括许多公司高管，如波士顿公司（Boston Company）前董事长、公司治理专家鲍勃·蒙克斯（Bob Monks），美国道富集团（State Street Corporation）副董事长杰伊·胡利（Jay Hooley），"三重底线"（triple bottom line）概念的发明人约翰·埃尔金顿（John Elkington），哈佛商学院著名教授罗莎贝斯·莫斯·坎特（Rosabeth Moss Kanter），波士顿学院法学教授、利益相关方公司法改革的领军人物肯特·格林菲尔德（Kent Greenfield），美国劳工联合会–产业工会联合会（AFL-CIO）资深法律顾问达蒙·西尔弗斯（Damon Silvers），美国商务社会责任协会的CEO阿伦·克拉默（Aron Cramer）；还有波士顿独立智库泰勒斯研究所（Tellus Institute）副所长、全球报告倡议（Global Reporting Initiative，GRI）原领导人艾伦·怀特（Allen White）。泰勒斯研究所与国际组织学习学会共同主办了这次会议。

美国活跃地方经济商业联盟创始人、作家戴维·科登（David Korten）是与会者中观点激进的人物之一。他把克雷有关物质膨胀的根本性极限的提示延伸一步，认为我们已经进入"历史性的组织机构变革"时代，我们必须：

- 降低总体消费水平。
- 对生命资本、社会资本和自然资本的再生进行投资，因为这些才是一切真正财富的根本。
- 通过培育文化多样性来加速社会领域的创新、适应和学习实践。
- 把富人的金融资本力量重新分配到穷人手中，实现对滋养地球生命的财富的公平分配。
- 通过对物质资源从有害到有益利用的重新配置，来提高经济效率。

科登把正在来临的时代叫作“金融资本的负面回报”之一，参会的商业人士和投资者们对这个用语自然印象深刻。但在这种煽情词语背后却有一个简单的概念：工业时代的特征是用自然资本和社会资本来生产物质财富和金融资本，现在是反过来的时候了。这意味着必须重新对这些生命系统进行投资，并开发社会标准、公共政策，以及商业规范，以此来确保这种投资运作的成功。回顾第 2 章讲过的简单图像，即工业系统是自然和社会系统的一部分，我们可以看出，投资优先选项的颠倒是建设再生型经济不能回避的一个方面。

芬威堂会议是相互聆听、共同思考的有效平台，其间大家联络了对需要完成的重要工作抱有共同关怀的同事。

会议的第一个目标就是针对公司的权利和责任进行重新思考，并针对这一任务的需要引入公众的声音。但会议结束时，没有一个人认为这样的变革会很容易。会议的远期目标是对关键领域正在推进的工作聚焦“临界量变”能量，这包括公司治理和投资条件的立法变革，重新定义信托责任，以及为商业与社会设定环境与社会系统健康通用指标。[4]

维持现状的力量很强大。但现状中出现的问题也越来越大。如果公司不能开发全然不同的运作方式，建立更系统的运作模式，就很难想象工业时代泡沫之后的生活。

另外一位发言人，耐克公司的达茜·魏斯洛说："我觉得有时公众会忘记，公司的经理人和高管们也是父母，也是公民，也同样会看到大家看到的问题。查尔斯·汉迪和阿里·德赫斯说得对，目前大家对企业的期望值和压力往往让企业无法与世界保持和谐。这不是让企业表现出最好的方面，而是表现出最差的方面。现在每个人都被囚禁在只服务于很少数人的系统里，而且企业内部的人也越来越多地看到了这一点。"

就像以前在这个历史场所的集会所必然发生的那样，许多参会者在会议结束时，都感到某种重要的历程正在形成之中。公司是历史的产物，其设计乃出自人们的心智模式，而非出自物理定律。时机一到，它能够也必然发生转变，而转变的速度也许会比所有人想象的都要快。世界其他地方也在辩论并重新思考公司的问题。[5] 甚至就在芬威堂会议进行时，传来了次贷投资泡沫开始破裂的消息，就好像是对现行体系脆弱性的及时提醒。[6]

最后，这次会议还有一个重要的提醒，即我们仍只处于民主时代的开端。尽管民选政府的理念很古老，东西方和原住民文化中都有其渊源，但民主作为一种主导性的治理体系，却仍然处于襁褓阶段。如汉迪指出的，如果社会的主要组织机构的运作方式与这个理念背道而驰，那么这个社会就肯定尚未在民主的道路上走出多远。如明茨伯格所说，像美国这样的国家，总自认为是民主的典范，并试图把自己的特定模式强加给别人，这实在是对我们都还是学习民主的小学生这一基本事实的扭曲。

这个学习过程的下一步，需要我们面对这样一个问题：企业和社会如何进化才能与更大的生命世界有更多的和谐一致。以探索这样的问题作为学习实践的主线是再合适不过的了。也许很少有人想过，民主理念本身也是受生命系统启发而出现的思想创新。如 100 多年前美国诗人沃尔特·惠特曼（Walt Whitman）在他的散文《民主憧憬》（*Democratic Vistas*）中描述的：

> 我们经常书写民主这个词。然而我想反复强调的是，这个词的本质含意仍然在沉睡之中，还远没有苏醒的迹象……
>
> 依我看，这个伟大词汇的历史还尚未书写，因为这个历史，至今还没有上演。
>
> 从某种意义上说，这个词是另外一个伟大而又普通的词汇的胞弟：自然——其历史至今还尚未被书写。

第 26 章

企业多样性的未来

过去 100 年全球公司的空前发展可能会迷惑我们，让我们无法辨别一个事实，即公司只是许多种形态的企业或事业组织之一，而这些不同形态的企事业组织对推动再生型社会所需的创新与变革至关重要。虽然大型上市公司作为主导的组织形态，是工业时代泡沫的决定性特征，但这已经不大可能延续下去了。一种更健康的组织生态已经出现，并开始成为单一公司形态文化的补充。这种组织生态与更大的生命世界协调一致，更能应对威胁我们生态和社会健康的工业时代的一系列不平衡。本书开始时我们说过，自然特别偏爱多样性，而多样性也正在重新出现，比如各种各样新的有影响的企业形态。我们关注大公司，这也是可以理解的，但我们也因此容易忽视许多新形态的企业。

保罗·霍肯（Paul Hawken）是长期研究企业和可持续发展问题的思想领袖。1993 年他出版了具有划时代意义的著作《商业生态学》（*The Ecology of Commerce*），这本书成为早期商业界可持续发展创新者的响亮号角。[1] 霍肯自己就是个成功的企业家，他的话比许多激进主义者更有说服力："企业在毁掉这个世界，没有更含蓄的方式来表达这个意思了。"霍肯在列举广泛存在的各种追求盲目增长和短期投资回报行为所造成的环境和社会副作用之后指出，企业已经迷失了自己的核心使命，即"通过服务、发明创造和遵守伦理原则来促进人类的总体福祉"。

然而，尽管富于热情和洞察力，霍肯还是在许多年之后才看到，自己周围已经发生的重要转变正影响着商业的未来，并且超越了企业的范畴。他的觉醒来得很简单。他每次演讲完，听众就会走上前来，把自己的名片递给他。他开始有意保留名片，后来达到了数千张。他注意到了名片表现出来的模式特征。名片上的组织名称不是随机的组合，而是聚焦在反复出现的有关界定再生型社会的核心问题上。他们是各行各业的专业人员——教师、律师、企业家、建筑师等，他们"关心着河流和海湾，向客户传播可持续农业知识，在房屋上安装太阳能光伏板，就污染问题做州议员的游说活动，推动改变偏袒公司的贸易政策，推动老城区的绿色改造，对儿童进行环境教育，等等"。[2]

而且，他进一步研究发现，尽管这些组织单个来说都很小，可是加在一起就成为一股推动大规模变革的力量。联合国开发计划署 1999 年的《人类发展报告》（*Human Development Report*）列出了 4.4 万个国际公众社会组织（一般叫作非政府组织,NGO），而 1992 年只有 700 个，1948 年才 40 个。现如今，印度有 100 万~200 万个NGO组织，俄罗斯有 40 万个。[3] 霍肯现在有个网站（naturalcapitalism.org），上面列出 30 万个这类组织，分别来自 195 个国家，分成一些大类别，例如可持续农业、地表生态系统、健康、人权与社会公正、可持续城市、女性等等。霍肯最新出版的书叫作《受祝福的躁动》（*Blessed Unrest*）。他在书中指出，公民社会组织机构的爆炸性增长是"人类有史以来最大的运动……是对危险兆头的直觉的、集体的反应……是一种有机的，甚至是生物性的过程"。[4]

除此之外，正在兴起的还有以使命为出发点的企业，如第七代公司和丁氏咖啡，还有各类组织的网络，从商业网络“清洁技术集团”到全球青年领导力网络，还有背景多样、相互关联的企业网络，这些组织加在一起正在给予人们非常大的希望——不仅可以期待一个更具多样性和更有趣的世界，而且可以期待更有效地检查和平衡工业扩张的副作用。

早在霍肯和其他人发现公民社会运动的广泛发展之前，各个全球性公司就已经发现了这种新生力量的政治影响力。不信可以去问问壳牌、雀巢或耐克，这些公司一如往常的商业运行都曾被NGO组织打断过，尽管这些NGO组织在财力上相对微不足道，但却挥舞着公众意见的大棒。

比如，在绿色和平组织以及其他一些组织的压力之下，壳牌被迫放弃了把一个在挪威海报废的海上钻井平台沉入海底的计划，尽管英国和挪威政府都批准了这个计划。绿色和平组织声称壳牌的计划“不环保”，随即在欧洲各地的壳牌加油站都出现了示威者，电视台转播了绿色和平组织的小摩托艇在巨大的钻井台下面环绕巡逻的画面。于是，壳牌改变了计划，选择把那个叫作布伦特·斯巴（Brent Spar）的钻井台拆除运走，而不是沉入海底。

耐克公司的尴尬困境缘于20世纪90年代初亚洲的外包制造厂商使用童工的事实被多家NGO组织曝光，这使其品牌形象受到的损害一点儿不比壳牌差。雀巢是全球大型日用品公司之一，情况也一样。从20世纪70年代末开始，好几家NGO组织实际上启动了抵制雀巢的运动，他们认为雀巢婴儿奶粉在发展中国家咄咄逼人的市场推销活动，使妈妈们停止了传统的母乳喂养习惯，从而造成婴儿死亡率的攀升。[5] NGO组织还有效地利用了互联网来使公众持续关注抵制雀巢的行动。

这些引人注目的事态发展的结果是，到了新千年的世纪之交，全球性NGO组织，如绿色和平组织、牛津乐施会和大赦国际组织（Amnesty International），在某些领域已经可以与全球性公司的影响力比肩，而这一点许多政府也无法做到。NGO组织有公信力，善于通过与媒体合作来聚集公众注意力，并组织示威活动，抗议各种危害生态系统健康和损害弱势群体利益的行为。而企业对此是很了解的。

然而，如前所述，阻止你反感的事发生，与创造更美好的东西是两码事。况且，在今天，许多公司管理涉及的范围都在扩大，部分原因是因为，无数NGO组织发挥着监督审查的作用，这已经成为全球许多地方商业环境的特征。这意味着，企业与NGO组织之间的创新伙伴关系，正在成为第二波共同创建新商业体系变革运动的基础。

我们已经看到不少这方面的例子：可口可乐与世界自然基金会针对流域水资源综合管理而开展的合作；好市多公司、乐施会、拉美NGO组织国际热带作物研究中心（CIAT）围绕健康食品产业价值链的合作；第七代公司与绿色和平组织在“青年变革推动者”（change agent）领导力开发项目上的合作。这些例子说明一个重要的问题，即这些伙伴关系正在创造前所未有的系统，而这种新系统不是企业能够单独创造的，即便是可口可乐和好市多这样的大型企业。

这些前所未有的系统许多都将是地方性，而非全球性的。管理好流域水资源，保持健康的生态系统，发展既能够创造就业和经济价值又能兼顾受托责任的有活力的经济，这些都不仅是对全球性公司的挑战，而且是对地方社区的挑战。只要产业价值链是全球性的，对它的管理就必须确保整个价值链上经济、社会和环境的健康。但全球与地方两者之间需要发展新型的和谐共生关系。

这里，企业形态的多样性也很关键，特别是正在涌现的、能够联合许多小型组织机构并放大其影响力的大型网络组织。

比如，美国活跃地方经济商业联盟（BALLE），受到英国经济学家 E. F. 舒马赫（E. F. Schumacher）的经典著作《小的是美好的》（*Small Is Beautiful*）的启发，与清洁技术集团网络同期成立。舒马赫认为，可持续的经济必须植根于地方。这种思想很长时间以来一直被奉行实用主义的企业斥为不切实际的浪漫和对全球化浪潮的反对。现在，随着人们认识到可持续发展最终既是全球性的，也是地方性的，舒马赫的理念和企业多样性一样，又重新被大家接受了。

今天，美国活跃地方经济商业联盟已包含各种网络组织，在诸如美国加利福尼亚、马萨诸塞、宾夕法尼亚和加拿大的安大略省和不列颠哥伦比亚省等地，有 50 多个地方和区域性网络组织。参与其中的美国和加拿大的小企业有 15 000 多家。

美国活跃地方经济商业联盟的创始人是来自波士顿和费城的两个小企业业主——劳里 · 马穆尔（Laury Mammel）和朱迪 · 威克斯（Judy Wicks）。他们的目的是促进当地经济，应对全球化和像沃尔玛、好市多这样的折扣零售商的冲击，不让它们彻底取代和分裂当地的商业社区。威克斯说：“为了转变经济，我们需要合作的态度。”威克斯 25 年以前就在费城开了她的白狗咖啡店（White Dog Café），并一直坚持一个理念，即服务质量与积极参与社会公益活动密切相关，她也因此有一个忠实的客户群体。白狗咖啡店是费城 100% 购买使用风能发电的第一家企业，也是费城餐饮界首先从当地可持续农场和渔场购买绝大多数供货产品的企业。威克斯说：“这样就可以让我的企业成为一种变革的力量。”

威克斯和其他美国活跃地方经济商业联盟的早期会员已经找到数千名持有共同理念的同事。他们在挖掘小企业世界不断增长的联络需求，组织地方小企业分享价值理念和实际操作想法的沟通网络。

例如，可持续联通（Sustainable Connections）是美国活跃地方经济商业联盟网络在华盛顿州设立的行动计划，它帮助当地企业“检查我们从哪里购买产品，怎样使用能源，怎样经营农业和分销食品，如何建设居家建筑，甚至如何界定企业的成功……它指导新一代企业家按照可持续的愿景来设计自己的企业”。为了让当地的创新发挥更大的作用，他们强调对结果的测量：“记录我们做的事，以便让其他人也能从我们的发现中获益。”

美国活跃地方经济商业联盟还有一个特征，这个特征也许会成为工业时代泡沫之后生活的界定特征：多样性和地方性使人们关注人际关系建设。在工业时代泡沫之中，越大就意味着越好，而商业交往总是“交易型的，不是真实的关系”，第七代公司的霍兰德这么说。与此对照，规模小就迫使大家合作并建设网络，以便使许多人共同获得影响力并建立连通感。霍肯指出：“就像细胞群合作建立复杂的生物体一样，规模很小的人类社群合作形成了应对环境和社会问题的运动。”

我们一再发现，可持续发展创新者们都非常愿意花时间建立人际关系，这包括：建立企业与NGO组织之间的新型伙伴关系；建立新型领导力网络，比如在瑞典，在美国绿色建筑协会，以及在耐克和好市多这样的大公司里；还有像BP这样的大公司与发展中国家的小企业发展伙伴关系。这种在人际关系方面的投入，甚至会变成第七代公司商业模式中的关键因素。这家公司虽然在不断发展，但总试图保持小型规模，方法是谨慎地扩展“自我延伸的人际开发关系”网络（Self-extending Developmental Relationships，SEDRs）。

在所有这些例子中，大家都在学习实践如何以人际关系为首要任务来发展“延展型组织”（extended organizations）——一种更像森林，而不是机器的组织。这和大多数狂热的大型组织中占主导地位的行为规范形成了鲜明的对比。

这也是所有网络组织发展的明显特征。尼古拉斯·帕克说：“整个

（风险投资）领域就是要建立人际关系，这也是清洁技术集团如此成功的原因之一。”除了召集会议和协调基本的会员组成结构，快速发展的清洁技术网络社群其实没有人负责管理，其意义就在于建立一系列人际关系，并由此而自动生发创新思想和行动计划。

与此类似，年轻人之所以被吸引到诸如变革先锋（Pioneers of Change）这类网络组织中，也是由于大家可以通过互相帮助而实现创新的简单模式。变革先锋网络在20世纪90年代中期由欧洲的一小群大学生创立，他们的目的，如网站上所述，是“为超越个人的更高目标做出贡献，但……（曾经）感到在个人价值和信仰方面进行妥协的压力”。他们已经在世界范围内培育了一个出色的青年创业者网络。[6]

主要通过网络完成工作，而不依靠权威和等级体系，这让人们改变了权力观，转变了对如何完成工作任务的看法。变革先锋网络成员克莉丝特·斯高尔顿（Christel Scholten）还是全球大银行之一的荷兰银行第一个可持续发展工作组的创始团队成员，那是她大学毕业5年后在私营部门的第一份工作。她认为：“我们的力量来自没有全部答案，也不需要知道全部答案。我们不会下指令说‘这是你必须要做的’。我们与传统体系和组织接触，给他们带来新的视角，以及许多质疑：事情真的一定要依照过去一贯的做法吗？这样的质疑使大家敞开思想。而如果去宣扬必须如何如何，就会引起他们为自己的观点进行辩护。”帕克认为，力量就在网络本身，而并非特定的人物：“我们真正想做的是什么？比方说拥有驾驭硅谷的力量，让它为地球服务。”

霍肯就人际关系的视角，以及我们如何丧失了这个视角，提出了重要的洞悉。他分享了从一位土著族群维权领袖那里得到的教益：“我们损害地球的方式影响着所有人，而我们之间交往的方式，也在我们如何对待地球的方式中显露无遗。”[7]换句话说，随着我们丧失与地球的连通关系，人类也会丧失相互之间的连通关系。

人与人之间的连通关系以及人类与地球的连通关系的重要性，数千年来一直是各种长寿文化的核心理念，包括土著文化和中国古典文化。宋儒四大家之一的张载（1020—1077）在著名的《西铭》开篇中写道：

> 乾称父，坤称母。予兹藐焉，乃混然中处。故天地之塞，吾其体；天地之帅，吾其性。民，吾同胞；物，吾与也。[8]

大意是：天地是父母，渺小的我处于天地之中。充塞于天地之间的气，就是我的身体；天地之志，气之帅，便是我的天性。人类是同一父母所生，都是我的兄弟姐妹，其他万物都是我的朋友和伙伴。

文化历史学家和进化论理论家托马斯·贝利（Thomas Berry）说，进化有三个相互关联的方面。第一方面是多样性的增加。第二、第三方面不那么明显，是内在性和感通性的增加。[9] 内在性的增加是指知觉世界和自我意识的丰富。比如最近的研究表明，一些高级哺乳动物能够把自己在镜子中的反射影像和其他影像区分开来，这意味着以前认为只有人类才有的高水平自我意识，这些动物也有。[10] 对贝利来说，内在性的丰富标志着增加建立相互关系的可能性。他认为："宇宙是主观自我的感通体，而不是客观物件的堆积体。"从这个意义上说，多样性、自我意识和连通性三者都被生命世界的进化力量绑在一起了。

工业时代的特征是等级体系控制的大型组织的增长和流行，而泡沫之后生活的特征可能是企业和非企业组织的多样性，是基于人际关系的文化，而不是基于控制的文化。

控制（control）一词很简单，但有很多不同的意义。机器被操作者控制，生命系统则不一样。森林没有谁在控制。生命系统基于关系网络实现自我控制，如生态系统中各类物种之间的关系，或者家庭中各个成员之间的关系；在这里，没有人在负责"控制"，好像你控制着汽车驾驶，或者像经理人认为的那样，他们控制着工业时代的组织机构。从人际关系的文化出发来建设企业，就是使组织不仅运作得像自然一样，而且也与自然更加和谐，包括与森林、与你、与我的和谐。这也许将成为再生型社会的决定性特征。

| 第 27 章 |

领导力的未来

根本性创新很少来自主流，这几乎是永真命题。各行业占据支配地位的公司的在职人员，很少率先开发突破性的新技术或新产品。开创新天地的社会运动不会来自处于权力中心的人。创建再生型社会所需要的领导力也一样，大部分不会来自主流。要到边缘地带去寻找，到对现状的执着程度较低的人群和地方去寻找，到对新事物保持最开放心态的地方去寻找。

边缘地带的定义不仅与种族或经济地位有关，还与对工业时代的心理状态和权力体系的投入程度相关。在组织机构中，这可能就意味着尚未被组织或其市场的规范和心智模式同化的年轻人，也可能意味着女性，因为她们的领导风格与男性有天然的区别，但总体上说还没有机会完全表现出来。在社会上，这意味着新公司的领导力，新型社会企业的领导力，新地区的领导力，很有可能是来自大家都意料不到的地方和人群的领导力。

在未来年月需要完成的变革，要求各种各样的组织和网络都释放出能量。这又要求培养数百万有事业心和聪明能干的各类领导者，而他们中多数不会有明显的权位，他们的努力也不会有上级权威的批准。这并不意味着从职位权威来的领导力就不重要了，只意味着光有它还不够充分。比如像美铝公司的保罗·奥尼尔和派特·阿特金斯，BP公司的布朗和考克斯，第七代公司的杰弗里·霍兰德，都发挥了CEO和高管的重要作用。但他们的作用总是伴随着来自组织中不那么显要位置的领导者所提供的、同样重要的领导力，包括感知正在出现的问题，以及把新理念转变为实际的变革措施。

认为领导力只能来自主流权威职位的看法，完全没有抓住工业时代泡沫的基本含义：我们都通过社会交往而深度融入某种思考方式，深度习惯于某些待人接物的方式和某些工作模式、某种选择优先事项的方法乃至推动变革的思路，而这些都是工业时代的产物。假如我们认为领导力只能来自安卧于工业时代世界观之中的人，那我们的思想就会自相矛盾，并且妨害实际需要的领导力的发生。

还有，在泡沫之外的创新者那里我们会学到很多东西——他们在向我们展示，解决工业时代的主要问题，要通过看清现有系统，并建设多样性领导力网络来共同创造新系统。通过向至今无人质疑的工业时代心智模式发出挑战，他们在展示通向全然不同的未来之路。

这类领导力的例子有很多，下面我们想介绍对我们几位作者触动较大的两个故事。一个来自我们 20 年来一直在参与的非洲项目。另一个来自中国，时间更近一些，但也是基于那里过去 10 年组织学习活动的推广和流行的背景。两个故事都涉及重要的变革，是身居权位的领导者基本上无法实现的变革。

工业时代最棘手的问题就是贫富差距，以及促使这一差距仍在不断扩大的各种影响力。不扭转这一趋势，就很难想象超越工业时代泡沫的生活。在沟通越来越方便、人们彼此间的距离越来越小的地球村里，发展机会的差距却在不断扩大。但这种状况已经越来越维持不下去了，原因就是这种不平等所带来的各种问题会很快跨越边界。比如，欧洲和美国都在各自应付分别来自中东、非洲和中美洲无家可归者和穷人的移民潮。

工业时代应对结构性贫困（embedded poverty）的典型方法，就是各种形式的人道主义和政府援助。但总的来说，这些都成为非系统性思考的悲剧。援助最多只能在短期内缓解危机的症状，但会产生典型的转移负担的情况，长期来看只能把局面搞得越来越糟。实际上，富人为帮助穷人而建立的整个救援机构，包括世界银行、国际货币基金组织和相关组织，都是典型的工业时代的组织机构——其管理是工业时代的模式，资金来自工业时代的权力机构，在心智上也被禁锢在工业时代的发展模式里。这些机构不仅没有改变产生贫穷的全球性支配力量（包括深深根植于全球食品系统的、残酷无情地推动着食品价格和农民收入持续下跌的结构性动因），而且几乎从未能激发穷国内部创新和发展的潜力。

幸运的是，过去几十年间涌现出了无数相反的例子：各种激励穷人自身智慧、适应力和领导力，以自助自救为目标的本土发展行动计划。比如，穆罕默德·尤努斯（Muhammad Yunus）获得诺贝尔和平奖，就是因为他证明了，地方机构主要针对女性发放的小额贷款往往能够成为发展的催化剂。他的工作引起了全球范围内目前仍在持续增长壮大的小额信贷运动。与其类似，乌干达农村发展培训计划（Uganda Rural Development and Training Programme，URDT）则被认为是东非成功的农村开发组织之一。过去曾经是最穷国家里最贫穷的一个地区，今天已经成为繁荣的地区。

乌干达农村发展培训计划在 20 世纪 80 年代中期从乌干达西部的基巴莱（Kibaale）地区的几个村落开始启动。计划的发起人没有按照标准的援助计划去提供技术和人道主义帮助，而是聚焦在一个关键的心智模式上。联合创始人姆瓦利穆·穆西西（Mwalimu Musheshe）说："乌干达最大的发展障碍就是宿命论观念，即人们都确信无法塑造自己的未来。所有的外来帮助都无法改变这一点，反而只能加强这种观念。"

从一开始，这项计划就跟随大家的学习欲望而展开。在村里举办的为期三天的领导力研习营聚焦在系统思考（例如，理解不同类型的用水和水井的保护之间相互依存的关系）和自我超越。令人惊异的是，参加研习营的不只是当地的村民，还有赶了好几天路来参加的人。穆西西说："许多来参加的人本以为会议会像以往一样发东西，但我们没有给他们钱，我们坚持了自己的愿景，即不以施舍的方式帮助那里的人，而要开发他们的能力，使他们能够自助。"

很快，当地村落组织的活动就开始聚焦到只用很少的资金就能实施的改进工作上来，并取得了大家亲眼所见的成果，还能靠他们自己来持续做下去。这包括：改善谷物存贮和集水设施，建设养鱼池，保护泉水，打出更好的水井，以及改进农场工作。[1] 与此同时，自我成长和社区建设作为重点工作一直贯穿始终。许多村民还把自己的愿景写在他们的小屋外墙上。

在 10 年时间里，起初几个村落的计划，演变成更大区域的综合发展愿景。后来这一愿景包括了改善道路交通，建立一些小额信贷机构和当地储蓄与贷款业务，新建一些学校，新建一个职业培训机构以开发创业和商贸技能，创立数百个新商店、小企业和生意兴旺的农场，还有东非第一个社区电台。今天这个电台已经拥有 400 万忠实的听众。电台广播提高了当地人民的公众意识和政治觉悟，结果使那里的选举投票率从 2000 年的 45%提升到 2009 年的 80%。

在自身独特的可持续农业愿景的指导下，乌干达农村发展培训计划建设了一个 35 英亩的有机农场，向农民们展示用什么方法进行土地开垦和农作物培育，才能同时补充土壤养分并节约水资源。现在有许多农民都在生产有机农作物，既在当地销售，又出口别国。在这些年里，基巴莱地区的人口增长了 3 倍多，从 1980 年的 15 万人增长到 2005 年的 47.2 万人。

有了这些成功，乌干达农村发展培训计划逐步开发了新的系统变革战略，比如关注女孩的教育，这就是一个高效杠杆作用点。2000 年他们建立了该地区第一所女子中学。穆西西说，基巴莱的家长们传统上“让他们的儿子上学，假如他们还能付得起学费的话，而女子学校的质量都很差”。但他们相信，如果女孩子发现自己是“变革推动者”，并主动影响未受过教育的家庭成员，那她们接受的教育就会对更大的变革有特别重要的潜在推动作用。

例如，在每学期结束时，学生的父母及祖父母都会到学校参加研习营，学习愿景展望、未来规划、创业精神、创新技能以及筹划家居和农场的改善项目。许多研习营都由学生主持。研习营的一部分内容，是让女生和家里人坐在一起，筹划家庭项目，比如小地块有机农业商业性运作和其他生意。跟踪研究显示，学校用这种“隔代”方法推进教育和发展，让几乎 90% 的女生所在的家庭改善了卫生、营养和收入状况。[2]

穆西西说：“女孩子和成年妇女遭受性别不平等待遇的情况正在改变。女孩子现在被看成创造经济价值的人，而不是有一天得花钱嫁出去的碍事的人。”2006 年，农村发展培训计划组织还创办了非洲农村女子大学，这是非洲第一所这类大学。它的目标是让年轻女子成为农村发展项目的创业者和领导者，并成为下一代农村发展培训计划风格的学习型组织的创始人——不仅在乌干达，而且在非洲其他国家。

很难解释乌干达农村发展培训计划为什么能成功，但关键也许就在其创建时的前提和假设。宿命论的反面是对个人具备选择力量的深层信念，该组织的第一项创建原则生动地表达了这一点："与世界各地人民一样，乌干达人民是自身发展的关键所在——在你做出这种选择之前，没有人能让你发展。"[3] 基于这种信念，农村发展培训计划成功地培育了一种文化，它植根于一种带有非洲特色的集体创业精神。穆西西指出："所有人都想按照自己的选择来生活。数百年的殖民主义剥削摧毁了许多非洲人的自信心。我们帮助大家重新找到了这种自信心，也重新找到了相互间的连通。"

乌干达农村发展培训计划故事的精神实质是，领导力往往最终意味着让大家觉醒：摆脱宿命论观念，转而树立对自己创造不同的未来的信念。尽管中国在过去20年间实现了经济的高速发展，但也陷入了自己的宿命论观念，这种观念源自对一种特定发展模式的深层执念。

廉价能源驱动的、消费主导的工业时代的发展模式使大多数中国人都接受"工业化带来的副作用是不可避免的"这种观念。这些副作用包括资源枯竭、私人财富的集中、生态系统的破坏以及环境污染。大约10年前（本书于2009年截稿），一位北京的学生曾说："环境污染是发展必须付出的代价。"而今天，这种认命的观点正在被一种意识的觉醒所取代：他们的未来，以及我们所有人的未来，都依赖于探索发现不同的发展模式。

2007年8月在亚太经济合作组织（APEC）领导人峰会上，中国表明将大力改善能源使用效率，并承诺到2010年把全国单位GDP的平均能耗（或每1元人民币GDP所消耗的能源）降低20%。这是个大胆的目标，特别是在那之前的两年里，所有国企几乎都没能完成节能指标。即使在全球被普遍认为有着强势中央政府的中国，系统变革也往往始于边缘地带。今天，中国各地有许多重要的可持续发展领导力开发项目，比如，节能减排和经济绩效学习实验室（Energy Efficiency and Economic Performance Learning Laboratory）。[4] 这个学习实验室项目由中国领先的钢铁企业莱钢集团发起，其他几家中国公司（还有BP和耐克的中国分公司）参与，于 2008 年 1 月成立。该项目旨在应用系统思考和跨组织协作学习的方法，加速能源使用方面的重要变革，并传播专业技能和实际操作方法。

这个项目把组织学习的方法和洛基山研究所（RMI）的“全系统”工业设计工具相结合。洛基山研究所是由阿默里·洛文斯（Amory Lovins）联合创立的备受尊敬的能源咨询机构。这个项目有三个相互交叉的目标：降低现有制造业设施的整体能源足迹，用全新能源标准设计新设施，以及加速这两者向可再生能源的转型。

比如，RMI研究所的关键设计技术之一是“终极用户”（end use）设计法。设计者一开始要问某个过程的终极目标是什么，然后探索如何用最佳的方法实现目标，而不是像标准的方法那样从现有的能源系统出发，然后设法进行改良。如洛文斯所说：“大家关心的是温暖的家和冰镇啤酒，而不是使用了多少个英制单位的热量。”① 作为相关案例，RMI研究所的杰森·丹纳（Jason Denner）解释了工业过程使用的典型电力传输系统，从煤炭发电厂一直到终极用户：制造业工厂里用于抽走高温废气的电泵。整个传输系统一般要损耗 90% 以上的能源。[5] 这个 10∶1 的能源输入输出效率，还意味着终极用户标准的改进会在整个系统产生放大效益：终极用户 1 个单位的能源节约，意味着发电厂 10 个单位的节约。RMI用这个逻辑向许多公司解释：采用改进终极用户能源效率标准的措施（比如用高效电泵、高效冰箱、高效照明，以及减少阻力的粗大直线导管等），就可以在整个系统中产生很大的节能收益。但更好的方法是重新考虑和设计终极用户的需求，这样就能从起点处把需求降

① 一个英制热量单位（BTU）是一磅（lb）的水升高 1 华氏度所需要的热量；1 英热单位每小时 = 0.293 瓦。——译者注

到最低水平。比如设计不需要消耗多少能源的建筑供暖系统，或者在工业过程设计中，使一个程序产生的废热变成另一个程序的能源。

莱钢集团和项目其他参与方的第一步就是应用RMI的工具，降低现有设备的能耗，并跟踪记录具体效果。这项工作是基于莱钢过去已经取得的出色成绩，包括在5年内实现了每吨钢能耗降低25%，在增加产量的同时没有增加耗水量，而每吨钢耗水（3.4吨）已经堪比当时世界最好水平。[6]

不久以后，各家公司将根据RMI全系统设计方法设计出全新的生产设施。根据以往的经验，这可能实现70%~90%的节能效果。中国在快速发展，新的生产设施在不断建设，用能耗低很多的新设备取代老设备，可以取得重大节能效果。这是个巨大的机会。

项目小组还意识到，所有这些还只是能源领域创新的初始阶段。即使是巨大的能效提升，最终也只是争取时间，以便在替代能源方面寻求突破。看看整个系统的能耗，比如生产每磅钢的效率提高50%会很快被钢产量下一次翻番抵消掉。对整个国家也一样。中国的经济在每5年，甚至更的短时间里就能翻一番。这意味着，即使实现能效提升90%，其效果也会在15年左右被抵消掉。在提高能效和经济增长之间的竞赛，后者会由于中国的发展速度而最终胜出。所以，我们除了转向更低碳的能源，已经没有别的出路了。

这也就是为什么协作和知识分享至关重要。组织这个项目的公司推动成立了正式的协作机制和管理机构，指导应用和分享的过程。时任莱钢集团副总经理、首次项目会议的主持人张胜生说："为了公司，也为了国家的未来，我们必须这样做。我们都知道时间紧迫，人类的健康需要像我们这样的公司不仅达到世界能源效率标准，而且还要帮助其他公司加速实现向替代能源的转变。"

张胜生的话无疑是正确的——世界在关注着中国。中国虽然没有发明工业时代，或制造对化石燃料廉价能源的不幸依赖，但却继承了这种思维和技术传统。但正因为如此，中国，还有印度，也处于向下一个时代跨越式发展的最有利地位。中国人掌握了大多数必要的技术知识，他们在降低成本方面有很大的机会：只要在替代技术的生产经验“学习曲线”上向上移动就可以了，因为他们的大多数工业基础设施还尚未建立。而且在许多方面他们都有最大的回报激励，包括国家内部的发展，以及在许多未来关键产业（如替代能源领域）引领全球发展。

领导力最终是让我们创造真正想要的未来，而不是尽最大努力去应对我们认为超出自己控制范围的现实环境。像非洲和中国这些在工业时代相对落后的地方，现在有机会为塑造工业时代泡沫之后的生活发挥关键作用，这也是非常适宜的。这两个地方都适应这样的角色，并且各有其独特的方式。

中国拥有世界古老的文化，并与印度一起保存着巨大的文化资源，包括对人的发展和身心健康的智慧传承。在对矿产资源开采依赖越来越小、对人力资源开发依赖越来越大的世界，挖掘这种深层文化智慧也许会成为未来的关键。在自然资本和社会资本亟待修复的世界，数千年来通过天人和谐的修养来服务人类社会能力的儒家理念，此时有着丰富的现实意义。

非洲当然更加古老。有一种说法，那里是人类最早繁衍的地方，从这个意义上说，我们都是“非洲人”。但我们的家乡却被今天的世界看成现代化发展中完全没有希望的地方，这点非常值得我们大家深思。

在以快速更新技术来驱动的机器时代文化中，“老”这个词最终竟成为贬义词，新机器和新技术被认为当然优于老机器和老技术。但对生命世界，情况就不一样了，我们自然喜欢老树、老林子，当然还有老故事和老人的智慧。

不能珍视过去的社会，就自然会漠视未来。工业时代泡沫之后的生活，只有通过这样一些人的领导力才能实现：他们能够连接过去与未来，他们所拥抱的时间尺度，远远超越了典型的泡沫中的生活。

第28章

我们未来的关系

工业时代还有一个观念我们尚未检讨。这是个旧观念，它出现在工业革命之前，但又被工业革命所强化，因此它深深根植于我们的世界观之中，我们很难发现它，也无法了解它为什么关系重大。这个观念就是：人类是地球上最重要的物种。

像其他决定工业时代泡沫特征的的观念一样，这个观念也表现在当代社会中，比如保护和拯救濒危物种的斗争。但要真正理解这个观念，你必须注意这种斗争所展现出来的人类中心论的思想，比如保护和拯救濒危物种的原因是我们可能需要它们，或者我们需要通过避免毁灭物种而得到很好的商业机会，或者我们这样做的唯一理由是出于我们的“文明的自利”(enlightened self-interest)。

所有这些都忽略了另一个理由。这个理由对泡沫之后的生活的重要性要远远超过其他原因：重新挖掘我们好奇和敬畏的能力——对生命世界的好奇和敬畏，对地球这个宇宙飞船上同行伙伴的好奇和敬畏——没有这些伙伴，我们就可能无法重新发现自己在大自然中的位置。

在世界各地的古老文化中都有以其他物种的故事来传递对人类有重要教益内涵的表现手法。这种表现手法提醒我们，其他物种是能够给我们教益的。令人悲哀的是，我们现在已经割断了与更大生命世界的联系，也就没有把这些故事当作是对周围智能生命的严肃提醒，反而把它们看作是诸如会讲话的小松鼠之类所表演的迪士尼幻想故事，对它们并不在意。

阿默里·洛文斯是不需要这种提醒的人。他是落基山研究所的联合创始人，世界级能源专家之一。洛文斯曾获得无数奖项，[1] 在能源效率、替代能源领域，以及在工厂、建筑、汽车这些工业时代器物的重新设计方面，他都是真正的领袖级人物。[2] 然而，除了好友之外很少有人知道，洛文斯的生活爱好之一是和许多类人猿交朋友。正像他常说的："我喜爱高级灵长类，但并不只限于人类。"

所以，近年来他非常珍爱的项目之一，是为类人猿基金（Great Ape Fund）在美国艾奥瓦州得梅因市建立的倭黑猩猩（以前叫小型类人猿）的新家做设计和施工咨询顾问。[3]

和其他优秀的咨询师一样，他为该项目做的第一件事，就是澄清谁是他的客户。"负责这个项目建设的人都很不错，但他们很快就达成了一致意见，那个新家不是为他们自己盖的。"

非常幸运的是，与他的真正"客户"直接打交道其实很容易，因为研究人员已经开发出一种独特的"图形字"键盘，使倭黑猩猩能够与人交流。500 多个符号键，按下每一个都会有一个英语单词发音。尽管这只限于简单的英语表达，但由于许多倭黑猩猩能理解数千个单词的口语发音，所以还是能够产生丰富的沟通。[4] 如洛文斯所说，因为倭黑猩猩能理解人说的话，所以"它们很容易知道我们是否理解了它们，并在工作中一直帮助我们"。

特别是洛文斯很快发现，那些倭黑猩猩能准确地知道自己想在新家里要些什么。例如，他问它们，想在什么东西上面走路，它们回答说“圆木”。此外，它们还表达了自己偏爱的风格、颜色和质地，并且自己做了一些室内装饰工作。

整个倭黑猩猩项目的意义，到了设计工作快结束时才明确显现出来。在一次视频会议上，一位建筑师对一位工程师说：“那么我们什么时候把图纸拿给猩猩们看？”他并不知道，在会议另一端有一个叫“坎兹”（Kanzi）的、英语熟练的倭黑猩猩。坎兹听到这个问题以后马上在键盘上打出图形字，意思是：“我现在就想看图纸。”

于是大家把图纸，还有建筑场地的录像，都拿过去给倭黑猩猩们看。其中一个打出：“在那个池塘里有龟吗？我想和龟一起玩。”另一个打出：“我想爬那边那些树。”第三个有些迷惑。它听说会盖新房子，但它在照片里没看见建筑材料，而它所知道的房子都是砖头盖的，于是它打出：“需要砖。”

这些事情进展都很顺利。但当有人说房子盖好以后会有更多的倭黑猩猩进驻，那些倭黑猩猩们就又变得异常兴奋。大家问它们为什么？它们的解释是，在看过的录像里，它们最喜欢一部叫《梦幻之地》（*Field of Dreams*）的电影。于是它们突然意识到，自己的新家会像那部电影里描述的一样——“如果你盖好了，他就会来。”只不过这个家迎来的，将是倭黑猩猩。

大多数人听到这个故事都感到非常震惊。但实际上，研究人类和动物沟通的工作已经进行许多年了，类似的故事还有许多。然而，就像泡沫之外许多迹象的信息片段所受到的待遇一样：基本没有多少人会去关注。部分原因是人类中心论的世界观无处不在，压倒一切。但这也许还反映了这样的事实：理解坚持这个旧世界观所需付出的代价，就像理解其他深层观念一样，不仅要求开放头脑，还要求开放心胸。

罗杰·佛茨（Roger Fouts）在其著作《我的猩猩宝贝》（*Next of*

Kin）中，记载了他历经 30 年通过符号语言与黑猩猩沟通的研究工作，也记下了在这个过程中人类和黑猩猩之间建立的非同寻常的关系。其中特别引人注意的是一个叫华秀（Washoe）的黑猩猩，它是黑猩猩群的长者。[5] 华秀不仅掌握了基本美国手语（ASL），而且还逐步把手语传授给它的大家族成员。（佛茨和其他人现在的基本研究方法规定，只使用黑猩猩相互间传授手语的录像，而不用人类来教黑猩猩手语。）

书的结尾处，佛茨描述了研究中心一位名叫凯特的志愿者的故事。开始时凯特“对黑猩猩竟能使用人类语言而感到惊讶不已”。一个夏天，凯特怀孕了。凯特与华秀建立了很好的关系。华秀经常用手语问起她的宝宝。后来凯特不幸流产了，有好几天没到中心工作。她知道华秀曾经两次因流产而失去了宝宝，所以凯特回来上班时就决定把发生的事告诉华秀。

“我的宝宝死了。”凯特用手语告诉华秀。佛茨是这样描述的：“华秀低头看着地面，然后抬头看着凯特的眼睛，用手语说：哭吧！并用手摸着自己眼睛下方的脸颊。”[6]

简 · 古多尔（Jane Goodall）在给佛茨的书写的序言中指出：“在我研究（坦桑尼亚）冈贝（Gombe）黑猩猩的证据中，最让人迷恋的是它们像人类一样的行为……那种合作关系、那种利他精神、那种情感的表达，如喜悦和悲伤……

“我们意识到，黑猩猩的这些智力和情感与我们人类如此相像，这本身就是比其他一切更有力的证据，让我们认识到，曾经被认为是人类和其他动物之间泾渭分明的界限，现在已经模糊不清了……

“当然人类是独特的，但并不像我们原来想象的那么特殊。我们不是单独站在巅峰上的明星动物，与其他动物之间有一条不可逾越的鸿沟。黑猩猩，特别是当它们学会了人类语言（或倭黑猩猩的键盘输入法）时，就帮助我们从心智上架起一座跨越鸿沟的桥梁。这座桥梁让我们有了一种新的敬畏感，不仅对黑猩猩，而且对所有其他令人惊讶的动物。我们，同为动物的人类，与它们一起分享着这个地球。”

大多数物种以其他物种的个体为食物。而第一个系统性地毁灭整个其他物种的动物，正是我们人类。这样的做法破坏了大自然的一个基本原则，这个原则与零废弃物和依靠能源收入来消费的原则，同样都是根本性的。[7] 如果说泡沫之后的生活真是要回归我们的人性（humanness），那只有消除人类对其他生命的某种分离感和优越感，才可能让人性焕发光芒，让世界繁荣兴旺。这就是坎兹和华秀，以及许多其他故事的主人公带给我们教诲的内涵和心声——如果我们准备好去聆听的话。

美洲大平原印第安人（Plains Indians），比如黑足部落（Blackfoot）和苏族部落（Sioux）成员，他们在讲话时反复使用一个词组，这个词组几乎成了一种颂歌：“我所有的关系。”这并不仅指与两脚直立行走的人的关系，而是指与所有生物的关系。让我们一起期待，每个人都能找到自己的颂歌。再生型社会是关于所有生命的繁荣兴旺的——不仅仅是人类生命。

| 第 29 章 |

我们的未来

泡沫之后的生活不仅关乎我们与地球的关系，不仅关乎我们人类之间以及人类与其他物种之间的关系，还关乎我们与自我的关系，关乎做人的意义。它不仅关乎我们试图创造的那个世界，还关乎我们对自己在那个世界中的作用的深层理解，包括当下和未来的作用。

对此，我们在SoL最近一次领导力研习营上得到了提醒。研习营上我们结识了肯特·比克内尔（Kent Bicknell）。30 年前他创建了一所学校，专门帮助年轻人为泡沫之后的生活做准备；他还是亨利·戴维·梭罗（Henry David Thoreau）的终身学生。[1]

比克内尔向我们介绍了梭罗完全不为人知的一本书。“梭罗死的时候，他位于康科德镇的家中存放着那本绝大部分已经印刷出来的书。出版商拒绝按照他的要求排版部分内容，那本书也从未卖出去多少册，也许部分原因是印刷中的错误，但毫无疑问，原因还包括它不寻常的内容。”

梭罗家中存放那么多书究竟是为什么呢？第二天，比克内尔走进研习营，把一本用好几层包裹保护的皮质封面书放到桌上，将事情的原委娓娓道来。

“这是梭罗自己修改的出版商排版错误的几本书之一。据我们所知，就仅有几本而已。”

比克内尔把书放在我们面前，讲述了这本神秘的书背后的一些故事。《在康科德河和梅里马克河上的一星期》（*A Week on the Concord and Merrimack Rivers*）讲述的是亨利·梭罗为纪念他 1842 年去世的兄弟约翰而进行的一次水上旅行的故事。这本书的立意是对他兄弟的一种悠长的颂扬词，但包含了梭罗在河流、湿地、鸟类、野生动物、水陆路旅行中的痛苦经历和对平静的沿途景色的深层内心感受。梭罗的小组从马萨诸塞州康科德镇的家出发，向上游一直到华盛顿山脚下，然后又爬上了这座新英格兰地区最高的山峰。

比克内尔说：“梭罗在讲到华盛顿山时，用了美洲印第安名称来称呼它：阿吉欧口处客（Agiocochook），意思是‘伟大神灵的居所’。这在美国文学上是独一无二的。他写下，‘我们得以攀登到阿吉欧口处客的顶峰’，后面是……（空白）。在这里，他要求出版商留一大段空白。”

“梭罗喜欢各式各样的空白。”比克内尔解释说，“对他来说，空白能表达很丰富的内容。”在瓦尔登湖的小屋里，他花了很多时间沉思和冥想，独处无物的空间和无声的宁静不是一种缺失，而是所有一切在当下的呈现。“在感受宁静的力量，体验思想从外在感官游戏中超脱的过程中，他深信这一点。”

但是，出版商最初的书稿校样中，没有留出梭罗想要的所有空白。于是梭罗就要求他的波士顿出版商，必须按照他的想法去做。但在修改后出版的首印书中他发现，他要求的地方确实加进了一些空白，但在其中一个地方，出版商因不想把其余的书稿全都重新排版，就把下一页的内容删去了三行——而恰恰是关键的三行，是梭罗完成那次旅行时清晰感受到的核心内容。几年以后，书的销售状况很不好，出版商就把已经印刷的 1 000 本书中的 700 本交给了梭罗。于是他就在书上手写上被删去的那三行字。

讲完这段故事，比克内尔打开他带来的书，我们看到梭罗用钢笔写的字——如果他不这样做的话，我们就永远看不到这段内容——揭示整段书稿含意的内容。（手写部分在这里加重了。）

> 夏天我们生活在室外，只有兴奋、冲动和感性知觉，这些都是让人动的；要得到宁静和更长的夜晚，通常必须得等到秋季和**冬季，那时才会有思想的平息。**
>
> **我们觉察到，在沙沙作响的树叶背后，在谷物堆的背后，在显露大串大串葡萄的藤蔓背后，那个空间里有**全新的生命，没有人体验过；并且即使这个地球，也是为了比人类更神秘、更高贵的居民而存在的。

梭罗自己知道“那个空间里有全新的生命”，于是他写下来了。从年轻时开始，他就发现自己“每天都陶醉在”一种“不能描述的、无限大的、令人全身心投入的、神圣的、天堂般的愉悦，一种升华和放大的感觉”，而且这些是与他自身“毫无关联的”。

他还知道，这种愉悦是与深层谦卑感相伴出现的。我们人类生活的行为表现，往往就像生物进化已经在我们这里停止了，似乎人类是生物进化列车线上的最后一站，仿佛地球上的所有生物都在共谋着要向人类这一灵长类进化。就这些，没别的了。然而，这个隐性的观念却又与进化论本身相矛盾，与充满活力的宇宙观相矛盾。宇宙中的进化所表现的，如诗人纪伯伦（Gibran）所说，是“生命对自身的渴望”。

我们是年轻的物种，还不知道自己的位置在哪里。从某种意义上说，我们就像是一个十几岁的孩子，充满热情和精力，但有点儿迷茫。而且，就像孩子一样，我们也发现，原来自己不是宇宙的中心——甚至也不是地球生命的中心。我们只是千百万个物种中的一个而已，我们的优点和荣耀不是来自自负的心态，而在于我们做出的贡献。

系统哲学家乔安娜·梅西（Joanna Macy）说："气候变化把我们放到更大时间尺度的舞台上，因为我们的行为现在已经成为地球长期气候演进过程的一部分。"她还说："许多人还把世界的状况放入自己的身心意识。"这也是把自己放到了更大尺度的空间舞台上。不管准备好了没有，孩子总要长大成人。我们必须坚信，我们面对的问题不管看上去多么令人生畏，其实恰恰就是我们所需要的：它会引导我们去完成这场变革。

"这的确关乎人类发展的下一个层次，"好市多的谢里·弗莱斯说，"如果所有人都能挖掘出自己的最大潜力，我们就能完全解决这些问题。"

弗莱斯用这些简单的话表达了一种精神，这种精神能让不可能的事成为可能。这一点我们深信不疑——实际上，它已经在发挥这样的作用了。

附　录 | 必要的革命

可持续发展原则

自然步骤（The Natural Step）和自然资本论（Natural Capitalism）是两个著名的可持续发展原则。

自然步骤

自然步骤用从下至上的方法，从源头处解决可持续发展问题。这里，可持续发展的定义涵盖四个科学原则，也叫作可持续社会必须具备的四个“条件”。

1. 从地壳中攫取的物质（比如化石基燃料）无法在自然中系统地增长。
2. 人类社会生产的物质（比如氯氟烃CFCs）无法在自然中系统地增长。
3. 自然的生产力和多样性的物质基础，绝不应遭到系统地损坏（比如森林砍伐、表层土壤流失）。
4. 公民满足自身需求的能力不应被周围环境系统地破坏（比如缺乏受教育机会或缺少清洁饮用水）。

这些原则是一组实际的设计标准，可以把辩论转化成有建设性的探讨，并指导社会、环境和经济行为。应用自然步骤的许多团体还发现，从这些系统条件出发建立的可持续发展宗旨，对制定具体目标和推进实际工作，都大有裨益。这些宗旨是：

1. 减少并最终完全停止我们从地壳中攫取越来越多的物质资源，其中包括化石燃料和相关废弃物。

2. 减少并最终完全停止我们在社会中生产的越来越多的合成物质。

3. 减少并最终完全停止由我们造成的自然物质条件的持续退化。

4. 减少并最终完全停止由我们造成的人们满足基本需求能力的衰退。

信息资源

包括 11 个国家在内的自然步骤组织的全球网站：www.naturalstep.org。

好几个设计出色、很有吸引力的在线学习课程，包括不同长度和不同语言的课程，可在以下网站中找到：www.naturalstep.ca/elearning/SBNS_Introduction.htm。

布赖恩·纳特拉斯（Brian Nattrass）和玛丽·阿尔托迈尔（Mary Altomare）合著的《商业自然步骤》（*The Natural Step for Business*，New Society Publishers，1999）是一本指导手册，其中既有对实际工作的指南，也有企业在核心业务中成功应用自然步骤的许多案例。

自然资本论

自然资本是指自然提供的资源和生态系统服务，其经济价值巨大，远远超出全世界的生产总值。自然资本论是四个相互交叉的原则系统，把商业和环境利益交叉重叠在一起。这个方法假设企业可以在满足顾客需求的同时提高利润率，并帮助企业解决环境问题。

这四项原则是：

- 从根本上增加资源利用效率，以降低资源消耗速度、减少污染并增加有价值的工作机会。
- 按照生物基路线创新设计产业模式，完全消除废弃物和毒性物质，以完全的闭合环路不断重复使用材料。
- 创立一种服务型和流动型经济，从出售商品（如灯泡）转向提供服务（如照明），或转向“能出租，则不必出售”的模式。
- 将从这类改进中获得的利润，再投资到自然资本的积累和增长上，这是未来生态系统的服务和兴盛的基础。

信息资源

保罗·霍肯（Paul Hawken）、阿默里·洛文斯（Amory Lovins）和亨特·洛文斯（Hunter Lovins）合著的书《自然资本论》（*Natural Capitalism*，Back Bay Books，2000），及文章：“A RoadMap for Natural Capitalism”（《哈佛商业评论》1999 年 5–6 月号）。或见网站：www.natcap.org。

生命周期评估LCA

生命周期评估（Life Cycle Accessment,简你LCA）是一个决策工具。它可以把环境负担量化，以评估从摇篮到坟墓，或从摇篮到摇篮（即产品回收再利用，在使用周期结束时得到“再生”，成为新产品）的过程中，产品使用及其生产工艺或服务过程的整个周期对环境的影响。LCA已经完成国际标准化组织（ISO）的标准化工作，并成为一系列相关工具和管理方法（比如生命周期管理）的基础概念。这些工具和方法聚焦在通过设计工作来降低产品系统的负面影响，优化其正面影响——从资源消耗，到产品的制造、使用和使用周期终结后的处理。

各类企业、产业、政府和研究机构越来越多地使用LCA方法来重新设计产品、创造新产品、制定新的服务或租赁策略，并选择新材料和技术。LCA的具体应用包括：识别工艺或产品的改进潜力和突破性进展的可能性，对有同样功能的产品或技术的环境影响进行比较，对新旧技术进行比较。LCA还被用于企业对企业（B2B）市场或企业对消费者（B2C）市场的信息标识［例如，环保产品宣言（Environmental Product Declarations），是企业对企业市场的标识；而像德国绿点计划（Green Dot）的最佳产品印章则是企业对消费者市场的标识］。LCA还经常被用来辨别产品所使用材料（包括金属、能源载体、塑料、生物材料等）的基本环保特征。LCA非常重要的特征之一是能够同时检测产品生命周期中多个阶段的多种环境问题，这使决策者能够明示并权衡各类环境因素（比如，生产工艺改动时在系统一部分减少了废气排放，却在另一部分增加了废水排放）。

生命周期视角的广泛采用以及LCA这类研究所形成的分析报告，对公司评判环境绩效产生了深远的影响。直到最近，进步企业的责任标准还仅仅限于公司内部运行的环保绩效管理（如合规、有环境管理系统、有环境绩效信息整理和报告）。今天的市场和管制机构要求企业不仅管理好内部运营，还要对与自己的原材料、产品和服务相关的产业链上下游的所有资源和环境问题承担管理或受托责任。这种趋势下的一个核心案例是，市场要求披露材料、产品和技术的温室气体（碳）排放足迹的相关信息。为此，许多公司都在使用LCA的研究结果来满足这一市场要求。

信息资源

有意理解自身产品的环境绩效，并重新设计产品的企业组织，可以使用许多种LCA工具、数据库和现有软件的支撑服务。LCA不一定要花许多钱或搞得太复杂。它可以适用于任何组织，包括很小的组织，可以随着时间的推移去增加内容。下面的信息资源会对这个过程有帮助。

威廉·麦唐纳和麦克·布朗嘉的《从摇篮到摇篮》（*Cradle to Cradle*）一书中包括可以激发思考的设计指南，都是基于自然的模式，即一个系统的废弃物是另一个系统的食物。

美国环境保护署（US EPA）网站，提供了LCA概念的介绍材料和教育内容，也为决策者和实践者跟踪LCA领域的进展提供帮助：www.epa.gov/nrmrl/lcaccess/。

欧盟联合研究委员会（European Commission Joint Research Council）的LCA欧洲平台，为欧洲企业和政策制定提供了LCA参考数据和建议方法：http://lca.jrc.ec.europa.eu。

国际标准化组织（ISO），提供了ISO系列标准的信息，包括LCA，ISO14040 系列标准，网址是，www.iso.org/iso/home.htm。

生态效率学习组件（Eco-efficiency Learning Module），由世界可持续发展工商委员会（WBCSD）和“五风国际”（Five Winds International）联合在2006年开发，其中包括LCA的具体学习组件：www.fivewinds.com/uploadedfiles_shared/FinalEcoEfficiencyLearningModule.pdf。

联合国环境规划署（UNEP）和国际环境毒物学和化学学会（SETAC）联合建立的生命周期计划（Life Cycle Initiative），旨在开发和传播实际应用工具，对产品和服务的整个周期中的机会、风险和各种权衡因素进行评估。其网址是：www.uneptie.org/pc/sustain/lcinitiative/home.htm。

注　释

第1章　未来正在等待我们的选择

1. 联合国政府间气候变化专门委员会（Intergovernmental Panel on Climate Change, IPCC）2007年的报告：*Climate Change 2007: Impacts, Assessments,and Vulnerability*(Cambridge: Cambridge University Press,2007)，这是第四份这类报告。“尽管如此，（各种证据）足以证明过去30年来人类活动造成的暖化已经对许多物质系统和生物系统产生了明显影响。”

2. Juliet Eilperin, “More Frequent Heat Waves Linked to Global Warming,” *Washington Post*,August 4,2006; Associated Press, “WHO: Mosquito-Borne Fever Could Spread,” *International Herald Tribune*,January 19,2008.

3. Matt Simmons, “Energy Policy: U.S. Needs to Show World the Way,” *Houston Chronicle*,February 25,2008.

4. “With Globalization,Poverty Is Optional,” *The Humanist*,September 1,2001,and U.S. Census Bureau,2007,Current Population Survey,Annual Social and Economic Supplement.

5. 玉米乙醇厂的净排量变化（正或负）与其能源的来源密切相关——主要源于大型锅炉加热谷类胶和蒸馏过程。例如，燃煤厂比燃气厂要多排放一倍的温室气体。参见Alexander E. Farrell,Richard J. Plevin,Brian T. Turner，Andrew D. Jones，Michael O’Hare，Daniel M. Kammen，2006，“Ethanol Can Contribute to Energy and Environmental Goals，” *Science*，Vol. 311. http://rael.berkeley.edu/EBAMM/FarrellEthanolScience012706.pdf。

6. 预计2016年玉米乙醇的生产所需的玉米数量，相当于全美2004年用于种植谷物的耕地总面积的43%。这意味着需要有大量土地使用的变化，本应收获的谷物的耕地要转而生产玉米。请见Searchinger et al,2008 “Use of U.S. Croplands for Biofuels Increases Greenhouse Gases Through Emissions from Land-Use Changes,” *Science*, Vol. 319；http://www.sciencemag.org/cgi/content/full/319/5867/1238。

7. Report by Group Economics Dept. The Royal Bank of Scotland Group,April 12,2006.

8. Worldwatch Institute,2007,http://www.worldwatch.org/node/5461.

9. The World Factbook,Industrial Production Growth Rates,CIA,February 2007.

第2章　我们因何陷入如此困境

1. David Urbinato, “London’s Historic ‘Pea-Soupers,’” *EPA Journal*,Summer 1994,www.epa.gov/history/topics/perspect/london.htm.

2. 如果假设美国人平均体重为150磅，而一个人每天制造的垃圾是其体重的20倍，那么每人每天产生的垃圾则约有1.5吨。Paul Hawken,Amory Lovins,and E. Hunter Lovins,*Natural Capitalism*（Boston: Little,Brown,1999）,8。

3. Millennium Ecosystem Assessment,*Ecosystems and Human Well-being: General Synthesis*（Washington,DC: Island Press,2005）,www.millenniumassessment.org/en/Synthesis.aspx.

4. UNEP, “The Asian Brown Cloud,” Executive Summary,2002,www.scientificjournals.com/sj/espr/Pdf/aId/5339.

5. Millennium Ecosystem Assessment,*Ecosystems and Human Well-being: General Synthesis*.

6. 参照第31页的二氧化碳浴缸图。科学家们还在争论燃烧化石燃料产生的二氧化碳中，有多少能够被植物、海藻和海洋等这些“碳汇”（carbon sinks）所吸收。Peter N. Spotts, “Nature’s Carbon ‘Sink’ Smaller than Expected,” *Christian Science Monitor*, May 3,2007。

7. U.S. Geological Survey, Mineral Commodity Summaries, January 2004, http://minerals.er.usgs.gov/minerals/pubs/commodity/iron_&_steel_scrap/festscmcs04.pdf.

8. www.epa.gov/epaoswer/non-hw/muncpl/pubs/06data.pdf.

9. W. R. Orr and J. W. Roberts, “Everyday Exposure to Toxic Pollutants,”

Scientific American,February 1998,90; W. McDonough and M. Braungart,*Cradle to Cradle*（New York: North Point Press,2002).

10. Jad Mouawad, "Big Rise Seen in Demand for Energy," *New York Times*,July 19,2007.

11. Energy Information Administration,www.eia.doe.gov,and www.energyliteracy.org/compare-oil.html.

12. International Energy Outlook,2007,www.eia.doe.gov/oiaf/ieo/pdf/electricity.pdf; Union of Concerned Scientists,www.ucsusa.org/clean_energy/coalvswind/c01.html.

13. Millennium Ecosystem Assessment,*Ecosystems and Human Well-being: General Synthesis*.

14. 同上。

15. 同 上; Jason DeParle, "A Global Trek to Poor Nations,from Poorer Ones," *New York Times*,December 27,2007。

16. Millennium Ecosystem Assessment,*Ecosystems and Human Well-being: General Synthesis.*

17. 例如生物圈二号（Biosphere 2），是在 20 世纪 80 年代建造的人工封闭式生态试验系统。可它没能在第一个为期两年的实验任务中为 8 个人提供清洁的空气、水和食物。这个项目耗资约 20 亿美元。

18. Millennium Ecosystem Assessment,*Ecosystems and Human Well-being: General Synthesis.*

19. 类似的收入和财富转移也在发达国家出现了。例如，美国最贫困的 10% 的人口，在过去的 20 年中的收入比重从 3.5% 降至 1% 以下。

20. Mark Kinver, "The Challenges Facing an Urban World," BBC News,June 15,2006,http://news.bbc.co.uk/2/hi/science/nature/5054052.stm.

21. Annie Correal, "12,000 Tons a Day,and What to Do with It," *New York Times*,September 18,2007; John Rather, "A Long,Long Haul from the Curb," *New York Times*,December 4,2005.

22. See Hawken,Lovins,and Lovins,*Natural Capitalism.*

23. Nicholas Stern,*The Economics of Climate Change: The Stern Review*（Cambridge University Press,2007）,Overall financial impact and benefits of early

action; Gordon Brown speech on climate change,WWF,November 19,2007.

24. 二氧化碳浓度是按照百万分率（ppm）来计量的，即一百万体积的大气中所含二氧化碳的体积数，这是用来测量大气中气体浓度的标准方法。2007年二氧化碳的浓度约为380ppm，与之相比，1850年的浓度仅为280ppm。

25. 测量二氧化碳流向时，一般在科学上习惯使用每年当量的碳吨数。经过估算，现今二氧化碳排放中,每年被生物圈和海洋吸收的范围是20亿~30亿吨碳。J. Hansen and M. Sato，PNAS 101，16109,2004; Greenblatt,Princeton.

26. 基于冰芯研究的长期数据资料表明，二氧化碳和大气温度均有周期性变化,比如有周期性的冰期。但二氧化碳从未超过300ppm（与之相比现在为380ppm）。工业化时代来临的时候,全球正处于一段漫长的变暖过程的末尾,1850年二氧化碳升至大约280ppm。

27. John Sterman and Linda Booth Sweeney, "Cloudy Skies: Assessing Public Understanding of Global Warming,"*Reflections: The SoL Journal* 7,3(2007); Linda Booth Sweeney and John Sterman, "Understanding Public Complacency about Climate Change: Adults' Mental Models of Climate Change Violate Conservation of Matter," *Climatic Change Journal*,February 2007,Vol.,80,No. 3-4,213—238.

28. 这些"临界点"的例子包括正在融化的冰盖，导致地球表面的反射率下降以及进一步变暖（阿比多效应）；北极永久冰冻层的解冻致使储存的温室气体被释放，并导致全球进一步变暖；而温度的升高减少了森林覆盖以及碳固存,又进一步使全球变暖加剧。

29. S. Pacala and R. Socolow, "Stabilization Wedges: Solving the Climate Problem for the Next 50 Years with Current Technologies," *Science* 305（2004）：72–969.

30. 例如，在2002年3月11日,时任BP公司董事长兼首席执行官的约翰·布朗爵士在斯坦福大学进行演讲时，解释了为什么他的公司在1997年打破石油公司普遍存在的"沉默"，决定大胆面对气候变化。卓越的科学显然是不能被忽略的。虽然那时科学研究并不完整——科学研究从来都不曾完整过。但科学研究所掌握的证据足以说明长期威胁是存在的,而且我们必须采取措施来避免更大的危机——那种等到事态严峻、为时已晚时才采取严厉措施所带来的更大的危机。

31. 比如，英国可持续发展协会（Sustainable Development Commission, 众多企业与政府的高级官员参与其中）正在为所有的个人交通方式设定减排目标：2010 年降低 30%，2020 年降低 60%。

32. 尽管相对于全球目前的排放量（30 亿~80 亿吨碳）来看，60% 的减少比率可能已经足够了，但我们仍然需要制定 80% 的减排目标。这是由于考虑到一些不确定性因素，譬如碳吸存作用是否能够继续吸收这些多余的二氧化碳，以及中国和印度是否能实现其 60% 的减排目标。

第 3 章 工业时代泡沫后的生活

1. Jared Diamond,*The Third Chimpanzee*（New York: Harper Collins,1992）and Jared Dia mond,*Collapse: How Societies Choose to Fail or Succeed*（New York: Viking,2004).

2. Edward O. Wilson, "The Ecological Footprint," 2000 Kistler Prize Acceptance Speech,Carnegie Foundation,2001,www.policyinnovations.org/ideas/policy_library/data/01373: "在真实的世界里，一切是由市场经济和自然经济来支配的，所有的生命都被关在一个希腊神话英雄卡德摩斯式的斗争环境中。长此以往,这场斗争将会失败，首先是生物圈，其次就是我们自己。"

3. 例 如，Lane，R.E.,*The Loss of Happiness in Market Democracies.* Yale University Press，New Haven,2000; Smil,Vaclav. *Energy at the Crossroads: Global Perspectives and Uncertainties*. Cambridge,MA: The MIT Press,2003; Kasser,Tim. *The High Price of Materialism.* Cambridge,MA: The MIT Press，2002; Max-Neff,M. *Development and Human Needs*. In P. Enkins and M.Max-Neff,*Real-life Economics: Understanding Wealth Creation.* London: Routledge，1992; and Daly,Herman and J. Cobb. *For the Common Good: Redirecting the Economy Toward Community,the Environment and a Sustainable Future.* Boston: The Beacon Press，1989. *Sustainability by Design: A Subversive Strategy for Transforming Our Consumer Culture*（New Haven，CT: Yale University Press,2008)。

4. 在这个转移负担模式的版本中，"攫取—制造—废弃"这项解决方案的副作用，及其对社会和环境系统造成的破坏，都在右侧体现出来。如前所示，这些最终会带来更多的问题，也会刺激产生更多的短期补救措施。

5. 这是我们从美国原住民朋友们那里学来的短语。

第 4 章　新思考，新选择

1. Mark Lynas,Carbon Counter,HarperCollins,2007,quoted in “Big Foot” by Michael Specter,*The New Yorker*,February 25,2008,pp. 44–52.

2. 比如，加拿大标准协会（Canadian Standards Association）、森林受托委员会（Forest Stewardship Council）、森林认证认可计划（Programme for the Endorsement of Forest Certification）和可持续林业倡议计划（Sustainable Forestry Initiative Program），均开发了不同的森林认证体系。

第 5 章　不可怀疑一个人和一小撮同谋者的作为

1. www.baff.info/english/.

2. www.greenzone.nu/index_e.shtml.

3. Lars Christensen,*Formation for Collective Action: The Development of BioFuel Region*,Visanu（Swedish National Programme for Development of Innovation Systems and Clusters）,October 2005,www.biofuelregion.se/english.cfm?open=eng: Case study of Sweden’s BioFuel Region.

第 6 章　“调整”一个行业

1. 关于创造对话的“容器”的更多细节，请参考彼得·圣吉等人的《第五项修炼·实践篇》[Peter Senge et al.,*The Fifth Discipline Fieldbook*（New York: Doubleday,1994）,354ff]。

第 7 章　非传统联盟：可口可乐与世界自然基金会的可持续水资源合作

1. WWF 是世界自然基金会（The World Wildlife Fund）的品牌形象。它是由 WWF 国际负责协调运转的全球性联合会，总部位于瑞士，其主要组织机构分布在美国、德国、荷兰和英国。总预算金额和品牌认同度等一些迹象表明，WWF 可能是世界上最大的非政府组织（NGO）。

2. Chapagain A. K. and A.Y. Hoekstra,Water Footprints of Nationa,Vols.

1 and 2. Unesco-IHE Value in Water research reports series no. 16. http://www.waterfootprint.org?publications.htm; “Hidden Waters,” A Briefing,February 2007,Joanne Zygmunt,http:// www.Waterwise.org。

3.这 7 个主要地区是多瑙河，位于美国西南部和墨西哥之间的格兰德河(the Rio Grande，在墨西哥被称为“the Rio Bravo”)，美国东南部的河流和溪流，非洲东部的河流湖泊，流经老挝、越南和柬埔寨的湄公河，中国的长江，中美洲西海岸延线的中美洲珊瑚礁。

4. 研究七大水系是WWF全球计划的一部分,WWF将其作为发展更多的水资源综合管理的试验地区（参见前注 3)。可口可乐公司还参与了在美国东南部的河流和溪流项目。

5. 详见 www.worldwildlife.org/climatesavers/。

6. 在可口可乐公司和WWF的网站上都能了解到当前项目的目标和进程。

第 8 章 风险与机遇：可持续发展的商业思维

1. Ari Levy, “Google Plans to Develop Cheaper Solar,Wind Power,” Bloomberg.com,November 27,2007,www.bloomberg.com/apps/news?pid=20601087&sid=a_yeVlId3yug&refer=home.

2. Brad Stone, “Google’s Next Frontier,” *New York Times*,November 28,2007.

3. GlobeScan: Corporate Social Responsibility Monitor,2007,12.

4. “Taking the Earth Into Account,” *Time*,May 2,2005.

5. 同上。

6. Juergen H. Daum,*Intangible Assets and Value Creation*,New York: Wiley,2002.

7. GlobeScan: Corporate Social Responsibility Monitor,2007,33.

8. Mark Borden,Jeff Chu,Charles Fishman,Michael A. Prospero,and Danielle Sacks, “50 Ways to Green Your Business,” *Fast Company*,November 2007,www.fastcompany.com/magazine/120/50-ways-to-green-your-business.html.

9. 同上。

10. 同上。

11. 经由Bob Willard的允许后改写自*The Next Sustainability Wave*（Gabriola Island,BC: New Society Publishers,2005）,28。

12. Cornelia Dean,“Executive on a Mission,”*New York Times*,May 22,2007.

13. Bob Willard,*The Sustainability Advantage*,（Gabriola Island,BC: New Society Publishers）,2002 and *The Next Sustainability Wave*,（Gabriola Island,BC: New Society Publishers）2005.

第9章　定位：既为了未来，也为了现在

1. S. Hart and M. Milstein,“Creating Sustainable Value,”*Academy of Management Executive* 17,2（2003）Also see Stuart Hart,*Capitalism at the Crossroads*,（Philadelphia: Wharton School Publishing,2007）.

2. 1999年,Brian Kelly在约克大学（York University）斯古里克商学院（Schulich School of Business）建立了可持续发展企业研究院（Sustainable Enterprise Academy, SEA），其宗旨是帮助企业领导者实现公司可持续性发展的转型。Brian Kelly召集了一个小组的创新思想家开发并实施了一个为期4天的高层领导力项目，着重研究可持续发展中的内在商机。项目还包括，安排已着手将可持续发展融入工作核心的企业领导们做嘉宾发言。Stuart Hart为可持续发展企业研究院提出了可持续发展价值矩阵（the sustainable value matrix），它已成为企业领导者试图在组织内部创造可持续发展价值的重要工具。

3. 经由S. Hart and M. Milstein的允许后改写自“Creating Sustainable Value,”*Academy of Management Executive* 17,2 (2003). Also see Stuart Hart,*Capitalism at the Crossroads*（Philadelphia: Wharton School Publishing,2007）。

4. Frank J. Lechner and John Boli,*The Globalization Reader*（Oxford: Blackwell,2000）.

5. The Cleantech Group,LLC.

6. 引自Vanity Fair,July 10,2006。

第10章　让大家参与进来

1.《第五项修炼·实践篇》（*The Fifth Discipline Fieldbook*,New York:

Doubleday，1994）汇编了各种工具和工作方法，它是我们推荐的拥有详尽资源的工具之一。

第11章　建立你自己的变革依据

1. 报导自*Globe and Mail*，November 15，2007。

第12章　“公地”的悲剧和机会

1. 联合国政府间气候变化专门委员会第四次报告“Climate Change 2007,” IPCC Fourth Assessment Report AR4。此综合报告可在http://www.ipcc.ch/press/index.htm下载。同样可参见Millennium Ecosystem Assessment,*Ecosystems and Human Well-being: General Synthesis*（Washington,DC: Is land Press,2005）,www.millenniumassessment.org/en/Synthesis.aspx。

2. “海岸捕鱼公司”（Fish Banks Ltd.）由Dennis Meadows在新罕布什尔大学开发。此游戏可登陆www.unh.edu/ipssr.index.html获得。另一个相似的版本可在Cloud Institute for Sustainability Education的网站www.sustainabilityed.org中获得。如需不用电脑即可使用的简化版本，请见Linda Booth Sweeney and Dennis Meadows,*The Systems Thinking Playbook and Companion DVD*（Waltham,MA: Pegasus Communications,2001）。

3. 该公司还发明了“圆圈结构”（circle structure），三个主管执行的圆圈（executive circles）代替了传统的等级体系：产品制造圈（make product，包括产品研发和制造），产品销售圈（sell product，市场、销售和服务支持），以及负责支持其他两个圆圈的“领导力圈”（leadership circle）。据已退休的CEO里奇·提尔林克（Rich Teerlink）说，这个结构意在“强迫人们必须不断跨界交流”。如要了解更多，请参见Rich Teerlink and L. Ozley，*More than a Motorcycle*（Cambridge，MA: Harvard Business School Press,2000）。

4. 更准确地说，当流出量超过流入量达到最大时，储量下降得最快；渔场储量下降时，其再生率也下降，所以实际上储量下降最快的时候可能就在捕鱼量达到最高值之后不久——这意味着捕鱼公司削减捕鱼量越迟，鱼的数量和再生率就下降得越多，这又使得鱼群再生更加困难。

5. 自由市场的拥护者声称价格上涨的信号足以保护公共用地，但其实是人们对价格的反应，而并非价格本身，才引发了这个效果。在大多数真实情境下，被消耗的公地资源，由于供给减少（或供给的增长速度低于需求的增长速度），价格会开始抬升。但客户对价格上涨的回应在一开始通常会较慢（尤其是当没有合适的替代产品时），而涨价又会让生产者更努力地扩大生产，像“海岸捕鱼公司”游戏里的捕鱼公司那样。到了价格上涨的幅度已使得需求明显减少时，恐怕早就来不及保全渔场了。

第13章　地球号飞船

1. EPA,2007,Report to Congress on Server and Data Centre/Energy Efficiency.

2. Energy Information Administration,US DOE,Annual Energy Outlook 2008.

3. 计算依据：如果互联网以每年 16.7% 的速度增长（大约每 4 年翻一番），而发电量每年增长 3.3%（全球经济增长幅度），互联网用电量与经济总耗电量的比值会以每年约 14% 的速度增长，即大约每 5 年翻一番。如果目前互联网用电量占用电总量的 4%，那么在翻 3 番的时间，也就是 15 年之内，大约将达到 32%。

4. 地球宪章（Earth Charter）作为 1992 年联合国环境与发展大会（里约会议，Rio Conference）的成果，是对建立一个公正、可持续世界的原则的宣言。请见 www.earthcharter.org 或 http://en.wikipedia.org/wiki/Earth_Charter。

5. 关于系统基本模式的完整论述，请参见《第五项修炼》增订版（Peter Senge et al.，*The Fifth Discipline*，rev. ed.，New York: Doubleday，2006）和《第五项修炼 · 实践篇》（Peter Senge et al.，*The Fifth Discipline Fieldbook*，New York: Doubleday，1994）；也可登陆 www.pegasuscom.com，参见 Pegasus Communications 的出版物。

6. SUV、货车和小型载货卡车占美国机动车总量的百分比已由 1987 年的 28% 上升至 2007 年的 50%。不出所料，引擎技术的进步在很大程度上解决的是如何增大动力来拉更重的车，而不是如何节约燃料减少尾气排放——平均马力几乎翻了一倍，而燃油经济性却降低了 9%。U.S. EPA，2007，Light-Duty Automotive Technology and Fuel Economy Trends: 1975 Through 2007。

第 14 章 看到我们的选择

1. 耐克公司在其社会责任报告中关于行业领先透明度的承诺，导致该公司被列在美国顶级公司的名单中，而且在最新的可持续发展全球报告者（Global Reporters）评比项目中列入世界前 10 位。详情请见：www.greenbiz.com/news/news_third.cfm?NewsID=34235 。

2. www.indigodev.com/Kal.html.

3. Malcolm Gladwell,*The Tipping Point: How Little Things Can Make a Big Difference*（Boston: Little,Brown,2000）.

4. Peter Marsh, "Solar Energy Demand Soars," *Financial Times*,April 4,2007.

5. "Wind,Solar Power Gain Users," *Wall Street Journal*,January 18,2008.

6. *Economist*,February 23,2008,p.84.

7. "Installed U.S. Wind Power Capacity Surged 46% in 2007," news release,American Wind Energy Association,January 17,2008.

8. "US,China and Spain Lead World Wind Power Market in 2007," news release,Global Wind Energy Council Brussels,February 6,2008.

9. "The Renewables 2007 Global Status Report," Renewable Energy Network for the 21st Century,in collaboration with the Worldwatch Institute.

10. 原则上，要评估这些例子中的废弃副产品，就必须考虑产品整个生命周期的"足迹"，如化石燃料到底是被用于种植粮食作物，还是用于运输纤维物质，或者生产氢气（因此在其生产或使用中会产生二氧化碳）。见附录中关于这种足迹分析的信息资源。

11. William McDonough and Michael Braungart,*Cradle to Cradle* (New York: North Point Press,2002).

第 16 章 聚拢：把系统放进房间里

1. See J. Jaworksi,*Synchronicity*（San Francisco: Berrett-Koehler,1996）; Peter Senge,Joseph Jaworski,C. Otto Scharmer,and Betty Sue Flowers,*Presence*（New York: Double day,2005）.

2. 为《体悟当下》（*Presence*）一书的完成而进行的访谈中有各类科学家和企业家。面对这些人，约瑟夫·贾沃斯基和C·奥托·斯格谟往往会问："你工作中的核心问题是什么？”见网址www.dialogonleadership.org。

3. 已故量子物理学家大卫·波姆所描述的“深度汇谈”，是一种共同探索实现更大的理解力和可能性的交流。见*David Bohm On Dialogue*,（New York：Routledge,1996）, William Isaacs,*Dialogue and the Art of Thinking Together,*（New York：Doubleday,1999）。

4. C. Otto Scharmer,*Theory U*（Cambridge,MA: Society for Organizational Learning,2007）,288.

第17章　从他人眼中看现实

1. 从1950年到2000年，交易量最大的农产品的世界平均价格下跌程度如下：大豆80%，玉米90%，小麦80%，棉花90%，干豆70%，土豆50%。见USDA.Notes，p.395。

2. 参见the Sustainability Institute website,www.sustainer.org。

3. 最先发起召集的小组，即形成中的战略微系统，包括：联合利华的董事会成员安德烈·凡·赫姆斯特拉，英国牛津乐施会总裁芭芭拉·斯托金，凯洛格基金会渔农部主任欧兰·海斯特曼（Oran Hesterman)，Generon咨询公司的约瑟夫·贾沃斯基和亚当·卡汉（Adam Kahane)，可持续发展研究所（Sustainability Institute）的哈尔·哈密尔顿。其中可持续发展研究所由唐妮拉·米道斯（Donella Meadows）创立，致力于研究全球农业系统,最终成为食品实验室的协调方。

4. 建设系统智能、协作、集体创新能力的整个过程都用U型理论组织，协同内部和外部的变化（见彼得·圣吉等著的《体悟当下》(New York：Doubleday，2005）以及C. Otto Scharmer,*Theory U*（Cambridge,MA: Society for Organizational Learning，2007)。

5. Chris Pomfret,speech at IPA Sustainability Conference,May 2002.

6. 推断之梯源自人类学，该领域的实地研究人员为明确他们对不同文化的解释，而建立了严格的准则，并已成为所有组织学习实践项目的一个基石。详见彼得·圣吉等人编写的《第五项修炼·实践篇》（*The Fifth Discipline Fieldbook*, New York: Doubleday,1994)，242~261页。

7. 实验室团队成员的所有引语都来自此文：Susan Sweitzer,“Sustainable Food

Lab Learning History," www.sustainablefoodlab.org/learning-history。

8. 如果一个团队太大，不能一起完成学习的旅程，可以分为若干小组，并尽可能保持其多样性。食品实验室在巴西学习的旅程就是这样，共分三个小组，每组 10~15 人，两个月之后所有的小组聚集在一起参加了为期 10 天的静修营。

第 18 章 培养共同的承诺投入

1. 比尔·鲍尔曼（Bill Bowerman），俄勒冈大学的田径教练，训练了 31 名奥运健儿，并创立了耐克品牌。

2. 在此期间，弗莱斯已经与波士顿地区先锋青年领导力组织的罗卡一起工作了，并了解到他们的“维和圈”——于是开始把它用到她在危地马拉组织的会议。更多信息见：Kay Pranis,Barry Stuart,and Mark Wedge,*Peacemaking Circles: From Crime to Community*（St. Paul,MN: Living Justice Press,2003）。

第 19 章 从生命系统获得灵感的创新

1. 许多人都曾提出过垃圾零填埋商业经营模式背后的理念，包括最早提出“从摇篮到摇篮”概念的瑞士经济学家瓦尔特·斯塔海尔（Walter Stahel）。详情可以参见：“product of service” in Paul Hawken,Amory Lovins,and E. Hunter Lovins,*Natural Capitalism*,Boston: Little,Brown,1999,and the writings of industrial ecologist John Ehrenfeld。

第 20 章 释放出每天的神奇

1. Martin Luther King,Jr.,“Letter from Birmingham Jail,” April,16,1963.

2. 表述这一原则的特殊方法来自罗伯特·弗里茨，他称之为“结构性张力”。见 See Fritz,The Path of Least Resistance（New York: Ballantine,1989）; and *The Path of Least Resistance for Managers*（San Francisco: Berrett-Koehler, 1999）。

3. David Whyte,*The Heart Aroused*（New York: Currency/Doubleday,1994）,p. 231

4. 甘地的著作对此做出了出色的概述，见：Mohandas Gandhi,“*Hind Swaraj,” and Other Writings*（Cambridge: Cambridge University Press,1997）。

第22章 从摘取“低垂果实”到新的战略

1. 见彼得·圣吉的《第五项修炼》修增订版：Peter Senge,*The Fifth Discipline*,rev. ed.（New York: Doubleday,2006），259~260。

2. 这种资本投资计划包括天然气业务。BP公司不是唯一在替代能源方面拥有可观数量投资的大型石油企业，但它却是较领先的企业之一。

3. 目前,这些电站的氢将从化石燃料中来，包括煤炭、石油、天然气，但计划把产生的90%的二氧化碳吸收并储存于地下。

第23章 愿景是什么并不重要,重要的是愿景能做什么

1. 根据美国政府劳工部职业安全及健康管理局（OSHA）的记录，在“二战”后,杜邦公司一直是美国最安全的大公司。

2. 见网址http://www.greystonbakery.com。

3. 虽然企业对产品的全生命周期分析越发频繁，但其频率仍远远低于在公司内部的工作进程中简单地跟踪废弃物的产生（第2章在简单的系统框架中提出的“制造中产生的废弃物”）。其原因是这需要时间和精力成本，而且这一成本不同于自己制造废弃物或消耗能源的相关费用——全生命周期产生的废弃物是别人的代价和成本，所以需要管理者关注更广泛的领域。

4. 许多基于使命的企业都是由社会型企业家创建的，如“阿育王”（www.ashoka.org）那样的组织，已经在支持其他企业解决世界性的一些紧迫问题。

5. 关键性的研究结果在近15年内并没有发表，直到后来出现在阿里·德赫斯的著作《长寿公司》中（*The Living Company*,Boston: Harvard Business School Press,1997）。

第24章 为了未来,重新设计

1. 有大量的指导理念、经验和科学可以应用在这个重新设计未来的工作中。一组是“必备的组织”（Requisite Organization）理念中提出的原则、做法和工具，这已被证明是把可持续性带入商务核心的非常适合的设计（由Elliott Jaques和他的合作者在过去30年中发展起来的）。“必备的”（requisite）一词的含义是指“需要的、必要的，或为特定的目标或立场而必不可少的，比如作为工程师的必备技能”。见Elliott Jaques,*The Requisite Organization*,revised

second edition（Arlington,VA: Casson-Hall,1996）。

2. 我们要感谢Sue Simington,她基于自己在重新设计组织和企业的可持续性方面的经验,对这一章做出了贡献。

第25章　公司的未来

1. The Economist,October 7th,2006 "A Survey of Talent," p. 4.

2.　见Arie de Geus, "Planning as Learning," *Harvard Business Review*, March-April 1988,and Arie de Geus,*The Living Company*（Boston: Harvard Business School Press,1997).

3.　见S. Lydenberg, "Long Term Investing: A Proposal for How to Define and Implement Long-Term Investing," in *Paper Series on Corporate Design*,Summit on the Future of the Corporation,available from Tellus Institute,www.tellus.org。他在最近几年发表了许多类似的文章,批评企业对管理短期行为的偏执（如M. Tonello, "Revisiting Stock-Market Short-Termism," Conference Board,2006,42）；同时，他的最近几项研究都赞同，投资者通过长期投资获得利益,是更负责任的管理行为（如Goldman-Sachs "GS SUSTAIN" Global Investment Research,July,2007）。

4. 目前从会议发展出来的工作组包括：共同评级系统,具体是以LEEDS形式的标准为未来的公司评级；股票持有时间长期化的强制规定；实施更负责任的公司治理方法；重写公司法，强制要求进行社会和环境风险评估；发展把社会和环境指标纳入考虑的、替代国内生产总值GDP的新标准。

5. 汉迪成为布莱尔（英国前首相）委托的、为期10年的研究复审公司法项目组成员。但当前,在新首相戈登·布朗政府之下,项目的成果还微不足道。

6. 其中一个与会者是在美国最大的银行任职的高级官员,他不得不提前离开会议,以便处理仍在持续的危机。他后来说,这场危机让他的CEO黯然离职,而且最终导致成千上万的人失业,而其发生则是通过"富有攻击性的各类策略性对抗和永远没人能理解的、以计算机为中介的各种投资决定"。

第26章　企业多样性的未来

1. Paul Hawken,*The Ecology of Commerce: A Declaration of Sustainability*

（New York: Harper Business,1994）.

2. Paul Hawken,*Blessed Unrest: How the Largest Movement in the World Came into Being and Why No One Saw It Coming*（New York: Viking,2007）,1.

3. 见 John Keane,*Global Civil Society*（Cambridge: Cambridge University Press,2003）。霍普金斯大学的研究人员认为，如果公民社会组织（包括基金会）是一个独立的国家经济体，它将拥有 1.2 亿美元的支出，排名世界第 8 位。

4. Hawken,*Ecology of Commerce*,p.3.

5. 据世界卫生组织估计，因为奶粉哺乳使婴儿更容易受到疾病的感染，由此造成的婴儿死亡人数每年有 150 万。

6. 见 www.pioneersofchange.net and also Peter Senge et al.,*The Fifth Discipline*, rev. ed.（New York: Doubleday,2006）,p.76–370。

7. Hawken,*The Ecology of Commerce*,2.

8. Chang Tsai [Zhang Zai], "The Western Inscription," in Wing-tsit Chan,trans. *A Source Book in Chinese Philosophy*（Princeton: Princeton University Press,1963）p.497.

9. T. Berry,*The Dream of the Earth*（San Francisco: Sierra Club,1988）; T. Berry and Brian Swimme,*The Universe Story* (New York: Penguin,1994). See also *The Great Work,* (New York: Bell Tower,1999).

10. Eric Jaffe, "Mirror Image: The First Evidence That Elephants Can Recognize Themselves," www.smithsonian.com,November 7,2006; J. M. Plotnik,F. de Waal,and D. Reiss, "Self-recognition in an Asian Elephant," *Proccedings of the National Academy of Science*,Octo ber 2006,www.pnas.org/cgi/content/abstract/0608062103v1.

第 27 章　领导力的未来

1. 该项目原本被称为“乌干达食品与和平项目”(Uganda Food and Peace Project)，最初由筹集个人小额捐赠资金建立，大部分资金是由 Hans Veltkamp 和 Silvanna Veltkamp 在欧洲和美国地区筹集，用来支付如穆西西这样的一线工作者的工资。

2. 由于学校促进了女童教育的发展，取得了女子教育领域的创新成就，因此在 2002 年赢得了颇具盛名的“非洲妇女教育学家论坛”(FAWE) 奖。

3. 该组织的五项创建原则是：(1) 乌干达人民，与世界各地人民一样，是